周易與六爻預測

於光泰

籍貫：中國，江蘇省，常州。
1957 年出生於台灣桃園市。

學經歷：
台北科技大學建築系、土木系
輔仁大學中文(易經)博士
中央大學哲學博士候選人
指南宮中華道教學院講師
中華易學產業協進會第一屆理事長
桃園市易經研究學會第十屆副理事長

相關著作：
1.八字基礎會通
2.周易與六爻預測
3.易經三十天快譯通
4.擇日學三十天快譯通
5.陽宅奧秘三十天快譯通
6.八字奧秘三十天快譯通
7.子平真詮三十天快譯通
8.滴天髓三十天快譯通
9.「梁學八字大破譯」教學光碟
10.「梁學陽宅內局大解碼」教學光碟

11.「三合派與形家風水會通」教學光碟
12.「梁學八字基礎整合」教學光碟
13.「擇日十週會通」教學光碟
14.「八字流年實務」教學光碟
15.「八字卜卦基礎十八堂」教學影片
16.「陽宅奧秘二十六堂」教學影片
17.「九星水法八堂」教學影片

羽紘 序

　　二十多年前，因緣際會接觸命理，並因好奇而學習八字和梅花易，初次接觸易學就深深被其玄妙所吸引，因此開始從事易學相關的研究。【易經】自古以來被視為王者之學，蘊藏著天道、地道、人道的哲理，儒家的文化，道家的文化，一切中國的文化，都是從周文王著作了這本易經開始發展的，對中國的哲學、文學、政治、法律、天文、曆法、宗教和占卜預測等都產生了極其深遠的影響。

　　【周易】卜筮---在道家陰陽五術山、醫、命、卜、相中占著非常重要的角色，它的學術核心即陰陽、五行和八卦；用陰陽符號構成的卦象來代表世間萬物的運行狀態，進而推演未來的吉凶禍福（例如：戰爭、政事、農收等等）。在我研讀的卜筮書類中，六爻預測---文王卦（金錢卦）最能引起我的興趣，這是易經占卜中高段的預測學，黃金策《卜筮正宗》和《野鶴老人占卜全書》是經典著作。當初在書局挑選相關書時，首選在質量俱全而能鋪陳完整的卦書，不經意的翻閱到於光泰博士著作的《周易與六爻預測》，觀其梗概，正合乎我的需要，也因此機緣順勢開啟了與於博士師生情誼，先後在萬華大元書局（大元講堂）學習高階八字，並參與「中華易學會」在中壢環中東路莒光公園邊的五樓教室課程，將易學領域擴展出另一個深邃階段。

　　今欣聞《周易與六爻預測》即將再版，正印證了好書永遠不寂寞，在此願將我研讀此書的心得分享給有緣的易學同好，我認為這本書有下列優點：

　　1、基礎淺入：《易經》給人初期印象是神秘、龐雜、無頭緒，但這本書由陰陽五行、河圖洛書、六十甲子、四季旺衰、八卦類

象、裝卦技巧、六親歌訣、世應飛伏、用神忌神、元神仇神等，循序漸進，理論紮實而清晰。

2、例題完整：學習卜卦當由基礎概念進入，概念雖然清楚，運用時需要大量例式融通，書中例式出自於《增刪卜易》與《卜筮正宗》，均為無可置疑之數百年主流正統，由天氣、財運、問病、婚姻、家庭、學業功名、工作、買賣、出行、行人、官司、借貸、開店、陽宅風水等，實務性完整。

3、義理兼備：學習卜卦雖然是術數易學主軸之一，但也需要義理哲學作為全面性基礎，以支撐卦師論卦之邏輯與道德質量。本書將《易經》的基本概念，與直觀、形象、邏輯、辨證與象數等思維簡述之，並將六十四卦義扼要陳述，知其所以然。

恩師於光泰博士才學兼備，襟懷卓越，文筆細膩流暢，篤志於五術傳承千秋大計，著作繁多，使我在五術領域大有精進，既有心得，豈敢竊藏於自身，故以文拙之筆，不揣淺陋揮灑於易學翰海之域，惟願後進蒙無私之點撥。

鄧瑞瓊 (羽紜居士)
癸卯年丁巳月序於羽紜坊

羽扇分撥渡紅塵　　紜紛世事盡炎涼　　若問前程何處寄　　唯有方寸是道場

第五章《周易》六十四卦探義

卜卦的基本認識

第壹篇　卜卦的基本認識

　　學習卜卦應具備之基礎，整體言之，五行相生相剋、天干五合、天干相沖、地支六合六沖、四季方位（東方甲乙寅卯木）、地支三刑、地支自刑、地支三合三會、地支六害，天干地支陰陽、六十甲子與空亡、二十四節氣、五虎遁、五鼠遁、支藏天干、十二生旺庫、神煞、十神生剋、六親取用等。刑沖合會等基本法則不熟，就成為進階學習之障礙。

一、陰陽

　　中國陰陽思想在先秦時期即非常豐富，《莊子・天下篇》論六家要旨云：「《易》以道陰陽。」其次《易傳》云「一陰一陽之謂道」。又云：「陰陽不測之謂神」，指事物正反、盛衰、剛柔之變化神不可測，中庸才是處世王道，亦成為人生哲學最高準則。又說太極生兩儀，兩儀可代表陰陽。《繫辭傳》又云：「天一、地二；天三、地四；天五、地六；天七，地八；天九，地十。」以天代表陽數一、三、五、七、九。以地代表陰數二、四、六、八、十。《繫辭傳》亦云：「大衍之數五十有五」，即天數與地數總和為五十五，天數具有陽剛的性質，地數具有陰柔的性質。這些數字與五行方位的關係，在蕭吉所著《五行大義》云：「天以一始生水於北方，地以其六而成之，使其流潤也。地以二生火於南方，天以七而成之，使之光耀也。天以三生木於東方地，以其八而成之，使得舒長盛大也。地以四生金於西方，天以九而成之，使其剛利有文章也。

天以五合氣於中央生土地，以十而成之，已備天地之間所有之物。」大致不出河圖的時間與空間之概念。

《周易》的陰陽是一種抽象的意義，代表宇宙對立又統一的現象。例如男女、幽明、日夜、軟硬、冷熱、濕燥等，擴而言及自然界，孤陰不生，獨陽不長。論及社會人事現象，禍兮福之所倚，福兮禍之所伏等。換言之，兩種性質相對反的事物，不是固定不變，而是陰陽反覆的變動。所以《周易》的預測推理性質是全面性、邏輯性、流變性的。

二、五行

《尚書‧洪範》云：「五行：一曰水，二曰火，三曰木，四曰金，五曰土。水曰潤下，火曰炎上，木曰曲直，金曰從革，土曰稼穡。潤下作鹹，炎上作苦，曲直作酸，從革作辛，稼穡作甘。」五行是構成世界物質的基本元素，也可以理解成事物的五種樣態，五行不是獨立的，而是在現實社會中存在相生相剋之情形。其次五的數目是一種概念，例如五色、五音、五味、五臟、五倫、五體等。

木代表屈直、舒展、植物、春天、東方、花草、綠色、肝臟、足等。

火代表溫熱、光亮、附麗、升騰、向上、三角形、夏季、紅色、南方、心臟、血液。

土代表生化、養育、平正、水平、黃色、中央、脾胃等。

　　金代表堅硬、涼爽、蕭瑟、白色、西方、收斂、圓形、肺臟、呼吸系統等。

　　水代表濕潤、寒冷、流動、黑色、北方、冬天、水、雨、冰雹、雪、冰、腎臟、泌尿系統等。

　　水生木，木生火、火生土、土生金、金生水。（需背誦）

　　水剋火，火剋金，金剋木，木剋土，土剋水。（需背誦）

　　水一與六、火二與七、木三與八、金四與九、土五與十。

三、河圖

　　《繫辭傳》云：「河出圖，洛出書，聖人則之。」《周易正義》疏：「孔安國以為河圖則八卦是也，洛書則九疇是也。」河圖表示春夏秋冬的時間觀念，與東西南北中的空間觀念。其中奇數以白點表示，偶數以黑點表示。

　　東方春天，甲乙寅卯木。南方夏天，丙丁巳午火。
　　西方秋天，庚辛申酉金。北方冬天，壬癸亥子水。
　　辰、戌、丑、未月，土分佈在四季。（需背誦）

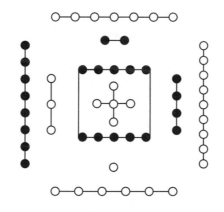

河圖五行陰陽奇偶配置圖示
一六居北，二七居南、三八居左、四九居右，五十居中。另說，河圖之文，七前六後，八左九右，五十居中。

四、洛書

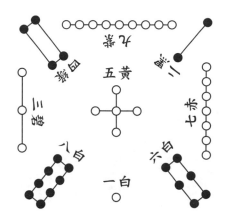

　　戴九履一，左三右七，二四為肩，六八為足。又說，洛書之文，九前一後，三左七右，四前左，二前右，八後左，六後右。

先天八卦方位圖

後天八卦方位圖

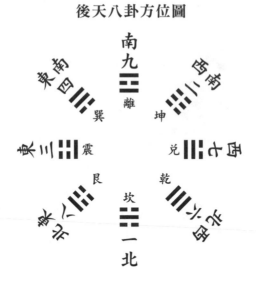

五、十天干

甲乙東方木　丙丁南方火　戊己中央土　庚辛西方金　壬癸北方水。其中甲、丙、戊、庚、壬,屬於陽干。乙、丁、己、辛、癸,屬於陰干。六爻金錢卦日干用來裝配六神(亦稱六獸),依序為青龍、朱雀、勾陳、螣蛇、白虎、玄武等。(需背誦)

甲乙木,生丙丁火,剋戊己土。
丙丁火,生戊己土,剋庚辛金。
戊己土,生庚辛金,剋壬癸水。
庚辛金,生壬癸水,剋甲乙木。
壬癸水,生甲乙木,剋丙丁火。(需背誦)

六、天干五合與沖剋

指依據十天干順序，陰陽相合，依據河圖原理，一（甲）六（己）、二（乙）七（庚）、三（丙）八（辛）、四（丁）九（壬）、五（戊）十（癸）等原理，天干相隔五位可以合化。五行分配如下。甲己合化土。乙庚合化金。丙辛合化水。丁壬合化木。戊癸合化火。

附圖：太極至八卦生成圖

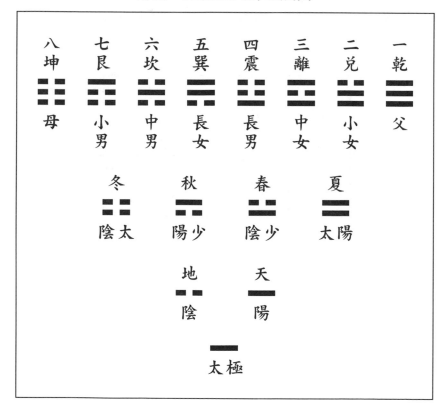

七、十二地支與生肖

　　子水鼠　丑土牛　寅木虎　卯木兔　辰土龍　巳火蛇　午火馬　未土羊　申金猴　酉金雞　戌土狗　亥水豬。子為北方。丑寅為東北方。卯為東方。辰巳為東南方。午為南方。未申為西南方。酉為西方。戌亥為西北方。寅卯辰為春季。巳午未為夏季。申酉戌為秋季。亥子丑為冬季。六爻預測習慣上月份以十二地支表示，例如寅月、丑月等。

　　陽支：子、寅、辰、午、申、戌。（需背誦）
　　陰支：丑、卯、巳、未、酉、亥。（需背誦）
　　十二地支五行：

巳	午	未	申
辰			酉
卯			戌
寅	丑	子	亥

十二地支圖

八、三合

申子辰三合水局。巳酉丑三合金局。寅午戌三合火局。亥卯未三合木局。（需背誦）

六合

地支兩兩相合，共有六對，故稱為六合。子丑合土。寅亥合木。卯戌合火。辰酉合金。巳申合水。午未合火。（需背誦）

六冲

十二地支，向前數六位，也是六對，故稱為六冲。子午冲。丑未冲。寅申冲。卯酉冲。辰戌冲。巳亥冲。（需背誦）

三刑

寅刑巳。巳刑申。寅申冲。丑刑戌、戌刑未，丑未冲。子刑卯。卯刑子。辰辰自刑。午午自刑。酉酉自刑。亥亥自刑。（需背誦）

十二時辰

六爻金錢法，每兩個小時為一個時辰。子時23到1點。丑時1點到3點。寅時3點到5點。卯時5點到7點。辰時7點到9點。巳時9點到11點。午時11點到13點。未時13點到15點。申時15點到17點。酉時17點到19點。戌時19點到21點。亥時21點到23點。

九、六十甲子

六十甲子，天干由甲開始，地支由子開始，可以組成六十組，再由甲子開始。換言之，每人的六十一歲與年柱是相同的。六十組中分為六旬，十天干配十地支，有兩個地支沒有排上，稱為空亡。所以甲子旬中空亡是戌、亥。甲戌旬中空亡是申、酉，其餘依此類推。

六十甲子歌

甲子乙丑海中金。丙寅丁卯爐中火。
戊辰己巳大林木。庚午辛未路旁土。
壬申癸酉劍鋒金。甲戌乙亥山頭火。
丙子丁丑澗下水。戊寅己卯城頭土。
庚辰辛巳白蠟金。壬午癸未楊柳木。
甲申乙酉井泉水。丙戌丁亥屋上土。
戊子己丑霹靂火。庚寅辛卯松柏木。
壬辰癸巳長流水。甲午乙未砂中金。
丙申丁酉山下火。戊戌己亥平地木。
庚子辛丑壁上土。壬寅癸卯金箔金。
甲辰己巳覆燈火。丙午丁未天河水。
戊申乙酉大驛土。庚戌辛亥釵釧金。
壬子癸丑桑柘木。甲寅乙卯大溪水。
丙辰丁巳沙中土。戊午己未天上火。
庚申辛酉石榴木。壬戌癸亥大海水。

十、十二長生

　　長生、沐浴、冠帶、臨官、帝旺、衰、病、死、墓、絕、胎、養。假如火長生在寅，從寅上起長生、卯木沐浴、辰土冠帶，巳火臨官，午火帝旺等，依次順行。木長生在亥，從亥起，皆依次順行。水土長生在申，從申起。金長生在巳，從巳起。卜卦與八字之土長生寄於寅支，兩者有所不同。

十二長生	木	火	土、水	金
長生	亥	寅	申	巳
沐浴	子	卯	酉	午
冠帶	丑	辰	戌	未
臨官	寅	巳	亥	申
帝旺	卯	午	子	酉
衰	辰	未	丑	戌
病	巳	申	寅	亥
死	午	酉	卯	子
墓	未	戌	辰	丑
絕	申	亥	巳	寅
胎	酉	子	午	卯
養	戌	丑	未	辰

　　十二長生在卜卦中，以長生、帝旺、墓庫、絕為論卦重點，其餘則不論。《三命提要》分論十二長生如下：

長生：萬物發生而向榮，如人始生而向長也。

沐浴：又曰敗，以萬物始生而形體柔脆，易為所損，而人人生後三日，以湯浴之，幾至困絕也。

冠帶：萬物漸榮秀，如人具衣冠也。

臨官：萬物既秀實，如人之臨官也。

帝旺：萬物成熟，如人之興旺。

衰：萬物形衰，如人之氣衰。

病：萬物病，如人之病。

死：萬物死，如人之死。

墓庫：以萬物成功而藏之庫，如人之終而歸墓也。

絕：又曰受氣、胞。以萬物在地中，未有其象，如母腹空未有物。

胎：天地氣交氤氳而造物，其物在地中成形，始有其氣，如人受父母之氣也。

養（成形）：萬物在中成形，如人在母腹中成形也。

十一、四季旺衰

木在春季時，草木萌芽，枝葉欣欣向榮，木「旺」之時。

火有木的支援，雖然尚未達熊熊火焰，稱為「相」。

水被極速生長的木所吸收，消耗元氣甚重，需要「休」息。

金在春季時，土為木所剋無法生金，孤立無援，如遭「囚」禁。

土在春季遭旺木所剋，又無火生，「死」也。其餘季節仿此。整理如下表：

春季：木旺，火相，水休，金囚，土死。

夏季：火旺，土相，木休，水囚，金死。

秋季：金旺，水相，土休，火囚，木死。

冬季：水旺，木相，金休，土囚，火死。

辰戌丑未月：土旺，金相，火休，木囚，水死。

十二、八卦的事物類象

乾	天時	天、水、冰、霰、雹、日、寒冷。
	地理	西北方、都市、大郡、形勝之地、高丘、高亢之地、古蹟。
	人物	君父、老人、官宦、大人、長者、名人、單位領導、公門人。
	人事	圓滿、剛健、武勇、果決、有名、多動少靜、高上下屈。
	身體	首、骨、肺。
	時序	秋季。九、十月交接。戌亥年、月、日、時。
	動物	馬、天鵝、獅、象、龍。
	靜物	金玉、珠寶、圓物、貴物、衣物、木果、剛物、冠、鏡、刀、金銀、神佛飾物。
	屋舍	公廳、樓臺、堂、大廈、圖書館、驛舍、西北向。
	家宅	秋占宅興旺、冬占冷清、夏占有禍、春占吉利。
	食物	馬肉、魚肉、乾燥物、辛辣物、多骨、珍味、肝肺、圓物、諸物之首。
	生產	易產、秋占生貴子、夏占有損、宜西北向。
	交易	易成、金玉珠寶、夏占不利。
	名利	有、公舍有利、宜近貴人、秋吉、冬夏不利。
	謀望	有、初吉、多謀少遂。
	出行	西北、京師、遠行、榮歸、夏占不利。
	訟事	健訟。
	墳墓	宜西北高丘。
	數目	一、四、九。
	方向	西北。
	色	赤、玄。
	味	辛。

	天時	雨澤、新月、星。
	地理	西方、澤、池、水邊、缺地、廢井、斷澗、剛鹵。
	人物	少女、妾、妓、伶、巫、驛人。
	人事	喜悅、口舌、謗毀、飲食。
	身體	口、舌、肺、有疾、痰涎。
	時節	秋、八月、酉、金。
	靜物	銀、金刃、飾物、樂器、缺器、廢物、流通物。
	動物	羊、小獸、角獸、近澤。
	屋舍	西向、近澤、頹垣、破宅。
	家宅	不安、妨女人、口舌、夏占有禍、秋占吉。
	食物	羊類肉、澤水物、河魚、辛辣味。
兌	婚姻	可成、秋占吉、少女婚不利。
	生產	不利、損胎、成則生女、宜西向。
	名利	無、財利上起口舌、秋占喜、武官、刑官、伶官、譯官。
	交易	不利、爭競、交付宜西向。
	謀望	難成、夏占不利、秋占喜。
	出行	不宜遠行、有損失。
	謁見	宜西方、妨女人。
	訟事	訟未已、有損失。
	墳墓	西方、高缺處。
	數目	二、四、九。
	色	白。
	味	辛。

離	天時	日、電、虹、霞、半晴半雨。
	地理	南方、乾亢地、爐冶所、文明地、屬陽氣、學校地。
	人物	中女、文人、大腹人、胎婦、目疾人、學士。
	人事	文書、有才學、光明、明決、虛心。
	時節	五月、午火年月日時、三、二、七。
	靜物	文書、甲冑、干戈、槁木、赤色物、外剛、貴用品、網罟。
	動物	雉、蟹、嬴、蚌、龜。
	屋舍	南向、明窗、虛室、文舍、公舍。
	食物	雉肉、燻炙物、燒肉。
	生產	易生、中女、冬占不利、南向。
	名利	有、南方、宜文書事、爐冶治坑場之職。
	交易	可成、股票交易。
	數目	三、二、七。
	色	赤、紫。
	味	苦。

震	天時	雷。
	地理	東方、樹木、城市、大塗、竹林草木繁盛地。
	人物	長男、長身人。
	人事	震動、振起、忿怒、虛驚、鼓噪、眾多。
	身體	足、肝、髮、筋、聲音。
	時序	春三月、卯年月日時。
	靜物	竹木草、木品、舟楫、耒耜、長物。
	動物	龍、蛇、馬、飛魚。
	屋舍	向東、山林、樓閣。
	家宅	時有驚恐、春占吉、秋占不吉。
	食物	蹄肉、野味、鮮肉、菓、菜蔬。
	求名	有、在東方、掌刑官、發號施令職、司財貨職。
	求利	山林竹木之利、宜東方、動有財。
	交易	有利、動則成、宜木類、秋占不吉。
	謀望	有、動則成、秋占不吉。
	數目	四、八、三。
	方向	東方。
	色	青、碧、綠。
	味	酸。

巽	天時	風。
	地理	東南地、草木茂盛地、菜果花園。
	人物	長女、秀才、寡髮人、山林仙道。
	人事	無定、宜經商、進退不果。
	身體	股肱、氣、風疾。
	時節	春夏之交、三五八月日時、三月、四月辰巳年月日時。
	靜物	木香、繩、直長物、竹木、工巧物。
	動物	雞、禽類、蟲。
	屋舍	東南向、寺觀、園囿、樓臺、山居。
	家屋	安、春占吉、秋占不安。
	食物	雞肉、禽肉、蔬果、酸味。
	求名	有、東南方、文職、財貨賦稅之職。
	求利	有、利市三倍。
	交易	有利、無定、進退不一、山林木茶。
	謀望	有、成敗不定。
	出行	可、有利、宜東南、秋占不吉。
	墳墓	宜東南向、宜在山林中。
	數目	五、三、八。
	色	青、綠、白。
	味	酸。

坎	天時	雨、雪、月、霜、露。
	地理	北方、江湖、溪澗、泉井、卑濕之地、溝洫、池沼、凡有水處。
	人物	中男、江湖之人、舟人、寇盜。
	人事	險陷、卑下、隨波逐流、外示以利、內存以剛。
	身體	耳、血、腎。
	時序	冬、十一月、子年月日時。
	靜物	水晶、水中物、鐵器、弓輪。
	動物	豕、魚。
	家宅	不安、暗昧、盜患。
	屋舍	向北、近水、江樓、水閣、住屋下濕。
	飲食	豕肉、酒、生冷物、海味、羹湯、酸味、魚、多骨、帶血物、水中物、有蹄物、有核物。
	生產	難產有險、宜次胎、中男、辰戌丑未月有損、胎坐向北。
	求名	艱難、宜北方、江湖河泊之職。
	求利	失財、宜水邊財、宜魚鹽酒水利。
	交易	不利成交、恐有奸詐、宜水邊交易、宜魚類交易。
	謀望	失望、心勞日拙、秋冬可達望。
	數目	一、六。
	方向	北方。
	色	黑。
	味	酸、鹹。

艮	天時	雲、霧、山嵐。
	地理	山徑、山巖、丘陵、墳墓。
	人物	少男、閒人、山中人、隱者。
	人事	阻滯、靜守、進退不決、反背、止步。
	身體	手指、骨、鼻、背、腰。
	時節	冬春交、十二月、丑土年月日時。
	靜物	土石、瓜菓、塊、黃物、土中物、剛物、高物。
	動物	虎、狗、鼠、百禽、黔喙屬、四足。
	家宅	安全、諸事有阻、家人不睦、春占不安。
	屋舍	東北向、山居、近巖石、高屋、近路。
	食物	土中物、諸獸肉、野味、墓畔竹笋之屬。
	婚姻	阻隔、難成、少男成、春占不利。
	交易	難成、有山林田土交易、春占有失。
	謀望	阻隔、難成、進退不決。
	墳墓	東北土畠、山中穴、高石丘、近路。
	數目	五、七。
	色	黃。
	味	甘。

坤	天時	天陰、霧、晦。
	地理	西南方、里鄉、田野、平地、西南、靜地。
	人物	老母、後母、老婦、農人、樂人、大腹人。
	人事	吝嗇、順靜、柔懦、眾多。
	身體	腹、脾、胃、肉。
	時序	辰戌丑未月、未申年月日時、五八十月日。
	靜物	方物、土中物、柔物、布帛絲麻、五穀、輿釜、瓦器。
	動物	牛、百獸、牝馬。
	屋舍	西南向、村舍、田舍、卑室、倉庫。
	家宅	安穩、多陰氣、春占不安。
	食物	野味、牛肉、土生物、甘味、五穀、腹臟物、芋類。
	求名	西南、守成、司農、教官、春占空。
	求利	有、宜土中、土生物、賤貨重物、安靜得、布帛類、眾多得、春占空。
	交易	有利、宜田土、宜穀物布帛、春占不利。
	謀望	可成、宜在鄉里、宜靜謀、宜謀及婦人。
	墳墓	西南地。
	數目	八、五、十。
	色	黃、黑。
	味	甘。

十三、《繫辭傳》論占筮之法

（一）、大衍之數

「大衍之數五十，其用四十有九。」大衍之數五十，以太極為一，故只用四十九數。「分而為二以象兩」者，四十九數，合同未分，就象大一，因此四十九數分而為二，就是兩儀。「卦一以象三」分卦其一配兩儀，以象三才。「揲之以四以象四時，歸奇於扐以象閏，五歲再閏，故再扐而後卦。」分揲其數，皆以四四為數，象徵四時，最後以六七八九列出六爻上下卦。「四營而成易」者，一營，分而為二以象兩。二營，卦一以象三。三營，揲之以四。四營，歸奇於扐。「十有八變而成卦，八卦而小成，引而伸之，觸類而長之，天下之能事畢矣。顯道，神德行。」八卦小成，天地雷風日月山澤，大象略盡，八卦小成，引而伸之，觸類旁通成六十四卦。可以應對萬物之求助，成神化之功。

（二）、天地之數

天數一三五七九，地數二四六八十，五位相得而各合出金、木、水、火、土。天數總合二十五，地數總合三十，凡天地之數加總有五十五，此所以成就鬼神般變化。「乾之策，二百一十有六。坤之策，百四十有四，凡三百有六十，當期之日。二篇之策，萬有一千五百二十，當萬物之數也。」是故，陽爻九乘以四為三十六，乾卦六爻都是陽，再乘以六，即二百一十六，為乾之策數。陰爻六乘以四為二十四，坤卦六爻全部是陰，再乘以六，即一百四十四，為坤之策數，乾坤兩卦合為三百六十策，恰約一年之循環。天數二十五，

地數三十，故叄天三位，七十五數（25×3=75），兩地二位六十數（30×2=60），合為一百三十五。以六十四乘之，共八千六百四十。陰陽爻各一百九十二，陽九陰六，共二千八百八十，兩數相併合為萬有一千五百二十，當萬物之數。

（三）、極深研幾，感而遂通

《易》道深遠，極盡蓍策之能事，故卜筮者尚其占。因事物變化之道，不為而自然，故知變化者能通鬼神之道。「是以君子將有為也，將有行也。問焉而以言，其受命也如響。」凡君子誠心以卜筮往問吉凶，蓍卦受天人之命，回應憂疑，響明如斯而不欺。故不分遠近幽深，遂知來物。非天下之極致精妙，難以參《易》道之之功。《易》道參伍以變，錯綜其數，通曉其間變化，遂成天地文采。若再窮盡其數術，追索天下至變之象，則能體會《易》道無思無為之境界，至精者，無籌策而不亂；至神者，寂然而無不應。所謂「極深而研幾」者，言《易》道深遠由初始之觀察入微下功夫，始能通天下之志，成天下之務。「唯神也，故不疾而速，不行而至。」言《易》道無思無為，寂然不動，感而遂通，依據自然而然，放空行事，因理至而無須疾急，宛如不行而至之神妙。

（四）、近取諸身，遠取諸物

《易》道無大不極，無微不究，天地萬物，各取所宜。《繫辭傳》云：「古者包犧氏之王天下也，仰則觀象於天，俯則觀法於地，觀鳥獸之文，與地之宜，近取諸身，遠取諸物，於是始作八卦，以通神明之德，以類萬物之情。」「近取諸身」者，指耳目口鼻，因此有乾為首，坤為腹，震為足，巽為

股，坎為耳，離為目，艮為手，兌為口等形象解釋。「遠取諸物」者，指雷風山澤之類。「易，窮則變，變則通，通則久」，《易》道微妙，變通利用才足以成功立業。例如〈益〉卦，啟示制器致豐。〈噬嗑〉卦，合天下之物交易。〈渙〉卦，舟楫之利，致遠以利天下。〈豫〉卦，重門擊柝，防備暴客。〈大壯〉卦，形容遮風避雨之棟宇宮室。〈夬〉卦，以書契義理決斷萬事。

（五）、易者，象也。象也者，像也。爻者，才也

　　「易卦者，寫萬物之形象」，「象也者，像也」《易》道就是以八卦為符號，象徵宇宙間的事物形態與變化之理。「爻也者，效天下之動者也。是故，吉凶生而悔吝著也。」以六爻變動模擬事物之消息盈虛，萬事都在運動後才有吉凶，由吉凶生悔吝。「陽一君而二民，君子之道也。」陽者，一也，無為以至君道專一，乃君子之道。「陰二君而一民，小人之道。」陰者，兩畫，二居君位，以一為臣，一山不容二虎，亂象必現。「憧憧往來，朋從爾思。」者，指不能無心感應，物不應，則憧憧汲汲，渙散無功，無朋從爾所思。「天下同歸而殊塗，一致而百慮」《易》道天下專心而已，心若寂靜，即不假思慮，初時異途，終則同歸於至真至善之本體。「精義入神，以致用也。利用安身，以崇德也。」精義是指事物理則之奧妙，須專一始可通其作用。精義入神，事各本乎其根，各有所宗，故可以利用安身，以崇其德。

（六）、二四同功，二多譽，四多懼

　　「二與四同功，而異位，其善不同，二多譽，四多懼，

近也。」二爻與四爻都是陰爻，但二爻在內卦，四爻在外卦。二爻內卦居中得位，應該有發揮中道之餘地。四爻在外卦最下爻，應該知道奮勉砥礪，拾階而上。「柔之為道，不利遠者，其要无咎，其用柔中也。」二爻遠離五爻，若陰爻得中，則柔中雖無大功，无咎可保。「三與五同功而異位，三多凶，五多功，貴賤之等也。其柔危，其剛勝邪。」三爻與五爻都是陽爻，三爻居內卦上位，有物極必反之憂虞。五爻居外卦之中位，剛中柔中皆是崇德廣業之機會。因此六爻之貴賤不在陰陽，而在「時」與「位」。「道有變動，故曰爻。爻有等，故曰物。物相雜，故曰文。文不當，故吉凶生焉。」六爻變動分出等差，物類萬殊而有品物流行。萬物相雜，文采奕奕；文采不協調，卦爻不當位，吉凶由之顯現。《易》道包羅萬象，納百物，會歸於无咎，在於憂懼精神始終如一。

十四、《說卦傳》的卦象解釋

　　《周易》原文隱晦艱澀，初時僅是卜筮用語，到戰國時期由學者逐漸加入哲理，以《易傳》（又稱十翼）十篇為重要學說，計有《彖傳》上下、《象傳》上下、《繫辭傳》上下、《文言傳》、《說卦》、《序卦》、《雜卦》等。其中《說卦》是說明八卦形象、意象、方位、時序、六親等意義的重要文獻。《周易正義》云：「說卦者，陳說八卦之德業變化及法象所為也。」又云：「八卦成列，象在其中矣。因而重之，爻在其中矣。」其內容與解卦有必然關連，歷來象數易學解卦皆以《說卦》為發展源頭。《說卦》在《易》理中，最具代表性之意義是「參天兩地而倚數，觀變於陰陽而立卦，發揮於剛柔

而生爻。和順於道德而理於義，窮理盡性以至於命。昔者聖人之作《易》也，將以順性命之理，是以立天之道曰陰與陽，立地之道曰柔與剛，立人之道曰仁與義，兼三才而兩之，故易六畫而成卦。分陰分陽，迭（ㄉㄧㄝˊ）用柔剛，故易六位而成章。」雖然其下轉為陳說術數之內容，但可信為「易本卜筮之書」，古聖賢以此記錄先人累積之卜筮經驗，依實記載，未便棄置。

熟悉八卦基礎知識是六爻金錢卦的基本功夫。八卦指乾、兌、離、震、巽、坎、艮、坤。乾為天。兌為澤。離為火。震為雷。巽為風。坎為水。艮為山。坤為地。「爻」是構成八卦的基本符號。爻分為陰陽。三爻成卦，抽象性的上中下，比喻分為天、地、人。八卦重疊後上卦又稱外卦；下卦亦稱內卦。史傳周文王將八卦互相重疊得出六十四卦，周公作卦爻辭。

> 昔者聖人之作《易》也，幽贊於神明而生蓍（ㄕ）。

昔者「聖人」指上古之時，道德與智慧等最高境界之人。「幽」是幽遠深邃、神秘的意思，感通天地。「贊」是贊助得力，因此「幽贊於神明」是感而遂通，得到神祕、神明等力量。蓍，數也。而生成以蓍草占筮之方法，以啟發誘導，解決人生之疑惑。神明者，指看不見的形而上的力量，或是陰陽不測的神鬼之道。《孟子》云：「萬物皆備於我矣。反身而誠，樂莫大焉。」《易》是反身思量的智慧，生成變化，不知所以然而然，告人吉凶，應人如嚮，而樂與神明往來矣。

> 參天兩地而倚數。

「參」，即三也，表奇數與天，「兩」表偶數與地，天地

為萬物之始，故「參天兩地」表「三」是奇數之始，而「兩」是偶數之始也。「倚」是立的意思，即「數」的建立從「三」、「兩」二數開始。為什麼不以「一」為奇數的開始呢？《易》之所賴者五十，其用四十有九，則其一不用。或說二從一而來，不以一為奇數之始，三中含兩，有一以包兩之義。

> 觀變於陰陽而立卦，發揮於剛柔而生爻。和順於道德而理於義，窮理盡性以至於命。

　　「觀變於陰陽而立卦」者，卦，象也。聖人觀察陰陽的變化，而立出卦象。「發揮於剛柔而生爻」，陰陽的變化表現在物質世界時則為剛柔，剛柔相交而生爻，是萬物生成流變的過程。簡單說，就是由陰陽二爻變化出六十四卦、三百八十四爻的過程。上古伏羲仰觀俯察，將天地變化、人事吉凶納入六十四卦三百八十四爻中，周文王又於爻卦之下，繫之以辭，公諸萬理，昭示天下。故「和順於道德而理於義」者，「和順」是和合順適，「道德」是廣義的，指宇宙人生的根本法則，「理」是順其理，「義」者「宜」也，「理於義」即順乎事物之宜的道理。「窮理盡性，以至於命」，窮究天理（形而上的本體的法則），窮盡人的本性（窮究人性），以至於天命，「天命」即「天道」，「命」是「命令」，「天道」對人而言是命令。

　　說明聖人建立八卦的過程和根據：先得神明之助而運用蓍草，建立「三」、「兩」為奇偶之始數，再觀察陰陽之變化，以剛柔兩卦所生變動而建立卦理，再依據剛柔的意義而建立爻理，這種建立就是宇宙的根本法則及事物之義理。於是窮盡生靈所稟之性，探究萬物深妙之理，上順聖人之道，下斷人倫正義。

> 昔者聖人之作《易》也，將以順性命之理，是以立天之道曰陰與陽，立地之道曰柔與剛，立人之道曰仁與義，兼三才而兩之，故易六畫而成卦。分陰分陽，迭用柔剛，故易六位而成章。

昔者聖人作《易》，「將以順性命之理」，是依據本性與天命之理來建立的。故《易》理依照陰陽之氣與對待相反的性質，首先，建立形而上的天道，陰以成物，陽以施生。其次，以柔與剛相反對待的法則，建立地面上之地道，即物理世界的法則，例如山剛健，水陰柔。末次，建立人文世界是以仁義為體用的法則，有愛惠之仁與斷割之義。

三才之涵義即指天、地、人，「兩之」是說每一才又分兩面，即天有陰陽，地有剛柔，人有仁義，因此，畫卦時，初二兩爻表地道，三四兩爻表人道，五上兩爻表天道，各有兩爻便為六爻，「故《易》六畫而成卦」。「分陰分陽」有二義：一指天地人三道各有一位陰爻陽爻，二指爻位分陰與陽，初、三、五爻為陽位，二、四、上爻為陰位。「迭用柔剛」，是說柔與剛交相為用；「故《易》六位而成章」，「六位」即指六爻之位，《易》卦由六位而構成一個結構章法。

> 天地定位，山澤通氣，雷風相薄，水火不相射，八卦相錯。

先天八卦的產生先由天地定位起首，從義理上講也是易學的宇宙論，是先聖體會宇宙間的時間、空間、自然變化，所形成的概念而以圖象符號表達之。在天地中六樣東西在動，即山、澤、雷、風、水、火。這六樣物質由先賢設計成三畫卦，每一樣以一卦來代表，每兩卦成一對，其卦象相反。乾為天，

坤為地，分別定出宇宙尊卑秩序。然後「山」和「澤」，其象如下：☶（艮）、☱（兌），這兩卦的卦象恰相反相錯，象徵「山」和「澤」，二卦相對立，「山澤通氣」是說兩卦互相可以溝通的，例如，山下有泉。其次，是「雷風相薄」，☳（震）、☴（巽），「雷」與「風」相薄是互相侵入融合，空氣對流繼而打雷鳴響的自然現象。這兩卦又成一對，其卦象亦互相對立。末次，講「水火不相射」，這二卦也是相錯：☵（坎）、☲（離），「不相射」是，坎水秋天，離火春天，中間以夏冬兩季分隔，而且水火是無固定形質不併容。因此，天地之間只有風、雷、山、澤在變化。所謂「八卦相錯」，是指定位、通氣、相薄、正反相對立的性質。先天八卦是基於古聖賢對於天地自然的觀察心得而建立。

數往者順，知來者逆，是故《易》逆數也。

「數往者順」，計算追數以往的事情。順循事實，依循天理，知來者逆，推知未來的事情是逆推，即預測未來之事。《易經》是預度未來之事的，故《易》是「逆數也」用之以計算推測未來的事。先天八卦的方位，由震至乾是「數往」，因先有乾再生兌、離、震，故由震至乾是數向往。但由夏至至秋分冬至，則是由巽至坤，是未生之卦，是逆推，故曰知來者逆，《易》是推測未來事物，故《易》是逆數。

> 雷以動之，風以散之，雨以潤之，日以烜（ㄒㄩㄢ）之，艮以
> 止之，兌以說之，乾以君之，坤以藏之。

　　八卦之作用與形象有關，帶有目的論的意義，即宇宙論的產生，由乾、坤（天地）定位起，產生其他六卦，每一卦在產生宇宙萬物上有其一定的作用。「雷以動之」，是說雷的作用是在使萬物開始生成運動，雷即指電，《易經》作者認為春雷一響，萬物俱動，宇宙中一切動力都由雷電所發動，震為雷，故現實世界上，震卦為動力的泉源。「風以散之」，雷電響起，雷的威力乘風擴散，無處不入，無遠弗屆。「雨以潤之」，萬物滋生必須依賴水分潤養。「日以烜之」，烜，乾也。離卦火性有乾燥的作用，萬物先滋養以水，再提供日曬的光合作用，有天地萬物滋生，才有人文世界的存在。

　　「艮以止之」，艮指大山，有阻止的作用，凡事適可而止。又指少男血氣方剛，應內斂涵養。「兌以說之」，兌指湖泊、沼澤，都使人身心愉悅，兌又指少女，秋收喜悅之象。「乾以君之」，乾指天，天道主宰萬物運作，指領導者，一國之君，一家之主。「坤以藏之」，天道運作是形而上的法則，形而下的物質世界是借地道實現。

> 帝出乎震，齊乎巽，相見乎離，致役乎坤，說言乎兌，戰乎
> 乾，勞乎坎，成言乎艮。

　　前述「天地定位」是由觀察大自然所產生先天八卦的起源概念，與自然觀貼切。春夏秋冬的順序，順時鐘排列出後天八卦順序。先天八卦不足以應付人文思想之進步，必須由後天八卦繼續補充。後天八卦的構成原理，是基於社會經驗、人文義

理的需求；雖然乾、坤二卦誕生其他六卦，但誕生後與其他六卦同為大家庭中之一分子，成為平等互動之八卦。

　　後天八卦方位形成的原理，據傳是由文王所作的。故當時後天八卦進步至討論八卦應用的原理，即如何把先天八卦性質應用到實際的經驗事物中去，因此與社會人文貼切。文王作成後天八卦，乃是把先天八卦應用到時間上的四時春、夏、秋、冬及空間上的四正東、西、南、北與四隅東南、西南、西北、東北所形成的，且所形成的後天八卦與太陽一天之路徑方位相同，也與一年氣候現象相近，以利應用到一切經驗事物上面。

　　「帝出乎震」，天帝為生養萬物之主，其勢震而動之，絜齊萬物如巽風吹拂無往不至。帝王坐北向南，萬民呼擁齊聚離方，以坤道使役四方。

　　「說言乎兌」，「說」是喜悅、和悅、秋收，是兌卦之作用。秋天要「戰乎乾」意謂太陽下山由白天轉為黑夜，或由秋轉為冬天，加緊收藏，準備抗寒作戰。其次，「勞乎坎」：「勞」是憂勞，漫長的冬天，大地一片蕭蕭然。也是慰勞辛苦一年的時候，家家團圓彼此慰勞，此為坎卦的功能，故曰：「勞乎坎」。嚴冬時戶外活動全部休止，「成言乎艮」，「艮」是「止」的意思，即一年至此接近尾聲，應檢討一個階段的得失，等待進入另一個春天的循環。

萬物出乎震，震，東方也。齊乎巽，巽，東南也。齊也者，言
萬物之絜（ㄐㄧㄝˊ）齊也。離也者，明也。萬物皆相見，南
方之卦也。聖人南面而聽天下，嚮明而治，蓋取諸此也。坤也
者，地也。萬物皆致養焉，故曰致役乎坤。兌，正秋也，萬物
之所說也，故曰說言乎兌。戰乎乾，乾，西北之卦也，言陰陽
相薄也。坎者，水也，正北方之卦也，勞卦也，萬物之所歸
也，故曰勞乎坎。艮，東北之卦也，萬物之所成終而所成始
也，故曰成言乎艮。

「萬物出乎震」，震是東方之卦，東方為日出之處，象
徵陽之始及萬物之始。斗柄指東為春，春時萬物萌芽，震動提
供生成能量。「齊乎巽，巽，東南也。齊也者，言萬物皆絜齊
也。」萬物出生後，至巽而齊一完滿，「絜」即「潔」，即整
齊完滿也。「離也者，明也，萬物皆相見，南方之卦也」，離
為日，日表光明，萬物在光明之下才能相見，「離，南方之卦
也」，太陽正中時偏南方，故離卦放在南方。即說「聖人南面
而聽天下，嚮明而治，蓋取諸此也。」聖明的君主都是面向南
方的，聽天下之意見，離就是光明的政治。「坤也者，地也，
萬物皆致養焉，故曰：致役乎坤」，坤是地，萬物要依靠地來
滋養，故曰「致役乎坤」。

「兌，正秋也，萬物之所說也，故曰：說言乎兌」，炎
夏之後，正秋八月，萬物皆成，令人和悅，又有歡呼收割的喜
悅現象。「戰乎乾」，乾，西北陰地之卦，乾為純陽，陰陽相
薄，不免交戰。「勞乎坎」有如水之不捨晝夜一樣，而冬天萬
物閉藏，為收納而勞動，勉勵君子慎勿功虧一簣。「艮，東北
之卦也，萬物之所成終而所成始也，故曰；成言乎艮」，指萬

物皆歸於休養，即萬物生息至此成終，而準備開始另一過程。「艮」又是「止」，即告一段落，故以「艮」來代表方位，艮之前的坎卦代表冬天，位在北方，坎之後為艮，一方面代表一年萬物終成，一方面又代表來年的萬物重始，故其位置應在北方與東方之間。

> 神也者，妙萬物而為言者也。動萬物者，莫疾乎雷。撓萬物者，莫疾乎風。燥萬物者，莫熯（ㄏㄢˋ）乎火。說萬物者，莫說乎澤。潤萬物者，莫潤乎水。終萬物始萬物者，莫盛乎艮。

　　八卦運動，變化推移，未見使之然者，故言造作神妙。乾坤二卦是萬物運動的本源。乾坤來源為「神」，即形而上的太極本體，萬物產生的潛能。形而上的本體，是無形的東西能產生有形的萬物，故是「妙生」。乾坤產生萬物，是運用六種卦象的作用，雷動、風疾、火燥、澤悅、水潤、艮終等特性。

　　「動萬物者，莫疾乎雷」雷（震卦之象），雷是萬物動力之源，故曰發動萬物的生機者，沒有比雷更有力的。「撓萬物者，莫疾乎風」，「撓」是摧撓發散，即風有摧枯拉朽之作用。「燥萬物者，莫熯乎火」，「熯」是乾燥的意思，若要使萬物乾燥，莫不如離火之力量。「說萬物者，莫說乎澤」，澤指沼澤，先天卦之兌澤，則指雨澤之總稱，後天澤卦則是指少女、喜悅等；沼澤能滋生、調節氣候、賞心悅目等功效，令萬物歡悅的。「潤萬物者，莫潤乎水」，潤是滋潤，滋潤萬物，無水不成。「終萬物，始萬物者，莫盛乎艮」，艮卦，指萬物終始之分際作用，使萬物之活動告一段落，並作為另一循環的開始，艮是高山，高山也是分水嶺，代表艮卦的作用。

> 故水火相逮，雷風不相悖，山澤通氣，然後能變化，既成萬物也。

「故水火相逮」，「相逮」是互相需求，水火是飲食的基本要素，缺一不可。「雷風相薄」，「相薄」不是相違反，而是相反、相成、相融合的現象，所謂「不相悖」即不相違悖，互相牽引之意。「山澤通氣」，艮為山，艮兼指「止」和「始」之義，地面之水由艮土生之，艮土止後，必有出路重新開始。「然後能變化，既成萬物也」，《說卦》作者認為宇宙之運動變化，就是由上述六卦之相互作用推動，既而生成萬物。

> 乾，健也。坤，順也。震，動也。巽，入也。坎，陷也。離，麗也。艮，止也。兌，說也。

卦象之性質，各有主題。

乾☰，三爻純陽，為剛健之象，故曰「乾，健也」。乾象天，天體運行剛健不息，所謂「天行健」也，故是健。

坤☷，三爻純陰，為柔順之象；故曰「坤，順也」。坤象地，地是順承於天的，即地上萬物之變化是順承天時，也是順承乾卦，故是柔順。

震☳，卦畫一陽動於二陰之下，即為震動之象，故曰「震，動也」。震象雷，雷的震動為萬物動力之源，故為動。

巽☴，巽為風，一陰進入二陽之下，陰柔順行，風行無所不入，故曰「入」。柔順於剛，能申命行事，今宜入德。

坎☵，一陽陷溺於二陰之中，故為「陷」。其卦畫坎象水，水流向低窪處，故為陷，危機之象。

離☲，二陽附麗於一陰之上，是二男附麗於一女也。離象

火，火燃燒必附麗於物之上，故離火附麗於天，故曰「離，麗也」。

　　艮☶，三爻陽剛代表至高，無法再進，故曰「艮，止也」。艮象山，山聳立在平地上象徵阻止，又象徵靜止。

　　兌☱，上爻陰柔，中下爻均為陽剛，上為外，中下均為內，即外柔而內剛也，此即是和悅之象，故曰：「兌，說也。」「兌，說也」，兌象澤，沼澤寧靜滋養的功用，令人和悅。

乾為馬，坤為牛，震為龍，巽為雞，坎為豕（ㄕˇ），離為雉（ㄓˋ），艮為狗，兌為羊。

　　八卦說象的動物，即所謂「遠取諸物」。前面說乾是剛健，而馬的運動在古代是剛健的，故「乾為馬」。而牛是任重而柔順耐勞的，故以坤象牛。「震為龍」，震表示雷電之震動及沛然成雨，古人認為龍能從地面翻騰昇天，呼風喚雨，故以震象龍。「巽為雞」，巽主號令申命，巽又能知時，巽之為風，因時因地而變化，即如雞鳴之定時，故以巽象雞。「坎為豕」，坎是陷溺，豬圈最陷溺於污泥之中，故以坎象豕。「離為雉」，上面的「離」解作「麗」，即「附麗」，「離」象徵內外光明，，即文采盎然之意，雉雞外表文明華麗，故離取象為雉。「艮為狗」，狗是看守門戶的，防止生人入內，艮為「止」，故生人止步，以艮象狗。「兌為羊」，兌象澤，澤是令人和悅的，羊同樣是善良取悅於人的，善字從羊，是和悅的動物，故以兌象羊。

> 乾為首，坤為腹，震為足，巽為股，坎為耳，離為目，艮為手，兌為口。

　　所謂「近取諸身」，取八卦在人身上類似之形象而定義，因此八卦可分別模擬人身上之象。「乾為首」，乾為天，天在上，象人之頭部。「坤為腹」，坤為地，大地包藏萬物，食物下肚，腹部亦包藏食物，故以坤象腹。「震為足」，震為震動、春木，足能走動，足類似東方之木，故以震象足。「巽為股」，「巽」為順，股順從足，故以巽象股。「坎為耳」，坎者，陷也，象徵聽覺器官陷在內，君王坐北，耳聽南臣之言。「離為目」，離表火，火為光明，眼睛用於見光明，故以離象目。「艮為手」，艮為止，止卦成終成始，而手的作用可終可始，故以艮象手。「兌為口」，兌卦上爻陰柔，中下爻均陽剛，象徵人口之嘴唇外柔，西方屬金故牙齒內剛。

> 乾，天也，故稱乎父。坤，地也，故稱乎母。震，一索而得男，故謂之長男。巽，一索而得女，故謂之長女。坎，再索而得男，故謂之中男。離，再索而得女，故謂之中女。艮，三索而得男，故謂之少男。兌，三索而得女，故謂之少女。

　　後天八卦以家庭為中心，用乾、坤二卦由下向上變卦，依序求出其餘六卦，而不依據自然現象解說卦義，以之建立後天的宇宙論。後天八卦強調人文道德，本節說明乾坤六子以明父子之道，所以文王的八卦次序是體會社會倫理之需求而建立的。《周易正義》云：「以乾、坤為父、母而求得其子，得父氣者為男，得母氣者為女。坤初求得乾氣為震，故曰長男；坤二求得乾氣為坎，故曰中男；坤三求得乾氣為艮，故曰少男。

乾初求得坤氣為巽，故曰長女；乾二求得坤氣為離，故曰中女；乾三求得坤氣為兌，故曰少女。」人類經由乾男坤女之婚姻結合，以陽爻陰爻交會代表衍生後代，故坤卦先索陽爻為震長男，次索為坎中男，三索為少男。而乾卦先索陰爻為巽長女，次索為離中女，三索為少女。

> 乾為天，為圓（ㄩㄢˊ），為君，為父，為玉，為金，為寒，為冰，為大赤，為良馬，為老馬，為瘠（ㄐㄧˊ）馬，為駁馬，為木果。

　　八卦所象各種事物，範圍很廣。象數派之《易》理注解，大量引用本章。乾為天，為圓，因天體運轉如圓弧。為君，因天為萬物之主，取其尊道貴德，有如君王為萬民景仰。為父，乾為首，父為一家之主導。為玉，取清脆陽剛剔透之象。為金，西北方屬金，金為堅毅蕭瑟。為寒為冰，乾在西北方，為寒冷之地。為大赤，取乾卦三爻皆陽，以太陽火紅色為大赤。為良馬，天行健，良馬代表健行。行健長久，又為老馬。為瘠馬，瘠馬多骨，骨是陽，故象瘠馬。又為駁馬，駁馬是顏色不純之馬，此馬甚猛而無法馴服，有牙如鋸齒，能食虎豹，亦是至健之馬，故乾象駁馬。為木果，星星附著於天，木果為附著樹上的果實，果實有仁，乾為仁，故象木果，為天之附屬品。

> 坤為地，為母，為布，為釜（ㄈㄨˇ），為吝嗇，為均，為子母牛，為大輿，為文，為眾，為柄，其於地也為黑。

　　坤象地，大地生育萬物，故為母。布可柔軟包覆，地廣載萬物，故坤象布。釜，烹飪用的鍋，釜與「資」並用，象徵坤道資生萬物，故坤又象釜。「為吝嗇」者，依孔穎達《周易

正義》云，地生物而不轉移，生物各適其所，象徵各嗇，故坤象各嗇。地生育萬物，平等對待，故為均，平均也。「為子母牛」，受孕之牛為子母牛，坤本為牛，地生育萬物，故又象受孕之子母牛也。「為大輿」者，「輿」是載貨的車子，象徵地載萬物，故坤亦象大輿。「為文」，文是文采，即斑斕色雜，故坤象文。「為眾」，眾多也，取其地載萬物非一也，故象眾。「為柄」者，「柄」是依托之意，地為萬物依托之本，故坤象柄。「其於地也為黑」：坤為陰，天清地濁，陰暗灰黑之色，為坤之象。

震為雷，為龍，為玄黃，為旉（ㄈㄨ），為大塗，為長子，為決躁，為蒼筤（ㄌㄤˊ）竹，為萑（ㄏㄨㄢˊ）葦。其於馬也，為善鳴，為馵（ㄓㄨˋ）足，為作足，為的（ㄉㄧˋ）顙（ㄙㄤˇ）。其於稼也，為反生。其究為健，為蕃鮮。

　　震卦☳ 陽氣主動，從下而上，雷電震動，古人以為從地下往上衝起。「震為雷」者，為龍，震動之義。「為玄黃」者，玄是黑而幽深的顏色，指烏雲蔽日，雷電交加時之天色，黃指土地的顏色，所以玄黃代表天地相雜而成蒼色之意義。「為旉」，「旉」是散布的意義，取冬天萬物凍結凝聚，春雷發動使萬物發散，以至春氣和煦，草木皆吐。「為大塗」者，「大塗」為大的路途，取雷動之時萬物生長，順大道而行，萬物之所生。「為長子」者，因一索得男，震為長子。「為決躁」者，「決」是疾速，「躁」是躁急，皆比喻陽氣剛動。「為蒼筤竹」者，此係初生之竹，震陽氣初動，竹初生之時色蒼筤，比喻春生之美。「為萑葦」者，「萑葦」為下實上虛的蘆葦，震卦下一陽而上二陰，陽爻象實，陰爻象虛，故象萑葦。「其

於馬也為善鳴」者，雷聲響亮而遠聞，故以雷之象與馬之善鳴並比。「為馵足」者，「馵足」為馬之後足呈白色者，足走動時白色閃光，象徵雷電之閃光，故象馵足。「為作足」者，「作足」為馬兩足並舉，為動躍行健之象，故為作足。「為的顙」者，「的顙」是白額之馬，動而易見，故象「的顙」。「其於稼也為反生」者，「稼」是稼穡，即農事，「反生」是難生，始生時戴甲而出，故象徵天災等稼穡難生時，為震卦之象。震卦一陽在下，二陰在上，陽之生長受二陰之覆蓋，故難生長為震之象。「其究為健」者，震卦卦體為坤與乾初交所得之卦，陽動之來源為乾，乾為健，故震卦之究極為健旺。「為蕃鮮」者，「蕃」是繁殖茂盛，「鮮」是鮮明，取其春時草木蕃殖茂盛而鮮明之象。

> 巽為木，為風，為長女，為繩直，為工，為白，為長，為高，為進退，為不果，為臭。其於人也，為寡髮，為廣顙，為多白眼，為近利市三倍。其究為躁卦。

巽卦☴，為「順」之意，木可以輮曲直，柔順，故巽為木。「為風」者，取其陽爻在上，風吹木搖，無所不入，故巽為風，為「入」。又風柔順，亦為巽之象。「為長女」者，巽一索得長女。「為繩直」者，取其號令齊物，如繩之直木。因繩索柔軟可拉直，並作為標齊對正之基準。故號令齊物，繩直如一。「為工」者，「工」即工作，加工改變事物，使事物功能彰顯。「為白」者，風吹去灰塵，可顯現潔白本質。「為長」者，此形容風行之遠，無遠弗屆。「為高」者，巽木向上生長，風性高遠。「為進退」者，風向柔順，可進可退。「為不果」者，不果斷也，柔順即缺乏果斷，故巽象不果。「為

臭」者，臭，氣也，氣味由風吹而來，故象臭。「其於人也為寡髮」者，風吹樹落葉，風吹人落髮，象徵毛髮稀薄。「為廣顙」者，即廣額也，廣額即頭髮稀少（前額禿，非地中海禿）。「為多白眼」者，多白眼即黑眼珠較小，取躁人之眼其色多白。「為近利」者，躁人之情多近於利，急功近利。近利也是容易獲得利益，獲利者多柔順而和氣生財，故近利為巽之象。「市三倍」者，「市」為交易，巽木繁衍，故獲利三倍，誇言其多。「其究為躁卦」者，巽為柔順，物極必反，巽至極而變化，其錯卦恰變為震卦　，震為決躁之卦，取其風之近極於躁急。

坎為水，為溝瀆（ㄉㄨˊ），為隱伏，為矯輮（ㄖㄡˊ），為弓輪。其於人也，為加憂，為心病，為耳痛，為血卦，為赤。其於馬也，為美脊，為亟（ㄐㄧˊ）心，為下首，為薄蹄，為曳。其於輿也，為多眚（ㄕㄥˇ），為通，為月，為盜。其於木也，為堅多心。

坎卦☵，卦體上下皆陰，中一陽爻，象外柔內剛，故為水，水行無所不通。「坎為水」者，為溝瀆，溝為小河，瀆為通海的大水，溝瀆均含藏流水。水流低窪處，為坎卦之象。「為隱伏」者，陽爻隱匿於二陰之中，象徵水隱伏地中。「為矯輮」者，使彎曲者變直為矯，使直者變彎曲為輮，水流可曲可直，故象矯輮。「為弓輪」者，弓可射箭，水亦可如箭激射，故象弓。又車輪旋轉如水流不斷。「其於人也為加憂」者，坎卦卦體二陰夾一陽，外虛而中實，象徵心中有憂慮險難。「為耳痛」者，君王坐北方主聽，因耳痛在內，象坎卦卦體也。「為血卦」者，即坎卦為血卦，水在地上流，如血之在

人身流動。「為赤」者，血的顏色是赤的。「其於馬也為美脊」者，亦取其卦象之形狀，陽爻在中，堅實如馬之脊背。「為亟心」者，亟者，急也，急性之馬內心急。「為下首」者，水流向下，故象馬之下首。「為薄蹄」者，取水流破地而行。「為曳」者，「曳」是地上托拉而行，水著地磨行而流，故象曳。「其於輿也為多眚」者，「輿」是車，「眚」是災難，一三爻陰柔，比喻車行積滯，力弱不能重載，故言災難多。「為通」者，作事如水流應直則直，應曲則曲，故言暢通無阻。「為月」者，此係與離卦相對而言，離為火象日，坎水即指月，月乃水之精。「為盜」者，取水之潛伏流行如盜賊之潛行。「其於木也為堅多心」者，坎卦上下陰虛而中爻陽實，比喻如木之中心堅實，剛健在內。

> 離為火，為日，為電，為中女，為甲冑，為戈兵。其於人也，為大腹，為乾卦。為鱉，為蟹，為贏（ㄌㄨㄛˊ），為蚌，為龜。其於木也，為科上槁（ㄍㄠˇ）。

離卦☲，外陽而中虛，火是外強而中虛的，故象火，取南方之五行。「離為火」者，為日，日乃火之精，火為光明，太陽光明，故離為日。「為電」者，這是象電之光明，因離為光明，雷震動生電，電之光明則為離之象。「為中女」者，離再索而得女，謂之中女。「為甲冑」者，甲冑是古代戰袍，外面是堅硬的，離卦二陽爻在外，陰爻在中虛象，象徵外面堅硬，故象甲冑。「為戈兵」者，戈兵是上端尖銳的兵器，象徵以剛強捍衛自身。「其於人也為大腹」者，腹部為內虛之象，離卦中爻陰虛，故取大腹之象。「為乾卦」者，火能烜乾萬物，故為乾燥之象。「為鱉，為蟹，為贏，為蚌，為龜」等生物，

都是外有硬殼者，故均是離卦外陽中虛之象，總括水產類似之物。「其於木也，為科上槁」者，「科」指木中空之象，木既中空，其上必然枯槁，故有枯槁分離之象。

艮為山，為徑路，為小石，為門闕（くㄩㄝˋ），為果蓏（ㄌㄨㄛˇ），為閽（ㄏㄨㄣ）寺，為指，為狗，為鼠，為黔（くㄧㄢˊ）喙（ㄏㄨㄟˋ）之屬。其於木也，為堅多節。

　　艮卦☶，二陰在下，一陽在上，陰在下象地，坤為地，陽在上象徵地面突起，故為山之象。「艮為山」者，為徑路，艮與震恰相反，震一陽在下，二陰在上，「為大塗」，象大路途；而艮則二陰在下，一陽在上，故象徵小路。又山間小路，可行而難行，有「止」之象，艮為止，故象徵山高而有澗道。「為小石」者，艮卦二陰在下，一陽在上，象徵石頭堆在地上，但艮為「少男」，故象小的石頭。「為門闕」者，「門闕」為王宮門外之望樓，即門外突起的東西，模仿艮卦二陰在內，一陽在外突起之象。「為果蓏」者，「果蓏」為草與木之果實，果實在外是堅實的，取其出於山谷之中，為艮卦二陰在下，一陽在上之象。「為閽寺」者，「閽寺」為寺廟之守門人，制止閒雜人等。艮卦二陰在內象徵室內空間，一陽在外，象徵守門之人。「為指」者，指在手之上端，指可動，艮卦在外一陽爻象徵手指動作，取其執止物也。「為狗」者，狗守門者，制止人入內，職責有如閽寺。「為鼠」者，家人阻止鼠輩竄入，又鼠常守在洞口，有如狗在門口。「為黔喙」者，指肉食動物之屬，黔喙為山獸，肉食動物如豺狼之類，棲止山間，有如狗居屋中，鼠居洞中，故亦為艮象。「其於木也，為堅多節」者，「節」為「止」之義，《周易正義》云：「取其山之

所生，其堅勁故多節也。」

> 兌為澤，為少女，為巫，為口舌，為毀折，為附決。其於地
> 也，為剛鹵，為妾，為羊。

兌卦☱，上端為坎☵的上半，坎象徵流動的水，而兌初爻變為陽爻，象徵停留的水，故為沼澤。「為少女」者，兌三索得女，謂之少女。「為巫」者，巫為古代溝通神人者。「為口舌」者兌上陰柔象口，中下二陽爻象口中之舌也。兌卦上陰爻為柔，象徵口，口為柔也，巫人用口舌，但說出的語言為剛強，兌卦下二爻為陽，象徵剛強。「為毀折」者，物之毀折表柔弱，兌主秋季，取秋季農作物成熟，槁稈之屬必逢收割而毀折。又毀折加口舌為挑撥離間，蓋兌上缺，象口舌，多嘴也，多嘴之人，挑撥離間。「為附決」者，「決」是決斷，「附決」為所附之物之決斷，即秋收時果實脫離附著而摘落之象，故兌之象附議他人。「其於地也為剛鹵」者，鹵是天生的鹽澤，天生曰鹵，人造曰鹽，「剛」是剛健，天生之鹽池須地中打鑿穿井，土厚石堅有剛健之現象。「為妾」者，兌為少女，取少女從姊為娣也。妾在妻中之地位較低，故類比為少女。「為羊」者，羊為善良令人和悅之動物，兌為澤，澤為令人和悅者，故兌象羊。

十五、八宮六十四卦表

上卦＼下卦	乾 天	兌 澤	離 火	震 雷	巽 風	坎 水	艮 山	坤 地
乾 天	乾為天	澤天夬	火天大有	雷天大壯	風天小畜	水天需	山天大畜	地天泰
兌 澤	天澤履	兌為澤	火澤睽	雷澤歸妹	風澤中孚	水澤節	山澤損	地澤臨
離 火	天火同人	澤火革	離為火	雷火豐	風火家人	水火既濟	山火賁	地火明夷
震 雷	天雷无妄	澤雷隨	火雷噬嗑	震為雷	風雷益	水雷屯	山雷頤	地雷復
巽 風	天風姤	澤風大過	火風鼎	雷風恒	巽為風	水風井	山風蠱	地風升
坎 水	天水訟	澤水困	火水未濟	雷水解	風水渙	坎為水	山水蒙	地水師
艮 山	天山遯	澤山咸	火山旅	雷山小過	風山漸	水山蹇	艮為山	地山謙
坤 地	天地否	澤地萃	火地晉	雷地豫	風地觀	水地比	山地剝	坤為地

六十四卦全圖

乾宮八卦（陽。屬金）：

乾為天。天風姤。天山遯。天地否。

風地觀。山地剝。火地晉。火天大有。

坎宮（陽。屬水）：
坎為水。水澤節。水雷屯。水火既濟。
澤火革。雷火豐。地火明夷。地水師。

艮宮（陽。屬土）：
艮為山。山火賁。山天大畜。山澤損。
火澤睽。天澤履。風澤中孚。風山漸。

震宮（陽。屬木）：
震為雷。雷地豫。雷水解。雷風恆。
地風升。水風井。澤風大過。澤雷隨。

巽宮（陰。屬木）：
巽為風。風天小畜。風火家人。風雷益。
天雷无妄。火雷噬嗑。山雷頤。山風蠱。

離宮（陰。屬火）：
離為火。火山旅。火風鼎。火水未濟。
山水蒙。風水渙。天水訟。天火同人。

坤宮（陰。屬土）：
坤為地。地雷復。地澤臨。地天泰。
雷天大壯。澤天夬。水天需。水地比。

兌宮（陰。屬金）：
兌為澤。澤水困。澤地萃。澤山咸。
水山蹇。地山謙。雷山小過。雷澤歸妹。

六十四卦全圖

乾宮八卦屬金

乾為天 (六沖)	天風姤	天山遯	天地否 (六合)
父母戌土　　世	父母戌土	父母戌土	父母戌土　　應
兄弟申金	兄弟申金	兄弟申金　　應	兄弟申金
官鬼午火	官鬼午火　　應	官鬼午火	官鬼午火
父母辰土　　應	兄弟酉金	兄弟申金	妻財卯木　　世
妻財寅木	子孫亥水	官鬼午火　　世	官鬼巳火
子孫子水	父母丑土　　世	父母辰土	父母未土

風地觀	山地剝	火地晉 (游魂)	火天大有 (歸魂)
妻財卯木	妻財寅木	官鬼巳火	官鬼巳火　　應
官鬼巳火	子孫子水　　世	父母未土	父母未土
父母未土　　世	父母戌土	兄弟酉金　　世	兄弟酉金
妻財卯木	妻財卯木	妻財卯木	父母辰土　　世
官鬼巳火	官鬼巳火　　應	官鬼巳火	妻財寅木
父母未土　　應	父母未土	父母未土　　應	子孫子水

坤宮八卦屬土

坤為地 (六沖)	地雷復 (六合)	地澤臨	地天泰 (六合)
子孫酉金　　世	子孫酉金	子孫酉金	子孫酉金　　應
妻財亥水	妻財亥水	妻財亥水　　應	妻財亥水
兄弟丑土	兄弟丑土　　應	兄弟丑土	兄弟丑土
官鬼卯木　　應	兄弟辰土	兄弟丑土	兄弟辰土　　世
父母巳火	官鬼寅木	官鬼卯木　　世	官鬼寅木
兄弟未土	妻財子水　　世	父母巳火	妻財子水

雷天大壯 (六沖)	澤天夬	水天需 (游魂)	水地比 (歸魂)
兄弟戌土	兄弟未土	妻財子水	妻財子水　　應
子孫申金	子孫酉金　　世	兄弟戌土	兄弟戌土
父母午火　　世	妻財亥水	子孫申金　　世	子孫申金
兄弟辰土	兄弟辰土	兄弟辰土	官鬼卯木　　世
官鬼寅木	官鬼寅木　　應	官鬼寅木	父母巳火
妻財子水　　應	妻財子水	妻財子水　　應	兄弟未土

震宮八卦屬木

震為雷 (六沖)	雷地豫 (六合)	雷水解	雷風恒
妻財 戌土 ▬▬　世	妻財 戌土 ▬▬	妻財 戌土 ▬▬	妻財 戌土 ▬▬　應
官鬼 申金 ▬▬	官鬼 申金 ▬▬	官鬼 申金 ▬▬　應	官鬼 申金 ▬▬
子孫 午火 ▬▬▬	子孫 午火 ▬▬▬　應	子孫 午火 ▬▬▬	子孫 午火 ▬▬▬
妻財 辰土 ▬▬　應	兄弟 卯木 ▬▬▬	子孫 午火 ▬▬▬	官鬼 酉金 ▬▬▬　世
兄弟 寅木 ▬▬	子孫 巳火 ▬▬	妻財 辰土 ▬▬　世	父母 亥水 ▬▬▬
父母 子水 ▬▬▬	妻財 未土 ▬▬　世	兄弟 寅木 ▬▬	妻財 丑土 ▬▬

地風升	水風井	澤風大過 (游魂)	澤雷隨 (歸魂)
官鬼 酉金 ▬▬	父母 子水 ▬▬	妻財 未土 ▬▬	妻財 未土 ▬▬　應
父母 亥水 ▬▬	妻財 戌土 ▬▬　世	官鬼 酉金 ▬▬▬	官鬼 酉金 ▬▬▬
妻財 丑土 ▬▬　世	官鬼 申金 ▬▬	父母 亥水 ▬▬▬　世	父母 亥水 ▬▬▬
官鬼 酉金 ▬▬▬	官鬼 酉金 ▬▬▬	官鬼 酉金 ▬▬▬	妻財 辰土 ▬▬　世
父母 亥水 ▬▬▬	父母 亥水 ▬▬▬　應	父母 亥水 ▬▬▬	兄弟 寅木 ▬▬
妻財 丑土 ▬▬　應	妻財 丑土 ▬▬	妻財 丑土 ▬▬　應	父母 子水 ▬▬▬

巽宮八卦屬木

巽為風 (六沖)	風天小畜	風火家人	風雷益
兄弟 卯木 ▬▬▬　世	兄弟 卯木 ▬▬▬	兄弟 卯木 ▬▬▬	兄弟 卯木 ▬▬▬　應
子孫 巳火 ▬▬▬	子孫 巳火 ▬▬▬	子孫 巳火 ▬▬▬　應	子孫 巳火 ▬▬▬
妻財 未土 ▬▬	妻財 未土 ▬▬　應	妻財 未土 ▬▬	妻財 未土 ▬▬
官鬼 酉金 ▬▬▬　應	妻財 辰土 ▬▬▬	父母 亥水 ▬▬▬	妻財 辰土 ▬▬　世
父母 亥水 ▬▬▬	兄弟 寅木 ▬▬▬	妻財 丑土 ▬▬　世	兄弟 寅木 ▬▬
妻財 丑土 ▬▬	父母 子水 ▬▬▬　世	兄弟 卯木 ▬▬▬	父母 子水 ▬▬▬

天雷無妄 (六沖)	火雷噬嗑	山雷頤 (游魂)	山風蠱 (歸魂)
妻財 戌土 ▬▬▬	子孫 巳火 ▬▬▬	兄弟 寅木 ▬▬▬	兄弟 寅木 ▬▬▬　應
官鬼 申金 ▬▬▬	妻財 未土 ▬▬　世	父母 子水 ▬▬	父母 子水 ▬▬
子孫 午火 ▬▬▬　世	官鬼 酉金 ▬▬▬	妻財 戌土 ▬▬　世	妻財 戌土 ▬▬
妻財 辰土 ▬▬	妻財 辰土 ▬▬	妻財 辰土 ▬▬	官鬼 酉金 ▬▬▬　世
兄弟 寅木 ▬▬	兄弟 寅木 ▬▬　應	兄弟 寅木 ▬▬	父母 亥水 ▬▬▬
父母 子水 ▬▬▬　應	父母 子水 ▬▬▬	父母 子水 ▬▬▬　應	妻財 丑土 ▬▬

坎宮八卦屬水

坎為水（六沖）	水澤節（六合）	水電屯	水火既濟
兄弟　子水　世	兄弟　子水	兄弟　子水	兄弟　子水　應
官鬼　戌土	官鬼　戌土	官鬼　戌土　應	官鬼　戌土
父母　申金	父母　申金　應	父母　申金	父母　申金
妻財　午火　應	官鬼　丑土	官鬼　辰土	兄弟　亥水　世
官鬼　辰土	子孫　卯木	子孫　寅木　世	官鬼　丑土
子孫　寅木	妻財　巳火　世	兄弟　子水	子孫　卯木

澤火革	雷火豐	地火明夷（游魂）	地水師（歸魂）
官鬼　未土	官鬼　戌土	父母　酉金	父母　酉金　應
父母　酉金	父母　申金　世	兄弟　亥水	兄弟　亥水
兄弟　亥水　世	妻財　午火	官鬼　丑土　世	官鬼　丑土
兄弟　亥水	兄弟　亥水	兄弟　亥水	妻財　午火　世
官鬼　丑土	官鬼　丑土　應	官鬼　丑土	官鬼　辰土
子孫　卯木　應	子孫　卯木	子孫　卯木　應	子孫　寅木

離宮八卦屬火

離為火（六沖）	火山旅（六合）	火風鼎	火水未濟
兄弟　巳火　世	兄弟　巳火	兄弟　巳火	兄弟　巳火　應
子孫　未土	子孫　未土	子孫　未土　應	子孫　未土
妻財　酉金	妻財　酉金　應	妻財　酉金	妻財　酉金
官鬼　亥水　應	妻財　申金	妻財　酉金	兄弟　午火　世
子孫　丑土	兄弟　午火	官鬼　亥水　世	子孫　辰土
父母　卯木	子孫　辰土　世	子孫　丑土	父母　寅木

山水蒙	風水渙	天水訟（游魂）	天火同人（歸魂）
父母　寅木	父母　卯木	子孫　戌土	子孫　戌土　應
官鬼　子水	兄弟　巳火　世	妻財　申金	妻財　申金
子孫　戌土　世	子孫　未土	兄弟　午火　世	兄弟　午火
兄弟　午火	兄弟　午火	兄弟　午火	官鬼　亥水　世
子孫　辰土	子孫　辰土　應	子孫　辰土	子孫　丑土
父母　寅木　應	父母　寅木	父母　寅木　應	父母　卯木

艮宮八卦屬土

艮為山 (六沖)	山火賁 (六合)	山天大畜	山澤損
官鬼 寅木 ▅▅▅ 世	官鬼 寅木 ▅▅▅	官鬼 寅木 ▅▅▅	官鬼 寅木 ▅▅▅ 應
妻財 子水 ▅ ▅	妻財 子水 ▅ ▅	妻財 子水 ▅ ▅ 應	妻財 子水 ▅ ▅
兄弟 戌土 ▅ ▅	兄弟 戌土 ▅ ▅ 應	兄弟 戌土 ▅ ▅	兄弟 戌土 ▅ ▅
子孫 申金 ▅ ▅ 應	妻財 亥水 ▅▅▅	兄弟 辰土 ▅▅▅	兄弟 丑土 ▅ ▅ 世
父母 午火 ▅ ▅	兄弟 丑土 ▅ ▅	官鬼 寅木 ▅▅▅ 世	官鬼 卯木 ▅▅▅
兄弟 辰土 ▅ ▅	官鬼 卯木 ▅▅▅ 世	妻財 子水 ▅▅▅	父母 巳火 ▅▅▅

火澤睽	天澤履	風澤中孚 (游魂)	風山漸 (歸魂)
父母 巳火 ▅▅▅	兄弟 戌土 ▅▅▅	官鬼 卯木 ▅▅▅	官鬼 卯木 ▅▅▅ 應
兄弟 未土 ▅ ▅	子孫 申金 ▅▅▅ 世	父母 巳火 ▅▅▅	父母 巳火 ▅▅▅
子孫 酉金 ▅▅▅ 世	父母 午火 ▅▅▅	兄弟 未土 ▅ ▅ 世	兄弟 未土 ▅ ▅
兄弟 丑土 ▅ ▅	兄弟 丑土 ▅ ▅	兄弟 丑土 ▅ ▅	子孫 申金 ▅▅▅ 世
官鬼 卯木 ▅▅▅	官鬼 卯木 ▅▅▅ 應	官鬼 卯木 ▅▅▅	父母 午火 ▅ ▅
父母 巳火 ▅▅▅ 應	父母 巳火 ▅▅▅	父母 巳火 ▅▅▅ 應	兄弟 辰土 ▅ ▅

兌宮八卦屬金

兌為澤 (六沖)	澤水困 (六合)	澤地萃	澤山咸
父母 未土 ▅ ▅ 世	父母 未土 ▅ ▅	父母 未土 ▅ ▅	父母 未土 ▅ ▅ 應
兄弟 酉金 ▅▅▅	兄弟 酉金 ▅▅▅	兄弟 酉金 ▅▅▅ 應	兄弟 酉金 ▅▅▅
子孫 亥水 ▅▅▅	子孫 亥水 ▅▅▅ 應	子孫 亥水 ▅▅▅	子孫 亥水 ▅▅▅
父母 丑土 ▅ ▅ 應	官鬼 午火 ▅ ▅	妻財 卯木 ▅ ▅	兄弟 申金 ▅▅▅ 世
妻財 卯木 ▅▅▅	父母 辰土 ▅▅▅	官鬼 巳火 ▅ ▅ 世	官鬼 午火 ▅ ▅
官鬼 巳火 ▅▅▅	妻財 寅木 ▅ ▅ 世	父母 未土 ▅ ▅	父母 辰土 ▅ ▅

水山蹇	地山謙	雷山小過 (游魂)	雷澤歸妹 (歸魂)
子孫 子水 ▅ ▅	兄弟 酉金 ▅ ▅	父母 戌土 ▅ ▅	父母 戌土 ▅ ▅ 應
父母 戌土 ▅▅▅	子孫 亥水 ▅ ▅ 世	兄弟 申金 ▅ ▅	兄弟 申金 ▅ ▅
兄弟 申金 ▅ ▅ 世	父母 丑土 ▅ ▅	官鬼 午火 ▅▅▅ 世	官鬼 午火 ▅▅▅
兄弟 申金 ▅▅▅	兄弟 申金 ▅▅▅	兄弟 申金 ▅▅▅	父母 丑土 ▅ ▅ 世
官鬼 午火 ▅ ▅	官鬼 午火 ▅ ▅ 應	官鬼 午火 ▅ ▅	妻財 卯木 ▅▅▅
父母 辰土 ▅ ▅ 應	父母 辰土 ▅ ▅	父母 辰土 ▅ ▅ 應	官鬼 巳火 ▅▅▅

十六、卜筮的基本注意事項

一、無事不亂占。練習者占身外之事，例如天氣、股市。

二、一事不二占。

三、問事者嬉鬧、試探、褻瀆神明不占。

四、心術不正、投機賭博、違背倫理道德不占。

五、飲酒、宿醉、服藥、吵雜等神智無法集中者，不占。

六、服裝儀容端莊，雙手洗乾淨。

七、最好有固定之位置，客廳、書房亦可。通風採光動靜皆宜。神明佛祖前最適宜。

八、神位前點香三支或檀香爐亦可。

九、無神位時，雙手合掌誠心鑑請亦有效。

十、宜先用紙書寫再占卦請示。

十一、無事不可隨意請神占卦，否則真有需求反而不驗。

十二、平時勤修易理，務必融會貫通。

十三、慈悲為懷、設身處地、收費合理。不可落井下石、趁火打劫。

禱詞

以錢三文，熏於爐上，致敬而祝。祝曰：

天何言哉，叩之即應，神之靈矣，感而遂通。今有某人某事，關心罔知休咎，罔釋厥疑，惟神惟靈，望垂昭報，若可若否，尚明告之。

祝畢擲錢，一背為單，畫—。二背為拆，畫--。三背為

重，畫○。純字為交，畫╳。自下而上，三擲內卦成。再祝曰：

　　某宮三象，吉凶未判，再求外象三爻，以成一卦，以決憂疑。

　　祝畢，復如前法再擲，合成一卦，而斷吉凶，至敬至誠，無不感應。

十七、卦的基本認識

一、**當位**：亦稱得位、得正。陽爻居於一、三、五爻位。陰爻居於二、四、六爻位。當位之爻，比喻事物之發展，符合正道、規律、準則。

二、**承與乘**：相鄰兩爻，在下者承擔在上者，稱「承」，陰陽當位的相承為吉，不當位得相承為凶。在上者凌乘於下者，稱「乘」；陰爻乘陽爻為「承剛」，陽爻乘陰爻之上，則理所當然。

三、**比應**：相臨兩爻為「比」，象徵相臨關係。「應」者，初爻與四爻，二爻與五爻，三爻與上爻的對應關係，陰陽相應稱有應。

四、**中位**：二爻為下卦中位，五爻為上卦中位。

五、**以卦體（位置）劃分**：**內卦**，又稱下卦，也稱貞卦；外卦，又稱上卦，也稱悔卦。亦可分出天位、地位、人位，合稱「三才之位」。

六、**以占卜（動靜）劃分**：**靜卦**，又稱體卦，也稱貞卦，指沒有動爻的卦象，論卦體則內卦為貞卦，論占卜則

靜卦（本卦）為貞卦。動卦，又稱用卦，也稱悔卦，指包含動爻的卦象。

七、**以占卜（卦變）劃分**：**本卦**，又稱正卦，指按一定筮法求出的原卦；之卦，又稱變卦，指按一定筮法變動後的卦象。

八、**以屬性劃分**：**四陽卦**，又稱四剛卦，指乾、震、坎、艮；四陰卦，又稱四柔卦，指坤、巽、離、兌。

九、**十二消息卦**：又稱十二辟卦，也稱君卦。消卦，指十二消息卦中陽爻漸消的卦，即：姤、遯、否、觀、剝、坤；息卦，指十二消息卦中陽爻漸長的卦，即：復、臨、泰、大壯、夬、乾。

十、**往來卦**：指《周易》六十四卦中前後相鄰的兩卦，前卦對後卦而言為往卦，後卦對前卦而言為來卦。

十一、**四正卦、四隅卦**：八卦中居於東、西、南、北四個正位上的卦為四正卦；八卦中居於東南、西南、東北、西北等，四個隅位上的卦為四隅卦。在先天八卦方位與後天八卦方位中，正四卦與四隅卦所指亦不相同。四隅卦又稱四維卦。

十二、**錯綜卦**：錯卦，即對卦，又稱旁通卦，也稱類卦，指陰陽相對的卦，如坎與離、中孚與小過等。綜卦，即反卦，又稱覆卦，指將一卦反覆過來，上下顛倒所得到的卦，例如屯與蒙、需與訟。

十三、**半對卦、半覆卦**：半對卦分上對與下對兩種，上對卦為上卦相對而下卦相同，如中孚與歸妹；下對卦為下卦相對而上卦相同，如師與明夷。半覆卦分上覆與下覆兩種，上覆卦為上卦反覆而下卦相同，如

大畜與大壯；下覆卦為下卦反覆而上卦相同，如無妄與遯。

十四、**相易卦**（反易卦、對易卦）：反易卦，即上下反易卦，指六十四卦別卦中上卦和下卦為顛倒反覆的卦，如頤與大過。對易卦，即上下對易卦，又稱交卦，交易卦、交錯卦、也稱上下易、兩象易，指六十四卦別卦中上卦與下卦為陰陽對立關係的卦，如泰與否、既濟與未濟等。

十五、**互卦**：也稱互體卦、約象、中爻，一般指由中、四爻（二三四五爻）交互組合而成的卦，有時也指一二三四爻或三四五上爻交互組合而成的卦。

十六、**象卦**：又稱大象，是指將六爻卦看成三爻卦之象。如中孚、頤均象離，稱之為大離；小過、大過均象坎，稱大坎；觀象艮，稱大艮等。

十七、**包卦**：六爻卦上下三爻包容中三爻的卦象。如咸、恒為坤包乾；損、益為乾包坤等等。

十八、**父母、六子卦**：父母卦指乾坤二卦，六子指震、巽、坎、離、艮、兌六卦。

十九、**納甲筮法類卦**：月卦，指月卦身；宮卦即八宮卦，指內卦和外卦為同一經卦構成的八純卦（本位卦）；幾世卦（上世、一世、二世、三世、四世、五世、游魂、歸魂），指表示八宮卦依據一定規則變化時最後變爻停留位置和性質的卦。

二十、**八卦、六十四卦**：八卦，又稱經卦、單卦、三爻卦、小成之卦。六十四卦，又稱別卦、重卦、六爻卦、大成之卦。

十八、梅花易數論卦象

　　六十四卦是天地萬物的縮影，因此人們求卦以解憂疑，就是利用卦象的隱喻進行推理。宋代邵雍著作《梅花易數》膾炙人口，舉出起卦之方法有年月日時起、物數占、聲音占、字占、尺寸占、為人占等。而解卦之靈活運用，則在於對八卦基本形象之功夫。因此整理其書相關內容如下。

（一）、乾卦

　　乾為天，為圓，為君父，為首，為玉，為金，為寒，為冰，為大赤，為良馬，為老馬，為瘠馬，為駁馬，為木果。（《九家易》云：「為龍、為直、為衣、為言。」）如姤、遯、否、履、无妄、訟、同人七卦，乾在上，剛在外。如大有、泰、大壯、夬、需、大畜、小畜七卦，乾在下，剛於內。乾坤剛柔，四發八變，惟六動隨時有異，不拘於一。乾性溫而剛直，位西北，不居子午而居戌亥。附於禮法，則為剛善，為明；不附於禮法，則為剛惡，為凶暴。

　　【天文】雪、老陽。

　　【天氣】寒。

　　【凶盜】軍、弓手、賊、強橫、停尸。

　　【官貴】朝貴、鹽司、大守、座主。

　　【身體】頂、面頰、頄輔。

　　【性情】剛健正直、尊重、好高、戰吉。

　　【聲音】正清、商。

　　【信音】朝信改、召命、薦舉、關陞、義親。

　　【事意】上卦為形象之家，下卦為強橫之輩。

【疾病】手太陽脈弦緊，天威所罰上壅目熟、寒熱。

【附藥】丸子。

【食物】餅子之赤者、手餅、饅頭、荷包、豬頭腦骨頭、
　　　　羹、珍粉、餛飩。

【穀果】粟、栗、瓜、豆、龍眼、荔。

【禽獸】雀、鵰、鶚、鷹（餘備載於前）。

【衣服】赤玄色。

【器用】圓物盞、注子盤、水晶、玉環、定器。

【財】恩義交貨、錢馬之類。

【祿】壬申。

【字】方圓形字，有頭者須傍八卦。

【策】二百一十六。

【軌】七百六十八。

（二）、坤卦

　　坤為地，為母，為布，為釜，為腹，為吝嗇，為均，為
牛，為子母牛，為大輿，為文，為眾，為柄。其於地也為黑。
坤土體柔，外於六卦，柔在下，柔在內。坤厚位，居偏在西南
申上。附於理法則聖賢，否則邪蕩。

【天文】霧、露、雲、陰。

【地理】郡國、宮闕、城邑、牆壁。

【人物】母、妻、儒、農、僧。

【凶盜】奴婢藏在僻處。

【官貴】大臣、教官、考校文字。

【生育】女，肥厚。

【性情】順緩不信事，頑鈍無慈愛。

【聲音】宮音。

【事意】遲滯、頑懦、慳吝、從容。

【疾病】手、太陰候、腹痛、脾胃閉、脈沈伏。

【飲食】藜羹、燒熬凍物、鵝、鴨、肺。

【太牢飲食】飴糖。

【五味】苦、辣、甘。

【果品】取物汁。

【音信】順遂，可許捷應，辰戌丑未月日。

【財物】束脩、抄題、僧衣、布裳。

【婚姻】富家、莊家、商家、醜拙、性吝、大腹、壯、遲
　　　　鈍、面黃。

【器用】轎、車、瓦器、田具、沙器。

【禽獸】牛、牝馬、鷗、雀、鴉、鴿。

【字】圭、金、四、牛旁。

【祿】癸酉。

【策】一百四十四

【軌】六百七十二。

（三）、震卦

　　震為雷，為龍，為玄黃，為旉，為大塗，為長子，為足，為決躁，為蒼筤竹，為萑葦。其於馬也為善鳴，為馵足，為作足，為的顙。其於稼也為反生。其究為健，為蕃鮮。（《九家易》云：「為王，為鵠、為鼓。」）春夏性嚴剛直，眾所欽服；秋冬剛而不威。不能制物，不好閑賦，性偏而偶。附於理則為威嚴，否則為躁暴。體用上卦為飛，下卦為走。

　　【天文】雷、虹霓、電。

【地理】屋市宅、門戶枋。

【方所】正東。

【人物】商旅、將帥、工匠。

【凶盜】東去，男人盜。

【官貴】監司、郡守、刑幕、巡檢、法官。

【生育】長男、轉動、虛驚、怪異。

【性情】始剛，故決斷。急於動，故躁。

【婚姻】官宦家、技巧工，女容心神好動、靜易轉。

【聲音】上下角、上平聲、三音七聲。

【音信】所許不至。

【事意】舊事重疊、有名無實。

【疾病】氣積冷傷胃、四體勞倦、溫冷傷食。

【藥】足太陽、脉洪浮。

【宴會】酒會、玩賞、期集。

【食物】麵食、包子、酒、時新之物。

【穀果】芋、小豆、稼、時新之果。

【禽獸】蜂、蝶、白鷺、鶴。

【器用】木器盤、竹器筐、算盤子、舟車、兵車、轎、器皿、瓶盞甌、樂器、鼓。

【衣物】裙、腰帶。

【纏帶】繩、疋帛、青玄黃之綵。

【財】陰人取索、竹木錢。

【祿】庚。

【字】走竹旁、立畫偏。

【色】青、玄、黃。

【策】百六十八。

【軌】七百四。

（四）、巽卦

巽為木，為風，為長女，為繩直，為工，為白，為長，為民，為高，為進退，為不果，為魚，為雞。其於人也為寡髮，為廣顙，為多白眼，為股，為近利市三倍。其究為躁卦。（《九家易》云：為揚，為鸛。）春夏有權，號令謀略；秋冬剛柔不一，與物為害。巽人也，凡事敢為，不退避。巽陰，賦性偏，附於禮法則為權謀，否則為姦邪。

【天文】風。

【地理】林苑、園圃。

【人物】命婦、藥婆、工術女。

【凶盜】奴婢商量取去、宜急來之。

【官貴】典獄、考校、幹官。

【身體】耳、目、膽、髮、命、口、肢。

【生育】長女、胎月少、瑩白。

【性情】鄙野、慳吝、艱苦、號咷。

【婚姻】命婦、宗室女、委望、進退。

【聲音】角音、角仄聲、三聲、四聲上下。

【信音】召命、報捷、辟差、舉狀。

【事意】薦舉、呈發、申審、號令、聽命。

【病】手足厥會和氣候三十日、脈濡弱、飲食傷胃、宿酒、為臭、水穀不化。

【藥】草藥。

【宴會】家筵、客不齊。

【穀果】蔴、粉、茶。

【食物】長麵粉羹。

【膽】 雞、魚、腸、肚、酸物，下卦為鵝、鴨。

【器用】竹木草具、繩、絲絃索、樂器。

【禽獸】雞、鵝、鴨、魚、善鳴之蟲禽。上卦飛，下卦走。

【衣物】衣、繩、絲、青綠、碧、白、紫色。

【財】利市喜羨、租錢、料錢。

【祿】辛。

【字】草木竹旁、西方，絲魚菜舟齒足疾大豆辣。

【策】百九十二。

【軌】七百三十六。

（五）、坎卦

坎為水，為溝瀆，為中男，為耳，為豕，為隱伏，為矯揉，為弓輪。其於人也，為加憂，為心病，為耳痛，為血卦，為赤。其於馬也為美脊，為亟心，為下首，為薄蹄，為曳。其於輿也，為多眚，為通，為月，為盜。其於木，也為堅多心。春夏性險，不顧危亡，為事多暴。秋冬性邪，先難後易，有謀略，有膽志，坎險維心亨，內主坎陷賦性，而居北坎之體，隱伏之物，水中之物。附於禮法為剛，否則為險陷。

【天文】月、虹、雲、霜。

【地理】海闊、水泉、溝瀆、廁。

【方所】正北、丘墓中、狐兔穴中。

【人物】僧、道。

【凶盜】乘便而來、脫頭露尾、易敗必獲。

【官貴】漕運、錢糧、漕官、運屬。

【身體】髮、膏、血。

【生產】難產、中男、清秀。

【性情】心機陰陷、智隨方圓委曲。

【婚姻】富家、酒家、親家用牲。

【聲音】羽中上卦、羽平六聲下卦。

【信音】反覆猶豫、小人欺詐、佞狡獪、盜賊、獄訟。

【疾病】足太陰之氣、脉滑芤。

【附藥】補腎藥、或酒水下。

【食物】酒、鹹物、豕、魚、海味中硬而核、腰子。

【穀果】麥、棗、梅、李、桃、外柔內堅有核。

【禽獸】鹿、豕、象、豚、狐、燕、螺。

【器用】酒器、車輪、敗車。

【衣物】青黑色。

【財】爭訟之財與是非之財。

【字】兩頭點水全水月小弓之屬。

【祿】戊。

【色】黑皂、白。

【策】一百六十八。

【軌】七百零四。

（六）、離卦

離為火，為日，為電，為中女，為甲胄，為兵戈。其於人也，為大腹，為目，為乾卦。為雉，為鱉，為蟹，為蠃，為蚌，為龜。其於木也為科上槁。（《九家易》云：為牧牛。正洙作牝牛）春夏性明，文彩有斷，秋冬晦而不明，始終不決。離，麗也，明察於心，賦性直而居正。附於禮法則為文明，否則為非也。

【天文】日、霞、電、晴。

【地理】殿堂、中堂、簷、廚竈。

【方所】正南。

【人物】為將帥兵戈甲之士。

【凶盜】婦人盜，從南方去。

【官貴】翰苑、教官、通判、任宜在南方。

【身體】三焦、小腸、目、心。

【生育】次女、多性燥啼哭。

【性情】聰明、見事明了。

【信音】朝信、文書、報捷。

【事意】憂疑、眊拓、喧哄、性急、虛憂。

【疾病】手足二君太陽明三相火，眼病、氣燥、熱疾、發
　　　　狂。

【禽獸】鳳有文彩、鱉、螺、蚌、蟹、螯、蛤、贏、鶉、
　　　　鶴、飛鳥、牝羊。

【食物】餛飩、蟹、鱉、蚌、介虫之屬、中虛物、炙煎物。

【穀果】穀實粱藕、外堅內柔之物、棘木之花葉枯枝。

【器用】燈火之具、外堅內柔之物、屏幕簾旗幟、戈兵甲
　　　　冑、盤、甌瓶繳壁一應中虛之物、窰竈爐冶盒子
　　　　甕籠。

【衣物】赤紅紫色。

【財】遠舊取索意外之物。

【字】火日旁。

【祿】己。

【策】一百九十二。

【軌】七百六十三。

（七）、艮卦

艮為山，為少男，為手，為徑路，為小石，為門闕，為果蓏，為閣寺，為指、為狗（《漢上》作豹熊虎之子），為鼠，為黔喙之屬。其於木也，為堅多節。（《九家易》云：為鼻、為膚、為皮革、為虎、為狐。）春夏性稟溫和好善，秋冬執滯不常，為事遲緩。艮，止也，有剛有柔，艮陽賦性偏而居偏。附於禮法為剛直，否則為頑梗。

【天文】星、烟。

【地理】山徑墻巷、丘園、門、闌、閣寺、宗廟。

【方所】東北方、艮、門牆、寺。

【人物】閣寺僕隸、官僚、保人。

【凶盜】以下所使警迹人。

【官貴】山郡無遷轉。

【身體】手指鼻肋脾胃。

【生育】損胎、次男。

【性情】濡滯多疑，優游內剛，中軟。

【聲音】清上平，一音，十二音，三聲。

【事意】反覆進退，去就多疑。

【疾病】手太陽，久患脾胃、股疾、脉沈伏。

【附藥】濕土石藥。

【宴會】常酣、宴飲、期集。

【穀果】豆、大小粟。

【食物】粳點之物，所食不一。酒漿雜爐之物，凍物，雜羹，有汁物，鴨鵝，甘味。

【禽獸】牝牛、子母牛、鵠、鶻、鴉、鵲、雀、鷲、鷗、鼠。

【器用】轎輿、犁具、兵甲器、陶冶瓦器、鍋斧瓶甕簋傘、
　　　　錢袋、磁器、踏鐙、螺　、盒子、內柔外剛之物。

【衣物】黃裳、僧衣、黑皂彩帛、袋布。

【祿】丙。

【財】舊錢置轉貨，買田土趁錢。

【字】土牛田傍。

【策】一百六十八。

【軌】七百零四

（八）、兌卦

　　兌為澤，為少女，為巫，為口舌，為毀折，為附決。其
於地也，為剛鹵，為妾，為羊。（《九家易》云：為堂，為輔
頰。）春夏性說好辯，秋冬好雄。兌，說也，邪言偽行，無所
不為，隨波逐流。附於禮法則和順，否則邪佞淫濫。

【天文】雨露、春霧、細雨。夏秋重霧，冬大雪。上為
　　　　雨，下為露。

【地理】井、泉、泗澤。

【方所】西方。

【人物】先生、客人、巫匠、媒人、牙人、少女、妾娼。

【官貴】學官、將帥、縣令、考校、樂友、赴任西方。

【凶盜】家使童僕藏于僻地。

【身體】口肺、膀胱、輔頰、舌。

【生育】少女、胎月不足、多奇異。

【性情】喜悅口舌多美。

【聲音】商上下、商之濁四聲。

【婚姻】平常之家少女，媚悅。

【信音】喜西丑時日至。

【事意】唇吻，口舌讒謗相欺、爭打婦人，暗昧。

【疾病】口痛、唇齒咽喉危困。

【附藥】剉劑。

【宴會】講書、會友、請先生、吟賞。

【食物】包子、有口舌物、糖餅、燒餅、肝肺。

【穀果】栗、黍、棗、李、胡桃、石榴。

【禽獸】羔羊、鹿、猿、豹、虎、豺、鷺、魚。

【器用】席、鐵、銅、錢、器皿、酒盞、瓶、甌、有口
　　　　器、或損缺。

【衣物】綵。

【財】束脩、合本。

【祿】丁。

【字】家金、鈎口傍。

【色】素白。

【策】一百九十二。

【軌】七百三十六。

六爻預測基本認識

第貳篇　六爻預測基本認識

一、緒言

（一）、金錢卦由來

　　《繫辭》云：「《易》有聖人之道四焉：以言者尚其辭，以動者尚其變，以制器者尚其象，以卜筮者尚其占。」因此《周易》主導著占卜的發展趨勢。陰陽之說至漢朝有了重大改變，易學家將五行與陰陽、八卦、天干、地支等結合出一套更綿密的占卦方式。

　　京房，西漢經學家。學易於孟喜之門人焦延壽，以通變說易，好講災異。綜合孟喜之卦氣說、陰陽五行說等。主要內容有八宮卦說、納甲說、五行說、卦氣說、陰陽二氣說等。金錢卦法亦稱擲錢法，其中有一法，是以三個銅錢代替蓍草，亦稱「文王課」。以銅錢三枚扣於手中或卜筮器具中搖動擲出，有字者為正面，若僅見一正面為陰爻為「拆」，僅見一背面為陽爻為「單」，三個背面或正面均為動爻，稱老陰「重」或老陽「交」。總之，依據正面或背面之情況決定陰爻或陽爻，擲六次則成一卦。

　　金錢卦法是在「納甲」基礎上發展起來，將卦中各種因素配置五行，依照六十四卦按八宮排列，安「世」、「應」、「卦身」、「六神」、「六親」等，然後按照五行的刑沖合會、日月生剋、空破墓絕、動爻飛神伏神等關係進行占斷。納甲筮法最早見於《京房易傳》，其後魏晉管輅、郭璞，唐朝李淳風，宋代邵雍，明清胡宏（《黃金策》作者），程良玉

（《易冒》作者），野鶴老人（《增刪卜易》作者）等，陸續增補以錢代筮之法，又因具備應期可斷與減少四營成易之繁瑣過程，遂成為應用最廣泛之卜卦方法。

納甲法以月亮的晦朔盈虧以象八卦，納以天干，以顯示八卦消息。《周易集解》記載：「日月懸天成八卦象，三日暮震結出庚。八日兌象見丁，十五日乾象盈甲，十六日巽象退辛，二十二日艮象消丙，三十日坤象滅乙，晦夕朔旦，坎象流戊。日中則離，離象就己。戊己土位，象見與中，日月相推，而明生焉。故懸象若明，莫大乎日月也。」即乾納甲，坤納乙，艮納丙，兌納丁，坎納戊，離納己，震納庚，巽納辛等。

（二）、文王卦起源

「納甲」之法，先秦或西漢有之。由乾、兌、離、震、巽、坎、艮、坤八宮所組成，每宮有八卦，依序為八純卦、一世卦、二世卦、三世卦、四世卦、五世卦、遊魂卦、歸魂卦，總計六十四卦。（參閱附圖六十四卦圖表）。所謂「納甲」者，將天干排納於六爻中，而以干支所屬之五行及卜卦時限，視其生剋以斷吉凶。納甲係十天干分納於八卦中，而以「甲」為首，所以稱為「納甲」。

納甲法又稱「火珠林法」，是因唐宋間麻衣道長著作《火珠林》一書，具體說明以錢代筮如何運作。近代有稱之「六爻預測」、「文王卦」、「五行易」等名稱。歷來相關之著作有《闡奧歌章》、《天元賦》、《黃金策》、《闡幽精要》、《卜筮正宗》、《斷易全書》、《筮學旨要》等。《周易》本是卜筮之書，《周易》哲學也是經由筮法錘鍊而成，因此通盤理解《周易》的義理、象數，是研究易學的必要過程。其

次，勤讀苦練，博覽群書也是必要的。《周易》的六十四卦，三百八十四爻，包含倫理、治國、婚姻、商事、行旅、刑獄、天文、祭祀等，正是鍛鍊國學常識的機會，不廣泛研讀《周易》，不擴大經學基礎，一昧只求立竿見影，罔顧《周易》基本精神，絕非伏羲、文王、周公、孔子等古聖賢所樂見。

（三）、《易》卜占卦注意事項

一、服裝儀容端莊，雙手洗乾淨。

二、最好有固定之位置，客廳、書房亦可。須通風採光，動靜適中之空間。神明佛祖前最適宜。

三、神位前點香三支或檀香爐亦可。

四、無神位時，雙手合掌誠心鑑請亦有效。

五、宜先用紙書寫再占卦請示。包括卜卦之年月日，請卦者姓名、年齡、性別、因何事而卜卦。

六、無事不可隨意請神占卦，否則真有需求反而不驗。

（四）、《卜筮全書》凡例

《卜筮全書一》易卦全書凡例：「易之為義，從日從月。陰陽之變，會意成名。易曰：變動不居，周流六虛，故卜筮之道貴在通融，勿泥形跡。吾人戴天履地，氣血精神莫不稟承天命。聖人作易以洩造化之妙，故人於日用事物進退行藏，行天地之正，合天地之宜，一念纔萌，神明斯應。今人以非義不軌而思，趨吉避凶。欲求卦之靈驗，未之有也。易不可以占險，其是之謂乎。凡有所占，當必誠必敬，齋心盥沐。焚香祈禱，則能感格神明，洞垂元鑑。苟或不然，難望響應。卜以決疑，既卜之後。若可若否，悉憑卦象。毋率己意，欲其吉而必使之

吉。慮其凶而必使之凶。再覆再占以瀆,先聖不惟怠忽神明,抑且反無張主。易曰:初筮告再三瀆,瀆則不告。凡自占或與人占,事在六親之中,當以用爻推看,或有事出異常,難以生剋剖斷者,須將世應日辰為主。或旺生扶合,或衰剋刑衝,定其吉凶。悔吝元元妙妙,惟在人之變通。卜筮固當鄭重其事,愈發虔誠專心致志。倘事在急迫,又何暇論其時日哉。古有子不問卜之說,亦不足泥,曾於子日占驗諸事,詳見黃金策註中。是書刪削繁蕪,增刊祕本始著入門之節,要次列元奧之篇章末,附吉凶之星曜條。貫有倫燦然不紊,同志之士,一覽自知無煩絮語。」總結上說:

一、斷卦貴在融通。

二、易不可以占險。

三、當必誠必敬。

四、子不問卜,不足為泥。

(五)、以錢代筮法與禱詞

以錢三文,熏於爐上,致敬而祝。祝曰:「天何言哉,叩之即應,神之靈矣,感而遂通。今有某人某事,關心罔知休咎,罔釋獗疑,惟神惟靈,望垂昭報,若可若否,尚明告之。」祝畢擲錢,一背為單,畫一。二背為拆,畫:。三背為重畫〇。純字為交,畫×。自下而上,三擲內卦成。再祝曰:「某宮三爻,吉凶未判,再求外卦三爻,以成一卦,以決憂疑。」祝畢,復如前法再擲,合成一卦,而斷吉凶,至敬至誠,無不感應。

二、裝卦方法

卜出卦象後，就依序裝上世應、干支、六親、六獸、動爻等。凡陽卦、陰卦、八宮性質、本卦、首卦、純卦、遊魂卦、歸魂卦等，可參閱基礎篇八宮六十四卦圖表。六個爻位配上天干地支，稱「納甲」。因為天干不列入吉凶現象之判斷，因此省略天干也算正常的。

（一）、干支裝法

納甲歌

乾金甲子（子寅辰）外壬午（午申戌）。

坎水戊寅（寅辰午）外戊申（申戌子）。

震木庚子（子寅辰）外庚午（午申戌）。

艮土丙辰（辰午申）外丙戌（戌子寅）。

巽木辛丑（丑亥酉）外辛未（未巳卯）。

離火己卯（卯丑亥）外己酉（酉未巳）。

坤土乙未（未巳卯）外癸丑（丑亥酉）。

兌金丁巳（巳卯丑）外丁亥（亥酉未）。

依據上述納甲歌，如果卜出乾為天卦，應由地支子位起，初爻子水，九二寅木，九三辰土，外卦由九四起午火，九五申金，九六戌土。其餘仿此。但陽順陰逆，所以乾、震、坎、艮四陽卦，是依據子、寅、辰、午、申、戌的順序。坤、巽、離、兌四陰卦，則是由亥、酉、未、巳、卯、丑的順序逆裝。其中每卦起點不同，乾卦（老父）起子水，震卦（長兄同父）起子水，由初爻子水開始逆行。坎卦（中男）起寅木。艮卦

（少男）起辰土。坤卦（老母）起未土。巽卦（長女）起丑土。離卦（中女）起卯木。兌卦（少女）起巳火。

（二）、安世應法

　　世爻與應爻是金錢卦的預測靈魂。求占者或求占的一方，稱為世爻。對立的人或對立的事物，稱為應爻。世爻與應爻之間空出兩爻，此兩爻稱間爻，故經由間爻可推測世爻與應爻間之情狀。所以世在初爻，應就在四爻。世在二爻，應在五爻。世在三爻，應在六爻，依此類推。《卜筮正宗》云：「八卦之首世六當，以下初爻輪上陽，遊魂八卦四爻立，歸魂八卦三爻詳。」每一卦的世爻與應爻都是固定而有規律的。

每宮第一卦，也就是內卦與外卦均相同之八純卦，世爻固定在最上爻，因此應爻在三爻。

　　每宮第二卦，世爻在初爻，應爻在四爻。
　　每宮第三卦，世爻在二爻，應爻在五爻。
　　每宮第四卦，世爻在三爻，應爻在六爻。
　　每宮第五卦，世爻在四爻，應爻在一爻。
　　每宮第六卦，世爻在五爻，應爻在二爻。
　　每宮第七卦，世爻在四爻，應爻在一爻。（遊魂卦）
　　每宮第八卦，世爻在三爻，應爻在六爻。（僅二、五爻相錯為歸魂卦）

　　另有一種尋求世應方法，不必強記。從初爻往上輪翻，陰爻變陽爻，陽爻變陰爻，只要發現變至內外卦相同時，該爻即為世爻所臨。若到五爻仍然尚未出現內外卦相同的情形，轉從

四爻向下行。若到初爻方為止，歸魂卦世爻就是在三爻。內外卦相同勿須變，因為那就是八純卦，世爻固定在上爻。所以世爻位置之口訣：一二三六看外卦，四五遊魂內變更，歸魂內卦是本宮。（須背誦）

（三）、裝六親法

所謂六親，指兄弟、父母、妻財、子孫、官鬼。以本宮五行為我，生我者為父母，我生者為子孫。剋我者為官鬼。我剋者為妻財。比和者為兄弟。現在以八純卦之乾卦為例：已知乾卦之五行屬於金，所以我為金。

初爻為子水，五行為金生水，稱子孫。
二爻為寅木，五行為金剋木，稱妻財。
三爻為辰土，五行為土生金，稱父母。
四爻為午火，五行為火剋金，稱官鬼。
五爻為申金，五行為金比和，稱兄弟。
六爻為戌土，五行為土生金，稱父母。

（四）、裝六神法

六神也稱六獸，以占卦日為準，從初爻逐步往上至六爻止。以青龍、朱雀、勾陳、螣蛇、白虎、玄武為順序。甲乙日起青龍。丙丁日起朱雀。戊日起勾陳。己日起螣蛇。庚辛日起白虎。壬癸日起玄武。由初爻依順序往上。六獸附隨在六爻，本身並無衰旺，而是依附各爻五行生剋與六獸特性而言。

（五）、練習例

綜合上述理解，整理出裝卦之次序如下，並以澤地萃卦為例。

例一：亥月癸未日(旬空：申酉) 得澤地萃。

一、畫出地支卦象。由初爻至上爻，依序畫出六爻。下卦
　　坤六斷，上卦兌上缺。
　　分辨六沖、六合、遊魂、歸魂等卦名。

二、安世應。由初爻輪流上揚，至上下卦一致，即為世爻
　　位置。

三、依照納甲歌裝干支。坤土乙未內卦順序未、巳、卯。
　　兌金起巳，內卦順序巳、卯、丑，外卦順序，亥、
　　酉、未。

四、裝六親。以八宮卦五行為我，澤地萃屬於兌宮，所以
　　初爻未土生金，生我為父母。巳火剋我為官鬼。其餘
　　仿此。

五、裝六神。癸日起玄武，依序為玄武→青龍→朱雀→勾
　　陳→螣蛇→白虎。完成後如下。

世應	卦爻	地支	六親	六獸
	− −	未土	父母	白虎
應	━━	酉金	兄弟	螣蛇
	━━	亥水	子孫	勾陳
	− −	卯木	妻財	朱雀
世	− −	巳火	官鬼	青龍
	− −	未土	父母	玄武

占卜的當日就稱為日辰，在斷卦時居於關鍵位置，對六爻預測不受節氣四季的限制。日辰除對各爻生、剋、沖、合、空亡外，各爻之長生月令、帝旺、墓庫、絕等也是重要因素。月建掌一月三旬，三十天的當權得令。

例二：寅月丁巳日（空亡：子丑），占得天澤履卦，讀者按照下列程序：
一、畫出六爻。
二、安世應。
三、裝干支。
四、裝六親。
五、裝六神。裝卦完成後，並可在表格中辨別月建、日辰關係。

世應	卦爻	地支	六親	六獸	月建（寅木）	日辰（巳火）
	▬	戌土	兄弟	青龍	月令剋入為死	日辰巳火生戌土，生入。
世	▬	申金	子孫	玄武	寅沖申為月破	日辰巳火剋申金，剋入。
	▬	午火	父母	白虎	月令生入為相	日辰巳火比和午火，比和。
	▬ ▬	丑土	兄弟	螣蛇	月令剋入為死	日辰巳火生丑土，生入。
應	▬	卯木	官鬼	勾陳	月令比和為旺	卦爻生日辰巳火，生出。
	▬	巳火	父母	朱雀	月令生入為相	日辰與卦爻同字，日建。

例三：子月丙申日(旬空：辰巳)，得水雷屯卦。

世應	卦爻	地支	六親	六獸	備註
	－－	子水	兄弟	青龍	
應	－－－	戌土	官鬼	玄武	
	－－	申金	父母	白虎	
	－－	辰土	官鬼	螣蛇	空亡
世	－－	寅木	子孫	勾陳	
	－－－	子水	兄弟	朱雀	

寅木子孫持世爻，安靜不動。月建子水生入為相，申日占卦寅申沖，子孫暗動。暗動者福來而不知，禍來而不覺。子孫暗動剋制應爻官鬼，生妻財。

例四：《增刪卜易》例，戊子日(空亡：午未)，占生產，得山地剝之風地觀。

世應	卦爻	地支	六親	六獸	動爻	地支	六親
	－－－	寅木	妻財	朱雀			
世	－－	子水	子孫	青龍	○	巳火	官鬼
	－－	戌土	父母	玄武			
	－－	卯木	妻財	白虎			
應	－－	巳火	官鬼	螣蛇			
	－－	未土	父母	勾陳			

占生產，以子孫為用神。子水子孫，化絕變鬼，不利生

育，幸有青龍臨子孫。

三、斷卦基礎知識

　　裝卦完成後，先看月建與日辰之生剋沖合，決定用神之旺相休囚，世爻與應爻之對應關係。其次觀察變爻，然後再看用神、元神、忌神等，如此卦象趨勢了然於心。進一步者，四時旺相、五行生剋、五行沖合、旬空月破、回頭生剋，三合六合、事屬各門各類等，依序判斷之。最重要在用神之正確選擇，否則差之毫釐，失之千里。其次，凡事多占，因為多占多問後，對於事情的變化過程，判斷的要件逐漸明朗，累積足夠的卦象資訊，等於間接砂盤推演日後的吉凶悔吝，自然臨事不憂不懼，增加成功之機率。

（一）、象數與義理兼備

　　金錢卦雖然以五行為基礎，但卦象千變萬化，作為《周易》忠誠的研究者，必須在象、數、義、理、占等各方面齊頭並進。「象」，指卦象、爻象，包含河圖洛書等圖示，並在《說卦傳》中詳細說明八卦卦象意義。「數」，數字是對《周易》陰陽數、大衍數、天地數、河圖洛書數等定量研究。「義」，首指《周易》原文之意義，次指《象傳》、《象傳》、《文言傳》，末指《繫辭》、《說卦》、《序卦》等。

　　「理」，指《周易》哲學思想，包括天道觀、人道觀、天人觀、辯證思維等。「占」，指各種占卜方法例如梅花易數、金錢卦等，卦象之取得則有年月日時起占、物數占、聲音占、字占、尺寸占、為人占等，端視其人卜卦習性。

象、數、義、理，是《易》學發生的階段。易的經驗的形象化與象徵化，是「象」。易的形象與象徵符號的關係化，以及在時空位置上的排列化，以及應用化與實用化，是「數」。易象的關係和排列，亦即易象在數的關係中呈現意義及凝為概念，是「義」。易的意義和概念發揮為命題及判斷，並形成系統，是「理」。「占」，則是以陰陽五行生剋制化之原理，推測人事吉凶悔吝之術數，上焉者結合象、數、義、理具體運用於社會生活倫理與人生實踐中。

（二）、野鶴秘法

野鶴秘法云：「如占防憂慮患者，若得子孫持世，無虞；官鬼持世，憂疑難解，須宜加意防閑。占功名者，若得官鬼持世，即許成名；子孫持世，且宜待時。占求財者，妻財持世，必得；兄弟持世，難求。占疾病者，若得六冲卦，近病不藥而癒；久病妙藥難調。」解卦是否真有如此簡單？以上所述只是一個大原則而已。往下細斷有空、破、墓、絕、反吟、伏吟、進神、退神、三合、六合、回頭生剋、日月生剋休囚等，不勝枚舉。野鶴又云：「若一卦不現，再占一卦。再占不現，次日又占。昔人泥其不敢再瀆，所以無法。」這是受到〈山水蒙〉卦，「初筮告，再三瀆，瀆則不告」的影響。又云：「事之緩者，隔日再占；事之急者，遲遲又占。不拘早晚，不必焚香，深夜亦可占之。只要單為一事，如心懷兩三事而占卦者，非一念之誠，絕無靈驗。」以上或有反對之說，反對再占，反對夜占，各持己見無妨。其餘整理如下：

　　一、假若占功名，或是官鬼持世，得其一者，得失已知，不必占矣。不可因厭惡其子孫持世，**翻盤**再占皆是茶

毒卦理。

二、若事情性質相同與他人同其禍福者，各占一卦，決之更易。例如行舟遇風暴，家中防火燭，人人俱可占之，結果或有不同。但有一個得其子孫持世，皆同沾其福無咎害。

三、若占疾病，病人自占，若不得六冲之卦，一家俱可代占。其中有一人得六冲卦者，或係近病久病，吉凶了然於心。

四、凡關係一己之禍福者，只宜暗中卜卦，不宜有人在傍。占卦完畢，吉凶自知，切不可將此卦又問識者。寧可存此卦帖，待事情過後，然後問人。

四、六親歌訣 /《卜筮正宗》六親歌

　　所謂六親，即父母、兄弟、子孫、妻財、官鬼等。卦象有六爻，裝上六親後，再依據六親的涵義與預測內容作出吉凶推斷；被選擇的六親，稱之為用神。除非特別狀態，否則沒有六親即無用神，無用神對預測事項即無法具象描述。六親無非取為用神之依據，但人生現象非常複雜，要由六親涵義全部包括自有疑問，可參酌《卜筮正宗》、《增刪卜易》、《卜筮全書》等。

《卜筮全書》云：

父母：生我者，謂之父母也。能為凶，能為吉，各有所用。遇財則有傷本體。逢鬼則增長光輝。發動則剋傷子孫，生扶兄弟。審其動靜衰旺，各有所宜。

兄弟：比和者，謂之兄弟也。大抵不能為福，亦不能為大凶。無非破敗、剋剝、阻滯之神也。怕逢官鬼發動，則受制。喜遇父母興隆，則有依。動則傷剋妻財，扶持福德，此理弘深，自宜推測。

子孫：我生者，謂之子孫也。逢之者，無不為佳。背之者，莫能為福。卦無父母，則無剋。爻有兄弟，則有依。動則生財，剋傷官鬼。

妻財：我剋者，謂之妻財也。諸事逢之無不為吉。惟占父母及文書，不宜見之。值兄弟，則有損。遇福德，則愈佳。逢官鬼，則洩氣。動靜皆吉。雖然動則生鬼，亦不宜發動也。後之學易者，自當通變。

官鬼：剋我者，謂之官鬼也。大抵為凶處多，為福處少。所畏者福德。所恃者，妻財，動則剋傷兄弟，生扶父母，然卦中雖凶而不可無，但宜靜而不宜動耳。占身命帶貴人，當為貴用。加凶煞，仍作鬼推。遇吉，必進祿加官。逢凶必喪亡疾病。占婚姻，為夫，旺相帶青龍者，必聰明俊雅之人，加貴人必有勾當，不然亦是官家子弟。若在胎養沐浴爻上，今雖未仕，他日必貴。最宜持世或臨陽象，皆名得地。

《卜筮正宗》六親歌訣

父母持世主身勞。求嗣妾眾也難招。

官動財旺宜赴試。財搖謀利莫心焦。

占身財動無賢婦。又恐區區壽不高。

兄弟持世莫求財。官興須慮禍將來。

朱雀並臨防口舌。如搖必定損妻財。

父母相生身有壽。化官化鬼有奇災。

子孫持世事無憂。求名切忌坐當頭。

避亂許安失可得。官訟從今了便休。

有生無剋諸般吉。有剋無生反見愁。

財爻持世益財榮，兄若交重不可逢，

更遇子孫明暗動，利身剋父喪文風。

求官問訟宜財拖，動變兄官萬事凶。

鬼爻持世事難安，占身不病也遭官，

財物時時憂失脫。功名最喜世當權。

入墓愁疑無散日，逢沖轉禍變成歡。

六親發動訣

父母動：

父動當頭剋子孫，病人無藥主昏沉，姻親子息應難得，買賣勞心利不存。觀望行人書信動，論官下狀理先分，士人科舉登金榜，失物逃亡要訴論。

兄弟動：

兄弟交重剋了財，病人難愈未離災，應舉雷同為大忌，官非陰賊耗錢財。若帶吉神為有助，出路行人尚未來，貨物經商

消折本，買婢求妻事不諧。

子孫動：

子孫發動傷官鬼。占病求醫身便痊。行人買賣身康泰。婚姻喜美是前緣。產婦當生子易養。詞訟私和不到官。謁貴求名休進用。勸君守分聽乎天。

妻財動：

財爻發動剋文書，應舉求名總是虛，將本經營為大吉，親姻如意樂無虞。行人在外身將動，產婦求神易脫除，失物靜安家未出，病人傷胃更傷脾。

官鬼動：

官鬼從來剋兄弟，婚姻未就生疑滯，病困門庭禍祟來，耕種蠶桑皆不利。出外逃亡定見災，詞訟官非有囚繫，買賣財輕賭博輸，失脫難尋多暗昧。

六親變化歌

父母化父母，文書定不許，化子進人丁，化鬼身遂舉，化財宅長憂，兄弟本身取。

兄弟化兄弟，凡占無所利，化父父憂驚，化財財未遂，化官身有災，化子卻如意。

子孫化子孫，人財兩稱情，化父田蠶旺，化財加倍榮，化鬼憂病產，兄弟必相爭。

妻財化妻財，錢龍入宅來，化官憂戚戚，化子笑哈哈，化父宜家宅，化兄當破財。

官化官為祿，求官宜疾速，化財占病凶，化父文書逐。化子必傷官，化兄家不睦。

問六親之用神

問自己，以世爻為用神。

問祖父母、父母，以父母爻為用神。

問兄弟，以兄弟爻為用神。

問妻妾，以財爻為用神。

問丈夫，以官爻為用神。

問子息，以子孫爻為用神。

問終身功名，以世爻為用神。

問終身財福，以世爻為用神。

問求財，以財爻為用神。

問合夥，以世爻為自己。應爻為合夥人。

問婚姻，男家占女，以財爻為用神。女家占男，以官爻為用神。

問胎孕，問胎以子孫爻為用神。

問產婦，以財爻為用神。

問產期，以子孫爻為用神。

問出行，以世爻為出行人，以應爻為地頭。

問行人，以世爻為問卜人，以應爻為行人。

問官司，以世爻為我。以應爻為他。

問災厄趨避，以世爻為用神。

問疾病，占自病，以世爻為用神。

問家宅，以父母爻為用神。

五、論用神

　　論吉凶必須先確定用神，如果用神選錯，則南轅北轍，失之千里。尤其社會現象一日百變，僅靠《增刪卜易》、《卜筮正宗》與各種訣法的記載，也還是有捉襟見肘的時候。不論占何種事，先看何爻為用神。以元神動而生伏，忌神動而剋害等，判斷旺相休囚。用神總以生多剋少，不坐空、破、墓、絕為吉。《增刪卜易》云「不拘占何事？先看何爻為用神？既得用神，須看旺象否？有元神動而生扶否？有忌神動而剋害否？」對於用神旺相、吉凶之解釋如下。

《增刪卜易》云：

用神宜旺：不可指定旺于四時，但得用臨日月，或遇日月動爻變爻生扶，或用爻遇長生、逢帝旺，皆謂之旺。

用神化吉：凡用神元神，動化回頭生、化長生、化帝旺、化比和，化日月，皆為化吉。

用神化凶：凡用神元神，動化回頭剋、化絕、化墓、化空、化鬼、化退神，皆為化凶。

　　《增刪卜易》例。辰月戊申日（空亡：寅卯），占父近病，得乾為天之風天小畜。

世應	卦爻	地支	六親	六獸	動爻	地支	六親
世	▬▬	戌土	父母	朱雀			
	▬▬	申金	兄弟	青龍			
	▬▬	午火	官鬼	玄武	○	未土	父母
應	▬▬	辰土	父母	白虎			
	▬▬	寅木	妻財	螣蛇			
	▬▬	子水	子孫	勾陳			

　　占父病，以父母爻為用神。卦中出現辰土、戌土、未土，以最旺之爻為準。辰月沖戌土為月破。未土為午火所生，午火貪與未合，不生辰土。而辰土居應爻，僅受寅木來剋，午火不生辰土，待丑日沖去未土，午火自然會生土，其病退愈。

　　《增刪卜易》云：歲君：即當年太歲。歲五：歲者，太歲；五者，卦之第五爻。
　　五位：每卦第五爻為君位。身，即指世爻三墓：用爻入日墓、入動墓、動而化墓。主象：自占卦，世為主象，又名主事爻。占父母兄弟，即父母兄弟爻為主事爻。

父母爻

> 《增刪卜易》云：占父母即以卦中之父母爻為用神。占祖父母、伯叔、姑姨父母，凡在我父母之上，或與我父母同輩之親，及師長、妻父母、乳母、拜認之父母、三父八母，或僕占主人，皆以父母爻為用神。占天地、占城池、牆垣、宅舍、屋宇、舟車、衣服、雨具、綢緞、布疋、氈貨、及章奏、文書、文章、書館、契約，亦以父母爻為用神。物類眾多，在人通變，一切庇護我身者是也。
>
> 《卜筮正宗》云：凡占祖父母、父母、師長、家主、伯叔、姑嫂、與我父母同輩之親友，及城牆、宅舍、舟車、衣服、雨具、求雨、紬布、氈貨、章奏、文章、館舍，俱以父母爻為用神。

父母之作用

父母生我雖能庇護，但忌逢妻財剋制，會合官鬼而能增強其勢。動則剋害子孫，福德受制，服藥、婚姻、買賣等不利。

問運氣：屬父母為體，觀察旺象、刑剋、休囚等，忌發動，傷剋子孫，子息緣薄。

問婚姻：若缺父母爻，無人主婚儀。或遇空亡，自行作主，艱難面對阻逆。

問生產：父母妨礙生育，動則難以生養，動化剋己凶險之象。子孫動，產期近矣。

問仕宦：父母旺相，不逢空亡、刑剋，不化子孫等，樂觀其成。

問訴訟：父母管文書，不動即生發事理，動即有理說不

　　　　清。原告須父母旺，被告宜父母衰弱。

問求財：財剋父母，動多則求財難。

問出行：遇旺相可求財，會休囚無功而返。

問行人：父母為書信，動剋世爻，魚雁往返。空亡落空。

問住宅：父母為宅舍，旺相則家宅安寧。逢空亡，向心力
　　　　不足。以空亡論青龍白虎。

　　《增刪卜易》例，自占吉凶者，以世爻為用神。如占得乾
為天。

世應	卦爻	地支	六親	六獸
世	━━━	戌土	父母	
	━━━	申金	兄弟	
	━━━	午火	官鬼	
應	━━━	辰土	父母	
	━━━	寅木	妻財	
	━━━	子水	子孫	

　　世爻臨戌土，即以戌土為自己，宜旺相，怕休囚，貴逢巳午之火以相生，最忌寅卯木來相剋。又不宜世爻落入空亡，尤其不宜世爻（戌土）臨月破（辰月占卦）。此卦有四處沖合應討論。

（一）、月建之生剋沖合

　　如果寅月卯月的木剋土，就是世爻受傷，休囚不利。

　　辰月占卦，辰戌對沖，稱為世爻逢月破，百無所用。改為巳午月占卦，火能生土，火旺土相，世爻逢旺相，大有可為。其餘丑、戌、未之月份皆土來扶持，諸事亨通。若在申、酉、

亥、子月占卦，對土而言皆為洩氣，稱休囚無力。

（二）、日辰之生剋沖合

同月建一般，如果寅卯日占卦，木剋土，日辰被傷。若月建巳、午、戌等，而在辰日占卦，辰沖戌，但有月建生扶，謂之世爻暗動。巳、午日占卦，火生土生旺，諸事皆吉。未、丑日土來相扶，戌日占卦，稱為世爻臨日建，當令得權。

（三）、動爻之生剋沖合

倘若二爻寅木發動可以剋戌土，三爻發動辰土沖戌土，四爻午火官星發動生助戌土等。

（四）、世爻自己發動，變出之爻能回頭生剋沖合

世爻戌土發動，動必有變，若變出巳午火，謂之回頭生世爻。變出寅卯之木，謂之回頭剋世爻。變出辰土，謂之回頭沖世。變出卯木，謂之回頭合世。此卦如果世爻變成澤天夬，則成未土兄弟來幫助戌土。

《增刪卜易》對以上四處生剋互見之情況作出結論，若全得生合用神者，諸占皆吉。三處生扶，一處剋，論吉。兩處生，兩處剋，須看旺衰。生用神之神旺相，則吉。反之，剋用神之神旺相，論凶。三處剋，一處生，若得相生之爻旺相者，亦可謂之剋處逢生，凶中得解；若值休囚者，有生之名，無生之實，與四處俱來剋者是同樣的凶。

兄弟爻

《增刪卜易》云：占兄弟、姊妹、族中弟兄、姑姨、姊妹、姊妹丈，及結義弟兄，皆以兄弟爻為用神。占姊妹丈，以兄弟爻為用神，予屢得驗。至占表兄弟，以兄弟爻為用神而不驗，還以應為用神者是。（按：兄弟乃同類之人，彼得志則欺凌，見財則爭奪。所以占財物，以之為劫財之神；占謀事，以之為阻隔之神；占妻妾婢僕，以之為刑傷剋害之神。）

《卜筮正宗》云：凡占兄弟姊妹、姊妹丈、夫妻之兄弟、世兄弟、盟兄弟、及知交朋友。俱以兄弟爻為用神。

兄弟之作用

　　兄弟比和不能生福，亦不論凶，惟剋財。逢官鬼則被剋，父母生則吉。動化剋妻財，占財不利。動生子孫，子孫為福德，制官鬼利於占病。行人半途有風雲故不至。買賣剋財故不利。用人無財故不佳。內卦自家兄弟，外卦狐群狗黨，端視生剋論吉凶而已。

　　問婚姻：兄弟剋財，若居於世爻應爻之間，則慎防媒介之言虛妄。兄弟逢世而動，縱有婚事，無奈有徘徊之兆。

　　問生產：兄弟有傷害之心，逢妻財空亡兄弟發動，謹防血光災厄。

　　問仕宦：兄弟是扯後腿的，旺相就是耗財、波折的現象。

　　問訴訟：兄弟動剋世爻，官司破財。動剋應爻，對手破財。

　　問求財：兄弟劫我之財，兄弟持世而動，財無緣。會伏

神，合夥有利。

問旅行：兄弟助我，旺相同行有伴。衰囚同行少，不宜
　　　　動，路途阻絕破財求平安。

問住宅：兄弟破我財，旺相家宅興，動則事倍功半，終究
　　　　財難落袋。

子孫爻

《增刪卜易》云：占子孫、占女、占婿、侄甥、門徒，凡在我
子孫輩中，皆以子孫爻為用神，占忠臣、良將、醫人、藥餌、
僧道、兵卒，皆以子孫爻為用神。占六畜、禽鳥，亦以子孫爻
為用神。
按：子孫為福德之神，為制鬼之神，為解憂之神，故謂子孫為
福神，諸事見之為喜。獨占功名者忌之，故又為剝官削職之
神。
《卜筮正宗》云：占兒女、孫姪、女婿、門生、忠臣、良將、
藥材、六畜、僧道、禽獸、陰晴、解憂、避禍及問天時、日月
星斗，俱以子孫爻為用神。

子孫之作用

子孫為我所生，福德之吉神，生財最利。忌逢父母來剋，
喜兄弟生。發動時可制官鬼，占病可癒，旅行、買賣、婚姻皆
吉。生產順利健康，官場不宜動，遁隱陶然自在。

問運氣：世爻持子孫，衣食福祿。臨險惡有貴人相助。

問婚姻：婚姻為傳宗接代，卦中無子孫，再考慮。

問生產：子孫為用神，陽爻旺相則生男，陰爻遇休囚則產
　　　　女。忌空亡。

問仕宦：子孫剋官鬼，職位不保，忌子孫動。官鬼旺相，
　　　　握手言和。

問訴訟：子孫為解神。旺相而動，利於和解。世應比和，
　　　　一片親和安詳。

問旅行：子孫出門順利，內卦發動，同伴有助益。

問行人：子孫為吉兆，動而剋世爻，歸路坦然，佳音在
　　　　即。

問住宅：子孫為家族食口，旺相人口多。

問疾病：子孫視為醫藥。卦中無子孫爻，病床纏綿。發動
　　　　則病癒，空亡則藥效落空。

妻財爻

《增刪卜易》云：占妻妾、婢僕、下役，凡我驅使之人，皆以
妻財爻為用神。占貨財、珠寶、金銀、倉庫錢糧，一切使用之
財物什器，亦以妻財爻為用神。
《卜筮正宗》云：凡占嫂與弟婦、妻妾、婢僕、及親友妻妾、
物價、錢財、珠寶、金銀、倉庫、錢糧、什物器皿，及問天
時、晴明，俱以妻財爻為用神。

妻財之作用

問運氣：我剋為妻財，諸事雖吉，惟占父母之身逢之則
　　　　不吉，因為妻財剋父母。會官鬼洩氣，動則剋父
　　　　母，不利求官。買賣得官署相助。婚姻順利。

問運氣：妻財代表平生食祿，在本卦三爻而遇生旺，中年
　　　　後財旺名聲佳。

問生產：妻財代表產婦，旺相無剋制空亡，生產順利。

問仕宦：妻財動或不見於本卦，剋父母文書，仕宦難成。

問訴訟：妻財有解難作用，遇世爻動有利，訟事順遂。

問旅行：妻財旺相出行有利，遇空亡注意宵小、扒手、敲竹槓。

問求財：妻財為用神，若生合世爻則吉。空亡落袋七折八扣。

問行人：妻財為財利，旺相則有外來之福澤。

問住宅：土財指田地，火財指六畜，木財為樹果竹，水財指魚鹽或流動性質行業，金財指金錢珠寶。

官鬼爻

《增刪卜易》云：占功名、占官府、雷霆、鬼神、妻占夫，皆以官鬼爻為用神。占亂臣、賊盜、邪祟、亦以官鬼爻為用神，物類亦多，一切拘束我身者是也。

《卜筮正宗》云：凡占功名、官符、雷電、鬼神、丈夫、夫之同輩及親友、亂臣、盜賊、邪祟、憂疑、病症、尸首、逆風、順風等，俱以官鬼爻為用神。

官鬼之作用

官鬼剋我為凶，若妻財旺相無官鬼，則兄弟動而無制，進而剋妻財。官鬼宜靜不宜動，動則傷害兄弟。論婚姻有阻滯。競爭失利，失物難尋，官吏得官鬼化財，謹防東窗事發。官鬼動與流年地支相同不吉。

問運氣：旺相名利皆有，空亡休囚，小人隱疾。

問婚姻：官鬼為夫，不為妻。旺相之震或離卦，老公有辦法。

問生產：官鬼為妻財所生，若子孫化官鬼，胎兒有疾厄。
　　　　若妻財化官鬼，產婦生育有阻滯。空亡而發動，
　　　　白忙一場。

問仕宦：官鬼為用神，旺相而動，逢貴人提拔之力，忌空
　　　　亡刑冲。

問訴訟：官鬼為官吏，動而化剋世爻，訟累。動而剋應
　　　　爻，對我有利。

問失物：初爻見官鬼，賊在家中。二三爻見官鬼，賊在
　　　　鄉里不遠處。官鬼爻在外卦，為外賊。官鬼在上
　　　　爻，萍水相逢，遠踪難覓。官鬼旺失物難尋，遇
　　　　空亡財去人安樂。

問求財：財生官鬼，若卦中不見，則財無去處，或遇空
　　　　亡，財難求。

問旅行：官鬼代表阻逆，在上卦遇世爻而衰，可出行。官
　　　　鬼旺相不利出門。

問行人：官鬼為疾病，若世爻被剋，形踪飄忽，注意疾病
　　　　纏身。

問住宅：官鬼為財所生，旺相生世爻，聚財之所。

問遷移：官鬼為小人，動則遭損。

《卜筮正宗》論用神原則如下：

一、僕占主人，以父母爻為用神，因為主人有庇護撫養之
　　功。

二、主人占僕，以妻財爻為用神，因為婢僕是供驅使之
　　用。

三、兄弟之妻，妻之姊妹皆與妻同輩，而夫占妻以財爻為

用，皆是財爻而已。故皆以妻財爻為用神。

四、占夫之兄弟與夫是同輩，占夫既以官爻為用神，則皆視同官爻。

五、貴人以官為官星，庶人以鬼為禍崇。貴人以子孫之爻為惡煞，庶人以子孫之爻為福神。官乃拘束之星，鬼乃憂疑阻滯之宿，如連日風雨或遇逆風、疾病纏染、官司擾害、盜賊憂疑，人心豈暢？福神能制官鬼，善解憂愁，故為之用。故貴人以子孫爻為惡煞，庶人以子孫爻為福神。

六、既得用神。須看有元神動而生扶否。有忌神動而剋害否。

六、世爻與應爻

世爻為卦的中心點，預測自己的運氣，世爻五行不宜剋制用神，不宜空亡、月破等。應爻是與世爻相對應的人地事物，例如競爭對手、合作夥伴、協議對方等。六親所持世爻，各有吉凶，略述如下。

子孫持世：子孫為福神，生意、出行、財運等為吉。考試、進官、升學則不宜。兄弟持世：獎賞、文書為吉。財運、婚姻等不吉。

父母持世：升學、考試、文書、契約為吉。疾病、生育不吉。

妻財持世：生意、男婚、失物為吉。預測長輩、買房、契約不吉。

官鬼持世：預測官位、升遷、調職、子女婚姻為吉。疾

　　病、官訟不利。

　　以上六親持世的簡單判斷，仍然必須進一步以沖、合、墓、空、旺、衰等為斷。

　　所謂世爻旺相，如果亥、子、寅、卯月占卦，世爻臨寅、卯木，則有水來生，木來扶，稱為旺相。所謂父母持世：指父母爻與世字同在一爻者。所謂之子孫持世，子孫與世字同在一爻者。其餘官鬼、妻財、兄弟等持世。皆同此例。所謂動變兄官，指世爻、應爻發動，化出兄弟、官鬼二爻。

《增刪卜易》云：自占吉凶者，以世爻為用神。月建能生剋沖合，一也。日辰能生剋沖合，二也。卦中之動爻，能生剋沖合，三也。世爻自動，變出之爻能回頭生剋沖合，四也。

　　世爻代表自己，占自己的運氣就以世爻用神為判斷。

（一）、月建能生剋沖合。例如，世爻午火，子月占卦，
　　　　即是月建剋世爻。世爻寅木，亥月占卦，即是月
　　　　建生助世爻。

（二）、日辰能生剋沖合。例如，世爻申金，日辰甲戌土
　　　　能生金。世爻亥水，日辰乙巳來沖。日辰酉金，
　　　　世爻辰土，論六合。

（三）、卦中之動爻，能生剋沖合。例如，火雷噬嗑，世
　　　　爻六五妻財，動在上九巳火，火來生土。又例如
　　　　風火家人，初爻兄弟卯木發動，剋世爻妻財。

（四）、世爻自身發動，變出之爻能回頭生剋沖合。例
　　　　如，山風蠱，世爻官鬼在九三動化成午火，回頭
　　　　剋酉金妻財。

　　〈世應生剋動靜空亡訣〉云：「世應相生則吉，世應相剋則凶，世應比和事卻中，作事謀為可用，應動他人反變，應空他意難同，世空世動我心慵，只恐自家懶動。」

諸爻持世歌訣

（一）、世爻旺相最為宜。作事亨通大吉昌。謀望諸般皆遂意。
　　　　用神生合妙難量。旬空月破逢非吉。剋害刑冲遇不良。

（二）、父母持世主身勞。求嗣妾眾也難招。官動財靜宜赴試。
　　　　財搖謀利莫心焦。占身財動無賢婦。又恐區區壽不高。

（三）、子孫持世事無憂。求名切忌坐當頭。避亂許安失可得。
　　　　官訟無妨可了休。有生無剋諸般吉。有剋無生反見愁。

（四）、官鬼持世事難安。占身不病也遭官。財物時時憂失脫。
　　　　功名最喜世當權。入墓愁疑無散日。逢冲轉禍變成歡。

（五）、妻財持世財益榮。兄若交重不可逢。更遇子孫明暗動。
　　　　利身剋父喪文風。求官問訟宜財托。動變兄官萬事凶。

（六）、兄弟持世莫求財。官興須慮福將臨。朱雀并臨防口舌。
　　　　如搖必定損妻財。父母相生身有壽。化官化鬼有奇災。

世應相對關係

> 《卜筮正宗》云：凡卦中世應二爻，世為自己，應作他人，世
> 應相生相合，是云賓主相投。世應相剋相沖，可見兩情不睦。
> 凡占自己疾病，或問壽數，或問出行吉凶，諸凡損益自身者，
> 以世爻為用也。凡占無尊卑之稱呼、未曾深交之朋友、九流術
> 士、仇人、敵國，或指某處地頭，或指此山此水、此寺此壇等
> 類，俱以應爻為用神也。如占自己有一地可造墳否，則世為穴
> 場，應為對案；如將買他人之地而欲造墳，問此地若葬益利我
> 家否，以應作穴場，世是我家也。

　　以上《卜筮正宗》所云，世爻應爻喜相生相合，忌相剋
相沖。占自己之事，以世爻為判斷。詳細論法還須參酌各章諸
事，而有不同。

世應生剋歌訣

世爻旺相主安康，作事亨通大吉昌，
謀望諸般皆遂意，從他刑害不能傷。
父母持世事憂否，身帶文書及官鬼，
夫妻相剋不和同，到老用求他姓子。
子孫持世事無憂，官鬼從今了便休，
求失此時應易得，營生作事有來由。
鬼爻持世事難安，占身不病也遭官，
財物時時憂失脫，骨肉分離會合難。
財爻持世益財榮，若問求財定稱心，
更得子孫臨應上，官鬼從他斷不成。
兄弟持世剋妻財，憂官未了事還來，

鬼旺正當防口舌，身強必定損其財。

世應間爻訣

世應當中兩間爻，發動所求多阻隔，
假饒有氣事分明，必定叨叨方始得。
世應當中兩間爻，忌神發動莫相交，
元辰與用當中動，事到酕醄始得梢。

身爻喜忌訣

身上臨官不見官，所憂畢竟變成歡，
目前凶事終須吉，緊急還來漸漸寬。
身臨天喜與青龍，定期喜事入門中，
若逢驛馬身臨動，出路求謀事事通。
身爻切忌入空亡，作事難成且守常，
化入空亡尤要忌，勸君安分守家邦。

六親持世歌

父母持世及身宮，旺相文書喜信逢，
田宅禾苗皆遂意，占胎問病卻成凶。
子孫持世為福神，事成憂散穀財盈，
占胎問病重重喜，謁貴求官反不亨。
官鬼持世必得官，文書印信兩相看，
占婚問病俱凶兆，破宅傷財身不安。
陰為妻妾陽為財，持世持身總稱懷，
商賈田蠶收百倍，若占病產鬼為胎。
陽為兄弟陰姊妹，所問所謀皆退悔，

又使凶神同位臨，到頭不遂空勞費。

七、取用神

裝卦完成依序寫上月建、日辰、地支六親、世應兩爻、六獸、動爻等。斷卦的第一個步驟是取用神。用神雖然確定了，但可能有用神不現或用神兩現的情況。

（一）用神不現

假設預測財運，卦中不見妻財爻；或測工作以官鬼為用神，卦中不見官鬼爻等，就稱為用神不現。此種情況則回頭找本宮卦之首卦，因為該宮中其餘的卦都是由首宮演變而來，所以八宮首卦六親俱全。再觀察是首卦中的第幾爻，平移至卦象中，即稱為伏神，以之為占斷。

《卜筮正宗》云：「用神不現，看伏神在何爻之下，得出不得出，何以論之？伏神得出者有四：蓋日月生者，日月持之者一也。飛神生伏，動爻生者二也。日月動爻沖剋飛神三也。飛神空破休囚墓絕於日者四也。此四者有用之伏神也。伏神不得出者亦有四：休囚無氣，日月剋者一也。飛神旺相，日月生助飛神剋害伏神者二也。伏神墓絕于日月及飛爻者三也。伏神休囚兼旬空月破者四也。此四者乃無用之伏神，雖有如無，終不得出。凡用神旺相，如遇旬空，出空之日則出矣。」因此，總結如下：

一、伏神得日辰月建生扶，動爻生，飛爻生，日辰、月建、動爻等沖剋飛神，飛神空、破、休囚、墓絕於日等，為有用之伏神。其次，喜日辰與獨發之爻沖出。

二、無用之伏神，指休囚無氣逢日月剋、飛神旺相日月生
　　助飛神剋害伏神者、伏神墓絕于日月及飛爻者、伏神
　　休囚兼旬空月破等。

例一、《卜筮正宗》例，卯月壬辰日（空亡：午未），占
等候文書何時領？得山火賁。

世應	卦爻	地支	六親	六獸	艮宮首卦	地支	六親
	▬▬	寅木	官鬼		▬▬	寅木	官鬼
	▬ ▬	子水	妻財		▬ ▬	子水	妻財
應	▬ ▬	戌土	兄弟		▬ ▬	戌土	兄弟
	▬▬	亥水	妻財		▬▬	申金	子孫
	▬ ▬	丑土	兄弟		▬ ▬	午火	父母
世	▬▬	卯木	官鬼		▬ ▬	辰土	兄弟

等候文書以父母爻為用神，卦中不見父母爻。查艮宮首卦
二爻午火父母為伏神，伏於二爻丑土之下，又值旬空，應於壬
辰日後，經癸巳日，進入甲午日出空而得。

例二、《增刪卜易》例，辰月丁巳日（空亡：子丑），占逃僕，得水山蹇。

世應	卦爻	地支	六親	六獸	兌宮首卦	地支	六親
	▬▬	子水	子孫		▬▬		
	▬▬▬	戌土	父母		▬▬▬		
世	▬▬	申金	兄弟		▬▬▬		
	▬▬▬	申金	兄弟		▬▬		
	▬▬	午火	官鬼		▬▬▬	卯木	妻財
應	▬▬	辰土	父母		▬▬▬		

占僕人，以妻財爻為用神。卯木財爻伏於二爻午火之下，午火為飛神，卯木為伏神，伏神生飛神對我有利。申金持世剋制卯木，插翅難逃。子日接獲密報，申時擒獲送官府。子水沖午火之飛神，生起卯木之伏神。

（二）用神兩現

假設預測子女，卦中出現兩個子孫爻；預測考試，卦中出現兩個官鬼爻等現象，就必須選擇其中一項用神。選擇的方法《卜筮正宗》云：「用神多現，何以取之？予屢驗者，捨其閑爻而用持世，捨其無權而用月日，捨其安靜而用動爻，捨其不破而用月破，捨其不空而用旬空，天機盡洩于有病之間。」因此兩個以上用神時，比較之原則大約有取發動之爻、臨旬空或月破之爻、逢沖逢合之爻、與世爻應爻接近者、取臨世爻應爻近的六親等方法。

《增刪卜易》云：用神者，即前各類之用神。用神兩現者，如占父母，卦中有兩父母爻者，是也。按古法，捨休囚而用旺相，捨靜爻而用動爻，捨月破而用不破，捨旬空而用不空，捨被傷而用不傷。然得驗者，多有應乎旬空月破。故常舍其不空而用旬空，舍其不破而用月破。

《卜筮正宗》例，未月庚子日（空亡：辰巳），占求財？得風天小畜卦。

世應	卦爻	地支	六親	六獸
	▅▅▅	卯木	兄弟	
	▅▅▅	巳火	子孫	
應	▅ ▅	未土	妻財	
	▅▅▅	辰土	妻財	
	▅▅▅	寅木	兄弟	
世	▅▅▅	子水	父母	

問財運，以妻財爻為主。捨其不空而用空，以空亡辰土為論，未月扶助辰土，論旺相，庚子日到甲辰日出空得財。

　　《卜筮正宗》例，卯年未月甲午日（空亡：辰巳），占自己升遷，得地水師之風水渙。

世應	卦爻	地支	六親	六獸	動爻	地支	六親
應	▬ ▬	酉金	父母		○	卯木	子孫
	▬ ▬	亥水	兄弟		○	巳火	妻財
	▬ ▬	丑土	官鬼				
世	▬ ▬	午火	妻財				
	▬▬▬	辰土	官鬼				
	▬ ▬	寅木	子孫				

　　問升遷，以官鬼為用神，卦中官星兩現，辰土空亡，丑土月破，世爻午火與未土六合。因今年卯年，故以明年辰爻為用，來歲可升遷。惟外卦亥水變巳火，酉金變卯木，變出外卦反吟，去而復來，調回舊地，都是填實空亡之年。

《增刪卜易》例：亥月丙午日（空亡：寅卯），母占子何時脫厄，得雷地豫之雷澤歸妹。

世應	卦爻	地支	六親	六獸	動爻	地支	六親
	▬ ▬	戌土	妻財				
	▬ ▬	申金	官鬼				
應	▬▬▬	午火	子孫				
	▬ ▬	卯木	兄弟				
	▬▬▬	巳火	子孫		×	卯木	兄弟
世	▬ ▬	未土	妻財		×	巳火	子孫

母占子何時脫厄，以子孫爻為用神。子孫爻三見，俱生世爻，應爻午火逢日建而靜，二爻巳火子孫逢月破，逢巳年脫出困厄，乃實破之年。以卦中三現而用月破。

（三）旺相休囚

影響用神的因素相當多。如果用神是寅卯木，卜卦的月份是癸亥月相生或寅卯月來扶，且日辰與卦中均無沖剋，這個用神就稱為旺相。如果在申酉月卜卦，就是用神無力休囚。其次，用神受到動爻、日辰的沖剋或旬空等。用神對照月建，春天是木旺、火相、土死、金囚、水休。夏天是火旺、土相、金死、水囚、木休。秋天是金旺、水相、木死、火囚、土休。冬天是水旺、木相、火死、土囚、金休。用神的地支與月建相沖，則稱為「月破」。例如用神亥水，而起卦在巳月。日辰沖衰弱的用神稱「日破」。日辰沖旺相的用神，稱「暗動」。其次，對照日辰的生、旺、墓、絕與沖合、空亡等關係。

一般而言，用神有日月元神生合，用神發動回頭生，化進神等卦象就算吉利的。反之，用神受日月剋制或坐死、墓、絕、破，忌神沖剋，用神自發回頭剋，化空，化絕，化退神，原則都是論不吉的。

旺相休囚的幾個原則：

一、月建日辰能生合沖剋用神，而用神不能生剋月建日辰。

二、六爻安靜時，卦中旺相之爻能剋休囚之爻；旺相之爻也可生休囚之爻。

三、卦中動爻生剋靜爻，靜爻不能生剋動爻，靜爻旺相也不能生剋動爻。

四、卦中動爻變出之爻，只能生剋沖合它本位的動爻，不能生剋沖合卦中其他的爻。反之，卦中其他爻也不能生剋沖合變出之爻。

五、在卦中能生用神的稱為元神，元神宜旺相，宜月建日辰生扶。在卦中剋制用神的稱為忌神，忌神宜休囚空亡。

　　《增刪卜易》例，寅月庚戌日（空亡：寅卯），占求財，得火天大有。

世應	卦爻	地支	六親	六獸
應	━━━	巳火	官鬼	
	━　━	未土	父母	
	━━━	酉金	兄弟	
世	━━━	辰土	父母	
	━━━	寅木	妻財	
	━━━	子水	子孫	

　　占求財，以妻財為用神。寅木財爻為用神，財爻剋世爻辰土，此財必得，但目前坐空亡，須至甲寅日，必待出空亡始有財進。《增刪卜易》云：「逢空亦空，非落底之空；逢傷亦傷，卻有待時之用。」此例用神得月建相扶，體質健旺，非比休囚之真空，且世爻辰土逢庚戌日沖。忌神出空為禍患，用神、元神出空為福。

《增删卜易》例，酉月丙寅日（空亡：戌亥），占謁貴，得山風蠱之山水蒙。

世應	卦爻	地支	六親	六獸	動爻	地支	六親
應	▬▬	寅木	兄弟				
	▬ ▬	子水	父母				
	▬ ▬	戌土	妻財				
世	▬▬	酉金	官鬼		○	午火	子孫
	▬▬	亥水	父母				
	▬ ▬	丑土	妻財				

占謁貴，以官鬼爻為用神。官鬼爻酉金持世爻，世爻酉金臨月建旺相，應可得見。但世爻酉金化午火回頭剋，且慢謁貴，須待子日沖去午火。

《增刪卜易》例，用神無根，巳月乙未日（空亡：辰巳），自占病，得澤風大過之火風鼎。

世應	卦爻	地支	六親	六獸	動爻	地支	六親
	− −	未土	妻財	玄武	×	巳火	子孫
	—	酉金	官鬼	白虎	○	未土	妻財
世	—	亥水	父母	螣蛇			
	—	酉金	官鬼	勾陳			
	—	亥水	父母	朱雀			
應	− −	丑土	妻財	青龍			

自占病，世爻亥水為用神，被未土忌神動而剋水，幸有酉金元神發動，忌神未土貪生忘剋，反生元神之酉金，金生亥水，接續相生，似轉凶為吉。惟亥水遭巳火月建沖，日辰未土剋世爻亥水，值月破而被剋，用神無根，卒於卯日。應於卯日者，沖去元神酉金之日。凡用神、元神，宜於逢生，有月建生、日建生、動爻生、動化回頭生等。

《增刪卜易》例，回頭相生。卯月己卯日（空亡：申酉），弟占兄已得重罪，母叩閽能救否？得地雷復之震為雷。

世應	卦爻	地支	六親	六獸	動爻	地支	六親
	▬▬	酉金	子孫	勾陳			
	▬▬	亥水	妻財	朱雀			
應	▬▬	丑土	兄弟	青龍	×	午火	父母
	▬▬	辰土	兄弟	玄武			
	▬▬	寅木	官鬼	白虎			
世	▬▬▬	子水	妻財	螣蛇			

占兄弟，兄弟爻為用神。丑土兄弟發動，月建卯木，日辰卯木，疊疊剋制應爻丑土，明示大罪難逃，幸兄弟爻丑土，化午火父母回頭相生，當然由母親速速進行疏通，死罪可免，活罪難逃。

《增刪卜易》例，酉月辛亥日（空亡：寅卯），占謁貴求財，得兌為澤之雷水解。

世應	卦爻	地支	六親	六獸	動爻	地支	六親
世	▬▬	未土	父母	螣蛇			
	▬▬▬	酉金	兄弟	勾陳	○	申金	兄弟
	▬▬▬	亥水	子孫	朱雀			
應	▬▬	丑土	父母	青龍			
	▬▬▬	卯木	妻財	玄武			
	▬▬▬	巳火	官鬼	白虎	○	寅木	妻財

《增刪卜易》有云：臨空、化空並非無用，殊不知動不為空，待出空之時仍有用。

謁貴，以官鬼爻為用神；求財以妻財爻為用神，妻財卯木坐空亡，逢酉月稱月破，又有酉金兄弟發動化退神來剋。所謂神兆機于動，因為巳火發動變妻財，回頭生官鬼，妻財官鬼，相得益彰。雖然妻財坐空亡，待甲寅日出空亡，謁貴求財自然順遂。

八、元神

用神若為木，水就是元神，所以用神休囚無力，元神就是救星之一。元神發動化成回頭生，動化成進神，元神暗動等，對用神都有幫助。反之，元神休囚無力，受日辰月建剋制，臨空、破、墓、絕，動化回頭剋，化出退神，動而入墓入空等，都對用神愛莫能助。

《增刪卜易》云：元神者，生用神之爻，即為元神。元神雖生用神，須旺相方能生得用神。能生用神者有五：元神旺相，或臨日月，或得日月動爻生扶者，一也。元神動，化回頭生，及化進神者，二也。元神長生、帝旺於日辰，生扶用神，三也。元神與忌神同動，四也。元神旺動，臨空、化空，皆應冲空，實空之日而有用，生扶用神。

元神能生用神的情況如下：

一、元神旺相臨日月，例如亥月子日等日期卜卦問功名，用神寅木官鬼得元神來生。卦中有亥子地支發動，也可以生扶用神，但忌動化回頭剋。

二、元神本身發動化回頭生，化進神等。例如預測自己今年運勢，得山澤損，以世爻丑土為用神，初爻元神巳火動化寅木官鬼，回頭生父母，元神有力。

三、元神長生、帝旺於日辰。例如未月丙午日預測兄弟運氣，得風澤中孚，兄弟未土持世，月建來扶。元神巳火臨午日帝旺。

四、元神與忌神同動。因忌神動化會生元神，元神生用神。例如預測自己運勢得水雷屯，子孫寅木世爻持世，元神兄弟子水，忌神父母申金，元神忌神同時發動，忌神金生元神水，反為我用。

五、元神旺動、臨空、化空、皆應冲空。例如亥月壬申日（空亡：戌亥），自測升學，得離為火，以父母爻卯木為用神，元神官鬼亥水臨月建旺相，長生於申日，但亦臨旬空，出空必生用神。酉金忌神無力，世爻巳火合申金。

> 《增刪卜易》云：元神雖現，又有不能生用神者六：元神休囚不動，或動而休囚，又被傷剋，一也。元神休囚，又逢旬空、月破，二也。元神休囚動化退神，三也。元神衰而又絕，四也。元神入三墓，五也。元神休囚，動而化絕、化剋、化破、化散，六也。以上見生不生，乃無用之元神。

元神無力不能生用神有六種情況如下：

一、元神休囚被剋傷，或動而化絕、化剋、化破、化散。

二、元神休囚，又逢旬空、月破。

三、元神休囚，動化退神。

四、元神衰而又絕。

五、元神入日墓，動而化墓等。

《增刪卜易》例：午月戊戌日（空亡：辰巳），自測財運，得水山蹇。

世應	卦爻	地支	六親	六獸
	▬ ▬	子水	子孫	
	▬▬▬	戌土	父母	
世	▬ ▬	申金	兄弟	
	▬▬▬	申金	兄弟	
	▬ ▬	午火	官鬼	
應	▬ ▬	辰土	父母	

自測財運，以世爻為用神；測財運亦以妻財為用神。六爻不現妻財，借本宮首卦妻財伏於二爻之下，伏神去生飛神為洩氣，元神子水在午月戊戌日，月破又被土剋傷，財運不濟。世爻兄弟申金，月建剋制，莫問財氣。

《卜筮正宗》論原忌仇神論云：凡占卦要知原神，先看用神何爻？生用神之爻即為元神。如用神旬空月破衰弱，或伏藏不現，得元神動來生之，或日辰月建作元神生之，必待用爻出旬出破得令值日，所求必遂矣。

當用神確定後，觀察元神生用神之狀況，如果用神空亡、月破、衰弱，或根本卦中不見，就是需要元神的生扶，以求敗部復活。如果元神發動生用神更有力，元神發動化回頭生，錦上添花。其次，日辰月建也能作為元神，都能生扶用神，等到出空亡、出破實破，如願得償。

> 如用神旺相，元神休囚不動，或動而變墓、變絕、變剋、變破、變退，或被日辰月建剋制，皆不能生用，是用神根蒂被傷矣。是不惟無益，而反有損也。

如果用神旺相，而元神休囚不動，或者發動變化出空、破、墓、絕，或者被日辰月建剋制，皆不具生扶用神之作用。因為元神是用神之根蒂，元神化出衰弱之現象，若非用神自立自強，元神之損傷當然對用神不利。

> 凡占卦要知忌神，亦先看用神，剋用神之爻即是忌神也。如忌神動來剋用，而用爻出現不空，則受剋也。倘卦中又動出一爻元神生用，則忌神反生元神，是名「貪生忘剋」，則用神根蒂深固矣，其吉更倍矣。

忌神就是剋制用神之卦爻，例如母占子孫，用神寅木子孫爻，忌神就是申金父母爻。如果申金發動，而寅木不在空亡，則著實受剋。倘若卦中有亥、子水發動，則申金貪生忘剋，用神更穩固。

> 如忌神獨發，而用空旬空，謂之「避空」，如伏藏不現，謂之「避凶」，如月建日辰生用，謂之「得救」，如是仍等為吉兆，夫亦何嫌何疑哉？

如果忌神獨發（五爻不動，一爻獨動），而用神空亡，謂之「避空」。如果用神不現，忌神無從剋制，謂之「避凶」。如果月建日辰生用神，謂之「得救」，例如用神午火，在寅、卯月或日占卦。以上仍視為吉兆。

> 如忌神變回頭之剋，或日辰月建剋沖之，或動爻制忌之，謂之賊欲害我，是賊先受害也，我又何傷？如日辰月建生扶忌神，或忌神疊疊剋用，即使用神避空扶藏者，至出空出透時，便受其毒，難免其災也。

如果忌神動化出五行，形成回頭剋；或被日辰月建沖剋；或發動之爻剋制忌神，忌神自身難保，用神自然安全無虞。如果日辰月建生扶忌神，或者是忌神多重剋制用神，即便用神有避空、避凶之情況，到了邁出空亡，沖去飛神等情況時，仍然是災禍臨頭。

《增刪卜易》例：元神入墓，丑月戊子日，自占病，得天火同人之火山旅。

世應	卦爻	地支	六親	六獸	動爻	地支	六親
應	▬	戌土	子孫	朱雀			
	▬	申金	妻財	青龍	○	未土	子孫
		午火	兄弟	玄武			
世	▬	亥水	官鬼	白虎			
	▬▬	丑土	子孫	螣蛇			
	▬	卯木	父母	勾陳	○	辰土	子孫

占自己的病，以世爻為用神。世爻亥水子日相扶，申金動爻生亥水，稱元神動而相生，乃不死之症。然而丑月剋制亥水，又為申金之墓庫，疑能發揮元神之作用否。請母代子再占一卦。得離為火之火山旅。

　　《增刪卜易》例：墓，丑月戊子日，母代子占病，得離為火之火天大有。

世應	卦爻	地支	六親	六獸	動爻	地支	六親
世	▅▅▅	巳火	兄弟				
	▅　▅	未土	子孫				
	▅▅▅	酉金	妻財				
應	▅▅▅	亥水	官鬼				
	▅　▅	丑土	子孫		✕	寅木	父母
	▅▅▅	卯木	父母				

　　母代子占病，子孫為用神，丑土子孫逢月建，但動化寅木回頭剋。目前無妨礙，但進入隔年寅月木旺土衰，大凶。又合前一卦亥水世爻，得申金元神相生，寅月沖去申金，險象必露。《增刪卜易》云：「大凡占病，一家俱可代占，合而決之，生死之月日可知矣。故卦宜多占斷禍福而更穩。」

九、忌神

所謂忌神就是剋用神之爻。例如用神為妻財，則忌神是兄弟；用神為子孫，則忌神是父母。忌神歌云：「看卦先須看忌神，忌神宜靜不宜興，忌神需要逢沖剋，若遇生扶用受刑。」忌神若遇生扶，用神便受刑剋。

> 《增刪卜易》云：忌神者，剋用神之爻，即為忌神。有力之忌神，動而剋害用神者五：忌神旺相，或遇日月動爻生扶，或臨日月，一也。忌神動化回頭生、化進神，二也。忌神旺動，臨空、化空，三也。忌神長生帝旺於日辰，四也。忌神與仇神同動，五也。

忌神有力能剋害用神，有五種情況如下：

　　一、忌神旺相，或遇日月動爻生扶，或臨日月，例如用神　　　　甲木，忌神庚辛，於申酉月占卦。
　　二、忌神動化回頭生或化進神。
　　三、忌神旺動，臨空、化空。
　　四、忌神長生、帝旺於日辰。
　　五、忌神與仇神同動。

　　練習例，戌月丙子日（空亡：申酉），占升學考，得澤水困之坎為水。

世應	卦爻	地支	六親	六獸	動爻	地支	六親
	▬▬	未土	父母				
	▬▬▬	酉金	兄弟				
應	▬▬▬	亥水	子孫		○	申金	兄弟
	▬▬	午火	官鬼				
	▬▬	辰土	父母				
世	▬▬	寅木	妻財				

　　占升學考，以父母爻為用神。父母爻兩現依據《卜筮正宗》所言，捨其閑爻而用持世，捨其無權而用月日，捨其安靜而用動爻，捨其不破而用月破，捨其不空而用旬空。故以戌月之辰土父母爻為用神，逢月破。父母爻忌神為妻財，妻財持世莫問文章。應爻子水動化申金回頭生，子孫有力，沉醉在享福，考試升官不利。

練習例，亥月庚寅日（空亡：午未），占競賽，得火雷噬嗑之火澤睽。

世應	卦爻	地支	六親	六獸	動爻	地支	六親
	▬▬	巳火	子孫				
世	▬ ▬	未土	妻財				
	▬▬	酉金	官鬼				
	▬ ▬	辰土	妻財				
應	▬ ▬	寅木	兄弟		×	卯木	兄弟
	▬▬	子水	父母				

占競賽，我為世爻，應為夥伴。妻財持世，日辰月建死囚，臨空亡，世爻無力。忌神寅木為應爻，得子水生，應爻又化為進神卯木，黨羽甚重。忌神剋害用神，應爻剋世爻，敵強我弱。

《增刪卜易》云：忌神不能剋用神者有七：忌神休囚不動，動而休囚，被日月動爻剋，一也。忌神動，臨空破，二也。忌神入三墓，三也。忌神衰，動化退神，四也。忌神衰而又絕，五也。忌神動，化絕、化剋、化破、化散，六也。忌神與元神同動，七也。以上之忌神無力，諸占化凶為吉。

忌神無力剋害用神，有七種情況如下：

一、忌神休囚不動，動而休囚，被日月動爻剋。

二、忌神動，臨空破。

三、忌神入三墓。

四、忌神衰，動化退神。

五、忌神衰而又絕。

六、忌神動，化絕、化剋、化破、化散。

七、忌神與元神同動。

凡忌神仇神，宜於逢剋。有月剋、日剋、動爻剋、用神動化回頭剋等。

《增刪卜易》例：丑月庚辰日（空亡：申酉），占子病，得山地剝。

世應	卦爻	地支	六親	六獸
	▬	寅木	妻財	
世	▬▬	子水	子孫	
	▬▬	戌土	父母	
	▬▬	卯木	妻財	
應	▬▬	巳火	官鬼	
	▬▬	未土	父母	

問子病，以子孫爻為用神，與月建丑土相合，不見金生水扶，言丑土剋子水不言合。日辰辰土來剋制，水入辰庫，辰日也沖動戌土，辰戌丑未土，疊疊制水。

練習例。辰月丁未日（空亡：寅卯），自測財運，得雷地豫之雷山小過。

世應	卦爻	地支	六親	六獸	動爻	地支	六親
	▬ ▬	戌土	妻財				
	▬ ▬	申金	官鬼				
應	▬▬▬	午火	子孫				
	▬ ▬	卯木	兄弟		×	申金	官鬼
	▬ ▬	巳火	子孫				
世	▬ ▬	未土	妻財				

自測財運，以妻財爻為用神。財爻兩現，取世爻為用。妻財持世，二爻巳火，應爻午火，用神旺相。忌神卯木不見水生木扶極弱，臨空亡，入未土日墓，化申金官鬼回頭剋，無力剋害用神。

十、仇神

如果用神五行屬於水，則忌神為土，仇神為火，不但生助忌神，而且剋制元神金。當元神與忌神都衰弱時，間接由仇神決定用神強弱。因此仇神喜安靜休囚空破，不宜旺相發動。

《增刪卜易》云：仇神者，剋制元神不能生用神，反生忌神而剋害用神，即為仇神。凡占卦要知仇神，先看剋制元神、生扶忌神者，即是仇神。如卦中仇神發動，則元神被傷，用神無根，忌神倍力，其禍可勝道耶！

仇神者，例如用神寅、卯木，則元神是亥、子水，申、酉金是忌神，仇神是辰戌丑未土，生忌神，剋元神。奪我所愛，助我所恨，是我仇敵。除非用神、世爻旺相，否則仇神一旦發動，元神被傷，等於用神被刨根，忌神更囂張。

練習例，午月甲寅日（空亡：子丑），占工作運勢，得雷火豐之雷山小過。

世應	卦爻	地支	六親	六獸	動爻	地支	六親
	▬▬	戌土	官鬼				
世	▬▬	申金	父母				
	▬▬▬	午火	妻財				
	▬▬▬	亥水	兄弟				
應	▬▬	丑土	官鬼				
	▬▬▬	卯木	子孫		○	辰土	官鬼

占工作運，以官鬼爻為用神。官鬼用神兩現，取丑土官鬼臨應爻。丑土官鬼月建生之，日辰剋之。初爻忌神卯木發動，仇神亥水合寅木，化為忌神剋制用神，工作不保。

十一、論六獸（六神）

六獸是附隨日辰天干所裝配而成，對卦象之吉凶作用在於錦上添花或雪上加霜。卦爻吉利，逢青龍而更吉。卦爻凶險，逢白虎而更凶。青龍主喜事，木爻持世或化動爻，論財運、婚事吉利。朱雀屬火主口舌官非，持世或化動爻，為文書、爭

訟、動亂等。勾陳屬土，持世或化動爻，為暗昧、遲滯，土地等事。螣蛇主怪疑，陰陽五行未決，持世或化動爻，為驚恐、怪異、夢厄、憂疑等。白虎屬金主孝服，持世或化動爻，為災病、死離、破財，論凶神。玄武屬水主暗動、盜賊，持世或化動爻，為霸凌、侵犯、陰私之象。

> 《增刪卜易》云：諸書無不以青龍為吉，白虎為凶。如《天元賦》曰：身旺龍持多喜慶。《碎金賦》曰：龍動家有喜，虎動家有喪。《卜筮元龜》曰：螣蛇白虎憂尊長。《大全》曰：畏嘲刀之白虎，喜戲水之青龍。《闡奧章》占疾病曰：螣蛇主死，白虎主喪。此皆不以五行，竟以六神而斷生死者也。惟《千金賦》曰：虎興而遇吉神，不害其吉；龍動而凶曜，難掩其凶。此正理也。然則六神竟不驗耶？非也，乃附和之神耳。卦之吉者，逢青龍而更吉；卦之凶者，值蛇虎而更凶。且玄武主盜賊，朱雀主是非，無有不驗。至於家宅墳塋，尤不可少。

　　《增刪卜易》一書對於直接以六神斷吉凶禍福，而不以五行生剋制化為準則，不以為然。惟同意《千金賦》所言，以用神吉凶為判斷；遇吉神錦上添花，遇凶神雪上加霜。

　　《增刪卜易》例：申月甲辰日（空亡：寅卯），占兄病，得水雷屯之震為雷。

世應	卦爻	地支	六親	六獸	動爻	地支	六親
	▬ ▬	子水	兄弟	玄武			
應	▬▬▬	戌土	官鬼	白虎	○	申金	父母
	▬ ▬	申金	父母	螣蛇	×	午火	妻財
	▬ ▬	辰土	官鬼	勾陳			
世	▬ ▬	寅木	子孫	朱雀			
	▬▬▬	子水	兄弟	青龍			

　　占兄弟病情，以兄弟爻為用神。子水兄弟爻為用神，卦中忌神、元神同動。戌土發動生申金，元神原本看好有力，無奈自身發動午火回頭剋，自顧不暇。子孫爻寅申沖，世爻官鬼戌土與日建辰戌沖，剋用神兄弟，雖有青龍臨用神，戊申日舊病復發。

《增刪卜易》例：辰月己巳日（空亡：戌亥），占會試，得風地觀之天地否。

世應	卦爻	地支	六親	六獸	動爻	地支	六親
	▬	卯木	妻財	勾陳			
	▬	巳火	官鬼	朱雀			
世	▬▬	未土	父母	青龍	○	午火	官鬼
	▬▬	卯木	妻財	玄武			
	▬▬	巳火	官鬼	白虎			
應	▬▬	未土	父母	螣蛇			

占會試，以父母爻為用神。父母管文章持世爻，又發動得午火回頭生。五爻官鬼有日辰己巳來相扶，官鬼生父母，金榜有名。

《卜筮正宗・六獸歌斷》云：
發動青龍附用通，進財進祿福無窮，
臨仇遇忌都無益，酒色成災在此中。
朱雀交重文印旺，煞神相併漫勞功，
是非口舌皆因此，動出生身卻利公。
勾陳發動憂田土，累歲迍邅為忌逢，
生用有情方是吉，若然安靜不迷蒙。
螣蛇鬼剋憂縈粹，怪夢陰魔暗裡攻，
持木落空休道吉，逢沖之日莫逃凶。
白虎交重喪惡事，官司病患必成凶，
持金動剋妨人口，遇火生身便不同。
玄武動爻多暗昧，若臨官鬼賊交攻，
有情生世邪無犯，仇忌臨之姦道凶。

日月建傳符

日建加青龍，財祿喜重重，朱雀宜施用，

勾陳事未通，螣蛇多怪異，

白虎破財凶，玄武陰私擾，應在日時中。

月建如臨此，斷法亦相同。

六神空亡訣

青龍空亡家虛喜，朱雀空亡訟得理，勾陳空亡無勾連，

螣蛇空亡怪異已，白虎空亡病可痊，元武空亡盜賊死。

六神吉凶訣

青龍百事盡和諧，朱雀文書公事來，勾陳剋世爭田土，

螣蛇入夢十分乖，白虎主多驚與厄，若言元武失其財。

六神歌斷

發動青龍萬事通，進財進祿福無窮，

臨凶遇殺都無礙，惟忌臨金與落空。

朱雀交重文印旺，殺神相併謢勞功，

是非口舌皆因此，持水臨空卻利公。

勾陳發動憂田土，累歲迍邅與殺逢，

持水落空方脫灑，縱饒安靜也迷蒙。

螣蛇發動憂縈絆，怪夢陰魔暗裏攻，

持木落空方始吉，交重旺相必然凶。

白虎交重喪事惡，官司病患必成凶，

持金坐世妨人口，遇火臨空便不同。

元武動搖多暗昧，若臨旺相賊交攻，

土爻相併邪無犯，帶殺依然咎在躬。

青龍斷吉凶歌訣

一、青龍入水身應合　必定求官事事宜
　　若臨財爻妻有孕　交易田地不須疑

二、入木值旺來生世　不值空亡儘可為
　　求婚須得財須有　占問行人定主歸

三、龍入火地火燒身　占宅常憂人不安
　　忌動臨身須遭否　水爻近身驚小口

四、青龍入土家有事　木旺近身喜事生
　　逢金發者忌悲聲　更被空亡須有滯

五、青龍入金身有劫　逢金獨發忌悲聲
　　占宅家運須有滯　不論人口受遭刑

朱雀斷吉凶歌訣

一、朱雀入火官事來　又驚女婦有傷胎
　　世應內外六親推　官鬼六爻斷詳真

二、朱雀入金須有財　惟恐帶劫防口舌
　　鬼父當門事有礙　世應內干定風波

三、入土公事有信催　升官離職辦爻支
　　官鬼伏鬼事有難　日辰相扶解難關

四、入木不防身體健　問運求貴待來日
　　百事安置宜請舊　官鬼發動防有災

五、朱雀入水運不通　水爻臨者不為災
　　元辰生扶看來日　旺相須防口是非

勾陳斷吉凶歌訣

一、勾陳入土公文起　田地勾連有橫殃
　　刑害沖殺破人口　大殺旺相主傷亡

二、入木爭山并第宅　家事是非有牽連
　　問運不通家運擾　內動家事恐有殃

三、入火須防婦女傷　第宅小孩緊防殃
　　運帶災劫宜謹慎　須防內外禍纏身

四、勾陳入金進田利　慎防小口憂孝服
　　白虎旺相損人財　內動大殺病有災

五、勾陳入水生口舌　癰瘡病耗來侵身
　　與人爭鬥皆不利　問運求貴待來日

螣蛇斷吉凶歌訣

一、螣蛇入土夢邪精　內干外事謹防身
　　應來剋世外事擾　運氣第宅鬼異侵

二、入火須憂損小口　宅舍人運不安寧
　　老幼心寧不安定　火神不干損其財

三、入金女人嫌孝服　男士運氣不平行
　　病耗拖延恐日久　殺陰內動防家喪

四、入木遷移定不吉　又恐婦女身不貞
　　外干運氣心未定　百事宜守不遭傷

五、入水孕婦多遲滯　不然宅舍有悲聲
　　小口災厄婦女當　男子事業謹防非

白虎斷吉凶歌訣

一、白虎入金服重占　人財兩耗病不輕
　　旺相遭劫主喪事　如不損人定有災

二、入木須憂事見公　宜防小事化大殃
　　暗室內已有疾病　內動家宅是不佳

三、入土有災田宅起　家業人馬定風波
　　大殺同臨宅舍內　非病不輕憂傷亡

四、白虎入火宅有災　宅人謹慎事不殆
　　慎防運衰禍上來　不損人馬損其財

五、白虎入水事不重　謹防身體不遭傷
　　卦運世應詳得理　推來吉凶辨實情

玄武斷吉凶歌訣

一、玄武入水憂賊寇　又嫌陰私走失情
　　失財宅人有疑問　男女之間藏異情

二、入火終是失資財　營商得利不順時
　　為力智謀皆無益　費盡心機空費力

三、入土家中有疾病　運氣勾連多牽纏
　　鬼吏內侵宅人擾　鬼賊作弄異事侵

四、玄武入木產婦悲　宅中女人又不宜
　　少女宜嫌交男友　男子運氣是帶憂

五、入金有財是外得　不然人送盜賊來
　　痴心財物憂是非　得財須防計謀侵

六爻預測基本判斷

第叁篇　六爻預測基本判斷

一、生旺墓絕

　　長生，猶人出生之時，往後源遠流長。帝旺，極其旺盛，注意亢龍有悔。墓庫，喜凶爻入墓，而吉爻不入墓。占病凶，占賊難捉，占失物難尋，占行人難歸，財入墓落袋為安。絕，爻逢絕位，願望難實現。如木爻化作亥水，稱化長生；化作卯木，稱化旺。化作未土，稱化墓。化作申金，稱化絕。其餘仿此。長生與絕都在寅、申、巳、亥。帝旺則在子、午、卯、酉。墓庫則在辰、戌、丑、未。

　　申、酉金爻雖入墓於丑庫，若得未土沖動，或卦中土多生金，則論生不論墓。同理，土雖絕于巳，必須休囚無氣，又逢到巳火，始論絕地。若土爻旺相，或得日月動爻生扶，再遇巳爻者，巳火反能生土，則論生不論絕。水土同在申位起長生，與八字火土同長生在寅不同。

《增刪卜易》云：長生、沐浴、冠帶、臨官、帝旺、衰、病、死、墓、絕、胎、養。余得驗者，只驗生旺墓絕，其餘不用。金長生在巳，旺在酉，墓在丑，絕在寅。木長生在亥，旺在卯。墓在未，絕在申。火長生在寅，旺在午。墓在戌，絕在亥。水、土長生在申，旺在子，墓在辰，絕在巳。

　　用神爻如果屬寅、卯木，若在亥日占卦，即是主事爻長生在亥，旺在卯，墓在未，絕在申。又例如用神午火，長生在寅，帝旺在午，墓在戌土，絕在亥。戌日占卦謂之日墓。其餘

地支不驗。

《增刪卜易》例。午月己卯日（空亡：申酉），占妻病，得震為雷之雷火豐。

世應	卦爻	地支	六親	六獸	動爻	地支	六親
世	▬ ▬	戌土	妻財				
	▬ ▬	申金	官鬼				
	▬▬▬	午火	子孫				
應	▬ ▬	辰土	妻財		×	亥水	父母
	▬ ▬	寅木	兄弟				
	▬▬▬	子水	父母				

世爻妻財，應爻也是妻財，取辰土妻財為用神，近病逢沖即癒，故先推辰日當癒。其次，辰與酉合，次斷酉日病癒。後拖延至子日始癒。判斷辰日病癒，因辰土逢值之日。斷酉日者，動而逢合之日。結果病癒在子日，應該是辰土財爻旺於子位。

練習例，逐爻推定十二長生。雷風恆。

世應	卦爻	地支	六親	六獸	生	旺	墓	絕
應	▬ ▬	戌土	妻財		申	子	辰	巳
	▬ ▬	申金	官鬼		巳	酉	丑	寅
	▬▬▬	午火	子孫		寅	午	戌	亥
世	▬▬▬	酉金	官鬼		巳	酉	丑	寅
	▬▬▬	亥水	父母		申	子	辰	巳
	▬ ▬	丑土	妻財		申	子	辰	巳

二、無鬼無氣

《增刪卜易》云：鬼者無形而有用，卦中不可無。宜靜不宜動，待吉神動亦能為福，加凶煞動無不為殃。占身無鬼資財聚散不常，多遭兄弟忌妒。占婚無鬼婚難成，縱成夫當夭折。占官無鬼功名難就。卦中縱有貴人，終為貴而無位。

如果卦中沒有官鬼爻，就有幾項缺憾。因為官鬼剋制兄弟，所以兄弟就無法劫走妻財。因此沒有官鬼，財就很難聚集。官鬼爻宜安靜，若為吉神無妨，凶煞忌神發動無不遭殃。女命占婚姻，沒有官鬼就等於沒有夫星。男命占功名事業，沒有官鬼也等於沒有功名事業。

失脫無鬼必自遺失。不然賊亦難獲。求財無鬼兄弟必爭權。主在他人手下趨財，財亦薄。占宅無鬼，謂之無氣。鬼者財之主也。財雖旺必有主張，然後能聚。

占遺失物品，卦中若無官鬼，表示沒有外力原因，就是自己的失誤。否則很難查出宵小何在。若占求財，兄弟沒有官鬼剋制，必然爭權奪勢。問財氣，只是過路財神，無法落袋。占屋宅，無官鬼爻，氣脈衰弱。財雖有氣，若無官鬼則財無去處，兄弟到來，群劫爭財必有災禍。

《增刪卜易》例。午月己酉日（空亡：寅卯），占求財，得之火水未濟之火澤睽。

世應	卦爻	地支	六親	六獸	動爻	地支	六親
應	▬▬	巳火	兄弟				
	▬ ▬	未土	子孫				
	▬▬	酉金	妻財				
世	▬ ▬	午火	兄弟				
	▬ ▬	辰土	子孫				
	▬ ▬	寅木	父母		×	巳火	兄弟

占求財，以妻財為用神。妻財酉金安靜，月建午火來剋，本體休囚。兄弟午火持世爻，寅木發動化出兄弟，應爻巳火兄弟，兄弟三見而結黨，卦中竟無官鬼爻剋制兄弟爻，求財如緣木求魚。

> 無鬼無主也，必主破耗多端，資財不聚。占病無鬼必無扣告之
> 門，乃天年命盡也，其病難療。惟有占產、出行、行人、田
> 蠶，無鬼方為大吉。

　　卦中無官鬼，則表示沒有主張，行事經營必然破耗而無
法聚財。若占病，卦中無官鬼，則無法探知病情，即無法施以
病理治療，乃天命氣數之耗竭。僅有生產、出行、行人、田蠶
等，無官鬼被視為吉利。

三、絕處逢生與貪生忘剋

　　用神坐絕，例如用神是寅木，日辰是申金，寅木絕在申，
所以用神就是坐絕地。此時有元神亥水或子水在卦中發動，就
能生寅木，稱為絕處逢生。又例如寅日起卦，得申金為用神，
申金絕在寅，若卦中有辰戌丑未土發動，雖然可以生申金，但
元神土爻卻被寅木剋制，無法達到絕處逢生的作用。用神絕處
逢生是好事，反之，忌神絕處逢生是壞事。當然必須與月建、
他爻等一併判斷。

> 《增刪卜易》云：金絕於寅，木絕於申，水土絕於巳，火絕於
> 亥。譬如寅日占卦，金爻絕於寅，如卦中有土爻動而生之，是
> 絕處逢生也。申日占卦，木爻則絕於申，如卦中有水爻動而生
> 之，是絕處逢生也。亥日占卦，火爻則絕於亥，如卦中有木爻
> 動而生之，是絕處逢生也。

　　《增刪卜易》例。卯月戊辰日（空亡：戌亥），妹代占兄弟官非，得天地否之天水訟。

世應	卦爻	地支	六親	六獸	動爻	地支	六親
應	▬▬	戌土	父母				
	▬▬	申金	兄弟				
	▬▬	午火	官鬼				
世	▬▬	卯木	妻財				
	▬▬	巳火	官鬼		×	辰土	父母
	▬▬	未土	父母				

　　妹占兄弟官非，以兄弟爻為用神。卯月申金，兄弟坐絕，本體論休囚。巳火官鬼發動，刑剋申金兄弟，必遭定罪。幸有巳火官鬼發動，生出辰土，辰土沖動應爻戌土，暗動生金，絕處逢生，以父母老邁之原因援例得救。

《增刪卜易》云：

且如申日占卦，遇用爻屬木，木見申則絕，木爻無用矣。若得水爻發動來相生，木爻仍復可用。譬人當困窮之際，得遇貴人扶持，必有寒谷回春之象。此乃是絕處逢生也。占婚遇世應絕處逢生，事將解而後成，意久淡而後濃。或可斷其貧乏無力，得人扶策其事亦可成。占產遇子孫，絕處逢生，子將死而復生。妻財絕處逢生，妻將危而有救。財幾失而仍得，先難後獲，其利反厚，非比旺相之財有限，資生之財無窮也，占官遇父母絕處逢生，文書雖有阻節，終有貴人主張，其事必成。占訟遇官鬼絕處逢生，訟必有理。若見財動相生，須用資財囑託，出行遇世爻絕處逢生，本意已懶，被人糾合。行人若應爻，絕處逢生，必遇故人同回。家宅吉神絕處逢生，復有興隆之象。凶神絕處逢生，災欲退而禍復來，病治愈而官事至。占病用爻與吉神絕處逢生，病將死而復活，鬼爻與忌神絕處逢生，病欲安而復作。

《卜筮正宗》例。辰月甲寅日（空亡：子丑），占友父病，得水雷屯之震為雷。

世應	卦爻	地支	六親	六獸	動爻	地支	六親
	−−	子水	兄弟				
應	—	戌土	官鬼		○	申金	父母
	−−	申金	父母		×	午火	妻財
	−−	辰土	官鬼				
世	−−	寅木	子孫				
	—	子水	兄弟				

占友父病，以父母爻為用神，用神父母動出午火回頭剋，申金絕在寅日，應爻戌土發動生申金，用神父母爻得長生，本應論吉，但申金與甲寅日相沖，且戌土逢月破，無力生扶。應驗在寅申沖，午火入戌庫之時。

《增刪卜易》云：受此處之剋，得彼處之生，即為剋處逢生。大凡用神元神，以剋少生多為吉；忌神，以生多剋少為凶。故忌神宜剋不宜生。

《增刪卜易》例。辰月丙申日（空亡：辰巳），兄占弟痘症，得水火既濟之澤火革。

世應	卦爻	地支	六親	六獸	動爻	地支	六親
應	▬ ▬	子水	兄弟				
	▬▬	戌土	官鬼				
	▬ ▬	申金	父母		×	亥水	兄弟
世	▬▬	亥水	兄弟				
	▬ ▬	丑土	官鬼				
	▬▬	卯木	子孫				

占兄弟病，以兄弟爻亥水持世為用神。月建辰土剋亥水，幸賴日辰申金生助，卦中申金動化生亥水，生助有力。酉時合住月建，有名醫治療，在動出之亥時病癒。

《卜筮正宗》云：巳日占卦，土爻絕于巳，如月建生扶幫比，土爻不謂絕也，謂之日生。如土化出巳，有日月幫比，不云化絕，乃云回頭生也，如日月制土，則是絕於日也，則是化絕於爻也。如酉日占卦，寅爻被剋，卦中有水爻動而生之，是剋處逢生矣，餘例如之。大凡絕處逢生，寒谷逢春，剋處逢生，凶後見吉也。

四、合處逢沖與沖中逢合

《增刪卜易》云：

且如占得雷地豫卦，世應相生，六爻相合，吉無不利，乃事事可成之象也。卻在子日占得子，沖應上午，害世上未，此乃合處逢沖也。占婚遇之必然被人毀謗，當見將成而解。占官遇官鬼文書暗沖其中，尚有反覆變動。占財遇之，財將入手而不得，謀事遇之必因人阻滯，將成而有變。惟有占訟與病喜遇合處逢沖，合則事必成，逢沖災必散，決然事將危而有救，病欲死而復生，吉神合處不可沖，凶神合處喜逢沖也。

《卜筮正宗》例。午月丙辰日（空亡：子丑），占出外貿易，得雷風恆之雷地豫。

世應	卦爻	地支	六親	六獸	動爻	地支	六親
應	▬ ▬	戌土	妻財				
	▬ ▬	申金	官鬼				
	▬▬▬	午火	子孫				
世	▬▬▬	酉金	官鬼		×	卯木	兄弟
	▬▬▬	亥水	父母		×	巳火	子孫
	▬ ▬	丑土	妻財				

占出外貿易，以妻財為用神。妻財兩現，取應爻戌土為用神，月建午火來生。戌土妻財與丙辰日相沖，戌土妻財爻暗動生世爻，下卦世爻酉金發動，亥水發動化出巳火，卦現反吟。變出內外卦六合之雷地豫，求財過程反覆拉鋸，終獲利收場。

　　《卜筮正宗》例。辰月丁酉日（空亡：辰巳），自占婚姻，得否卦。

世應	卦爻	地支	六親	六獸
應	▬▬	戌土	父母	
	▬▬	申金	兄弟	
	▬▬	午火	官鬼	
世	▬ ▬	卯木	妻財	
	▬ ▬	巳火	官鬼	
	▬ ▬	未土	父母	

　　占婚姻，以妻財為用神。得六合卦看似吉象。卯木妻財持世爻與應爻戌土六合，日辰丁酉來沖，應爻戌土父母逢辰月破。雖六合卦但世爻應爻，分別為日辰月建所沖，合中逢沖吉變凶。

《卜筮正宗》例。未月丁巳日（空亡：子丑），占悔婚後可否復成，得離為火之火山旅。

世應	卦爻	地支	六親	六獸	動爻	地支	六親
世	▬	巳火	兄弟				
	▬▬	未土	子孫				
	▬	酉金	妻財				
應	▬	亥水	官鬼				
	▬▬	丑土	子孫				
	▬	卯木	父母		○	辰土	子孫

六沖卦變六合卦，卯木發動生世爻巳火兄弟，隔年寅年辰月成婚。求婚以妻財爻為用神，六沖卦變六合卦，妻財爻酉金合在卯木生出之辰月，應爻亥水巳日沖動，亥合寅之歲。

五、隨鬼入墓與助鬼傷身

世爻與用神爻隨官鬼入墓、入動化所生出之墓，或自己動而化入墓庫，也是本身休囚無氣，始見凶險，如果用神與世爻旺相，仍有解救。

《增刪卜易》云：世爻入墓有三：一世爻隨鬼入日墓。一世爻入動墓。一世爻動而化墓。（一）此三墓者，（1）自占看世爻，世爻旺相者非真。（2）代占看用神。（3）惟世爻、用爻休囚被剋，而又入墓者為是也。（4）墓神被日月動爻沖破者，亦不為真。

占功名：世旺得地，沖開墓庫之年月成名。世爻若休囚空破，
　　　　終始難成。

占身命：世旺得地，沖開之年月崢嶸。世爻休囚空破，一生寂
　　　　寞。

占出仕出行：世旺得地，沖墓之月日遂心，世爻若空破休囚，
　　　　　　多見去而不返。

占求財圖事：世旺者，沖墓之月日而成。空破休囚者，終無成
　　　　　　日。

占婚姻：世旺及財爻有氣而生世者，沖墓之月日必成。空破休
　　　　囚，斷難許允。

占疾病：世旺者，沖開之月日而癒。休囚空破，沖開之月日而
　　　　危。近病者，空則無妨，出空即癒。

占獄訟：世旺脫離，休囚空破者，不免於凶。

占行人：用神化墓，或入動墓者，用神旺必歸。用神空破休
　　　　囚，非病於他鄉，即流落於異境。

占胎產：財爻、子孫爻入動墓、化墓者旺，則沖墓之月日即
　　　　生。財爻空破休囚，妻遭產厄。子孫空破休囚，子必
　　　　危亡。

占入公門：世旺，則沖墓之年月如心。空破休囚，常遭鎖枷刑
　　　　　獄。

占家宅：世旺者，或得財爻生世，沖開之年月興家。空破休
　　　　囚，身衰家破。

占祖塋：與占家宅同推。占新塋未葬者，休囚不宜，旺相亦不宜。

占偷關踰險：世爻旺相，又得生扶，固爾無危，憂心難釋，緣
　　　　　　鬼在身邊也。占訟事，世旺者得理，空破休囚被
　　　　　　剋者，必遭刑獄。

諸占：世爻若旺，墓爻而值空破者，待墓爻填實之月日而吉，
　　　世爻空破休囚者，又在世爻填實之月日而凶。

　　《增刪卜易》例，申月己丑日（空亡：午未），占病，係
壬申命（空亡：戌亥），得雷風恆。

世應	卦爻	地支	六親	六獸
應	▬▬	戌土	妻財	
	▬▬	申金	官鬼	
	▬▬▬	午火	子孫	
世	▬▬▬	酉金	官鬼	
	▬▬▬	亥水	父母	
	▬▬	丑土	妻財	

　　此卦申命隨鬼入庫，世爻隨鬼入墓，世身又落旬空，卦身
又臨月破，依古法，百無一生。但因世爻旺相，應爻戌土生世
爻酉金，竟於沖開丑墓之未日病癒。

《增刪卜易》例，未月戊辰日（空亡：戌亥），占已定重罪能蒙赦否，得山風蠱之山澤損。

世應	卦爻	地支	六親	六獸	動爻	地支	六親
應	▬▬	寅木	兄弟				
	▬ ▬	子水	父母				
	▬ ▬	戌土	妻財				
世	▬▬	酉金	官鬼		○	丑土	妻財
	▬▬	亥水	父母				
	▬ ▬	丑土	妻財		×	巳火	子孫

問定罪，以官鬼爻為用神，世爻為自己。世爻酉金官鬼持世，隨官鬼入動墓，動化出丑土之墓，入墓乍看有凶象。惟月建未土，日辰辰土，土旺來生世爻酉金，世爻旺相，捱到酉年辰月，緣往例大赦。

《增刪卜易》例，申月己未日（空亡：子丑），占盜賊來否，得山天大畜之地天泰。

世應	卦爻	地支	六親	六獸	動爻	地支	六親
	▅▅▅	寅木	官鬼		○	酉金	子孫
應	▅▅　▅▅	子水	妻財				
	▅▅　▅▅	戌土	兄弟				
	▅▅▅	辰土	兄弟				
世	▅▅▅	寅木	官鬼				
	▅▅▅	子水	妻財				

占盜賊，以官鬼為用神。官鬼兩現，取世爻看自己，寅木官鬼入日墓。取上爻臨近應爻之官鬼，發動後酉金回頭剋官鬼。占後遭盜賊殺害。雖說官鬼入庫，實患在世爻寅木逢申金月破。

《增刪卜易》云：

隨官入墓，其目有三，有身隨鬼入墓，有世隨鬼入墓，有命隨
鬼入墓，且如丑日，占得雷水解卦，身鬼俱在，五爻乃身隨鬼
入墓也。若未日占得山天大畜，世在二爻。屬木，乃世隨鬼入
墓也。又如未日寅生人，占得地雷復，卯生人，占得火澤睽。
本命皆在鬼爻，此乃命隨鬼入墓也，以上三墓，不問占何事意
，皆非吉兆。占身遇之，須防目下有災，終身不能顯達。占婚
遇世隨鬼入墓，男家貧乏，女財不備。占產遇命隨鬼入墓，須
防妻命入黃泉。求官遇之事體難成，雖成終不能振。若入殺墓
，更為大凶。（殺墓者丁未、戊戌是也）占訟遇之，有牢獄禁繫
之憂，或訟散身危，或訟中有病。求財遇之，勤勞備歷終歸他
人。出行遇之，多是去不成，若去愈為不美，必主去後有病。
家宅遇之，宅長有憂，占病逢之十占九死，略舉一二卦為例，
其餘各以類推。

　　古有日墓、動墓、化墓，謂之三墓。又世爻隨鬼入墓、
本命隨鬼入墓、卦身隨鬼入墓、世身隨鬼入墓。一堆入墓的名
詞，造成辰戌丑未日，不敢占卦。就算不是辰戌丑未日，也有
動而化墓的機率，所以凡世爻、用爻隨鬼而入日墓、入動墓，
或動而化墓，亦必須是休囚無力，始有凶險之象；若旺而有生
扶仍有解。

《增刪卜易》例，申月戊辰日（空亡：戌亥），占夫病，係癸亥命，得天火同人之離為火。

世應	卦爻	地支	六親	六獸	動爻	地支	六親
應	▅▅▅	戌土	子孫				
	▅▅▅	申金	妻財		○	未土	子孫
	▅▅▅	午火	兄弟				
世	▅▅▅	亥水	官鬼				
	▅▅ ▅▅	丑土	子孫				
	▅▅▅	卯木	父母				

妻占夫，亥水官鬼為用神，墓於辰日，夫星、夫命皆入庫。辰日沖動戌土，以生申金，因世爻亥水空亡，不受其生，隔天己巳日，沖起亥水，得遇金生，病癒。

《增刪卜易》例，戌月甲寅日（空亡：子丑），占會試能連捷否，得雷山小過之艮為山。

世應	卦爻	地支	六親	六獸	動爻	地支	六親
	▬▬	戌土	父母		×	寅木	妻財
	▬▬	申金	兄弟				
世	▬▬▬	午火	官鬼		○	戌土	父母
	▬▬▬	申金	兄弟				
	▬▬	午火	官鬼				
應	▬▬	辰土	父母				

會試求仕官，以官鬼為用神，用神兩現，取世爻為用。世爻隨官入月建之墓，稱月墓。四爻午火動入戌土火庫，稱化墓。六爻父母戌土動，稱動墓。明年辰年，沖開墓庫，發榜之期。又沖辰月，沖開三墓，不獨連捷，定然鼎甲，緣日月與世爻三合成官局。

《增刪卜易》云：

生助官鬼者，不過妻財也，不宜發動。動則衰鬼變成旺鬼。旺鬼遇之，其勢愈凶。且如申日占得離卦，鬼臨應爻剋世，本非佳兆，更兼妻財發動生助鬼爻，其凶愈不可當。此乃助鬼傷身也。凡卦鬼剋身世者，無財凶有限，若有兩財皆動，其禍不可勝言。倘得子孫發動，福神來解，庶可反凶成吉，轉禍為祥。

助鬼傷身就是仇神生忌神，忌神來剋用神，而生助官鬼者是妻財，故妻財不宜發動。這裡所謂的「鬼」就是忌神，所以相對於用神，不一定是官鬼爻，也可能是妻財、兄弟、子孫、

父母等。總之，忌神不宜被生助。

六、動變生剋與沖合

《增刪卜易》云：六爻安靜，旺相之爻，可以生得休囚之爻，亦可以剋得休囚之爻。蓋旺相者，如有力之人也。卦有動爻，能剋靜爻，即使靜爻旺相，亦不能剋動爻，蓋靜者，如坐如臥；動者，如行走之人。

《增刪卜易》例，春季寅卯月，占得坤卦。

世應	卦爻	地支	六親	六獸
世	▬ ▬	酉金	子孫	
	▬ ▬	亥水	妻財	
	▬ ▬	丑土	兄弟	
應	▬ ▬	卯木	官鬼	
	▬ ▬	巳火	父母	
	▬ ▬	未土	兄弟	

如占父母，巳火為父母，三爻之卯木當春旺相，能生巳火，即為父母旺相。巳火父母，既有春木相生，父母旺能剋子孫，如果占子孫，則子孫衰弱。

《增删卜易》例。寅月，占得兑為澤之雷澤歸妹。

世應	卦爻	地支	六親	六獸	動爻	地支	六親
世	‒‒	未土	父母				
	▬	酉金	兄弟		○	申金	兄弟
	▬	亥水	子孫				
應	‒‒	丑土	父母				
	▬	卯木	妻財				
	▬	巳火	官鬼				

酉金發動，雖然在寅月休囚，但發動能剋旺相之卯木。卯木妻財當春令，能剋丑未父母二土，既然卯木被酉金發動所傷，無力剋丑未土。

《增删卜易》云：卦有動爻，動則必變。夫變出之爻，能生剋沖合本位之動爻，不能生剋他爻，而他爻與本位之動爻，亦不能生剋變爻。

《增刪卜易》例。子月卯日，占得坤為地之火地晉。

世應	卦爻	地支	六親	六獸	動爻	地支	六親
世	▬ ▬	酉金	子孫		×	巳火	父母
	▬ ▬	亥水	妻財				
	▬ ▬	丑土	兄弟		×	酉金	子孫
應	▬ ▬	卯木	官鬼				
	▬ ▬	巳火	父母				
	▬ ▬	未土	兄弟				

　　酉金發動，酉為動爻，變出巳火。巳為變爻，變爻之巳火，能回頭剋本位之酉金，但不能生剋他爻。四爻之丑土，動而能生世爻之酉金，但不能生變出之酉金。而變出之酉金，也不能生剋他爻。日月在天，能生剋動爻、靜爻、飛爻、伏爻、變爻，而諸爻皆不能傷日辰月建。所以月建子水，能剋世爻變出之巳火。卯為日辰，能沖變出之酉金。

七、獨發

> 《增刪卜易》云：五爻俱動，一爻不動，曰獨靜。五爻不動，一爻獨動，曰獨發。

　　卦中獨靜雖少，而獨發者多。換言之，搖出動卦的機率遠大於六爻安靜。卦中獨發之情形，只須判別獨發之動爻是用神，還是忌神。化進或化退，回頭生或回頭剋。還是化空、化墓、化絕。

《增刪卜易》例。午月甲申日（空亡：午未），防水漲沖麥，何日始晴？占得天火同人之澤火革。

世應	卦爻	地支	六親	六獸	動爻	地支	六親
應	▬▬	戌土	子孫		○	未土	子孫
	▬▬	申金	妻財				
	▬▬	午火	兄弟				
世	▬▬	亥水	官鬼				
	▬ ▬	丑土	子孫				
	▬▬	卯木	父母				

占天氣，看動爻。元神午月生用神戌土，占本卦之時，官鬼持世，心中一片憂疑。以子孫發動，剋去心中憂疑之官鬼，但未土入空亡，化退神，雖不致有水患，但也無法立即釋懷。至于天氣放晴，需待卯日，戌土動而逢合。

《增刪卜易》例。辰月甲午日，占開煤礦，得風火家人之風雷益。

世應	卦爻	地支	六親	六獸	動爻	地支	六親
	▬▬	卯木	兄弟				
應	▬▬	巳火	子孫				
	▬　▬	未土	妻財				
	▬▬	亥水	父母		○	辰土	妻財
世	▬　▬	丑土	妻財				
	▬▬	卯木	兄弟				

問資財取得，以妻財爻為用神，妻財丑土持世，月建扶持日辰生之，旺相而安靜，似應未月沖丑土可得煤財，竟不應驗。至亥年辰月，始得礦脈。此乃獨發動化妻財之功。亥水化辰土，年月俱應，事後諸葛。

八、月破

凡是與月建相沖之爻，謂之悖時、月破。寅月申破，卯月酉破，辰月戌破，巳月亥破等。如枯根朽木，逢生而不起，逢傷而更重。雖然日辰來生，亦不能生。反之，作為忌神，若為月破，則有利於所求之事。神兆機於動，若無吉凶則不動，若有禍福之象，必待出月而應。逢合之日不破，近應日時，遠應年月。只怕靜而不動，有剋無生，又無動爻生助，則一破到底，謂之「真破」。所謂「填實」，例如月破之爻發動，有生無剋，出了占卦月，就是填實有用了。又如月破之爻發動，被

日辰或動爻合起，稱為「合破」，出破之月仍可用。

> 《增刪卜易》云：正申，二酉，三戌，四亥，五子，六丑，七寅，八卯，九辰，十巳，十一午，十二未。月建沖之為月破，逐月之破日，是也。諸書皆以用神臨月破，謂之「悖時」，如枯根朽木，逢生生之不起，逢傷傷者更重。

與月建對沖之用神爻稱「月破」。在卦中只是有亦如無，伏在卦中也是難以透出，日辰生之無效。反之，發動成為忌神，也不能為害。作為變爻，也不能傷剋動爻。發動後雖有禍福之徵兆，出月後則不破。實破之日、逢合之日則不破。就怕靜而不動，又無日辰與動爻生助，則一破到底。

《增刪卜易》例。亥月己丑日（空亡：午未），占將來有官否，得兌為澤之天水訟。

世應	卦爻	地支	六親	六獸	動爻	地支	六親
世	▬ ▬	未土	父母		×	戌土	父母
	▬▬	酉金	兄弟				
	▬▬	亥水	子孫				
應	▬ ▬	丑土	父母				
	▬▬	卯木	妻財				
	▬▬	巳火	官鬼		×	寅木	妻財

問官運如何，以官鬼爻為用神。官動生世，顯然有為官之象。但巳火官鬼逢亥月為月破。官鬼爻既逢月破，又無日辰動爻生之，而世爻未土遇旬空，正逢己丑日來沖，沖空則實不為

空。既無所用，為何動而生世？再占一卦，得水地比，以決憂疑。

《增刪卜易》例，水地比。亥月己丑日（空亡：午未），占將來有官否。

世應	卦爻	地支	六親	六獸
應	▬ ▬	子水	妻財	
	▬▬▬	戌土	兄弟	
	▬ ▬	申金	子孫	
世	▬ ▬	卯木	官鬼	
	▬ ▬	巳火	父母	
	▬ ▬	未土	兄弟	

問官運如何，以官鬼爻為用神。亥月生世爻卯木官鬼，應爻子水妻財生官鬼。論世爻旺相。前一卦官鬼爻動，本卦官鬼爻持世，大象已明。又前一卦官鬼爻臨月破，應在實破之巳年。

《增刪卜易》例。辰月戊子日（空亡：午未），占父歸期，得乾為天之澤天夬。

世應	卦爻	地支	六親	六獸	動爻	地支	六親
世	━━━	戌土	父母	朱雀	○	未土	父母
	━━━	申金	兄弟	青龍			
	━━━	午火	官鬼	玄武			
應	━━━	辰土	父母	白虎			
	━━━	寅木	妻財	螣蛇			
	━━━	子水	子孫	勾陳			

問父歸期，以父母爻為用神。父母爻持世，辰月破戌土，動化未土臨空亡，戊子日不生助，又無其他動化生助之現象，以古法判斷，認為用神無氣，父親無歸期。野鶴則判斷朱雀臨父母爻，動而持世，卯日破而逢六合，必有佳音，午未日出甲申旬，出空必歸。

九、日辰

日辰又稱日建，就是求占當天的地支。日辰必須記載天干地支，才能得到空亡在那個地支。月建管一個月三十天，所以用神寅卯木，則月建亥、子、寅、卯為旺相，其餘仿此。日辰則是一年四季都旺；卦爻休囚衰弱，一旦有日辰生扶，則不算衰弱。反之卦爻旺相，日辰來剋制，則不算旺相。卦爻臨旬空，逢日辰沖之，稱「沖空則起」。卦爻逢合，若有日辰來沖，稱為「沖散」。

　　月建與日辰以「剋」而言，大致相同。在「沖」而言，日辰在沖卦中之爻，沖旺相為「暗動」，有生扶用神世爻之功效。沖休囚之爻為「日破」。又必須分「沖起」與「沖散」。月建則不是這麼區別的，只要被月建所沖，就是「月破」，論為無力無作用。

《增刪卜易》云：
日辰為六爻之主宰，司四時之旺相。日辰，即本日之日辰，又為日建。沖旺相之靜爻，即為暗動。沖衰弱之靜爻，則為日破。沖空即起，沖合即開。爻之衰弱，能生扶拱合，如時雨以滋苗。爻之強旺，能剋害刑沖，似秋霜之殺草。爻之衰弱者，能生之、合之、旺之。同類者比之、扶之。爻之強旺者，能刑之、沖之、剋之、絕之、墓之。爻旺而動，沖之愈動。爻衰而動，沖之則散。逢月破而不破，遇沖剋以無傷。生多剋少，錦上添花。生少剋多，寡難敵眾。

　　卦爻如果發動，卻有日辰相合，稱為「合住」。卦爻如果是旺相的靜爻，得日辰來沖，稱暗動，作用力很大。反之，卦爻如果是衰弱的靜爻，如果日辰來沖，稱日破，更加使得卦爻休囚。

　　至於旺衰如何區分？較為模糊之點在於，月剋日生或日生月剋半斤八兩之情況，大致是以後繼之動爻生剋忌神元神之寡眾關係為判斷。其次，凶神合處喜逢沖，吉神合住不宜沖。

《增刪卜易》例，申月戊午日（空亡：子丑），占病，得天山遯之天風姤。

世應	卦爻	地支	六親	六獸	動爻	地支	六親
	——	戌土	父母				
應	——	申金	兄弟				
	——	午火	官鬼				
	——	申金	兄弟				
世	— —	午火	官鬼		○	亥水	子孫
	— —	辰土	父母				

自占病，以世爻為用神。世爻午火臨日辰，應主旺相，但動化亥水忌神子孫回頭剋，月建申又生亥水，應驗於亥月。

《增刪卜易》例，巳月丁亥日（空亡：午未），占僕何日回，得澤天夬之天澤履。

世應	卦爻	地支	六親	六獸	動爻	地支	六親
	— —	未土	兄弟		×	戌土	兄弟
世	——	酉金	子孫				
	——	亥水	妻財				
	——	辰土	兄弟		○	丑土	兄弟
應	——	寅木	官鬼				
	——	子水	妻財				

僕人為我財產，以亥水妻財為用神。亥水為月破，雖有日

建臨之，破而不破。但未土動化戌土，辰土動化丑土，敵眾我寡，歸期難料。

十、暗動與日破

　　暗動有福來而不知，禍來而不覺的特性。如果用神休囚，喜得元神暗動相生。反之，用神休囚無力，忌逢忌神暗動，剋害用神。日破與暗動，決定在用神爻旺相休囚之性質。

> 《增刪卜易》云：
> 且如六爻安靜不遇沖，則不動。若日辰相沖，名曰暗動。暗動者有吉有凶，各有所用，不可一概而論。若遇凶煞暗動傷身剋世，件件皆非所宜。吉神暗動合世生身，事事無不為吉。余推其意，暗者必非明也，乃陰私潛伏也。福來而不知，禍來而未覺。爻吉則暗中有補，爻凶則暗中有傷。占婚遇之，吉則暗中有人籌帷，凶則暗中有人破敗。占產遇胎爻或子孫暗動，必曾轉胎。求官遇之吉，則有無心之機會，凶則陰中有人損害。占訟遇之吉，則得人解救。凶則被人暗算。失脫遇之吉，則暗中補捉可獲。凶則暗昧難尋。求財遇之吉，則隱然求之利益殊厚。凶則被人劫騙，利不可得。行人遇之吉，則心欲動而未發。凶則暗中有阻，未能起身。家宅遇之吉，則暗中有補，福已至而不知。凶則暗中有害，禍欲萌而未覺。占病亦隨其所遇之神，而定其吉凶也。

《增刪卜易》云：靜爻休囚，日辰沖之，曰日破。靜爻旺相，日辰沖之，為暗動。暗動者，有喜有忌。用神休囚，得元神暗動以相生。忌神明動於卦中，得元神暗動，以生用者皆謂之喜。用神休囚無助，若遇忌神暗動，剋害用神者，則謂之忌。

《增刪卜易》例，寅月乙未日，占女痘，得坤為地之地水師。

世應	卦爻	地支	六親	六獸	動爻	地支	六親
世	▬ ▬	酉金	子孫				
	▬ ▬	亥水	妻財				
	▬ ▬	丑土	兄弟				
應	▬ ▬	卯木	官鬼				
	▬ ▬	巳火	父母		×	辰土	兄弟
	▬ ▬	未土	兄弟				

代占女病，以子孫爻為用神。酉金子孫在寅月休囚，得日辰乙未日生扶，二爻巳火動而剋酉金，但乙未日沖動丑土，巳火動生丑土，丑土生酉金，於未申時得名醫救治。

十一、動散與旬空

> 《增刪卜易》云：古以日辰沖動爻，謂之沖散，又以爻動沖
> 爻，亦能沖散。予屢試之，旺相者，沖之不散；休囚者，間有
> 沖散，亦千百中之一二耳。蓋神兆機於動，動必有因，雖則今
> 日受制，後逢值日而不散也。

《增刪卜易》例。丑月丁酉日（空亡：辰巳），占父出
外，一載無音訊，得風水渙之坎為水。

世應	卦爻	地支	六親	六獸	動爻	地支	六親
	▬▬	卯木	父母		○	子水	官鬼
世	▬▬	巳火	兄弟				
	▬ ▬	未土	子孫				
	▬ ▬	午火	兄弟				
應	▬▬	辰土	子孫				
	▬ ▬	寅木	父母				

問父親歸期，以父母爻為用神。父母爻動，卯木生世爻巳
火，又子水化回頭生，目前平安無險。世爻臨空亡，出空或沖
散之時應驗。卯月歸回，應驗在卯木發動，又逢酉日沖。

旬空者，一旬是十天，十天干依序配十二地支，即最後兩
個地支子丑配不到該旬天干。所以甲子旬是戌、亥。甲戌旬是
申、酉。其餘仿此。空亡有落空、期待、猶豫、進退失據等現
象。例如競賽喜世爻旺相，應爻空亡。合夥則空亡一方意興闌
珊，世應俱空，一拍兩散，無心戀戰。

《增刪卜易》云：甲子旬中戌亥空。甲戌旬中申酉空。甲申旬中午未空。甲午旬中辰巳空。甲辰旬中寅卯空。甲寅旬中子丑空。旬空之法，諸書之論太繁，有真空、假空、動空、沖空、填空、援空、無故自空、有故而空、墓絕空、害空、安空、破空。

旬空之爻必須判斷有用無用，依據《增刪卜易》可以整理為：

（一）、發動不為空。

（二）、旺相不為空。

（三）、有日辰月建與動爻生扶不為空。

（四）、動而化空不算空。

（五）、伏藏而旺相不為空。

至於空亡之作用實現於下述情況：

（一）、月破為空。

（二）、有氣不動亦為空。

（三）、伏而被剋亦為空。

真空為空，所謂真空者，春土、夏金、秋是木，冬是火。對於旬空之判斷，《卜筮正宗》陳述：「無生有剋者，到底空也，有生無剋者，待時用也。卦之最凶者，喜用爻之旬空，卦之最善者，忌用爻之旬空。」用神有力，出空即有佳音。用神若是真空，所求之事即難如願。反之，忌神若真空，敵之後援衰弱，我心想事成。《增刪卜易》云：「占謀事，實空之日必成。占近病，出空之日即愈。」不論動爻本身旬空或不空，而

化出之爻卻旬空，這種情況不是真空，一旦出旬就有作用了。

官爻持世而旬空，自己心中猶豫無主見，若得到財來生，日辰月建來生扶，可以見機立斷，否則出空後反遇生扶我者入空亡，大嘆時不我予。

《卜筮正宗》例，巳月戊戌日（空亡：辰巳），占求財，得風雷益卦。

世應	卦爻	地支	六親	六獸
應	▬▬	卯木	兄弟	朱雀
	▬▬	巳火	子孫	青龍
	▬ ▬	未土	妻財	玄武
世	▬ ▬	辰土	妻財	白虎
	▬ ▬	寅木	兄弟	螣蛇
	▬▬	子水	父母	勾陳

占財運，以妻財爻為用神。妻財兩現，取辰土財爻持世，因值旬空，待戌日沖之，謂之沖空則起，本日即得，應于本日者戌日亦是財星沖我，此沖空有用。

《增刪卜易》例，寅月辛卯日（空亡：午未），占父歸期，得風地觀之天地否。

世應	卦爻	地支	六親	六獸	動爻	地支	六親
	━━━	卯木	妻財	螣蛇			
	━━━	巳火	官鬼	勾陳			
世	━　━	未土	父母	朱雀	×	午火	官鬼
	━　━	卯木	妻財	青龍			
	━　━	巳火	官鬼	玄武			
應	━　━	未土	父母	白虎			

占父歸期，以父母爻為用神。父遇真空，日月寅卯傷剋，雖則動不為空，疑其傷之太重，不敢輕率判斷。再占一卦。

寅月辛卯日（空亡：午未），占父歸期，得天澤履之風澤中孚。

世應	卦爻	地支	六親	六獸	動爻	地支	六親
	━━━	戌土	兄弟				
世	━━━	申金	子孫				
	━━━	午火	父母		○	未土	兄弟
	━　━	丑土	兄弟				
應	━━━	卯木	官鬼				
	━━━	巳火	父母				

父母爻動逢空亡，所幸有月建日辰來生。父母爻動剋世

爻，剋世爻則速至。有日月動爻生扶不為空，動而化空不算空，以甲午、乙未日為歸期。前卦未土父母持世，目下旬空，出空即有佳音。

占卦遇到空亡，在一旬之內當然論空亡，然對於沖空之日、實空之日未必為空。若占長久遠大之事，訂期難料，須以大象觀察。大象不吉，到底為空。否則太歲、月建亦可以填實。

十二、伏神與飛神

在六十四卦中，並非所有六親都具備的，有的缺父母爻，有的缺官鬼爻，如果所需之用神，正好就是所缺的六親卦爻，例如問金錢收入，卻卜到澤火革，卦中無妻財爻。問升遷，卻卜到火山旅，卦中無官鬼爻。這種情形就必須到首卦尋找，因此前述澤火革卦就借用坎卦的妻財第三爻，稱為「伏神」。而澤火革第三爻兄弟亥水，則稱為「飛神」。飛神生伏神論吉，飛神剋伏神論凶。

《增刪卜易》云：凡卦，用神不現者，即以日月為用神。倘日月非用神，須于本宮首卦尋之。蓋本宮之首卦六親俱備故也。
伏神有用者六：伏神得日月生者，一也。伏神旺象者，二也。伏神得飛神生者，三也。伏神得動爻生者，四也。伏神得遇日月動爻沖剋飛神者，五也。伏神得遇飛神空破休囚墓絕者，六也。
伏神終不得出者五：伏神休囚無氣者，一也。伏神被日月沖剋者，二也。伏神被旺相之飛神剋害者，三也。伏神墓絕於日月飛爻者，四也。伏神休囚，值旬空月破者，五也。

伏神和飛神是相對存在的，有了伏神還是要綜合論斷。整理如下：

一、日辰月建生伏神，有利求占。

二、飛神生助伏神，或動爻生助伏神，有利求占。

三、飛神逢日辰、月建、動爻沖剋，旬空、月破、墓絕，
　　均有利求占。

伏神無用如下：

一、伏神受日辰月建沖剋，休囚無力。

二、日辰月建生助飛神去剋伏神。

三、伏神旬空、月破，並有墓絕於飛神、日辰月建等情
　　況。

《增刪卜易》例，天風姤。

世應	卦爻	地支	六親	六獸
	▅▅▅	戌土	父母	
	▅▅▅	申金	兄弟	
應	▅▅▅	午火	官鬼	
	▅▅▅	酉金	兄弟	
	▅▅▅	亥水	子孫	
世	▅▅　▅▅	丑土	父母	

如占妻財，取財爻為用神。天風姤卦係屬於乾宮，並無寅卯木妻財爻，即是用神不上卦。乾卦寅木妻財在二爻，所以寅木妻財伏於姤卦亥水子孫之下，亥水為飛神，寅木為伏神，謂之「飛來生伏得長生」。用神雖不現，但伏神得到生扶，反為吉用。

《增刪卜易》例：酉月丙辰日（空亡：子丑），占子病，得地風升。

世應	卦爻	地支	六親	六獸	伏神	地支	六親
	--	酉金	官鬼				
	--	亥水	父母				
世	--	丑土	妻財		×	午火	子孫
	--	酉金	官鬼				
	--	亥水	父母				
應	--	丑土	妻財				

占子病，以子孫爻為用神。卦中不現子孫爻，以本宮首卦震為雷，子孫午火伏在四爻丑土之下，丑土旬空，伏神容易翻出，以變出之午火而癒。

《增刪卜易》例，子月戊寅日（空亡：申酉），占求官，得澤水困之兌為澤。

世應	卦爻	地支	六親	六獸	動爻	地支	六親
	--	未土	父母				
	—	酉金	兄弟				
應	—	亥水	子孫				
	--	午火	官鬼				
	—	辰土	父母				
世	--	寅木	妻財		×	巳火	官鬼

　　占求官，以官鬼爻為用神。卦中三爻午火官鬼，或初爻妻財化出之官鬼，何者為用神？《黃金策》云：「飛爻變爻，俱無用神者，始尋伏神。」因此神兆機於動，世爻為我，初爻寅木發動變出巳火官鬼，為用神。等於官鬼之火坐長生，妻財爻獨發，生出官鬼。

十三、六沖

　　所謂六沖者，指子午相沖、丑未相沖、寅申相沖、卯酉相沖、辰戌相沖、巳亥相沖等。好事能被沖散，壞事也能被沖散。靜爻能被沖起，入墓能被沖開，所以六沖不一定全是壞事。寅申巳亥既是長生，又是絕地；例如寅申沖，寅是火的長生，金的絕地，而申是水的長生，木的絕地。讀者可以將五行逐一排列即可推。

> 《增刪卜易》云：相沖之法有六：日月沖爻者，一也。卦逢六沖者，二也。六合卦變六沖者，三也。六沖卦變六沖者，四也。動爻變沖者，五也。爻與爻沖者，六也。爻沖有五：爻遇月沖，為月破。爻遇日沖，為暗動。休囚而遇日沖，謂日破。動爻自化回頭沖，如逢仇敵。爻與爻沖，謂之相擊。

整理上述說法，卦象相沖之情況：

（一）、日辰與月建均可以單獨與卦爻相沖。

（二）、卦逢六沖，指八純卦與雷天大壯、天雷无妄共十組。

（三）、六合卦變六沖卦，即天地否、水澤節、山火賁、雷地豫、火山旅、地天泰、地雷復、澤水困共計

八組六合卦，變成八純卦，另加雷天大壯、天雷无妄。

（四）、六沖卦變出六沖卦。

（五）、卦中兩動爻相沖。

（六）、月建沖卦中之爻叫月破。

（七）、日辰沖起旺相之爻稱暗動，沖衰弱之爻稱日破。

合處逢沖：卦爻之中有三合、六合之情況，但日辰來沖，吉變不吉。例如占婚事，遭遇口舌是非。占官運，官鬼文書暗沖反覆變化。占財運，財過門不入，七折八扣。惟有占訟與病，喜遇合處逢沖，因為合處有成，逢沖則官訟與病散去。例如占得澤水困卦，應爻生世爻，六爻相合，但卻在巳月占卦，巳月沖亥水應爻，又與日辰寅木相刑。

沖中逢合：卦中六爻本來相沖的卦，但被日辰合住，凶象轉吉。

卦逢六沖，勿以為凶，如果用神來沖世爻，世爻有日辰月建生扶，剋用神反為我用，鹿死誰手，莫下定論。

占病有近病、久病論，近病逢沖即癒，久病逢沖即死。

《增刪卜易》例。亥月壬子日（空亡：寅卯），占姪兒有事爭執被害否？得雷天大壯之地天泰。

世應	卦爻	地支	六親	六獸	動爻	地支	六親
	▬ ▬	戌土	兄弟				
	▬ ▬	申金	子孫				
世	▬▬▬	午火	父母		○	丑土	兄弟
	▬▬▬	辰土	兄弟				
	▬▬▬	寅木	官鬼				
應	▬▬▬	子水	妻財				

占姪兒，以子孫爻為用神。父母午火持世，動化丑土，六沖卦變六合卦，有人勸解，事必主散。父母動剋子孫，世爻午火被日辰壬子日沖之，動則必驗，使父母不能棍擊申金子孫。

《增刪卜易》例。巳月戊戌日（空亡：辰巳），占財，得風雷益卦。

世應	卦爻	地支	六親	六獸
應	▬▬▬	卯木	兄弟	
	▬▬▬	巳火	子孫	
	▬ ▬	未土	妻財	
世	▬ ▬	辰土	妻財	
	▬ ▬	寅木	兄弟	
	▬▬▬	子水	父母	

占財，以妻財為用神。妻財兩現，以辰土妻財持世爻為用神。用神得月建日辰生扶，雖值旬空，戌日沖空則實，本日可得。

《卜筮正宗》例，寅月甲午日（空亡：辰巳），占子久病，得雷天大壯。

世應	卦爻	地支	六親	六獸
	▆▆	戌土	兄弟	
	▆▆	申金	子孫	
世	▆▆▆	午火	父母	
	▆▆▆	辰土	兄弟	
	▆▆▆	寅木	官鬼	
應	▆▆▆	子水	妻財	

近病喜六沖，久病六沖大凶。代子占，用神看子孫爻，子孫申金逢寅月，月破。日辰甲午剋。但午日被子水暗沖，隔天乙未日制住子水，忌神午與未六合，辰時一線生機子水入墓，歿。

十四、六合

所謂六合者，子與丑合、寅與亥合、卯與戌合、辰與酉合、巳與申合、午與未合。子丑、卯戌、巳申三對是合中有剋。寅亥、辰酉、午未三對是合中有生。在六十四卦中有八個六合卦，天地否、雷地豫、地雷復、地天泰、水澤節、山火賁、火山旅、澤水困等。僅巽宮沒有六合卦。卦爻旺相，與日辰相合皆以吉論。反之，卦爻休囚，合亦無助，但凶事反而忌合。

卦中逢六合，勿以為吉，須再觀察是否生旺無剋制，世爻用神是否有坐墓坐絕，臨空逢破等情。若有合空亡等情，亦須等待出空之日。

《增刪卜易》云：古法子與丑合，丑中有土，土剋子水，謂之合中帶剋，剋三合七。已與申合，已火剋申金，謂之剋七合三。

日月合爻。丑月占得坎卦，世爻子水與月建六合。

世應	卦爻	地支	六親	六獸
世	▬ ▬	子水	兄弟	
	▬▬▬	戌土	官鬼	
	▬ ▬	申金	父母	
應	▬ ▬	午火	妻財	
	▬▬▬	辰土	官鬼	
	▬ ▬	寅木	子孫	

爻與爻合。占得天地否卦，世爻卯木，應爻戌土，兩爻俱動，卯戌六合。

世應	卦爻	地支	六親	六獸	動爻	地支	六親
應	▬▬▬	戌土	父母		○	未土	父母
	▬▬▬	申金	兄弟				
	▬▬▬	午火	官鬼				
世	▬ ▬	卯木	妻財		╳	申金	兄弟
	▬ ▬	已火	官鬼				
	▬ ▬	未土	父母				

爻動化合。天風姤世爻父母丑土化出子水。子丑六合。

世應	卦爻	地支	六親	六獸	動爻	地支	六親
	▬▬	戌土	父母				
	▬▬	申金	兄弟				
應	▬▬	午火	官鬼				
	▬▬	酉金	兄弟				
	▬▬	亥水	子孫				
世	▬ ▬	丑土	父母		X	子水	子孫

《增刪卜易》云：相合之法有六：日月合爻者，一也。爻與爻合者，二也。爻動化合者，三也。卦逢六合者，四也。六冲卦變六合者，五也。六合卦變六合者，六也。爻之合者，靜而逢合，曰「合起」。動而逢合，曰「合絆」。爻與爻合，曰「合好」。爻動化合，曰「化扶」。

依照《增刪卜易》說法，具備以下任一條就是六合卦：

（一）、月建日辰可以與卦中六爻相合。如果是與靜爻相合，稱為「合起」，轉為旺相。反之，月建日辰如果與卦中動爻相合，稱為「合住」，動爻不生作用。

（二）、卦中爻與爻相合，必須兩個爻都動，一個爻不動不算合。若兩個爻都不動也不算合，兩個爻全動而合，稱為「合好」，更為旺相。

（三）、發動之爻可以與本身變出的爻相合。例如亥化寅、午化未等。

（四）、上述八組六合卦，內外兩卦都是相合，不論發動
　　　　與否，都算六合卦。

（五）、六沖卦變成六合卦，無論卦爻動靜，都還算是六
　　　　合卦。

（六）、六合卦變成六合卦，始終都算六合卦。

卦中財爻發動忌日辰與卦中動爻合住財爻，則財不自主，
再觀察合住者六親之性質，即可判斷。

《增刪卜易》云：凡得諸合，諸占皆以為吉。占名名成，占利
利就，占婚必成，占身發跡，占宅興旺，占風水聚氣藏風，占
求謀遂心合意。然必用神有氣相宜。

……爻逢六合，已為吉兆，動而又變六合，終始嘉祥。占風水
百代簪纓。占宅舍，千秋基業。占婚姻，白頭相守。占夥計管
鮑雷陳。占功名，仕路亨通。占財帛，如山積聚。占兄弟，累
世同居。占學藝，始終成就。占脩煉，指日丹成。

以上諸占，用神旺臨日月者，吉而又吉。惟占訟獄不利，冤仇
難解。占憂疑怪事，終不開心。占孕胎安，占產難生，若再用
神受剋加凶。

《卜筮正宗》云：人之所惡者宜沖，所好者宜合。惟占病有近
病、久病論，近病逢沖即癒，久病逢沖即死，六合反是。凡六
沖卦有日辰相合、變爻相合，謂之沖中逢合。凡六合卦有日辰
相沖、變爻相沖，謂之合處逢沖。如沖忌神合用神，名為去煞
留恩，般般有吉；沖用神合忌神，名為留煞害命，件件皆凶。

六合卦對吉事而言，錦上添花。因此功名、婚姻、事業、
屋宅、謀事、徵人、同居、學藝、求財、修練等，如願以償。
但對於極欲擺脫之凶事則不利，例如訟獄、憂疑、生產、久病

等。分沖中逢合，因禍得福。合處逢沖，功敗垂成。去煞留
恩，反為我用。留煞害命，自找苦吃等。

《卜筮正宗》例，申月乙卯日（空亡：子丑），占自己與
兒子官非，得巽之坤卦。

世應	卦爻	地支	六親	六獸	動爻	地支	六親
世	▬	卯木	兄弟		○	酉金	官鬼
	▬	巳火	子孫		○	亥水	父母
	▬▬	未土	妻財			丑土	妻財
應	▬	酉金	官鬼		○	卯木	兄弟
	▬	亥水	父母		○	巳火	子孫
	▬▬	丑土	妻財			未土	妻財

占自己，世爻為用神。占子，以子孫爻為用神。占六沖卦
主散，但不宜又變出六沖卦，內外卦爻反吟，沖擊亂散，世爻
與子孫爻化回頭剋，俱受重刑。

《增刪卜易》例。丑月戊申日（空亡：寅卯），占歲考，得坎為水之澤水困。

世應	卦爻	地支	六親	六獸	動爻	地支	六親
世	▬ ▬	子水	兄弟				
	▬▬▬	戌土	官鬼				
	▬ ▬	申金	父母		X	亥水	兄弟
應	▬ ▬	午火	妻財				
	▬ ▬	辰土	官鬼				
	▬ ▬	寅木	子孫				

考試以父母爻為用神，參看官鬼爻。用神世爻子水，丑月合之。申日作父母而生世，卦中申金又動，兼是六沖變六合，先否後泰。

　　《增刪卜易》例，未月丁巳日（空亡：子丑），問已悔婚，將來成否？占得離為火之火山旅。

世應	卦爻	地支	六親	六獸	動爻	地支	六親
世	▬▬	巳火	兄弟				
	▬ ▬	未土	子孫				
	▬▬	酉金	妻財				
應	▬▬	亥水	官鬼				
	▬ ▬	丑土	子孫				
	▬▬	卯木	父母		○	辰土	子孫

　　六沖卦變六合卦，散而復聚，婚必成。《增刪卜易》：諸合皆以用神旺者為吉，獨六沖卦變六合者，不看用神，竟以吉斷。占婚姻，先吳越而後朱陳。占夫妻，初參商而終和好。占功名，始困末榮。占求謀，先難後易。占身命，先否後泰。占風水，巧處奇逢。占家宅，先衰後盛。占妻兒，拋散者終須會合。占田園，賣出者，仍舊歸來。

十五、三刑與自刑

　　三刑在六爻預測中是比較少用的，而是以用神生剋制化為重。《增刪卜易》云：「寅刑巳，巳刑申，子刑卯，卯刑子。丑戌相刑，未辰相刑。辰午酉亥，謂之自刑。」刑的意義有刑罰入監、不恤所生、遙相剋制、寡遇無情、失義忘恩、面譽背悔、好大喜功、言行乖悖、貪吝無厭、幸災樂禍、暗昧賤佞等。野鶴老人認為獨犯三刑犯三刑，得應驗很少；必須用神休

囚，再兼有他爻之剋，將三刑一併包含，凶災始見。《卜筮正宗》云：「三刑者，寅申巳三全為刑，子卯兩遇為刑，丑未戌三全為刑，辰午酉亥謂之自刑。夫三刑者，用神休囚，有他爻之剋，內有兼犯三刑者，主見凶災。卦中三爻俱全不動，用神不傷損有生扶，從無有驗。」

《增刪卜易》例，寅月庚申日（空亡：子丑），占子痘症，得風火家人之離為火。

世應	卦爻	地支	六親	六獸	動爻	地支	六親
	▅▅	卯木	兄弟				
應	▅▅	巳火	子孫		○	未土	妻財
	▅ ▅	未土	妻財		×	酉金	官鬼
	▅▅	亥水	父母				
世	▅ ▅	丑土	妻財				
	▅▅	卯木	兄弟				

占子孫病，以子孫爻為用神。巳火有寅月來生，與寅月申日形成寅巳申三刑，死於寅日寅時。重要在子孫爻本體休囚，首先，自己動化出未土卸氣。其次，間爻未土發動再洩氣。最末，父母亥水剋制，世爻丑土洩氣，本體子孫爻大象，元氣盡洩。

《增刪卜易》云：寅刑巳，巳刑申。子刑卯，卯刑子。丑戌相刑，未辰相刑。又云：辰午酉亥自刑。

　　《卜筮正宗》例。辰月戊午日（空亡：子丑），占夫病，得離為火之山雷頤。

世應	卦爻	地支	六親	六獸	動爻	地支	六親
世	▬▬▬	巳火	兄弟				
	▬　▬	未土	子孫				
	▬▬▬	酉金	妻財		○	戌土	子孫
應	▬▬▬	亥水	官鬼		○	辰土	子孫
	▬　▬	丑土	子孫				
	▬▬▬	卯木	父母				

　　占夫病，以官鬼爻為用神。辰月土剋水，午月水剋火，本體休囚，雖然妻財酉金發動生助應爻官鬼，但官鬼動而化出辰土，大忌回頭剋，尤其水入辰庫。不巧辰、午、亥、酉自刑齊全，最後一根稻草。

　　《卜筮正宗》例。戌月庚子日（空亡：辰巳），占一冬生意，得山火賁之風火家人。

世應	卦爻	地支	六親	六獸	動爻	地支	六親
	▬▬	寅木	官鬼				
	▬ ▬	子水	妻財		○	巳火	父母
應	▬ ▬	戌土	兄弟				
	▬▬	亥水	妻財				
	▬ ▬	丑土	兄弟				
世	▬▬	卯木	官鬼				

　　問生意，以妻財爻為用神。妻財兩現，以發動之爻為用神。戌月土剋水，庚子日扶助妻財子水，世爻卯木合住戌月與應爻戌土兄弟，化去用神妻財之忌神，使用神妻財爻貪生忘刑，專注而發動有力。故三刑、自刑等，不可死法以對待，還須全盤觀察。

十六、三合

　　所謂三合，申子辰合成水局。巳酉丑合成金局。寅午戌合成火局。亥卯未合成木局。第一個地支寅、申、巳、亥是長生位。第二個地支子、午、卯、酉是帝旺位。第三個地支是辰、戌、丑、未的墓庫位。

> 《增刪卜易》云：三合者有四：一卦之內，有三爻動而合局者，一也。兩爻動，一爻不動，亦成合局者，二也。有內卦初爻、三爻動，動而變出之爻成三合者，三也。有外卦四爻、六爻動，動而提出之爻成三合者，四也。此三合局者，有凶有吉。如占功名：合成官局，謂之官旺。合成財局，謂之財旺生官。若合出子孫局者，乃傷用神。占求財：合成財局，謂之財庫。合成子孫局，謂之子局生財。若合成兄弟之局，乃破敗耗財阻隔之神。占祖塋家宅：宜父母爻而合局。
> 占婚姻夫婦：宜財官旺而合局。占久遠喜慶事：宜於成局，永遠堅牢。占官訟憂疑事：合局者，終身錮結其心，難於消釋。

依據《增刪卜易》說法，三合有下列四種情況：
　　（一）、卦中三個爻都動，能組成合局。
　　（二）、卦中兩個爻動，一個爻沒動，稱為合起不動之爻。若卦中有一個爻發動，另一個則是暗動，也屬於兩個爻動。
　　（三）、內卦的初爻和三爻動，與變出的爻也可以成三合局。
　　（四）、外卦的四爻與六爻動，與變出的爻也可成為三合。

　　三合局如果合出用神旺相，則無不為吉，尤其世爻在三合中。若不在三合中，但三合局生世爻論吉。如果月建日辰有其中之一在局中，稱「局旺」。倘若局剋世爻，則以凶推。其次，三爻若只兩爻動，不成局，須待後來之月日補湊，合成其局，稱為「虛一待用」。一爻明動，一爻暗動，亦作兩爻動。三合局中，有一值空破者，待填實之月日成之。有一爻入墓者，待沖開之日成之。

　　如果占功名，三合官局而生世爻者利於我。反之，生助應爻者利於他。如果占財，財局生世爻利於我。生應爻則利於他。占出行，用神在三合之內，被合而留住。占行人，用神在三合之內，被合住不歸返。

　　又有內卦外卦而成三合者，須分內外卦。如占家宅，若局內宅，不宜外卦剋內，若居外宅，須宜內卦生外。如占彼此之形者，內卦為我，外卦為他，外卦合局而生內卦者為吉，剋內卦者為凶。

　　總之，元神與用神合成三合局則吉，三合局合出忌神與仇神則凶。注意空而逢合、靜而逢合、動而合者，必須等沖期到來，而應驗事情之吉凶。

《增刪卜易》例。卯月丁巳日（空亡：子丑），兩村爭水，占得離之坤。

世應	卦爻	地支	六親	六獸	動爻	地支	六親
世	▬▬	巳火	兄弟			酉金	妻財
	▬ ▬	未土	子孫				
	▬▬	酉金	妻財			丑土	子孫
應	▬▬	亥水	官鬼			卯木	父母
	▬ ▬	丑土	子孫				
	▬▬	卯木	父母			未土	子孫

內卦為我村，亥卯未合成木局。外卦為他村，巳酉丑合成金局。金剋木，但月建卯木沖酉金，日辰巳火剋巳酉丑三合，故衰金不剋旺木。六沖卦變六沖，勸散而歸。不言世應，因為內外卦成象，兩村又有彼此內外。

《增删卜易》例。巳月丁酉日（空亡：辰巳），占功名，問此缺得否，得乾為天之水天需。

世應	卦爻	地支	六親	六獸	動爻	地支	六親
世	——	戌土	父母		×	子	子孫
	——	申金	兄弟				
	——	午火	官鬼		×	申	兄弟
應	——	辰土	父母				
	——	寅木	妻財				
	——	子水	子孫				

占功名，用神為官鬼。官鬼午火得月建巳火相扶，官鬼旺相生世爻戌土，午火生戌土，待寅日得職缺，此稱為「虛一以待用」。

《卜筮正宗》例，未月戊申日（空亡：寅卯），問子歸期，得火澤睽之火風鼎。

世應	卦爻	地支	六親	六獸	動爻	地支	六親
	▬	巳火	父母				
	▬▬	未土	兄弟				
世	▬	酉金	子孫				
	▬▬	丑土	兄弟		×	酉金	子孫
	▬	卯木	官鬼				
應	▬	巳火	父母		○	丑土	兄弟

問子孫歸期，以子孫爻為用神。世爻酉金持世，得日辰月建生扶，目前生命安全無虞。內卦巳酉丑合成三合金局，與世爻酉金相扶，但丑土係月破，必須等待出旬後始歸返。

十七、星煞、遊魂、歸魂、旺相、月將

（一）、星煞

《增刪卜易》云：甲戊庚牛羊，乙己鼠猴鄉，丙丁豬雞位；壬癸兔蛇藏，六辛逢馬虎，此是貴人方。甲日祿到寅，乙日祿到卯，丙戊祿在巳，丁己祿居午，庚日祿居申，辛日祿在酉，壬日祿在亥，癸日祿居子。申子辰馬在寅，巳酉丑馬在亥。寅午戌馬在申，亥卯未馬在巳。天喜，春在戌，夏在丑，秋在辰，冬在未。

《增刪卜易》提出看法，獨驗貴人、祿神、驛馬、天喜。

然而神煞不是單獨能夠決定禍福，而是用神旺相，神煞才有錦上添花的作用。反之，用神失陷，神煞即愛莫能助，雖有若無。《千金賦》：「吉凶神煞之多端，何如生剋制化之一理一言以蔽之。」故終歸以用神旺衰與五行生剋之理下判斷。

（二）、遊魂、歸魂

> 《增刪卜易》云：古以遊魂行千里，我行此事而欲久者，遊魂而不能久，心無定向，遷改不常。占身命，一生無安家樂業之所。占行人，遊遍他鄉。占出行，行止無定。占家宅，變遷不常。占墳塋，亡靈不能安妥。野鶴曰：亦須以用神為主。

　　遊魂卦就是每宮的第七卦，有火地晉、雷山小過、天水訟、澤風大過、山雷頤、地火明夷、風澤中孚、水天需。歸魂卦則是每宮的第八卦，有火天大有、雷澤歸妹、天火同人、澤雷隨、山風蠱、地水師、風山漸、水地比。六爻預測是以五行生剋制化為主，而進行斷卦，對於遊魂、歸魂等名詞，無需以顧名思義之聯想多有揣測，最終還是歸於用神旺相休囚為主。至於顧名思義，而認為遊魂、歸魂等名詞有心無定向，遷改不常，一生無安家樂業之所，行止無定，亡靈不能安妥等語，是否恰當，應再審慎判斷之。

（三）、四時旺相

> 《增刪卜易》云：一、當月為旺。二、月生為相。三、生月為休。四、剋月為囚。五、月剋則死。

　　正月建寅，寅木旺，卯木次之。二月建卯，卯木旺，寅木次之。正、二月，木旺生火，火為相，其餘金、水、土，俱作休囚。

　　三月建辰，辰土旺，丑未之土次之。土生金，金為相，木雖不旺，猶有餘氣，其餘水、火，俱作休囚。

　　四月建巳，巳火旺，午火次之。五月建午，午火旺，巳火次之。四五月，火旺生土，土為相，其餘金、木、水，俱作休囚。

　　六月建未，未土旺，辰戌之土次之。土生金，金為相，火雖衰矣，猶有餘氣。其餘木、水，俱作休囚。

（四）、月將

> 《增刪卜易》云：月將掌一月之權，司三旬之令。操持萬卜之提綱，巡察六爻之善惡，能助卦爻之衰弱，能挫爻象之旺強，制服動變之爻，扶起飛伏之用。
> 爻值月建，旺相當權，逢空不空，逢傷無害。

月將乃當權之主帥，萬卜以之為綱領。

　　1.爻之衰弱者，能生之、合之、比之、拱之、扶之，衰而亦旺。反之，爻之強旺者，能沖之、剋之、刑之、破之，旺而亦衰。

　　2.卦有變爻剋制動爻者，月建能制服變爻；卦有動爻剋制

静爻者，月建能制服動爻。用神伏藏，被飛神壓住者，月建能沖剋飛神，生助伏神，以之為用。

3. 爻逢月合而有用，爻逢月破以無功。月建合爻，則為月合，乃有用之爻。反之，月沖之爻即為月破，乃無用之爻。月建不入爻，亦為有用。月建一入卦。愈見剛強。

《增刪卜易》例，寅月庚戌日（空亡：寅卯），占求財，得火天大有。

世應	卦爻	地支	六親	六獸
應	▬▬	巳火	官鬼	
	▬▬	未土	父母	
	▬▬	酉金	兄弟	
世	▬▬	辰土	父母	
	▬▬	寅木	妻財	
	▬▬	子水	子孫	

占求財，寅木財爻為用神。財爻剋世爻，又得月建相扶，此財必得。但目前空亡，要到甲寅日出空亡方可得。前述古法逢空不空，若在旬內畢竟還是臨空亡。

> 《增刪卜易》云：　逢空亦空，非落底之空。逢傷亦傷，卻有待時之用。

用神逢空不可驟斷不空，若非休囚之真空，只是暫時處於旬內之空亡。待出空之日，依然不空，到時候忌神仍為禍，元神還是福。若被他爻所剋，即謂之「逢傷」。在空亡旬內，占病不癒，占事不成，須等待沖去剋傷卦爻之日辰到來，故稱為「待時之用」。

《增刪卜易》例，酉月丙寅日（空亡：戌亥），占謁貴，得山風蠱之山水蒙。

世應	卦爻	地支	六親	六獸	動爻	地支	六親
應	▬▬	寅木	兄弟				
	▬ ▬	子水	父母				
	▬ ▬	戌土	妻財				
世	▬▬	酉金	官鬼		○	午火	子孫
	▬▬	亥水	父母				
	▬ ▬	丑土	妻財				

占謁貴，以官鬼為用神，以世爻為我。世爻臨月建之官鬼，應可見面。但動化午火回頭剋，須待子日沖去午火，方得拜謁。

　　《增刪卜易》例。寅月丙申日（空亡：辰巳），占陞遷，得艮為山之山雷頤。

世應	卦爻	地支	六親	六獸	動爻	地支	六親
世	━━	寅木	官鬼				
	━ ━	子水	妻財				
	━ ━	戌土	兄弟				
應	━━	申金	子孫		○	辰土	兄弟
	━ ━	午火	父母				
	━ ━	辰土	兄弟		×	子水	妻財

　　占陞遷，以官鬼為用神。寅木官鬼持世爻，寅月相扶，日辰暗動，用神旺相。申金動化回頭生，辰土動生子水，申子辰三合水局生官鬼寅木。辰土三月出空得到陞遷。

　　《增刪卜易》例。午月丁未日（空亡：寅卯），占兄弟被論，得澤水困之雷風恆。

世應	卦爻	地支	六親	六獸	動爻	地支	六親
	▬▬	未土	父母				
	▬▬▬	酉金	兄弟		○	申金	兄弟
應	▬▬▬	亥水	子孫				
	▬▬	午火	官鬼		×	酉金	兄弟
	▬▬▬	辰土	父母				
世	▬▬	寅木	妻財				

　　占兄弟事情，以兄弟爻為用神。月建剋之，日辰生之，勢均力敵。但五爻兄弟酉金化退神，理屈心虧，間爻午火官鬼動化酉金，旗鼓難分之時，他人相助對方剋我酉金用神，兄弟化兄弟，一番折騰，化出之申年被刑。

　　《增刪卜易》云：大象吉者，由斯而泰，大象凶者，出月遭屯。用神遇之，得福不輕。忌神逢之，受禍不淺。生扶忌神，乃助惡而為虐。剋制元神，為邀路以截糧。物窮則變，器滿則傾。

《增刪卜易》例，寅月辛酉日（空亡：子丑），占合夥開店鋪，得艮為山之地火明夷。

世應	卦爻	地支	六親	六獸	動爻	地支	六親
世	▬▬	寅木	官鬼		○	酉金	子孫
	▬ ▬	子水	妻財				
	▬ ▬	戌土	兄弟				
應	▬▬	申金	子孫				
	▬ ▬	午火	父母				
	▬ ▬	辰土	兄弟		×	卯木	官鬼

占合夥開店鋪，世爻、財爻、應爻兼看。妻財子水臨空亡，財落空之象。世爻臨寅木，得令當時，目下開張，可許茂盛。日辰酉金剋世爻，動化回頭剋，又生少剋多，六沖卦應爻相沖，合夥不同心，應爻剋世爻，大象不利。未月世爻入墓，申月沖寅木，進入申月夥伴盜財，遠走高飛。

> 《增刪卜易》云：逢絕不絕，逢沖不散。日生月剋，兼看生扶。日剋月生，還查沖剋。

《增刪卜易》例，午月戊辰日（空亡：戌亥），占妹臨產
吉凶，得火地晉。

世應	卦爻	地支	六親	六獸
	▬▬	巳火	官鬼	
	▬ ▬	未土	父母	
世	▬▬	酉金	兄弟	
	▬ ▬	卯木	妻財	
	▬ ▬	巳火	官鬼	
應	▬ ▬	未土	父母	

問妹臨產，以兄弟爻酉金為用神。酉金被月建午火剋，
日辰有戊辰日六合，暫時無礙。辰酉合住，卯時來沖，母子均
安。《黃金策》：「若逢合住，必待沖開，此月剋日生，無別
增剋幫扶也。」

十八、進神與退神

十二地支由左向右轉，順時針為進，逆時針為退。因此凡動爻變出後向前進，例如寅化卯、申化酉、丑化辰、未化戌等，稱為進神。反之，卯化寅、酉化申、辰化丑、戌化未，稱為退神。進神者，猶如春木發榮，得水源灌溉而長久之象。退神者，如秋草逢霜，萎而凋殘。

> 《增刪卜易》云：進、退神者，爻之動而化也。化進化退，禍福吉凶，各分喜忌。所喜者，宜化進神；所忌者，宜化退神。進神：亥化子，寅化卯，巳化午，申化酉，丑化辰，辰化未，未化戌。退神：子化亥，卯化寅，午化巳，酉化申，辰化丑，未化辰，戌化未。
>
> 《卜筮正宗》云：吉神宜於化進，忌神宜於化退。而進退之法有三：旺相者，乘勢而進，一也。休囚者，待時而進，二也。動爻變爻有一而逢空破沖合者，待期填補合沖而進，三也。退神之法亦有三：旺相者，或有日月動爻生扶，占近事暫時而不退者，一也。休囚者，即時而退，二也。動爻變爻有一而逢空破沖合者，待其填補合沖而退，三也。

動爻化進神之情形：

一、旺相動爻化進神，趁旺而進。休囚動爻化進神，尋機始進。

二、若動爻與變爻旺相休囚難以判斷，等待旺相之時而進。

三、動爻、變爻若有空亡、日月破，等待填實之日。

動爻化退神之情形：

一、動爻得日辰月建生扶，或動爻旺相發動仍維持旺相，退而不退。

二、動爻本身休囚，發動為退神還是休囚，進不如退。

三、若動爻與變爻旺相休囚難以判斷，休囚之時急流勇退。

四、若有空亡、日月破，等待填實之日而退。

求占時最喜用神化進神，例如申金動化酉金。忌神化退，有利求占，剋我之力休囚。反之，用神化退，自我洩氣。忌神化進，敵進我退，無利可求。

《增刪卜易》例，申月癸卯日（空亡：辰巳），占鄉試，得雷風恆之澤風大過。

世應	卦爻	地支	六親	六獸	動爻	地支	六親
應	▬ ▬	戌土	妻財				
	▬ ▬	申金	官鬼		×	酉金	官鬼
	▬▬▬	午火	子孫				
世	▬▬▬	酉金	官鬼				
	▬▬▬	亥水	父母				
	▬ ▬	丑土	妻財				

占考試，以官鬼為用神。取世爻酉金為用神，兼看父母文書。申月占卦，酉金官鬼持世旺相，癸卯日沖酉金，暗動，用神有力。五爻官鬼化進神，拱伏相助，父母亥水得月建申金

生助，今秋折桂，金榜題名。

《增刪卜易》例，卯月乙丑日（空亡：戌亥），占求婚成否，得火雷噬嗑之水地比。

世應	卦爻	地支	六親	六獸	動爻	地支	六親
	▬▬	巳火	子孫		○	子水	父母
世	▬ ▬	未土	妻財		×	戌土	妻財
	▬▬	酉金	官鬼		○	申金	官鬼
	▬ ▬	辰土	妻財				
應	▬ ▬	寅木	兄弟				
	▬▬	子水	父母		○	未土	妻財

問婚姻，以妻財爻為用神。妻財兩現，取世爻未土妻財為用神。妻財未土化進神戌土。六爻巳火子孫動生未土妻財，但因巳火化出之子水回頭剋，必須等待午日沖去子水，午火與世爻未土六合，婚事必成。其間酉金化出官鬼，必有波瀾口舌，惟卯月之酉金官鬼無力，又化退神，故無妨。至於世爻未土妻財化出旬空，日辰沖世爻，進神合月建，更生助世爻。

《增刪卜易》例，酉月甲辰日（空亡：寅卯），因被彈劾，自占結局如何，得地水師之地火明夷。

世應	卦爻	地支	六親	六獸	動爻	地支	六親
應	▬ ▬	酉金	父母				
	▬ ▬	亥水	兄弟				
	▬ ▬	丑土	官鬼				
世	▬ ▬	午火	妻財		×	亥水	兄弟
	▬▬▬	辰土	官鬼		○	丑土	官鬼
	▬ ▬	寅木	子孫		×	卯木	子孫

問官非，以官鬼為用神。用神兩現，取有動爻之辰土官鬼為用神。辰土官鬼臨日辰，辰土化丑土為退神。世爻午火妻財，動化亥水回頭剋。卯木子孫化進神剋官鬼。進神、退神、回頭剋，三爻俱非吉象。

《增刪卜易》例，未月丁丑日（空亡：申酉），占母親路隔千哩，何時方可見面？得火天大有之水風井。

世應	卦爻	地支	六親	六獸	動爻	地支	六親
應	▬▬	巳火	官鬼		○	子水	子孫
	▬　▬	未土	父母		×	戌土	父母
	▬▬	酉金	兄弟		○	申金	兄弟
世	▬▬	辰土	父母				
	▬▬	寅木	妻財				
	▬▬	子水	子孫		○	丑土	父母

初爻子水化出丑土父母，子與丑合，合住不動。未土父母化進神，越離越遠。而未土所生之酉金兄弟化退神申金，申金化退神合住世爻，母親不來，兄弟或姊妹必來，兄弟爻空化空退，越來越近。

十九、反吟與伏吟

反吟者，卦變回頭沖，或爻變回頭沖，八純卦中只有巽卦與坤卦互變才會反吟。整個卦的回頭沖，比單獨一個卦爻的沖力更大。輕則噪動不安，重則險象環生。《卜筮正宗》云：「凡得反吟卦，用神不變沖剋者，事雖主反覆，亦主事就，第嫌用神化沖剋者，凡謀大凶。」

伏吟者，例如乾卦變震卦，震卦變乾卦，震為雷變天雷無妄；水天需變水雷屯等。伏吟是低調而無法伸張，事事阻滯而心情鬱悶的意思。用神旺相尚可循機而進，用神休囚則衰事

連篇。《卜筮正宗》云：「伏吟者，憂鬱呻吟之象，內卦伏吟內不利，外卦伏吟外不利。凡占皆不如意，動如不動，懊惱呻吟。占名，久困宦途，淹流仕路。占利，本利消乏。占墳塋宅舍，欲遷不能，守之不利。久病呻吟，婚姻難就，官事兜搭，出行有阻。如問行人，恐他在外憂鬱。如占彼此之勢，內則我心不遂，外則他意難安。欲問吉凶，研究用神生剋，要知禍福，須詳用忌伏吟。」

《增刪卜易》云：卦有卦變，爻有爻變。內外動而反吟，同一卦也。有爻變者，內外動而反吟，非同一卦也，例如乾變坤。又有外卦反吟，而內卦不動者，例如觀變坤。又有內卦反吟，而外卦不動者，例如巽變觀。

反吟：內卦反吟，內則不安。外卦反吟，外則不寧。內外反吟，內外不安之象。皆主成而敗，敗而成。有能無、無能有。得而失，失而得。來而去，去而來。散而聚，聚而散。動而思靜，靜而思動。占功名，用爻旺相，遷而又遷，陞往他處，仍復陞來。用神失陷，或降或陞，或得或失。占財物，聚散不常。買賣經營，時興時廢。占墳塋宅舍，欲遷不遷，或遷之而再遷，或目下就有遷移之事。占已經久遠之事，目前即有變動。占天時，晴而即雨，雨而又晴。占婚姻，反復難成。占病疾，愈而又病。占盜賊、官非，見而又見。占出行，至中途而亦反，即到彼而事無成。占行人，外卦反吟者，用神旺相必歸，不則亦移他處。居外而占家宅者，內卦反吟，家庭人口不安。占彼此之形勢者，內反吟，我亂他定；外反吟，他亂我定。

伏吟：伏吟卦者，有內外伏吟，如无妄變大壯。內外伏吟者，內外憂鬱呻吟之象也。又有內卦動變伏吟，則內呻吟。外卦動變伏吟，則外不寧。

伏吟與反吟之比較，在於反吟有沖有剋，當用神受剋時，災禍是比較重的。而伏吟卦則是用神旺相時，在沖開的年月，所占之事如願；當用神休囚時，沖開之年月，憂鬱煩惱多。

《增刪卜易》反吟例。卯月壬申日（空亡：戌亥），占隨官上任，得水地比之水風井。

世應	卦爻	地支	六親	六獸	動爻	地支	六親
應	▬ ▬	子水	妻財				
	▬▬	戌土	兄弟				
	▬ ▬	申金	子孫				
世	▬ ▬	卯木	官鬼		×	酉金	子孫
	▬ ▬	巳火	父母		×	亥水	妻財
	▬ ▬	未土	兄弟				

問隨官上任，以官鬼爻為用神。世爻官鬼臨月建而旺，必能隨同前往。但內卦反吟（卯酉、巳亥、丑未），應有反覆變化現象。世爻卯木絕於申日，又動化回頭剋，不去為妙。

　　《增刪卜易》反吟例，卯月己亥日（空亡：辰巳），占陞遷。得地澤臨之風澤中孚。

世應	卦爻	地支	六親	六獸	動爻	地支	六親
	▬　▬	酉金	子孫		×	卯木	官鬼
應	▬　▬	亥水	妻財		×	巳火	父母
	▬　▬	丑土	兄弟				
	▬　▬	丑土	兄弟				
世	▬▬▬	卯木	官鬼				
	▬▬▬	巳火	父母				

　　問陞遷，以官鬼爻為用神。世爻臨卯木官鬼，也是月建，長生在己亥日。世爻與官鬼同臨旺地，有利陞遷。卯木應於卯月，木旺於東，陞遷往山東；外卦反吟去而復返，重任舊地。

　　《增刪卜易》伏吟例，申月癸巳日（空亡：午未），占父外任平安否，得天風姤之雷風恆。

世應	卦爻	地支	六親	六獸	動爻	地支	六親
	━━	戌土	父母		○	戌土	父母
	━━	申金	兄弟		○	申金	兄弟
應	━━	午火	官鬼				
	━━	酉金	兄弟				
	━━	亥水	子孫				
世	━　━	丑土	父母				

　　占父母安危，以父母爻為用神。父母爻兩現，取世爻丑土為用神。癸巳日火生土應平安。但外卦伏吟有不安寧現象，目前無法歸返。歸期辰年，應在戌沖辰。

　　《卜筮正宗》伏吟例，寅月乙卯日（空亡：子丑），占妻在家平安否，得雷地豫之天地否。

世應	卦爻	地支	六親	六獸	動爻	地支	六親
	▬ ▬	戌土	妻財		×	戌土	妻財
	▬ ▬	申金	官鬼		×	申金	官鬼
應	▬▬▬	午火	子孫				
	▬ ▬	卯木	兄弟				
	▬ ▬	巳火	子孫				
世	▬ ▬	未土	妻財				

　　占妻平安，以妻財為用神。妻財兩現，以何者為用神？神兆機於動，動必有應驗，以動爻戌土妻財為用神。月建寅木日辰卯木剋妻財戌土，休囚至極。外卦伏吟，遠方不寧。應在日辰卯來合戌，交辰月沖戌土。卯戌合去一線生機。

二十、卦變生剋墓絕

《增刪卜易》云：卦之變者，有變生、變剋、變墓、變絕、變比和，予得驗者，凡遇卦化剋者，不論用神的衰旺，悉以凶推。例如巽木變坎水，謂之化生，水回頭生木論吉。震木變乾金，謂之化剋，金回頭以剋木論凶。兌金變震木，謂之化去，正卦為我，我去剋他，不為凶也。此則謂之化剋而不剋。震木變兌金，謂之化來，他來剋我，回頭之剋，即為凶兆，諸占大凶。

　　例如，巽木變坎水，水回頭生木，謂之化生。震木變乾

金，金回頭剋木，謂之化剋。兌金變震木，金剋木，不能逞凶，謂之化去，化剋而不剋。又例如，寅木化出亥水，六合帶長生。寅木化出申金，化絕，化回頭剋。其餘仿此。

《增刪卜易》例，午月丙寅日（空亡：戌亥），占主人病，得離為火之坎為水。

世應	卦爻	地支	六親	六獸	動爻	地支
世	▬▬	巳火	兄弟		○	子水
	▬　▬	未土	子孫		×	戌土
	▬　▬	酉金	妻財		○	申金
應	▬▬	亥水	官鬼		○	午火
	▬　▬	丑土	子孫		×	辰土
	▬▬	卯木	父母		○	寅木

在八純卦之間的變卦，以大象論之足矣。離為火變卦成為坎水，回頭剋，五月火旺，進入冬季論大凶，不看用神衰旺。

　　《增刪卜易》例。寅月癸酉日（空亡：戌亥），占長子病，得震之兌。

世應	卦爻	地支	六親	六獸	動爻	地支	六親
世	▬▬	戌土	妻財				
	▬▬	申金	官鬼		×	酉金	官鬼
	▬▬▬	午火	子孫				
應	▬▬	辰土	妻財				
	▬▬	寅木	兄弟		×	卯木	兄弟
	▬▬▬	子水	父母				

　　代占長子病，以子孫爻為用神。震木化兌金，寅木化卯木，皆化為進神，惟大象回頭剋，震木長子被兌金少女所傷，論大凶。

二十一、《千金賦》（上）

　　《黃金策》明朝開國大臣，劉基所著。《卜筮全書》、《增刪卜易》、《卜筮正宗》等書都將《黃金策》收錄其中。《黃金策》是六爻預測的精髓，而《千金賦》是《黃金策》的靈魂，務必熟讀。

> 動靜陰陽，反覆變遷。雖萬象之紛紜，須一理而融貫。夫人有賢，不肖之殊；卦有過，不及之異。太過者，損之斯成；不及者，益之則利。

　　六爻預測是動爻、靜爻、陰爻、陽爻經由對立、統一、正

反等變化所形成之學問。雖然卦象錯綜複雜，包羅萬象，但掌握五行生剋制化的道理，就得一以貫之。為人處世謹守中庸之道，論卦也是如此；凡用神太弱，需要生扶。用神太旺，則必須剋制消洩五行氣運。

《千金賦》云：生扶拱合，時雨滋苗。剋害刑沖，秋霜殺草。

五行相生如水生木，木生火等。相扶，例如寅木幫卯木，丑土幫辰土，即先者幫後者。拱者，後者幫前者，例如午火幫巳火，酉金幫申金。例如用神寅木妻財，卯日占卦即是。合者，有三合、六合。生扶拱合可以使用神衰弱轉為強旺，所以稱時雨滋苗。剋者，五行相剋，例如木剋土，金剋木等。害者，子未、丑午相害等。刑者，子刑卯、寅刑巳等。沖者，例如子午沖，寅申沖。衰弱的用神遇上剋害刑沖，就以秋草逢霜形容，但是忌神遇上剋害刑沖反而有利所求之事。

十二長生是一個循環階段，六爻預測只注重其中長生、帝旺、墓庫、絕的階段。長生是旭日東升，緩步茁壯。帝旺是日正當中，盛極轉衰之始。入墓庫有特殊意義，忌神反而喜坐絕、空亡。

日辰為六爻之主宰，喜其滅項以安劉。月建乃萬卜之提綱，豈可助桀而為虐。

卦象並無好壞，必須結合日辰月建判斷，日辰為六爻之主宰，其具體作用有沖起旺相之靜爻使之暗動，沖衰弱之靜爻使其日破，沖起空亡之爻，謂之沖空則起，沖散合爻謂之合處逢沖，以生合之作用扶助衰弱之爻，卦爻旺相，日辰能沖、剋、墓、絕、刑等作用，例如丙申日使卦中用神寅木處於絕地。日

辰丑土使卦中用神酉金藏於墓庫。所以日辰有滅項（羽）與安劉（邦）之作用。

月建乃萬卜之提綱，但日辰與月建雖然對於卦中各爻都有生扶拱合、刑沖剋害之作用，而其不同之處有日辰論十二生旺庫、空亡等，這部份月建不論。月建只管本月三十天，旺相休囚與月破等。

> 最惡者歲君，宜靜不宜動。最要者身位，喜扶不喜傷。

歲君指當年太歲，比如丁酉年占卦，卦中酉金即是歲君，宜靜不宜動，既不宜發動沖剋世爻、用神、卦身，更不宜被其他動爻剋制。野鶴提出看法，認為歲君在占官事、年運、會試、上書、請封蔭等，最宜太歲生合世爻，動而生世更吉，最忌明動暗動沖剋世爻。但除此外，太歲吉凶不及於日辰月建，不理會家庭瑣碎之事，所以歲破不凶，歲合不以為吉。至於卦身喜扶不喜傷，有的卦師是不論的。

《增刪卜易》，太歲填實。巳月壬子日（空亡：寅卯），占鄉試，得水地比。

世應	卦爻	地支	六親	六獸
應	▬ ▬	子水	妻財	
	▬▬▬	戌土	兄弟	
	▬ ▬	申金	子孫	
世	▬ ▬	卯木	官鬼	
	▬ ▬	巳火	父母	
	▬ ▬	未土	兄弟	

占鄉試，以父母爻為用神，兼看官鬼爻動靜。巳火父母爻為用神，月建來扶，文書旺相；但官鬼持世爻，卯木雖旬空，有子水生旺。果於卯年金榜題名，太歲填實之年。

> 世為己，應為人，大宜契合。動為始，變為終，最怕交爭。

一般而言，世爻代表我方，應爻代表對方，世應相合是吉象；例如簽約、合夥、委任、婚姻等。但反過來占求拆夥、離婚、解約、疾病等就不利了。動爻發生代表事情開始變化，陰爻變陽，陽爻變陰，最重要的是回頭生剋，沖起沖散的終結。

> 應位遭傷，不利他人之事。世爻受制，豈宜自己之謀。世應俱空，人無準實。

應爻受傷不利他人之事，只是原則性論法，因為求占何人之事，就以何人身分取用神。若喜應爻扶助我，則喜應爻生合世爻。代替他人占卦謀事，宜世爻生應爻，但自占以世爻為主，不宜世爻受傷。世爻與應爻不宜在空亡之地，世爻空亡自己不實，應爻空亡對方不實。世應俱空，嘴砲滿天飛，計有風

地觀甲申旬、火天大有甲午旬、天火同人甲子旬、地風升甲寅旬、雷地豫甲申旬、地雷復甲寅旬、水風井甲子旬、風水渙甲午旬等

內外競發、事必翻騰。世或交重、兩目顧瞻於馬首。應如發動、一心似托於猿攀。用爻有氣無他故，所做皆成。主象徒存更被傷，凡謀不遂。

內卦動、外卦動、動爻多，事情千變萬化，反之，動爻少則較易斷卦。《增刪卜易》云：「卦中動爻少者，吉凶自有條理，容易剖決。若內卦外卦，紛紛亂動，則凶吉靡常，人情不定，事體反覆全無准誠之象，須再占一卦，合而決之。」

世爻動，表示本人三心兩意。應爻動，表示對方心意不定。用爻旺相無刑沖剋害，所謀皆成。用神休囚又被傷，當然所占不利。

有傷須救。無故勿空。

世爻與用神受到刑沖剋害，須找出有利之因素，稱為「救」。例如卯月問財運，得火天大有，用神妻財寅木，逢兄弟酉金四爻發動，戌土回頭生，因卯月而有救。無故空亡者，指世爻用神並無刑沖剋害而自坐空亡。逢空之爻安靜，逢日月剋制，即使出旬不為吉凶之論。若空爻發動得日月生伏，日辰沖起，動爻生合等，在出旬值日得令時仍受用。簡單說，回頭檢視世爻用神之體質如何。

空逢沖而有用。合遭破以無功。

《增刪卜易》云：「爻遇旬空，得遇日辰沖者，謂之沖

空則實，不但不空，反為有用。倘動而空者，日辰沖之而更實。」所謂「沖空則起」，指日辰來沖或卦中其他之爻發動來沖。

　　凡三合、六合，世應合等，都是同心協力的好現象。例如申月辛酉日問婚姻，占得雷地豫，三爻卯木兄弟動，剋六爻戌土妻財，喜六合又遭酉日破，得而復失不落袋。反之近病、調職、陰私等，喜歡沖散以擺脫糾纏。

自空化空，必成凶咎。刑合剋合，終見乖違。

　　自空是卦爻在卦中旬空。化空是卦爻發動而化空。前述，旺不為空，動不為空，日辰動爻生扶不為空，動而化空也不為空，伏而旺也不為空。

　　刑合者，例如巳申合，有刑有合。剋合者，六合之間合中有剋，例如子丑合，卯戌合等。寅亥、辰酉則無此種現象。實務上有合還是勝於無合。

動值合而絆住。靜得沖而暗興。

　　《增刪卜易》云：「忌神動，逢日月相合，則不成凶。元神動逢日月合住，則不濟事。此理也。但予得驗者，後逢沖開之月日，吉凶依然應也。」其次，暗興者，指靜爻逢日辰來沖。但是休囚的靜爻被日辰所沖，則是日破。因此日辰作用在錦上添花或雪上加霜。

　　《增刪卜易》例，子年未月庚寅日（空亡：午未），占官運，得澤火革之水火既濟。

世應	卦爻	地支	六親	六獸	動爻	地支	六親
	▬ ▬	未土	官鬼				
	▬▬▬	酉金	父母				
世	▬▬▬	亥水	兄弟		○	申金	父母
	▬▬▬	亥水	兄弟				
	▬ ▬	丑土	官鬼				
應	▬▬▬	卯木	子孫				

　　自占官運看世爻，世爻臨亥水兄弟。今歲子年來扶世爻亥水，亥水動生申金回頭生，庚寅日合亥水；上爻未土官星生酉金，九五酉金貼身，亦有相生之情，大象平坦無虞。寅亥合，行運至巳年沖亥刑申，兩袖清風，囊空如洗歸鄉。動爻亥水合寅木，逢沖之年月則沖開。

入墓難剋。帶旺匪空。有助有扶，衰弱休囚亦吉。

　　墓者，滯也。卦爻如臨日辰之墓，例如金在丑日，火在戌日，木在未日等。入墓之後既不會被剋，也不會去剋他爻。例如申金剋寅木，動化入丑庫，申金就無力剋制寅木；或者寅木動化入墓未土，則申金剋不到寅木。但後來沖開墓庫，剋或被剋依舊如昔。「帶旺匪空」者，空逢沖而有用、逢沖則起、出空填實等。至於衰弱休囚的爻，得到生扶，不論凶險，但也不能講成旺相。

> 貪生貪合，刑沖剋害皆忘。別衰旺以明剋合，辨動靜以定刑沖。

　　《增刪卜易》云：「如主象臨卯木，遇申爻動而剋之，卦中又動出亥水，申金貪水之生，不來剋木，此乃貪生忘剋。又如主事爻臨子水，遇卯木動而相刑，若得傍爻動出戌字，卯與戌合，不來刑子水，此乃貪合忘刑。」分別衰旺與動靜的原則，動爻能沖靜爻，靜爻沖不起動爻。日辰能剋害卦爻，卦爻不能害日辰。旺能剋衰，衰不剋旺。兩爻俱靜，旺為先，動為先。

> 並不並，沖不沖，因多字眼。刑非刑，合非合，為少支神。

　　「並」者，用神臨日辰，日辰與卦中之爻相同，僅一爻為限。例如寅日占卦，得寅木為用神。至於六沖，也是限一爻同字眼。但也有卦師認為用神既然只用一位，則無因字眼多而變為不並不沖。至於刑非刑，合非合，為少支神是指「虛一待用」。三刑或三合必須有三個地支，如果缺少一個地支，等待該地支到臨也算數。

《增刪卜易》例，巳月己未日（空亡：子丑），占久病，得澤水困之兌為澤。

世應	卦爻	地支	六親	六獸	動爻	地支	六親
	▬ ▬	未土	父母				
	▬▬▬	酉金	兄弟				
應	▬▬▬	亥水	子孫				
	▬ ▬	午火	官鬼				
	▬ ▬	辰土	父母				
世	▬ ▬	寅木	妻財		×	巳火	官鬼

世爻寅木，月建不生扶，木庫在未日，化出巳火，寅木能刑巳火，未見申字，待申日來臨，卒於三刑。

《增刪卜易》例，酉月乙巳日（空亡：寅卯），占陞遷，得澤地萃之天地否。

世應	卦爻	地支	六親	六獸	動爻	地支	六親
	－　－	未土	父母		×	戌土	父母
應	－－－	酉金	兄弟				
	－－－	亥水	子孫				
	－　－	卯木	妻財				
世	－　－	巳火	官鬼				
	－　－	未土	父母				

巳火官星持世，又臨日建。巳爻沖動亥爻，與六爻發動之未土欲成三合，欠一卯字，卯月三合木生官鬼，「虛一待用」之功。

> 爻遇令星，物難我害。伏居空地，事與心違。伏無提拔終徒爾，飛不推開亦枉然。空下伏神，易於引拔。

「令星」，月建之五行。「物」指忌神，刑沖剋害之情形。世爻或用神臨月建生扶，有靠山可以對抗刑沖破害。伏神居空亡，所占之事困塞，必須有日辰、月建、動爻、沖起的生扶拱合。其次，將飛神沖開、入墓、入空，也有助用神。伏神喜在旬空的飛神之下，因為飛神旬空壓制力不大，但伏神的效益也是有時間差的。

日辰對衰弱之爻，可以生扶拱合，雪中送炭，對旺相之爻，則是錦上添花。反之，日辰剋制之爻則傷，若休囚之爻雪上加霜，用神忌神一概削減作用。

《增刪卜易》例，丙申日（空亡：辰巳），占文書，得地天泰。

世應	卦爻	地支	六親	六獸	伏神	地支	六親
應	▬ ▬	酉金	子孫				
	▬ ▬	亥水	妻財				
	▬ ▬	丑土	兄弟				
世	▬▬▬	辰土	兄弟				
	▬▬▬	寅木	官鬼		○	巳火	父母
	▬▬▬	子水	妻財				

占文書，父母爻為用神。卦中不現父母爻，巳火父母爻伏在二爻寅木之下，伏神坐空亡，雖說申日應沖動寅木，伏神巳火得寅木長生，但三刑寅、巳、申，已然形成，文書不成立。否則空下伏神，易於引拔。

《增刪卜易》例，占文書，得山火賁。

世應	卦爻	地支	六親	六獸	伏神	地支	六親
	▬▬▬	寅木	官鬼				
	▬ ▬	子水	妻財				
應	▬ ▬	戌土	兄弟				
	▬▬▬	亥水	妻財				
	▬ ▬	丑土	兄弟		○	午火	父母
世	▬▬▬	卯木	官鬼				

占文書，以父母為用神。午火父母伏於丑土兄弟爻之下，判斷有人卡住文書，若在未月日占卜，沖去丑土飛神，合住午火伏神，則斷為文書有用。若在寅卯月占卜，剋去丑土，生助午火，亦為有用。

> 制中弱主，難以維持。日傷爻真罹其禍，爻傷日徒受其名。墓中人不沖不發。

弱主者，指衰弱的用神或世爻。又受到日月動爻的剋制，就難以維持吉命。日月最大，日辰傷卦爻真有災禍，卦爻傷不到日辰。用爻入墓，諸事費力難成；若得日辰動爻沖破，沖出反為我用。例如占財，而用神妻財申金入墓在丑日，喜日辰寅卯剋破。總之，空而遇沖，沖空則實，墓而剋破，破墓則開，但還須用神有氣。

《增刪卜易》例，未月戊辰日（空亡：戌亥），占年運，得地雷復之地山謙。

世應	卦爻	地支	六親	六獸	動爻	地支	六親
	▬ ▬	酉金	子孫				
	▬ ▬	亥水	妻財				
應	▬ ▬	丑土	兄弟				
	▬ ▬	辰土	兄弟		×	申金	子孫
	▬ ▬	寅木	官鬼				
世	▬▬▬	子水	妻財		○	辰土	兄弟

占年運，以世爻為用神。世爻子水，動出辰土；兄弟辰

土，動出申金，申子辰三合水局。但日辰月建剋世爻子水，水又入辰庫，辰土回頭剋，世爻休囚無氣，年運不佳，幸有三合水局護身。午年至，世爻臨歲破之年，出墓之時無用神保護，且子水本身休囚，旺相不作此論。

身上鬼不去不安。德入卦而無謀不遂。忌臨身而多阻無成。

占得世爻臨官鬼，為身上有鬼，若日月動爻來相沖剋，利於官門公幹之人，且限於旺相之本質，官鬼作為元神，不宜剋去之。如下例：萃之比、比之咸等。「德入卦」者，即主事之爻與世爻，天干地支上下相合。「忌臨身」者，指忌神不宜臨世爻，例如占求官運，子孫即是忌神。占財運，兄弟爻忌神持世等。

《增刪卜易》例，午月癸丑日（空亡：寅卯），占妻病，得澤地萃之水地比。

世應	卦爻	地支	六親	六獸	動爻	地支	六親
	▬ ▬	未土	父母				
應	▬▬▬	酉金	兄弟				
	▬▬▬	亥水	子孫		○	申金	兄弟
	▬ ▬	卯木	妻財				
世	▬ ▬	巳火	官鬼				
	▬ ▬	未土	父母				

占妻病，以妻財爻為用神。妻財卯木安靜不動，日月休囚臨空亡。幸有卦中亥水獨發，不獨回頭生使子孫爻有力，且子

孫剋去世爻官鬼。甲寅日即出空，寅日合起亥水，病癒。

《增刪卜易》例，辰月戊子日（空亡：午未），占小舟過關防盤阻，得比之澤山咸。

世應	卦爻	地支	六親	六獸	動爻	地支	六親
應	——	子水	妻財				
	——	戌土	兄弟				
	——	申金	子孫		×	亥水	妻財
世	——	卯木	官鬼		×	申金	子孫
	——	巳火	父母				
	——	未土	兄弟				

占過關，以世爻與官鬼爻為用神。官鬼持世，日辰生世爻，乃滿腹憂疑之象。幸有卯木發動，申金回頭剋去身邊官鬼，世爻卯木也自己發動，得出申金回頭剋官鬼，應爻子水妻財生世爻，對方手下有情。卯木發動卯日過關。

231

　　《增刪卜易》例，戌月己酉日（空亡：寅卯），占文書，得風天小畜之山風蠱。

世應	卦爻	地支	六親	六獸	動爻	地支	六親
	▬	卯木	兄弟	勾陳			
	▬	巳火	子孫	朱雀	○	子水	父母
應	▬ ▬	未土	妻財	青龍			
	▬	辰土	妻財	玄武			
	▬	寅木	兄弟	白虎			
世	▬	子水	父母	螣蛇	○	丑土	妻財

　　占文書，以父母爻為用神。日辰酉日生之，世爻子水動化丑土，又剋又合。五爻朱雀為文書，動爻臨巳火，化為子水文書，而世爻又臨子水父母也是文書。應驗於發動之子日。

　　《增刪卜易》例，巳月丙申日（空亡：辰巳），占財，得火水未濟之火風鼎。

世應	卦爻	地支	六親	六獸	動爻	地支	六親
應	▬	巳火	兄弟				
	▬ ▬	未土	子孫				
	▬	酉金	妻財				
世	▬ ▬	午火	兄弟		×	酉金	妻財
	▬	辰土	子孫				
	▬ ▬	寅木	父母				

占財，用神為妻財爻。月建巳火扶助兄弟午火，酉金妻財申日幫扶，應爻兄弟臨空亡，剋財無力。兄弟持世莫問財，發動化成妻財，有貴人相助。柳暗花明又一村，酉日得財。

卦遇凶星，避之則吉。爻逢忌殺，敵之無傷。

凡用神空亡，遇日月動爻沖剋者，反而不遭受沖剋之害，謂之「避空」。避空僅針對目下而言，用神如果安靜，則逢沖之日受災禍。用神如果動化，逢合之日受禍。用神受破，實破之日災殃。用神空者，出空買單。《增刪卜易》云：「諸占，最惡者忌神，既動于卦中，禍已萌矣。用神靜者，逢沖之日遭害。用神動者，逢值合之日遭傷。用神破者，實破之日而遇。用空者，出空之日相逢，是乃未曾出空，可以避之，出空必遇其害。」

忌神動化有力，須日月生扶幫助抵抗之，以眾擊寡。此外，財爻為用神，官鬼爻與兄弟爻同時發動，爻逢忌（兄弟）殺（官鬼）反而沒事。

　　《增刪卜易》例，辰月乙未日（空亡：辰巳），占月令，得地天泰之雷火豐。

世應	卦爻	地支	六親	六獸	動爻	地支	六親
應	▬▬	酉金	子孫				
	▬▬	亥水	妻財				
	▬▬	丑土	兄弟		×	午火	父母
世	▬▬▬	辰土	兄弟				
	▬▬▬	寅木	官鬼		○	丑土	兄弟
	▬▬▬	子水	妻財				

　　占月令，以世爻辰土為用神。日辰月建相扶，兄弟丑土動化回頭生。雖然寅木官鬼動化臨空亡，但世爻旺相，可以相敵。至辛丑日，丑未相沖，言語唐突遭官非，應驗前述「用神靜者，逢沖之日遭害」。

> 主象休囚，怕見刑沖剋害。用爻變動，忌遭死墓絕空。用化用，有用無用。空化空，雖空弗空。

　　主象強調不得日月生扶，甚至月破，所以休囚之卦爻，當然怕見到刑沖剋害。用爻變動還是要區分旺相或休囚，如果用爻旺相臨日月生扶，化絕化墓不甚忌。入墓可沖開，化絕則有動爻或生旺之日月應期。

　　用神化出用神是否可用？化進神可用。化退神無用，化伏吟則不安寧、事情反覆等現象。動爻旬空，化出之爻又是旬空，為空化空。

> 養主狐疑，墓多暗昧。化病兮傷損，化胎兮勾連。凶化長生，熾而未散。吉連沐浴，敗而不成。

關於十二長生，野鶴主張僅用長生、帝旺、墓庫、絕等。病、胎不論。《增刪卜易》云：「墓者，滯也，用神動而化墓者，近病、久病遇之，皆主昏迷之象。用神旺者，沖開墓庫之日則安，用神休囚者，而又被刑沖剋害，則主難愈。逢空者，近病愈，久病凶。捕獲遇之，深藏難覓。身命遇之，愚蒙不振。失託遇之，暗藏不見。婚姻遇之，遲滯難成，大抵皆暗昧不明之象。如若動爻化墓，而墓神回頭剋動爻，勿以暗昧昏滯論，乃凶兆也，忌回頭之剋我者是也。如若墓神為鬼，回頭剋用，更凶。」「凶」者，指忌神。忌神化出長生，源源不絕。若子孫化長生病漸減，官鬼化長生病漸重。沐浴敗而不成，以五行論，水敗於酉，反而是回頭生。木敗於子，子水回頭生木。

> 戒回頭之剋我，勿反德以扶人。

野鶴云：「官鬼持世，化子孫回頭剋，驗之有四：現任官得之，有應傷子者，有應削職者，有應夭壽者。士庶得之，有應自身損壽者。」因此官鬼持世動化子孫回頭剋有傷子、削職、夭壽、損壽等現象。

用神發動變化出的爻，既不是進神，又不是回頭生，也不生合世爻用神，而是生合忌神或應爻，就是反德以扶人，養豬不肥肥到狗。《增刪卜易》云：「相生需要他生我，相剋還宜我剋他。占彼此兩家之事者，宜應爻而生世。如占財者，宜財生世。占官者，宜官生世。若世爻生助他爻，則洩盡自己之氣矣。」

　　《增刪卜易》例，酉月己丑日（空亡：午未），占師尊官訟，得水雷屯之震為雷。

世應	卦爻	地支	六親	六獸	動爻	地支	六親
	▬▬	子水	兄弟	勾陳			
應	▬▬▬	戌土	官鬼	朱雀	○	申金	父母
	▬▬	申金	父母	青龍	×	午火	妻財
	▬▬	辰土	官鬼	玄武			
世	▬▬	寅木	子孫	白虎			
	▬▬▬	子水	兄弟	螣蛇			

　　問師尊官訟，以父母爻為用神。父母爻發動化為午火妻財回頭剋，申金也入日辰丑庫。動出午火妻財入空亡，回頭剋不落實，改成緩刑；慎防在午年出空，實空歲月必有凶象。

二十二、《千金賦》（下）

> 惡曜孤寒，怕日辰之並起。用爻重迭，喜墓庫以收藏。

　　「惡曜」者，刑沖剋害之爻，最怕日辰生扶惡曜，助紂為虐。「並起」者，相同地支。用爻重疊指卦中用神兩現，若無日辰動爻損之，必須有墓庫收藏。

　　《增刪卜易》例，丁丑日（空亡：申酉），占財運，得風雷益之澤地萃。

世應	卦爻	地支	六親	六獸	動爻	地支	六親
應	▬	卯木	兄弟		○	未土	妻財
	▬▬	巳火	子孫				
	▬　▬	未土	妻財		×	亥水	父母
世	▬　▬	辰土	妻財				
	▬　▬	寅木	兄弟				
	▬	子水	父母		○	未土	妻財

　　占財運，以妻財爻為用神。卦中妻財有兩位，初爻父母化妻財，上爻兄弟也化妻財，日辰丑土又是財，喜得世爻辰土作為財庫。卦中若無財庫，常見到後來逢財庫之年月日，亦有財進。

《增刪卜易》例，午月戊午日（空亡：子丑），占何日下雨？得地風升之雷風恆。

世應	卦爻	地支	六親	六獸	動爻	地支	六親
	▬▬	酉金	官鬼				
	▬▬	亥水	父母				
世	▬▬	丑土	妻財		╳	午火	子孫
	▬▬	酉金	官鬼				
	▬▬	亥水	父母				
應	▬▬	丑土	妻財				

午月午日占求雨，父母爻亥水休囚不動，近日無雨。占天氣，先看動爻。世爻妻財丑土動化午火子孫，回頭生，火勢炎炎。用爻重疊，喜墓庫以收藏，因此待到戌日午火入庫，必下雨。

事阻隔兮間發。心退悔兮世空。卦爻發動，須看交重。動變比和，當明進退。

「間爻」者，世爻應爻之間的兩個爻，發動就是事情有阻隔的現象。以彼此兩家事為例，《增刪卜易》云：「如婚姻，以之為媒妁。詞訟，以之為中說。買賣，以之為牙行。借貸成交，以之為中保。舟車，以之為附載。交遊，以之為幫閒。胎產，以之為收生保母。」野鶴云：「世為己，應為人，彼此欲相親者，若遇間爻發動，不可概以阻隔斷之，若得動而生合世應，反得此輩之力。近世爻者，幫我之人也，近應爻者，扶彼之人也。生我者，我當親之；剋我者，我宜遠之。獨忌剋乎世

應，事必難成。剋我者，壞我之事，我被其愚。剋應者，壞彼之事，他為所誘。若持兄弟動，其害猶小，迫阻其事，不過耗財而已。若持鬼動，定其受累而為禍不淺。」此外，逢間爻發動，若有日月沖剋可解。

所謂「心退悔兮世空」，應指淨空而言。若無日月動爻傷剋，而世爻無故自空，應是自己懶惰，缺乏上進心。世應皆空，事無准實；動而化出空亡不在此限。

「交」者，陰爻變成陽爻，意謂事情未來到。「重」者，陽爻變陰爻，意謂事情發生過了。「動變比和」者，所動化之五行相同者，例如寅變卯，丑變辰等，或動出三合六合等，「當明進退」者，指化出進神或退神。

《增刪卜易》例，巳月庚辰日（空亡：申酉），占買宅，得地澤臨之雷天大壯。

世應	卦爻	地支	六親	六獸	動爻	地支	六親
	▬▬	酉金	子孫				
應	▬▬	亥水	妻財				
	▬▬	丑土	兄弟		×	午火	父母
	▬▬	丑土	兄弟		×	辰土	兄弟
世	▬▬▬	卯木	官鬼				
	▬▬▬	巳火	父母				

世爻卯木，應爻亥水，乃是世應相生，必成之象。但亥水臨月破，不能生世爻。其次，間爻有丑土與辰土，三爻丑土化進神，四爻午火回頭生，乃小人疊疊有力之象。丑土辰土剋應

爻者，即是賣主身邊之人阻止交易之現象。

> 殺生身莫將吉斷，用剋世勿作凶看，蓋生中有刑害之兩防，而合處有剋傷之一慮。刑害不宜臨用。死絕豈可持身。動逢沖而事散。絕逢生而事成。

　　「殺生身」者，日辰、月建、動爻來生世，但如果都是忌神，莫作吉事；惟獨發動之時，忌神可以生元神。反之，用神剋制世爻，事情來遷就我，不一定論凶。《增刪卜易》云：「如占財，財為用神，財爻剋世者必得。占行人，用神剋世者即歸。占醫藥，子孫為用神，子孫剋世者即愈。外此數占，俱不宜用神而剋世也。若占功名，官鬼剋世，非禍即災。」

　　「刑害不宜臨用」者，《增刪卜易》云：「主事爻與日月動爻作三刑者，占事不成，占物不佳，占病必死，占人有憂慮，占婦人不貞潔，占文書有破綻，占訟必有罪責，動而化刑者，亦然，惟臨死者不驗。」用神如果與日月或動爻構成寅、巳、申三刑是不利的。「死絕豈可持身」，指世爻不宜休囚被剋而又坐絕。「動逢沖而事散」，沖不一定壞事，旬空發動之爻逢沖則實，安靜不空之爻逢沖為暗動，發動不空之爻逢沖為散，所求之事散脫之象，吉不成吉，凶不成凶。「絕逢生而事成」，指絕處逢生。用神喜絕處逢生，枯木逢春。忌神絕處逢生，死灰復燃。例如寅日占卦，酉為用神而絕在寅，若在辰戌丑未之月，或爻中動出辰戌丑未，以土生酉金，稱為絕處逢生。

《增刪卜易》例，戌月丙子日（空亡：申酉），占何時可得父親信息，得地澤臨。

世應	卦爻	地支	六親	六獸
	▬ ▬	酉金	子孫	青龍
應	▬ ▬	亥水	妻財	玄武
	▬ ▬	丑土	兄弟	白虎
	▬ ▬	丑土	兄弟	螣蛇
世	▬▬▬	卯木	官鬼	勾陳
	▬▬▬	巳火	父母	朱雀

占信息，以朱雀巳火臨父母為用神。日辰子水剋巳火，即為忌神。戌月又為巳火之墓，亦為忌神。雖然世爻卯木日辰來生，又合月建，但無濟於父子音信，此謂「殺生身」。主事用神剋世爻，乃事情遷就我，事情就容易完成，世爻被剋未必有傷。例如占求財，財為用神，財爻剋世爻者必得。占行人，用神剋世爻者即歸。占醫藥，子孫為用神，子孫剋世爻即病癒。以外還是用神不宜剋制世爻，尤其占功名，官鬼爻剋世爻，非禍即有災。

《增刪卜易》例，丑月庚子日（空亡：辰巳），占官差得否，得地天泰之地火明夷。

世應	卦爻	地支	六親	六獸	動爻	地支	六親
應	−−	酉金	子孫				
	−−	亥水	妻財				
	−−	丑土	兄弟				
世	−−−	辰土	兄弟				
	−−−	寅木	官鬼		○	丑土	兄弟
	−−−	子水	妻財				

占官差，以官鬼為用神。卦中世爻辰土臨空亡，用神寅木發動變丑土兄弟，用神剋世爻，壬寅日得到差事。但用神寅木剋世爻辰土，隔年辰月故於差事中。

《增刪卜易》例，午月丙辰日（空亡：子丑），占移居吉利否，得地山謙之地火明夷。

世應	卦爻	地支	六親	六獸	動爻	地支	六親
	▬ ▬	酉金	兄弟				
世	▬ ▬	亥水	子孫				
	▬ ▬	丑土	父母				
	▬▬▬	申金	兄弟				
應	▬ ▬	午火	官鬼				
	▬ ▬	辰土	父母		×	卯木	妻財

　　占宅舍，以父母爻為用神，取動爻辰土。辰土父母爻得月建日辰生扶旺相，但動而剋世，動化卯木回頭剋。世爻亥水臨子孫，與月建水火相沖。斷為房屋沒問題，世爻代表本人被剋傷，不宜移居。秋季地震，屋倒人傷。

> 如逢合住，必沖破以事成。若遇休囚，必生旺而成事。速則動而剋世，緩則靜而生身。父亡而事無頭緒，福隱而事不稱心。鬼雖禍災，伏猶無氣。子雖福德，多反無功。

　　世爻或用神被合住，要依事情的性質判斷。離婚、借錢、拆夥等事被合住反而不成。忌神被合住，就是貪合忘剋，暫時不能作怪，一旦逢沖之時照樣解開。用爻若休囚，必須生旺之日成事。例如：旺相不動之用爻，以沖動日斷之。有氣發動之用爻，以合住之日或本日斷。用爻受制以忌神剋制日判斷。用爻旺又有生扶，過旺須待入墓之時。用爻無氣發動遇生扶之日。用爻入墓以破墓之日。用爻空亡以沖動之日。用爻旺空或

空而逢沖、逢動，以出旬日判斷。何日可解脫不利，以用爻死、墓、絕日判斷之。

　　「速則動而剋世，緩則靜而生身」是專指行人而言。發動剋世行人速來，靜而生世，雖緩慢但必歸來。「父亡而事無頭緒，福隱而事不稱心」，父母爻為主事之爻，子孫爻為福德之神，因此功名、公事、文章等，需有父母爻作頭緒。而私事喜子孫爻解憂。

　　「鬼雖禍災，伏猶無氣。子雖福德，多反無功。」卦中是否必須具有官鬼，應無定論。占官、占鬼、占疾病，當用則用。子孫爻雖為福德，但不宜多見，喜墓庫收藏，否則三心兩意，雜而不專。

> 究父母，推為體統；論官鬼，斷作禍殃；財乃祿神，子為福德，兄弟交重，必主謀多阻滯。卦身重迭，須知事體兩交關。

　　觀察父母爻旺衰貴人，可以推知出身高低。占官非訴訟，觀察官鬼爻所臨之六神判斷之。求財祿看財爻，子孫為福德。兄弟剋世爻或發動，注意阻滯陰昧。卦身作為事體，喜剋世爻；卦身生世爻，合世爻諸事論吉。

> 虎興而遇吉神，不害其為吉。龍動而逢凶曜，難掩其為凶。玄武主盜賊，亦必官爻。朱雀本口舌之神，然須兄弟。

　　論六神，青龍主吉祥，朱雀主口舌，勾陳主田園之事，螣蛇主怪異玄虛，白虎主血光凶災，玄武主暗昧盜賊。六神只是附帶而論，不能執死法一概而論。總之，生扶世爻用神論吉，臨忌神發動必不利。因此，玄武臨官鬼才算盜賊之象。朱雀臨兄弟，才論口舌是非。

> 疾病大宜「天喜」，若臨凶煞必生悲。出行最怕「往亡」，如
> 係吉神終獲利。是故。吉凶神煞之多端，何如生剋制化之一
> 理。

　　疾病喜天喜，出行怕往亡，這是神煞的說法。吉凶神煞
雖然名目繁多，但並無決定吉凶之能力，只是依附用神、世爻
等，因此遇吉更吉，遇凶更凶，總還是不出生剋制化之理。

> 除惡未盡，死灰須防復焰。害良不重，枯木猶有逢春。水木需
> 要尋根，動爻何妨空破。

　　刑沖剋害之忌神，若在日辰月建與動爻之剋制中，須斬盡
其根，觀察其是否有死灰復燃之期限，否則遇到生扶之年月，
禍患必然顯現。

　　《增刪卜易》例，死灰復燃。卯月甲申日（空亡：午
未），占病，得地山謙之水山蹇。

世應	卦爻	地支	六親	六獸	動爻	地支	六親
	▬ ▬	酉金	兄弟				
世	▬ ▬	亥水	子孫		✕	戌土	父母
	▬ ▬	丑土	父母				
	▬▬▬	申金	兄弟				
應	▬ ▬	午火	官鬼				
	▬ ▬	辰土	父母				

　　自占病，以世爻為用神。世爻亥水子孫長生在申日，世

爻得日辰之生，雖然發動化出戌土，回頭剋，但春季之土衰，剋制無力，病情得到控制。卯月之木合到戌土，相合有力，戌土合起得到申日之長生，至巳月與世爻亥水沖破，巳火生助戌土，舊疾復發。

《增刪卜易》例，子月丁亥日（空亡：午未），占自陳革職、調降否，得雷澤歸妹之雷水解。

世應	卦爻	地支	六親	六獸	動爻	地支	六親
應	▬▬	戌土	父母				
	▬▬	申金	兄弟				
	▬▬▬	午火	官鬼				
世	▬▬	丑土	父母				
	▬▬▬	卯木	妻財				
	▬▬▬	巳火	官鬼		○	寅木	妻財

占自陳，看官鬼爻，兼以世爻為用神。巳火官鬼子月亥日休囚，但動化出寅木妻財，回頭生，官鬼功名有根源。其次，世爻丑土父母與子月相合安靜不動，官鬼雖有傷，自身本體保全無虞，故革職留任，卯年占卦，巳年仍回復原職，莫非妻財有暗助之功，錢能使官鬼推磨乎？

水木需要尋根，凡占身命、家宅、功名、墳塋、貿易等，具有長久永續性質之事項，用神固然重要，但元神必須兼看。因為用神是本體，元神是根源。

《增刪卜易》例，午月庚寅日（空亡：午未），占差事分配何處，得山天大畜之風澤中孚。

世應	卦爻	地支	六親	六獸	動爻	地支	六親
	▬	寅木	官鬼				
應	▬▬	子水	妻財		×	巳火	父母
	▬▬	戌土	兄弟				
	▬	辰土	兄弟		○	丑土	兄弟
世	▬	寅木	官鬼				
	▬	子水	妻財				

問差事，以官鬼爻為用神。世爻臨寅木官鬼，卦象意寓東方之地，元神子水月破化出巳火，巳火是應爻子水化出之絕地，間爻辰土化出丑土，元神水庫變出忌神金庫，兄弟化兄弟，三翻兩覆，有人從中作梗，恐難得差事。

《增刪卜易》例，動爻何妨空破。戌月己巳日（空亡：戌亥），占往南出行，得火天大有之雷天大壯。

世應	卦爻	地支	六親	六獸	動爻	地支	六親
應	▬	巳火	官鬼		○	戌土	父母
	▬▬	未土	父母				
	▬	酉金	兄弟				
世	▬	辰土	父母				
	▬▬	寅木	妻財				
	▬	子水	子孫				

占出行，以世爻為己，以應爻為目的地。應爻巳火官鬼來生世爻辰土，但巳火在戌月入墓，動化出戌土還是入墓，生我之官鬼入墓，生助之情有餘，然助益有限，又兼動出六沖卦，不動為妙。

> 大匠誨人，必以規矩；學者決斷，務在靈機。卜易者知前則易。求占者鑒後則靈。筮必誠心。何妨子日。占勿二念，早暮何妨。我事不可命人。他事由他動念，慎勿提他。

卜筮之道，最重要在誠意。卦師以前事為師，靈活通變。問卜求占者心誠則靈，子日不占卦已矣，慎勿三心兩意。我私事親身出馬，不勞他人。他人之事由他人動念，何須我來靈動，除非是至親骨肉，難分難捨。

　　《增刪卜易》例，他事由他動念。卯月戊戌日（空亡：辰巳），代替主人占目下災晦否，得水地比之澤山咸。

世應	卦爻	地支	六親	六獸	動爻	地支	六親
應	▬ ▬	子水	妻財				
	▬▬▬	戌土	兄弟				
	▬ ▬	申金	子孫		×	亥水	妻財
世	▬ ▬	卯木	官鬼		×	申金	子孫
	▬ ▬	巳火	父母				
	▬ ▬	未土	兄弟				

　　此卦若以本人之意念占卦，官鬼爻持世，動化成子孫爻，子孫為福德之神，回頭剋掉身邊之官鬼。若是以家中下人代占，以父母爻為用神，又兼用官鬼爻。父母爻巳火得卯月生，臨空亡，入墓於戊戌日，然而難敵發動之回頭剋，與四爻發動申金本體之剋，兩者解釋不同。

《增刪卜易》例，他事由他動念。午月辛酉日（空亡：子丑），父代十一歲之子占功名如何，得澤地萃之天山遯。

世應	卦爻	地支	六親	六獸	動爻	地支	六親
	▬ ▬	未土	父母		×	戌土	父母
應	▬▬▬	酉金	兄弟				
	▬▬▬	亥水	子孫				
	▬ ▬	卯木	妻財		×	申金	兄弟
世	▬ ▬	巳火	官鬼				
	▬ ▬	未土	父母				

若自己占功名，官鬼持世爻，月建午火旺象，又得卯木妻財發動，化回頭剋；未土父母文書也發動，化進神，生助有力，即斷為功名有望。但父親舉念代占，以子孫爻為用神，父母爻動剋子孫爻，妻財動出兄弟，回頭剋，妻子皆傷。妻財災禍應驗於申月，子孫災禍應驗於未土發動之未年。

> 我占必以直告，切莫昧己。占遠應近，務必留心。
> 占此應彼，必須詳察。

請人占卜有隱私問題，《增刪卜易》云：「有為婚姻而故占月令。有為功名而故卜流年。有現任之官而欲謀他人之缺，因不便明言，而故占在任之吉凶，有孝廉不顯說卜會試，而渾問功名。有已革職，止渾問功名，而諱言起復。有已生子而故問有子與否？」所以占筮與神靈溝通，不能蒙昧意念。

《增刪卜易》例，未月癸亥日（空亡：子丑），占流年，得艮為山。

世應	卦爻	地支	六親	六獸
世	▬	寅木	官鬼	
	▬ ▬	子水	妻財	
	▬ ▬	戌土	兄弟	
應	▬	申金	子孫	
	▬ ▬	午火	父母	
	▬ ▬	辰土	兄弟	

此例乃某人捐納金錢買官，但不欲為人知其心念，故以占流年運勢為理由，認為如果命中帶有功名，必於流年運勢顯現。殊不知功名最喜官星持世，而流年以官作鬼，不宜官鬼持世。本卦官鬼持世爻，癸亥日為寅木長生之地，又得亥水為妻財，財旺生官。應驗於寅木靜而逢沖之申日。若占流年，官鬼持世，寅亥合住，靜而不沖，豈不憂心忡忡。

《增刪卜易》例，午月辛丑日（空亡：辰巳），有商人因母抱恙而故問流年，得風雷益之天雷无妄。

世應	卦爻	地支	六親	六獸	動爻	地支	六親
應	▬▬	卯木	兄弟				
	▬▬	巳火	子孫				
	▬ ▬	未土	妻財		×	午火	子孫
世	▬ ▬	辰土	妻財				
	▬ ▬	寅木	兄弟				
	▬▬	子水	父母				

商人問流年，以財爻為重，世爻兼看。妻財持世，未土妻財發動變成子孫爻，回頭生，流年許財旺。若改成問父母病情，以父母爻為用神，未土妻財發動，妻財土旺剋父母子水，應驗於甲辰出空日。因此凡是遇到卜流年者，務必詳問而理解具體事項。

二十三、爻位與應期

應期是六爻預測的拿手戲，因為一般的占卦方式，對於應期如果沒有帶入地支的卦理，則應期就難以拿捏了。所有的問事除了放榜、公布、競賽、年運等有固定之期限外，例如收帳、借貸、歸期、遷移、買賣、婚姻等都有時效性，因此應期是斷卦不可或缺之一部分，否則功虧一簣，總是賓主遺憾。其次，應期大部分有規律可行，遠則以年、月判斷，近則在日、時判斷。依據《增刪卜易》整理：

一、用神安靜，以用神逢合、逢值之日代表應期。反之，
　　用神逢沖，則逢合之日就是應期。

二、用神發動，則逢合或逢值之日就是應期。反之，用神
　　被合住，沖開之日就是應期。

三、用神休囚衰弱，應期在旺相之日。用神臨空亡，出空
　　之日是應期。用神入墓，沖開墓庫之日便是應期。

四、用神受忌神剋制，沖忌神之日。用神月破，填實之日
　　是應期。用神是伏神，沖去飛神之日或者伏神出現之
　　日是應期。

五、元神發動，以元神所合地支或所臨地支為應期。反
　　之，元神月破、空亡，則實空、實破、沖空，合破之
　　時為應期。

《增刪卜易》云：

靜而逢值、逢沖：如主事爻臨子水不動，後逢子日、午日應之。

動而逢合、逢值：如主事爻臨子水發動，後遇丑日、子日應之。

太旺者，逢墓、逢沖：如主事爻臨午火，又遇巳、午月日占卦；
或卦中巳、午爻太多，後逢亥、子日應之，又有戌日應之，乃火
入墓也。

衰絕者，遇生、遇旺：如主事爻屬金，占卦於巳、午月日即是休
囚無氣。後逢土月日，或至秋令當時，則旺矣。

入三墓，俱喜沖開：如主事爻臨午火，火墓於戌，後逢辰日則應
之。

遇六合，亦宜相擊：如主事爻與日月作合，或動與爻合或動而化
合，或凶或吉，必帶沖開之月日應之，即如主象臨子，與丑作
合，後逢午、未日應之。

　　《卜筮正宗》例，寅月甲辰日（空亡：寅卯），占父親歸期，得天山遯之雷澤歸妹。

世應	卦爻	地支	六親	六獸	動爻	地支	六親
	━━━	戌土	父母		○	戌土	父母
應	━━━	申金	兄弟		○	申金	兄弟
	━━━	午火	官鬼			午火	官鬼
	━━━	申金	兄弟		○	丑土	父母
世	━　━	午火	官鬼		×	卯木	妻財
	━　━	辰土	父母		×	巳火	官鬼

　　外卦伏吟，在外有憂愁之象。內卦辰土父母爻，得官鬼巳火回頭生，安全無虞。世爻午火化卯木，回頭生。惟四爻午火獨靜；《增刪卜易》云：「靜而逢值、逢冲：如主事爻臨子水不動，後逢子日、午日應之。」辰巳月打理生意，午月歸返。

《卜筮正宗》例，午月庚辰日（空亡：申酉），占僕人近日何時歸返，得離卦。

世應	卦爻	地支	六親	六獸
世	▬▬	巳火	兄弟	
	▬▬	未土	子孫	
	▬▬	酉金	妻財	
應	▬▬	亥水	官鬼	
	▬▬	丑土	子孫	
	▬▬	卯木	父母	

占僕人歸期，以妻財爻為用神。妻財爻酉金臨空亡，月剋日生，勢均力敵，《增刪卜易》云：「遇六合，亦宜相擊：如主事爻與日月作合，或動與爻合或動而化合，或凶或吉，必帶沖開之月日應之，即如主象臨子，與丑作合，後逢午、未日應之。」本卦酉金空亡但與日辰六合，以辛卯日值旬不空，沖發後而歸返。此謂靜而逢沖，合而逢沖，空待出空。

月破喜逢填合：如子月占卦，主事爻臨午火，乃為月破，後逢未日應之，謂之破而逢合。又有逢午日應之，填實之日則不破矣。旬空最愛填沖。
大象吉而受剋，須待剋神受剋：如用神臨辰土，得日月生扶，乃大象吉也。倘被寅卯剋害，後逢申、酉日，沖去忌神則吉。
大象凶而受剋，須防剋者逢生：用神臨辰土，既無日月動爻生扶，乃為大象凶也。再逢寅卯剋制者，後逢寅、卯、亥日則凶。

《卜筮正宗》例，午月丙午日（空亡：寅卯），占自己去尋找父親歸回，得火天大有之離為火。

世應	卦爻	地支	六親	六獸	動爻	地支	六親
應	▬▬	巳火	官鬼				
	▬ ▬	未土	父母				
	▬▬	酉金	兄弟				
世	▬▬	辰土	父母				
	▬▬	寅木	妻財		○	丑土	父母
	▬▬	子水	子孫				

占尋父，以父母爻為用神。卦中父母爻持世，被發動之寅木剋制，寅木動不為空，辰土父母動不了。世爻自己也動不了。必等待沖剋忌神寅木之申年申月。再占一卦合併判斷。

　　《卜筮正宗》例，繼上一卦，午月丙午日（空亡：寅卯），得澤火革之水火既濟。

世應	卦爻	地支	六親	六獸	動爻	地支	六親
	▬　▬	未土	官鬼				
	▬▬▬	酉金	父母				
世	▬▬▬	亥水	兄弟		○	申金	父母
	▬▬▬	亥水	兄弟				
	▬　▬	丑土	官鬼				
應	▬▬▬	卯木	子孫				

　　世爻兄弟化申金，回頭生。申金父母爻為用神，來生世爻，申金又是沖開前卦寅木忌神，申年八月尋回父親。此謂大象吉而受剋，須待忌神受剋。

元神來助來扶，貴看用神衰旺；忌神來沖來剋，須觀元氣興衰。

化進神，逢值逢合：如申動化酉，乃為進神。為福為禍，有應申月日者，有應巳月日者。

化退神，忌值忌沖：如酉動化申，乃為退神。為凶為吉，有應申月日者，有應寅月日者。

《增刪卜易》例，申月甲午日（空亡：辰巳），占開煤礦何時見煤，得風火家人之風雷益。

世應	卦爻	地支	六親	六獸	動爻	地支	六親
	▬▬	卯木	兄弟				
應	▬▬	巳火	子孫				
	▬ ▬	未土	妻財				
	▬▬	亥水	父母		○	辰土	妻財
世	▬ ▬	丑土	妻財				
	▬▬	卯木	兄弟				

挖煤問煤，以妻財為用神。世爻妻財持世，應爻巳火生世爻，日辰午火生土，大象論吉。間爻亥水發動，動化出辰土妻財，次年辰月見煤。《增刪卜易》云：間有應於變爻動爻：如爻臨戌土，變出酉金，其吉凶有戌日應者，有酉日應者。勿謂爻之不驗，遠近當分：遠事，定之於年月；近事，應之於日時。再間有占遠應近、占近應遠、占月應年、占日應時者，亦所當知。

> 倘遇卦之不明，再占是法：卦有恍惚者，再占一卦，不可妄斷。
> 世空元動，須待元神逢值：如甲辰旬占求財，得困之坎，主亥日得財。
> 世衰元靜，必須元氣逢沖：如秋占圖謀，得困卦，後逢巳日成事。

《卜筮正宗》例，子月壬申日（空亡：戌亥），占父在軍中吉凶，得山天大畜之澤地萃。

世應	卦爻	地支	六親	六獸	動爻	地支	六親
	▬▬	寅木	官鬼		○	未土	兄弟
應	▬ ▬	子水	妻財		×	酉金	子孫
	▬ ▬	戌土	兄弟		×	亥水	妻財
	▬▬	辰土	兄弟		○	卯木	官鬼
世	▬▬	寅木	官鬼		○	巳火	父母
	▬▬	子水	妻財		○	未土	兄弟

占父親吉凶，以父母爻為用神。卦中無父母爻，以世爻化出之父母爻為用神。月建剋之，寅木元神又被日辰冲剋，六爻亂動，亂軍中死無蹤跡。

所謂應期分為過去應期與未來應期。用神安靜，以用神所臨地支的年、月、日時為應期。用神發動，以用神所臨地支之年、月、日時為應期，或以合用神所臨地支的時間。

進財之應期，在財爻有氣時，合日辰或日辰可得。旺相過頭以入墓之日得財。休囚衰弱，生旺之日得財。合住入墓，破合破墓之日可得。坐空亡出空日可得。伏藏提起日得。

二十四、綜論刑冲合會與訣語

《周易》具有統一對立的特性，宋代大儒張載云：「兩不立則一不可見，一不見則兩之用息。兩體者，虛實也，動靜也，聚散也，輕濁也，其究一而已。」，因此統一協調的先決條件，就是要有陰陽代表的正反對立。斷卦也是如此，世爻與應爻就是統一對立，如相生相合，大抵都是吉利。反之，相剋相冲，則事與願違。主卦與日辰月建之休囚旺相是內在原因，變爻發動化空、破、墓、絕，回頭生剋，是外在原因。其次，《周易》有否極泰來，去而復返，器滿則傾，日中則昃等處世之思考模式，這些都是斷卦應具備的認知。

一、世爻發動化回頭生。世爻發動化回頭剋。世爻發動化回冲、反吟、冲起、冲散。世爻發動化入墓。

二、應爻發動化回頭生，如虎添翼。應爻發動化回頭剋，自找麻煩，搬磚砸腳。

三、應爻發動化回頭冲，冲起或冲散需視情況而定。應爻發動入墓，應爻對世爻就無法剋制，也無法生助。應爻與世爻同時發動，形成勢均力敵，結局圓滿。

四、世爻應爻關係對等之兩者，例如出售、出讓、移轉、贈與、協辦、繼承、競爭等，凡世爻應爻相合，應爻生世爻，父母爻旺相等論吉。

五、伏神要易於引拔，旬空要出空。

（一）、斷易總論

《增刪卜易》云：

靜而逢值、逢冲：如主事爻臨子水不動，後逢子日、午日應之。

動而逢合、逢值：如主事爻臨子水發動，後遇丑日、子日應之。

太旺者，逢墓、逢冲：如主事爻臨午火，又遇巳、午月日占卦；或卦中巳、午爻太多，後逢亥、子日應之，又有戌日應之，乃火入墓也。

衰絕者，遇生、遇旺：如主事爻屬金，占卦於巳、午月日即是休囚無氣。後逢土月日，或至秋令當時，則旺矣。

入三墓，俱喜冲開：如主事爻臨午火，火墓於戌，後逢辰日則應之。

遇六合，亦宜相擊：如主事爻與日月作合，或動與爻合或動而化合，或凶或吉，必帶冲開之月日應之，即如主象臨子，與丑作合，後逢午、未日應之。

（二）、何知章

何知人家父母疾，白虎臨爻兼刑剋。何知人家父母殃，財爻發動殺神傷。
何知人家有子孫，青龍福德爻中輪。何知人家無子孫，六爻不見福神臨。
何知人家子孫疾，父母爻動來相剋。何知人家子孫災，白虎當臨福德來。
何知人家小兒死，子孫空亡加白虎。何知人家兄弟亡，用落空亡白虎傷。
何知人家妻有災，虎臨兄弟動傷財。何知人家妻有孕，青龍財臨天喜神。
何知人家有妻妾，內外兩財旺相決。何知人家損妻房，財爻帶鬼落空亡。
何知人家訟事休，空亡官鬼又休囚。何知人家訟事多，雀虎持世鬼來扶。
何知人家旺六丁，六親有氣喜神臨。何知人家進人口，青龍得位臨財守。
何知人家大豪富，財爻旺相又居庫。何知人家田地增，勾陳入土天喜臨。
何知人家進產業，青龍臨財旺相說。何知人家進外財，外卦龍臨福德來。
何知人家喜事臨，青龍福德在門庭。何知人家富貴昌，佛像子孫青龍上。
何知人家多貧賤，財爻帶耗休囚見。何知人家無依倚，卦中福德落空死。
何知人家灶破損，元武帶鬼二爻悃。何知人家鍋破漏，元武入水鬼來就。
何知人家屋宇新，父入青龍旺相真。何知人家屋宇敗，父入白虎休囚壞。
何知人家墓有風，白虎空亡巽巳攻。何知人家墓有水，白虎空亡臨亥子。
何知人家無香火，卦中六爻不見火。何知人家無風水，卦中六爻不見水。
何知人家兩爨戶，卦中必主兩重火。何知人家不供佛，金鬼爻落空亡決。
何知二姓共屋居，兩鬼旺相卦中推。何知一家有兩姓，兩重父母卦中臨。
何知人家雞亂啼，螣蛇入酉不須疑。何知人家犬亂吠，螣蛇入戌又逢鬼。
何知人家見口舌，朱雀持世鬼來掇。何知人家口舌到，卦中朱雀帶木笑。
何知人家多爭競，朱雀兄弟持世應。何知人家小人生，元武官鬼動臨身。
何知人家遭賊徒，元武臨財鬼旺扶。何知人家災禍生，鬼臨應爻來剋世。
何知人家痘疹病，螣爻被火燒定。何知人家病要死，身命世鬼入墓推。
何知人家多夢寐，螣蛇帶鬼來持世。何知人家出鬼怪，螣蛇白虎臨門在。
何知人家人投水，元武入水殺臨鬼。何知人家有弔頸，螣蛇木鬼世爻臨。
何知人家孝服來，喪門弔客臨鬼排。何知人家見失脫，元武帶鬼應爻發。
何知人家失衣裳，勾陳元武入財鄉。何知人家損六畜，白虎帶鬼臨所屬。

何知人家失了牛，五爻丑鬼落空愁。何知人家失了雞，初爻帶鬼元武欺。
何知人家無牛豬，丑亥空亡兩位虛。何知人家無雞犬，酉戌二爻空亡捲。
何知人家人不來，世應俱落空亡排。何知人家宅不寧，六爻俱動亂紛紛。
仙人造出何知章，留與後人作飯囊。禍福吉凶真有驗，時師句句細推詳。
何知是奧妙，奧妙生剋料，若是吉和凶，六神甲子條，一宮分八卦，
一卦六爻挑，世為內住場，應作賓對曜，木住東方地，火向南方位，
水向北方流，金向西方斂，世前有官爻，案前神廟居，世爻水帶鬼，
有鬼水中淚，金木水火土，父兄子財鬼，六神兼六親，禍福日辰取，
仔細逐爻詳，其中奧無比。

（三）通玄賦

易爻不妄成，神爻豈亂發。體象或既成，無者形憂色。始須論
用神，次必看原神。三合會用吉，祿馬最為良。爻動始為定，
次者論空亡。六沖主沖併，刑剋俱主傷。世應俱發動，必然有
改張。龍動家有喜，虎動主有喪。勾陳朱雀動，田土與文章。
財動憂尊長，父動損兒郎。子動男人滯，兄動女人殃。出行宜
世動，歸魂不出疆。用動值三合，行人立回莊。占宅財龍旺，
豪富冠一鄉。父母爻興旺，為官至侯王。福神若持世，官訟定
無妨。勾陳剋玄武，捕賊不須忙。父病嫌財殺，財興母不長。
無鬼病難療，鬼旺主發狂。請看考鬼歷，禱謝得安康。占婚兼
剋用，占產看陰陽。

（四）、碎金賦

子動生財，不宜父擺，兄動尅財，子動能解。擺動也，蓋子動生財，若是父動尅子，子不能生財矣，兄動則能尅財，若得子動，兄必貪生于子，忘尅于財，謂之貪生忘尅，而財反得生矣。

財動生鬼，切忌兄搖，子動尅鬼，財動能消。搖動也，蓋財動能生鬼，若是兄動尅財，鬼不能生矣，若子孫發動，則能尅鬼。若得財爻發動，則洩子孫之氣，而生官鬼之精神矣。

父動生兄，忌財相尅，鬼動尅兄，父動能洩。父乃兄之元辰，忌財尅之鬼，乃兄之忌。喜父洩之，父動生兄。若見財爻動，則父無用而不能生兄矣。官鬼發尅兄弟，若見父母動，則漏洩官鬼之氣，而不能為大害矣。

鬼動生父，忌子交重，財動尅父，鬼動能中。交重動也，鬼動能生父，若是子動，則尅制官鬼，不能生父矣。財動則能尅父，若得鬼動，財必貪生于鬼，忘尅于父。是鬼為財之中人也。

兄動生子，忌鬼搖揚，父動尅子，兄動無妨。搖揚動也，蓋兄動則生子，若鬼動尅，兄子失元辰矣，父動能尅子孫，若得兄動，則洩減父之凶勢，而子得無妨也。

子興尅鬼，父動無妨，若然兄動，鬼必遭傷。子動必傷官鬼，若得父動尅子，則鬼無事，若兄動生子，子愈有力，其鬼必遭傷害也。

財興尅父，兄動無憂，若然子動，父命難留。財動必尅父，若得兄動。尅財，財不能尅父也。若是子孫發動，生助妻財，其勢轉盛。其父必難救援也。

父興尅子，財動無事，若是鬼興，其子必死。父動尅子，若得財動尅父，子孫有救，若是鬼動，愈生父怒。其子必死無疑

矣。

鬼興剋兄，子動可救，財若交重，兄弟不久。官動剋兄，若子動剋鬼，則兄弟有救，若財動生鬼，則鬼惡愈盛，兄必難救。

兄興剋財，鬼興無礙，若是父興，財遭剋害。兄動剋財，若得鬼動剋兄，財得無事，若父動生兄，其兄愈加狂戾，財必遭于剋害也。

（五）、斷易通元賦

易爻不妄成。易本天機之事，豈妄成也。神爻豈亂發。卦中六爻神聖，靈機豈有亂發。體象或既成。本卦為體，支卦為象。無者形憂色。所占之事，若不上卦，定可憂也。始須論天喜。如正月起戌二月亥，順行十二位是也。次看貴人方。貴人見後，神殺章內。三合百事吉。三合見後，神殺章內。祿馬最為良。

如甲日有寅爻，則是祿也，即甲祿在寅，乙祿在卯，申子辰日有寅爻，則是馬也，即申子辰馬居寅，若有此爻臨世，應求官可進，名利俱成，祿馬全篇，歌訣俱見後神殺章內。爻動始為定。看卦之動爻，而定其吉凶。次吉論空亡。吉神忌空，凶殺喜空。彭城有密訣，切記不可忘。

訣云：子落空亡，憂遠行，病值空亡，宜作福。久病空亡，身下亡，財若空亡，難把捉鬼，遇空亡，官事停。妻值空亡，妻有厄，室女空亡，有外情，宅值空亡，急作福，父母空亡，憂病生，兄弟空亡，不得力，子孫空亡，主伶仃。

四衝主衝併。辰戌丑未為四衝，縱然占吉也成凶。刑極俱主傷。寅申巳亥為四刑，凡作十事無一成，婚姻官事俱不吉，縱得相生也，不真。世應俱發動，必然有改張。世應俱動，定見不寧之兆。龍動家有喜。青龍動，主有喜慶。虎動，主有喪。白虎動，定有凶喪。勾陳朱雀動，須忌有文章。勾陳朱雀動，主文書立至。日動憂尊長。

看所卜之日辰屬何爻，遇動則尊長有災咎。辰動損兒郎。看所卜之時辰屬何爻，遇動則小兒損。陽動男人滯。陽爻動，主男人疾。陰動，女人殃。陰爻動，主女人災。出行宜世動。凡占出行世動，則吉且無阻隔。歸魂不出疆。歸魂卦主躊躇不進。應動值三合，行人立回莊。應爻若動，行人主在三合日到家

。

占宅青龍旺，豪富冠一鄉。占宅若見龍，旺定主富貴。父母爻興旺，為官至侯王。印旺主大貴。天喜若持世，公事定無妨。天喜持世，訟必有理。勾陳剋元武，捕賊不須忙。若勾陳剋元武捕盜易獲。父病嫌大殺。父病殺爻上卦，定死。空亡母不長。母病若空亡，定主喪。無鬼病難療。占病無鬼，定主不治。

鬼旺主發狂。鬼旺財興難保命。請看考鬼曆，禱謝得安康。須看考鬼曆，屬何鬼，祭之則吉。占婚嫌財死，占產看陰陽。財爻生旺吉死墓，婚不利子爻，陽男陰女。若要問風水，三四世吉昌。葬喜三四世，卦大吉。長生，沐浴訣卦，卦要審詳。金長生在巳其法，詳見後神殺章內。分別各有類，無物不包藏。後數卷分門別類，包藏萬象，不出此易卦也。

六爻預測分類解析

第肆篇　六爻預測分類解析

一、天氣

　　《野鶴》云：「晴雨之占，正可以此自試其術……予初學卜，皆賴天時之巧應，而得其玄奧之旨趣。」所以占斷天氣是卜卦基本入門功夫，且因為初學卜卦，取人事練習，有隱私而無法驗證之困難。《黃金策》云：「陰晴當究父財，勿憑水火」。昔人以水爻為雨，妄言旺動有驟雨，休囚僅是微雨。然而水旺在冬季，驟雨還是會發生在春夏，所以不攻自破。故云「凡占天時當看父財，勿論水火。」其次，占天氣必須言明何時何地，否則四時八方無時無地不變。預測天氣很少使用六神，主要使用六親的涵義，不管世應只看動爻。「世受動爻刑剋，必有非常之變。」如果動爻是坎水，必有惡雨。如果動爻是巽風，必有暴風。「晴或逢官，惟煙為霧」。卦得晴天徵兆，官鬼爻發動，必有濃煙重霧或惡風或陰晦，必非風和日麗。「雨而遇福，為電為虹」卦有雨兆，子孫爻發動，非有閃電，則有彩虹。「世臨土鬼黃沙多散漫於千村」，晴天卦象世臨土鬼發動來冲剋身世，乃是黃沙漫天之現象；兄弟化出土鬼亦然。以下分述六親意義：

一、子孫爻

　　《增刪卜易》云：「天道旱潦不時，卦理陰晴可測。子孫為日月星斗，動則萬里晴光。」子孫爻為日月星辰之意象。主天晴。發動或成三合局，為天氣晴朗。子孫爻發動化進神，萬里無雲。化退神晴而不久。子孫爻休囚空破，或出現在卦中但

不發動，必不能大晴，常有浮雲薄霧。若臨月破、空亡，可作應期判斷。

　　《增刪卜易》例，卯月甲午日（空亡：辰巳），占晴，得雷天大壯之澤天夬。

世應	卦爻	地支	六親	六獸	動爻	地支	六親
	▬▬	戌土	兄弟				
	▬▬	申金	子孫		○	酉金	子孫
世	▬▬▬	午火	父母				
	▬▬▬	辰土	兄弟				
	▬▬▬	寅木	官鬼				
應	▬▬▬	子水	妻財				

　　占天氣，用神以動爻為優先。申金子孫動化進神，申酉日大晴。《增刪卜易》云：「子孫為日月星斗，動則萬里晴光。」

二、父母爻

　　《增刪卜易》云：「父母為雨雹雪霜，發則八方潤澤。」父母爻有覆蓋遮蔽之作用，引申為雨、雪、霧、霜、霾等現象。父母爻發動或成三合局，雨的大小依據旺衰、空破、進神、退神而定。父母爻與月建地支相同動化進神，日辰為父母長生之地，可能有陰雨不息現象。父母爻發動月破，可以根據月破的應期法則，判斷下雨時間。父母發動晴轉陰。

　　《增刪卜易》例，巳月甲戌日（空亡：申酉），因連日大

晴，卯時占何時下雨，得雷山小過之火山旅。

世應	卦爻	地支	六親	六獸	動爻	地支	六親
	▬ ▬	戌土	父母		×	巳火	官鬼
	▬ ▬	申金	兄弟				
世	▬▬▬	午火	官鬼				
	▬▬▬	申金	兄弟				
	▬ ▬	午火	官鬼				
應	▬ ▬	辰土	父母				

　　占天氣，動爻父母優先觀察。月建巳火生戌土，戌土臨甲戌日，用神父母旺相，發動得到巳火回頭生。辰時起雲，辰末巳初，雷雨交作。應驗於甲戌日沖動辰時。《增刪卜易》云：「父母為濃雲重霧，父動傷子，掩其日月也，所以父爻發動，雲霧迷天，日月掩藏而雨。」

三、妻財爻

　　《增刪卜易》云：「妻財天氣晴朗」。妻財爻主晴天，雲少。妻財發動，剋掉父母雲霧化出子孫，故八方晴朗。若卦中無父母，妻財爻又空，必然無雨。反之，卦中無妻財爻，父母爻又空，必然不晴。世應俱空，雨晴難擬，須詳父母妻財及日辰，一併斷之。妻財發動或成三合局，發動化子孫，天氣晴朗。化進神主晴，化退神晴而不久，烏雲漸增。妻財發動化兄弟，主風雲。「三合成財問雨，那堪入卦。」久晴占雨，卦遇三合財局，必然無雨。久雨占晴，卦遇三合父母局，亦主不晴。「財化鬼陰晴未定」，財主晴明，官鬼主陰晦，故遇財化

鬼或鬼化財或鬼財皆動，必主陰晴交織；若卦象無子孫，財反助鬼，必非晴天。「半晴半雨，卦中財父同興。」妻財父母俱動，必然半雨半晴。父衰財旺，晴多雨少。父旺財衰，雨多晴少。無旺無衰，陰晴相半。「多霧多煙，爻上財官皆動。」妻財發動化官鬼，晴轉陰或雲。妻財發動被日合，沖開妻財之時轉晴。妻財伏藏，沖出妻財或沖開飛神，或妻財出現之時天晴。妻財逢空亡、月破，則實空、實破、沖空、合破時，天晴。如果妻財化為官鬼火，在夏季刑剋世爻，必是酷暑。若卦無子孫及父母動者，必有迅雷驚電。

　　《增刪卜易》例，酉月乙巳日（空亡：寅卯），占本日陰晴，得地風升之雷風恆。

世應	卦爻	地支	六親	六獸	動爻	地支	六親
	▬ ▬	酉金	官鬼				
	▬ ▬	亥水	父母				
世	▬ ▬	丑土	妻財		×	午火	子孫
	▬▬▬	酉金	官鬼				
	▬▬▬	亥水	父母				
應	▬ ▬	丑土	妻財				

　　占天氣，看丑土妻財發動，化午火子孫，天氣必晴朗。午前尚有浮雲，發動於午時，午後化出子孫大晴天。

四、官鬼爻

　　《增刪卜易》云：「官鬼雷霆霧電」。官鬼主雷電、霧、

濃雲等現象。官鬼動則生父母，父母爻代表雨、雪、霧、霜、霾等現象，這些前兆就是雷電、霧、濃雲等。「要知雷電，但看官爻。」官鬼主雷電，動則必有雷聲，旺則霹靂驚雷，衰弱雲中虛閃。卦中兩鬼皆動，主雷電交作，鬼化鬼亦然。鬼化財或卦無父母，雖雷不雨。在震宮出現伴有雷電。與父母爻同時發動雷雨交加。官鬼爻獨發，春夏雷雨，秋冬陰雨。官鬼與妻財同時發動，晴轉陰雲。官鬼動化父母，陰轉雨。官鬼化子孫陰轉晴。

《增刪卜易》例，巳月丁卯日（空亡：戌亥），占何日雨，得雷風恆之澤風大過。

世應	卦爻	地支	六親	六獸	動爻	地支	六親
應	▬ ▬	戌土	妻財				
	▬ ▬	申金	官鬼		×	酉金	官鬼
	▬▬▬	午火	子孫				
世	▬▬▬	酉金	官鬼				
	▬▬▬	亥水	父母				
	▬ ▬	丑土	妻財				

世爻酉金官鬼暗動，申金官鬼動化為進神。官鬼主雷霆霧電，故本地區雷聲大作，惟下雨數滴，雨落在遠方。本例若父母爻臨月破，只須父母爻發動，亦有大雨。

五、兄弟爻

《增刪卜易》云：「若論風雲，全憑兄弟。」兄弟指風雲

現象，問天氣是否風雲之現象，應以兄弟爻觀察。旺動則風高雲密。死絕則雲淡風輕。化出子孫，則輕風彩雲。化出官鬼，則頑雲惡風。兄弟爻發動或成三合局，有風雲，再依據旺相休囚判斷。發動化進神，風漸大雲漸多。發動化退神，風雲漸小。兄弟爻在巽宮發動，旺相有強風現象，若與父母爻同時發動有暴風雨。

　　《增刪卜易》例，午月丁亥日（空亡：午未），占本日陰晴，得天山遁之天地否。

世應	卦爻	地支	六親	六獸	動爻	地支	六親
	▬▬	戌土	父母				
應	▬▬	申金	兄弟				
	▬▬	午火	官鬼				
	▬▬	申金	兄弟		○	卯木	妻財
世	▬ ▬	午火	官鬼				
	▬ ▬	辰土	父母				

　　本例以兄弟為風雲，申金逢月剋日辰休囚，雖有風雲，但風輕雲淡，非晴非雨。今日申金兄弟化出卯木妻財爻，妻財天氣晴朗，申時見晴。

《增刪卜易》云：應乃太虛，逢空，雨晴難定。世為大塊，受剋天變非常。若論風雲，全憑兄弟。更詳四季推尋，須配五行參決。晴或逢官，為煙為霧。雨而遇福，為電為虹。三合成財，問雨難堪入卦。五鄉連父，求晴怪殺臨空。財化鬼，晴明不久。父化兄，風雨靡常。母化子，雨後晴明；弟化孫，雲開日出。父持月建，必然陰雨連旬。父財無助，旱澇有常。福德帶刑，日月必蝕。雨嫌妻位以逢沖。晴利父官而化退，子伏財飛，淡雲薄霧。父衰鬼旺，少雨濃雲。卦值暗沖，雖空有望。福興被剋，沖則成功。木動生風，風伯肆虐。金空則響，電母施威。動而合，靜而沖，勿臨月破。沖則應，填則實，最喜動空。雨遇財興，欲雨須得財墓絕。情逢子動，望晴只待子逢生。競發父官，連朝猛雨。多逢財子，累日晴明。卦得反吟，晴雨終須反復。爻逢伏象，旱澇必待沖開。合父鬼沖開，有雷則雨，合財兄剋破，無風不晴。半晴半雨，卦中財父同興。又雨又晴，爻上母子皆動。知得占遠應近，可贊為神。

　　《增刪卜易》例，財化鬼，晴明不久。巳月甲寅日（空亡：子丑），占何日雨，得水火既濟之水山蹇。

世應	卦爻	地支	六親	六獸	動爻	地支	六親
應	▅▅　▅▅	子水	兄弟				
	▅▅▅▅▅	戌土	官鬼				
	▅▅　▅▅	申金	父母				
世	▅▅▅▅▅	亥水	兄弟				
	▅▅　▅▅	丑土	官鬼				
	▅▅▅▅▅	卯木	子孫		○	辰土	官鬼

　　卯木子孫動化辰土官鬼，卯日晴，隔天辰日官鬼雲霧。巳月申金父母合，寅申沖暗動，動而逢合之日下雨。《增刪卜易》云：「子孫財爻變鬼，不久晴。父動化子化財，不久雨」。

　　《增删卜易》例，卦值暗沖，雖空有旺。巳月己卯日（空亡：申酉），占何日晴，得離為火。

世應	卦爻	地支	六親	六獸
世	▬▬▬	巳火	兄弟	
	▬▬ ▬▬	未土	子孫	
	▬▬▬	酉金	妻財	
應	▬▬▬	亥水	官鬼	
	▬▬ ▬▬	丑土	子孫	
	▬▬▬	卯木	父母	

　　占晴天，看妻財旺相休囚。酉財旬空，逢己卯日沖動，辰酉合，次日庚辰即放晴，應期在動而逢合之日。《增删卜易》云「父母官鬼，靜而逢空，日建沖之，主雨。子孫財爻，靜而逢空，日建沖之，主晴。木臨兄鬼，靜而逢空，日建沖之，主風。兄弟臨空，日建沖之，主微風薄霧。」

　　《增刪卜易》例，雨遇財興，欲雨須得財墓絕。戌月丙午日（空亡：寅卯），占何日雨，得坎為水之水風井。

世應	卦爻	地支	六親	六獸	動爻	地支	六親
世	▬ ▬	子水	兄弟				
	▬▬▬	戌土	官鬼				
	▬ ▬	申金	父母				
應	▬ ▬	午火	妻財		×	酉金	父母
	▬▬▬	辰土	官鬼				
	▬ ▬	寅木	子孫				

　　午火財爻，化出酉父，轉雨之象。惟因午火臨日辰旺相，須待午火入戌庫方有雨。《增刪卜易》云「占雨，須宜父動、鬼動、倘父、鬼不動，又見財與子孫動者，必待財子爻入墓之日，及臨絕之日，方得有雨。占晴，須宜財動、子動，倘父母又動，須待父爻臨墓絕之日，方能得晴。」

二、財運

　　財為養命之源，俗話說，人為財死，鳥為食亡，又說一分錢逼死好漢；此話雖不中，亦不遠矣。財為用神，元神就是子孫，子孫爻有力，表示財源綿綿不絕。因此錢財乃身外之物，得之我幸，失之我命。占卦時要確定財運的範圍，例如年終獎金與薪資是不同的範疇。終身財運、年財運、月財運、賭博、股票等，必須稟明神易。預測財運以妻財爻為用神，不宜兄弟持世爻，若兄弟持世爻，如果財爻旺相，動化回頭生，都是錢

財落袋的卦意，縱然空亡、破絕，但是出空、出破的是實現的時機。

（一）、求財

> 《增刪卜易》云：財旺福興，公私稱意。財空福絕，上下違心。有福無財，兄弟交重偏有望。兄興財振，官爻發動亦堪求。財福俱無，莫若守株而待兔。父兄爻動，無殊緣木以求魚。

《增刪卜易》例，酉月戊午日（空亡：子丑），占求財，得澤火革。

世應	卦爻	地支	六親	六獸	伏神	地支	六親
	▬ ▬	未土	官鬼				
	▬▬▬	酉金	父母				
世	▬▬▬	亥水	兄弟				
	▬▬▬	亥水	兄弟		午火	妻財	
	▬ ▬	丑土	官鬼				
應	▬▬▬	卯木	子孫				

占求財，以妻財爻為用神。卦中財爻不現，亥水兄弟持世，子孫爻不發動，妻財伏於三爻亥水兄弟爻之下，飛神亥水剋制伏神，妻財受剋最傷。父母爻酉金臨月建，生助兄弟爻，求財無望。

多財反覆，必須墓庫以收藏。無鬼分爭，又怕交重而阻滯。兄如太過，反不剋財。世遇兄臨，必難求望。

《增刪卜易》例，巳月丙辰日（空亡：子丑），占放印子錢，得火水未濟之雷澤歸妹。

世應	卦爻	地支	六親	六獸	動爻	地支	六親
應	▬▬	巳火	兄弟		○	戌土	子孫
	▬▬	未土	子孫				
	▬▬	酉金	妻財				
世	▬▬	午火	兄弟				
	▬▬	辰土	子孫				
	▬▬	寅木	父母		×	巳火	兄弟

占錢財，以妻財爻為用神。此卦月建巳火扶助世爻兄弟，寅木父母爻動化巳火兄弟，應爻巳火兄弟動化子孫爻，卦中無官鬼剋制兄弟。占時酉金妻財合辰日，尚稱順利，至戌月巳火兄弟入墓，辰戌沖，破財。

《增刪卜易》例，未月丁卯日（空亡：戌亥），占借貸，得火地晉。

世應	卦爻	地支	六親	六獸
	▬	巳火	官鬼	
	▬▬	未土	父母	
世	▬	酉金	兄弟	
	▬▬	卯木	妻財	
	▬▬	巳火	官鬼	
應	▬▬	未土	父母	

乍看兄弟爻持世難有財，酉金得未月來生，喜卯日即是財星，卯酉沖暗動，但酉金兄弟坐日辰絕地，妻財卯木坐旺。古以財爻剋世或沖世爻者可得財，況且應爻未土也來生世爻，應驗於世爻暗動而逢合之辰日。

《增刪卜易》例，巳月丁巳日（空亡：子丑），占求財，得水火既濟之風水渙。

世應	卦爻	地支	六親	六獸	動爻	地支	六親
應	▬▬	子水	兄弟		×	卯木	子孫
	▬	戌土	官鬼				
	▬▬	申金	父母				
世	▬	亥水	兄弟		○	午火	妻財
	▬▬	丑土	官鬼		×	辰土	官鬼
	▬	卯木	子孫		○	寅木	子孫

卦中不見妻財爻，但日辰月建就是妻財巳火。兄弟爻亥水臨世爻，乍看不妙，竟臨陣倒戈，化出妻財。日辰月建皆破世

爻，兄弟無力，剋不到變出的妻財，應爻子水臨空亡，化出卯木子孫，明日沖實戌午妻財，又沖去子水兄弟，得財。

《增刪卜易》例，巳月戊寅日（空亡：申酉），占何日得財，得離為火之雷火豐。

世應	卦爻	地支	六親	六獸	動爻	地支	六親
世	▬▬▬	巳火	兄弟		○	戌土	子孫
	▬ ▬	未土	子孫				
	▬▬▬	酉金	妻財				
應	▬▬▬	亥水	官鬼				
	▬ ▬	丑土	子孫				
	▬▬▬	卯木	父母				

妻財酉金不動，隔日己卯沖動酉金，明日有財進。雖然兄弟持世，但兄弟爻動化入墓，無力剋財爻。《增刪卜易》云：「凡占得兄弟爻持世，而世爻值月破、旬空、化墓，及日月坐財沖世爻，剋世爻，或世爻兄弟變出財爻，皆許得財者。

財來就我終須易，我去求財定是難。福變財生，利源滾滾。兄傷鬼剋，口舌紛紛。財局合福德，百倍利源可許。歲君逢劫煞，一年生意無聊。

《增刪卜易》例，酉月丙午日（空亡：寅卯），占貿易有財利否，得地水師之坎為水。

世應	卦爻	地支	六親	六獸	動爻	地支	六親
應	▬ ▬	酉金	父母				
	▬ ▬	亥水	兄弟		×	戌土	官鬼
	▬ ▬	丑土	官鬼				
世	▬ ▬	午火	妻財				
	▬▬▬	辰土	官鬼				
	▬ ▬	寅木	子孫				

世爻妻財午火，得日辰午火扶助，論旺相。亥水兄弟爻動化戌土，回頭剋兄弟，兄弟無法劫財，可得財。《增刪卜易》云：財局合福德，百倍利源可許。世與財爻，或與子孫爻三合成局，諸占物阜財豐。野鶴曰：須要在局中，或是合成財局、子孫局生世爻方為全美。倘合成父局，辛苦勞祿。合成兄局，破耗多端。合成鬼局，災非口舌；剋世者更凶。

辰月戊子日（空亡：午未），占插股投資有財利否，得天山遯之風地觀。

世應	卦爻	地支	六親	六獸	動爻	地支	六親
	▬▬	戌土	父母	朱雀			
應	▬▬	申金	兄弟	青龍			
	▬▬	午火	官鬼	玄武	○	未土	父母
	▬▬	申金	兄弟	白虎	○	卯木	妻財
世	▬ ▬	午火	官鬼	螣蛇			
	▬ ▬	辰土	父母	勾陳			

　　問投資插股財利如何，以妻財為用神。世爻官鬼不見日辰月建生扶，論休囚，官鬼午火戊子日來沖，小人就在身邊。卦中妻財爻不現，查首宮妻財伏於二爻官鬼之下，伏神生飛神，肉包子打狗。三爻申金兄弟發動，滿腦子想得妻財，內卦就在身邊。外卦午火官鬼，六神玄武主暗昧、詐騙、欺瞞等現象。

（二）、謁貴求財

> 《增刪卜易》云：謁貴求財：世剋官，官生世，須宜謁見。財臨破，鬼剋世，枉費奔馳。世動遇空，身興欲破。

《增刪卜易》例，申月丁卯日（空亡：戌亥），占出行見貴，得天火同人。

世應	卦爻	地支	六親	六獸
應	━━	戌土	子孫	
	━━	申金	妻財	
	━━	午火	兄弟	
世	━━	亥水	官鬼	
	━ ━	丑土	子孫	
	━━	卯木	父母	

　　見官有兩種目的，求名者看官鬼爻，求利者看妻財爻。皆以持世爻及生合世爻為吉利。如逢空、破、墓、絕，動化成凶象者，徒勞無功。如果世爻化官鬼，化回頭剋，半途定有禍殃。本例月建財爻生世，官鬼爻持世臨空亡，甲戌日出空，財利可期。

> 官持世，財動相生；財持世，官無缺陷；再得日月照臨，彼此緣投有幸。為名宜父動，為利忌兄興。

　　官鬼爻持世，喜妻財爻動來生官鬼。日月兆臨者，日辰月建生或臨世爻、財爻。謁貴喜世爻與官星相生相合，必然得

見。若求名利，則另外占卜，因為求名者，宜父官兩旺。為利者，宜妻財與子孫爻兩旺。

《增刪卜易》例，申月甲辰日（空亡：寅卯），占謁貴求題薦，得火雷噬嗑。

世應	卦爻	地支	六親	六獸
	▬▬	巳火	子孫	
世	▬ ▬	未土	妻財	
	▬▬	酉金	官鬼	
	▬ ▬	辰土	妻財	
應	▬ ▬	寅木	兄弟	
	▬▬	子水	父母	

求題薦屬於文書，卦爻未土妻財持世，辰日來扶，妻財兩重勢旺相。財爻持世破文書，父母爻子水安靜受日辰剋制，元神酉金官鬼遠水難救近火，應爻兄弟臨空亡，對我虛情假意，又剋我世爻妻財，所求難遂。

> 六合六沖須看用，反吟化退枉奔勞。貴人謁貴，宜世應以相生。平民見貴，宜官貴而相合。

凡卦爻逢六合而用神旺相，或世爻與財官相合，都是吉兆。卦遇六沖，必用神受剋失陷始作凶論。卦得反吟，世爻動化退神，緣木求魚。貴人見貴人，最宜世應相生相合，最忌世應相沖剋，財伏而空。若官鬼剋世，世爻動化官鬼回頭剋，內外夾擊。平民見貴人，宜官鬼相生相合，及官星持世。但若官

鬼爻剋世爻，世爻又變官鬼回頭剋，須防不測。凡為貴人奔走效力求財，《增刪卜易》云：「最重財官兩旺，不宜世應皆空。世遇財、應臨福，我益他損；應臨官，世逢破，他益我損。兄持世，不如閒處安身。應剋世，防慮他人反目。世遇財星，官星臨應，無不遂也。世逢空破墓絕，及動而變凶者，皆非吉也。應剋世，兄剋世，見災猶淺。鬼剋世、世化鬼，得禍不輕。」

《卜筮正宗》例，合處逢沖。卯月乙卯日（空亡：子丑），占謀旺求財，得火山旅。

世應	卦爻	地支	六親	六獸
	▅▅▅▅	巳火	兄弟	
	▅▅ ▅▅	未土	子孫	
應	▅▅▅▅	酉金	妻財	
	▅▅▅▅	申金	妻財	
	▅▅ ▅▅	午火	兄弟	
世	▅▅ ▅▅	辰土	子孫	

求財，得妻財兩現，以應爻酉金妻財為用神。本卦六合卦，世應相生，卦逢六合，本應成就有望，但日辰月建都是卯木，用神月破日破。但於隔日丙辰見面商議，辰日六合應爻酉金，暫時有共識；但戌日毀議，世爻辰土逢沖，稱合處逢沖。

《卜筮正宗》例，用神多現。未月庚子日（空亡：辰巳），占求財，得風天小畜。

世應	卦爻	地支	六親	六獸
	▬	卯木	兄弟	
	▬	巳火	子孫	
應	▬▬	未土	妻財	
	▬	辰土	妻財	
	▬	寅木	兄弟	
世	▬	子水	父母	

《卜筮正宗》云：「予屢驗者，舍其閑爻而用持世，舍其無權而用月日，舍其安靜而用動爻，舍其不破而用月破，舍其不空而用旬空，天機盡洩於有病之間，斷法總在於藥醫之處。」斷其月內辰日得財，應驗在出空之日，捨其不空而用空。

財為養命之源，開門七件事，柴、米、油、鹽、醬、醋、茶，談的都是錢。舉凡食、衣、住、行、標會、貸款、勞健保、退休年金、討債、租稅、獎金、股利等，全部都是求財運。子孫爻生妻財爻，所以子孫為財的元神，妻財是用神。預測財運以妻財為主，妻財與世爻的關係最重要：

1. 宜妻財旺相，子孫爻發動來生。反之，財爻逢沖、臨絕、坐空，均不利財運。
2. 「有福無財，兄弟交重偏有望。」指有子孫爻而無妻財爻，兄弟眾多貪生而無妻財剋制，兄弟生出子孫，一旦妻財臨值日，進財有望。
3. 兄弟爻與妻財爻同動，兄弟忙著生子孫而不會剋財。

4. 卦中只有財爻，沒有子孫爻。如果官鬼爻發動，官鬼剋制兄弟，兄弟就無暇剋制財爻。

5. 日辰如果是官鬼，同樣有剋制兄弟的作用，但是子孫爻發動，是要去剋官鬼，官鬼受剋也無暇去剋兄弟了。

6. 卦中無財爻與子孫爻的有風澤中孚、天山遯、雷山小過，但月建或日辰也可以作為用神，若為子孫與財爻，仍須辨別財運存否。妻財爻不在卦中，須待財爻當值、入墓、出現等時限。

7. 父母爻與子孫爻同時發動，父剋子、兄剋財，元神用神都受剋，財運困窘。僅父母爻發動，或兄弟爻動化父母回頭生，都使兄弟剋財更有力。

8. 卦中若無官鬼爻，兄弟無剋星更放肆，即使妻財有力，也是落袋不實。官鬼爻化出財爻，終究是財，但須勉力克服難關。

9. 若兄弟爻不動，官鬼爻不宜動，因為兄弟不動剋財無力，此時官鬼爻動反而洩財氣，形成花費破耗現象。兄弟爻發動而化出財爻，先耗財再進財。

10. 兄弟爻多現，內鬥內行，忙著內鬥就無暇剋財。但兄弟爻被合、入墓、化空剩一個兄弟時，還是剋財。

11. 財爻多現，必須入墓才有作用，須待發動入墓，入墓之爻發動，日辰為財爻入墓等。

12. 月建臨財，旺財之象，但恰逢日辰剋旺相之財，須待財爻長生、沖日辰等日。

13. 兄弟爻持世，雖剋財，仍須觀察旺衰，兄弟衰難剋旺相妻財。其次，兄弟爻動化出子孫，恰為妻財所用。兄弟爻不論是否持世，動化父母是化回頭生，兄弟剋妻財更

有力。

14. 動化官鬼爻是回頭剋兄弟，兄弟剋妻財力量削減。兄弟爻持世占者動化空、化墓、化絕，求財不利。兄弟不持世而化墓、化空、化絕，剋妻財力道減弱，有利求財。

15. 父母爻持世，動化妻財，乃辛苦而得到收穫。

16. 財爻持世，財就在身邊，旺衰墓空，實虛多寡隨機而論。財爻不持世，但若發動生世爻、合世爻、剋世爻，都是財來就我。但是財爻發動與世爻無關或生合應爻，表示求財無緣。

17. 子孫持世旺相，財源穩定。子孫發動生、合世爻，財源滾滾。財爻動化子孫爻回頭生。以外之旁爻動化子孫有新財源。所化之財為官鬼之墓，隱私財不宜見光。

18. 卦中財爻發動化出官鬼爻，洩財氣，若是化官鬼且剋世爻，財損是非到。財爻發動化兄弟回頭剋，有破財、漏財、分財等現象。

19. 財動化出父母爻，表示財到手後之後遺症是父母爻辛勞象徵。財爻發動化死、化絕、化空，水中撈月。財爻發動生合世爻，當機立斷，不宜遲緩。

20. 卦中三合局，財局有子孫發動，子孫局有妻財發動，兼有生世爻、合世爻都是財源廣進。三合成兄弟局，官鬼局，都是損耗阻撓之象。

21. 世爻應爻相合，乃為六合卦。須兼看世爻、財爻、子孫爻之情況。若世或應坐空，須待出空之日，例如雷地豫、地雷復、風地觀、地風升、火天大有、天火同人等。

22. 父母爻或兄弟爻若旺相發動，或其一持世，而財爻臨

空、破、墓、絕，應等待時機，莫輕易下手。

23.占財甚忌伏吟反吟，主事情反覆。或世爻化退、化空、化墓，必有阻礙而遲疑，稍安勿躁，靜待時機。

24.卜卦只是個現象，財多財少與命格有關，無法因人而定進帳多少。

25.凡賭博投機，假慈善名義之性質，占卦求財，未有準者，偶而逢之，日後將因小虧大。

（三）、終身財福

占終身財福，例如問終身功名？夫婦偕老？子嗣有無？壽元長短？必須依據所占問之事項，分開占問。否則兄弟旺相，必然剋妻耗財；父母旺相，剋盡子孫，而無子嗣，終不成其理。因為六親五行有相生相剋之關係，此長彼短，互相制約，所以不能由一卦判斷終身。

> 《增刪卜易》云：福財旺相，鐘鳴鼎食之家。財世休囚，灶釜生塵之宅。世居空位，終身作事無成。

1.占終身財福，世爻、財爻、子孫爻均旺相，主財富綿綿。

2.財爻、世爻旺相，而福德不濟，財無來源，先富後貧，由盛而衰。

3.世爻與子孫爻旺相，但財爻不旺，乃無財有福。或來自於祖業，坐享其成，只知花用。

4.財與福爻旺相，而世爻不旺，富屋中之貧人。但財爻、福德爻旺相，世爻不旺而有氣，後逢生旺之年，還是旺相。反之，財爻、福德爻旺相，而世爻無氣，雖豐衣足

食，不免有殘缺隱疾或艱吝。

5. 世爻、財爻、福德爻，三者無氣，或空破墓絕，或動出
   凶神，貧窮之命。

6. 世爻得地，而財爻、子孫爻休囚空破墓絕，靠打工、技
   藝度日。

7. 世爻，財爻有氣，而福德爻無氣，代掌財務而已；若有
   日月、動爻生扶，小有成就。

8. 世爻空亡，一生百事無成，但還須分出旺或動；旺而
   空，謂之「帶旺匿空」。動而空，動不為空，遇日建沖
   者，沖空則實；喜財福得地，沖空實空之年發跡。

《增刪卜易》例，卯月甲申日（空亡：午未），占終身財
福，得地雷復之山雷頤。

世應	卦爻	地支	六親	六獸	動爻	地支	六親
	▬ ▬	酉金	子孫		×	寅木	官鬼
	▬ ▬	亥水	妻財				
應	▬ ▬	丑土	兄弟				
	▬ ▬	辰土	兄弟				
	▬ ▬	寅木	官鬼				
世	▬▬▬	子水	妻財				

占終身財福，以妻財與子孫爻為用神。妻財持世爻，妻
財子水與亥水妻財長生在申，雖不當令，卻得到日建之生。子
孫爻酉金逢卯月破，化出寅木絕地。故衣祿雖有，但無子孫生
財，以致財源難繼，先盛後衰。

《增刪卜易》例，戌月辛亥日（空亡：寅卯），占終身財福，得水地比之風地觀。

世應	卦爻	地支	六親	六獸	動爻	地支	六親
應	▬ ▬	子水	妻財		×	卯木	官鬼
	▬▬	戌土	兄弟				
	▬ ▬	申金	子孫				
世	▬ ▬	卯木	官鬼				
	▬ ▬	巳火	父母				
	▬ ▬	未土	兄弟				

占終身財福，以妻財與子孫爻為用神。官鬼持世爻，世爻臨空亡，月建六合世爻，日辰亥水來生。妻財子水財爻動生世爻，沖空之年成家發達。

《增刪卜易》例，酉月辛未日（空亡：戌亥），占終身財福，得山雷頤。

世應	卦爻	地支	六親	六獸	伏神	地支	六親
	▬▬	寅木	兄弟				
	▬ ▬	子水	父母			巳火	子孫
世	▬ ▬	戌土	妻財				
	▬ ▬	辰土	妻財				
	▬ ▬	寅木	兄弟				
應	▬▬	子水	父母				

妻財兩現，取世爻戌土妻財為用神。占終身財福，以妻財與子孫爻為用神。妻財爻持世，雖有未日拱扶，但世爻戌土臨空亡，卦中不見子孫爻，子孫巳火伏於五爻子水之下，飛神來剋伏神，一事無成，難以成家。

《增刪卜易》云：身入墓鄉，到老求謀多庚。卦宮衰弱根基淺，爻象豐隆命運高。若問成家，嫌六沖之為卦。安知創業，喜六合以成爻。

世爻有三種入墓情形，用爻入日墓、入動墓、動而化墓等。只須入墓，若休囚無氣，頑鈍而所謀難遂。若得臨於日建月辰，世爻、財爻、子孫爻得日月生扶，或動化出吉神，墓中人逢沖之年而發。六沖卦不利成家立業，更遇世爻、財爻、福爻無氣，家業澹泊凋零。占得六合卦，謀事順遂。

> 《增刪卜易》云：動身自旺，獨力撐持。衰世遇扶，因人創立。日時合助，一生偏得小人心；歲月剋沖，半世未沾君子德。

　　世爻得不到日辰月建生扶，而是自己發動，其人必白手起家，但仍須財爻持世，忌兄弟、父親、官鬼持世，僅可餬口。世爻休囚，得到日月、動爻生扶，有貴人提拔。世爻不論旺衰，但得歲、月、日建，有一項生扶，君子下人都喜親近。反之，世爻縱然有氣，但被日月沖剋，犯小人之命；若休囚更甚。

　　《增刪卜易》例，申月壬子日（空亡：寅卯），占終身財福，得地天泰之地澤臨。

世應	卦爻	地支	六親	六獸	動爻	地支	六親
應	▬ ▬	酉金	子孫				
	▬ ▬	亥水	妻財				
	▬ ▬	丑土	兄弟				
世	▬▬▬	辰土	兄弟		×	丑土	兄弟
	▬▬▬	寅木	官鬼				
	▬▬▬	子水	妻財				

　　世爻兄弟臨辰土，水土同樣旺於壬子日，並無沖剋刑傷，申月子日亦不生扶，然而動化兄弟回頭扶助，自強自旺，化退神，外強中乾，先富後貧。

> 《增刪卜易》云：遇龍子而無氣，總清高亦是寒儒。逢虎妻而旺強，雖鄙俗偏為富客。父持身，辛勤勞碌；鬼持世，疾病纏綿。遇兄，則財莫能聚；遇子，則身不遭刑。

　　青龍子孫臨世爻旺相，立志高遠，飄逸脫塵；休囚，清高之寒儒。白虎臨財爻持世，其人書不知，禮不達，惟家計豐厚。父母辛勞，官鬼疾病，兄弟財不聚，子孫為福德，不遭刑罰。此為死法，不可通用於占終身，而須分項占驗。

> 《增刪卜易》云：父母臨身，貧寒勞碌。兄爻臨世，財耗貧寒。官衰無破，公門異術資生。財弱有扶，商賈百工事業。慕道修行，皆為子孫持世。家傾名喪，乃因官鬼傷身。財化退神，不利於己。世逢合住，受制于人。

　　例如占財福，父母持世，則勞碌辛勤，改為功名，則詩書文章馳名。兄弟爻持世，剋財貧寒；官鬼爻持世，無氣而不破或可入官門，衰則疾病是非，有日月生扶，安貧樂道近貴而已；得日月坐財合世爻，富奢而驕。官鬼爻持世休囚，疾病纏身；旺相有氣，挾術行道，喜日月、動爻、貴人扶助，更上一層樓。子孫爻持世，孤立無援，財爻休囚，為道為僧，志氣清高，不犯官刑。官鬼爻剋世爻，又有世爻官鬼回頭剋，及日辰月建為官鬼剋世爻等更凶。財爻化退神，金山逐漸掏空。世爻為妻財，被合則衣食無憂，受制於人。父母兄弟持世爻，而被日月動爻合住，溫飽而已。世爻財爻子孫爻無氣，兄弟爻發動，奔徙受制之流。

《增刪卜易》例，丑月己丑日（空亡：午未），占終身財福，得雷澤歸妹之地澤臨。

世應	卦爻	地支	六親	六獸	動爻	地支	六親
應	▬ ▬	戌土	父母				
	▬ ▬	申金	兄弟				
	▬▬	午火	官鬼		○	丑土	父母
世	▬ ▬	丑土	父母				
	▬▬	卯木	妻財				
	▬▬	巳火	官鬼				

父母爻丑土持世，月建巳火來生，日辰丑土來扶，論旺相。午火官鬼發動生父母，功名有望，官鬼與父母皆旺相，官場得利，所謂父母臨身，貧寒勞碌，是指卦中無氣，本體休囚。

《增刪卜易》例，午月壬寅日（空亡：辰巳），占終身財福，得雷火豐。

世應	卦爻	地支	六親	六獸
	▬▬	戌土	官鬼	
世	▬▬	申金	父母	
	▬▬▬	午火	妻財	
	▬▬▬	亥水	兄弟	
應	▬▬	丑土	官鬼	
	▬▬▬	卯木	子孫	

占目前財運，午火妻財爻剋世爻申金，必可得財。但占終身之財福，財爻剋世爻，反而是終身被財物拖累。父母爻又臨世爻，世爻被月建午火剋，日辰寅沖申，日破，論休囚，貧寒勞碌，此卦又逢財爻剋世爻，一生勞苦。晚年積蓄雖有，其子好賭成性，於午年世爻申金逢火剋，氣憤而死。

三、問病

占自己之病，用神為世爻。代占父母兄弟，以六親屬性為用神。野鶴曰：「人有七情，致生百病，急于問卜，奈卜筮諸書舛錯悖謬。予試多年，或生或死全憑用神，餘皆不驗。內有不看用神而斷生死者，惟卦變與六沖而已。」舊病新疾在醫學日益發達的今天，很難有定論，總之，還是看用神。用神旺相又得動爻日辰月建生扶，而且越來越旺，病癒不難，沖合就是其次了。

《增刪卜易》云：六沖變沖，久病難于調治。卦變絕剋，新疾亦主危亡。用遇旬空，近病何須憂慮，用逢月破，久病難許安寧。用化鬼，鬼化用神，防不測。忌化用，用神化忌，最難醫。

　　久病者，卦逢六沖又變回頭沖，難以治療。近病逢沖，不藥而癒，最忌回頭剋。反之，如果化出比合，化剋去，化回頭生，近病吉；久病比合、回頭生、化剋化絕，沒完沒了。卦中用神被剋，新病也岌岌可危。用神安靜而空亡，動而化空，以沖空實空之日病癒；倘若逢沖剋，病雖重而不死。若值月破，須看用神之旺衰，旺則在實破、出月之日病癒。反之，衰弱又受剋病危之象。久病者，用神空亡又月破，即使用神旺相，亦主病難。《增刪卜易》云：「予得驗者，近病值旬空，若逢三合六合者，必成久病而終。」最忌有用神化鬼，化回頭剋；其次，兄弟妻財與官鬼之間互變；末次，兄變財、財化兄、父化子、子化父，都是病情反覆。

《增刪卜易》例，申月庚寅日（空亡：午未），代占子近病，得雷風恆之雷水解。

世應	卦爻	地支	六親	六獸	動爻	地支	六親
應	▬ ▬	戌土	妻財				
	▬ ▬	申金	官鬼				
	▬▬▬	午火	子孫				
世	▬ ▬	酉金	官鬼		○	午火	子孫
	▬▬▬	亥水	父母				
	▬ ▬	丑土	妻財				

代占子病，以子孫爻為用神。卦中午火子孫臨空亡，凶險之象；幸有世爻發動生出子孫，回頭剋住官鬼，驗其近病癒於出空甲午之日。

> 動墓絕、化墓絕、須憑生旺。日月剋、動爻剋，最怕休囚。散破無援脫氣，忌卦爻元動仇興。鬼持世，病雖輕而難療。

用神逢墓、絕，動而化墓化絕，全依賴用神旺衰。日辰月建動爻來剋，全部以用神旺衰為定奪；因此，旺相者，替我沖去病魔。衰弱者，則在剋神有生扶之時病危。用神破散則須觀察元神。若是忌神發動剋制用神，幸有元神發動洩忌神之氣，有救；但是仇神又動剋我元神，生忌神，凶象。

自己占病，官鬼持世，難治癒；須得到子孫發動，剋去身邊之鬼，但終難斷根，或復生他疾。若代占六親之病，官鬼持世，是自己憂鬱；子孫爻發動，雲開霧散。

　　《增刪卜易》例，申月壬子日（空亡：寅卯），父代占子病，得天山遯。

世應	卦爻	地支	六親	六獸
	▬	戌土	父母	
應	▬	申金	兄弟	
	▬	午火	官鬼	
	▬	申金	兄弟	
世	▬ ▬	午火	官鬼	
	▬ ▬	辰土	父母	

　　父代占子病，世爻為父親自己，世爻持官鬼，自己心中憂鬱，壬子日沖去午火官鬼，解為病癒。但如果是代占父母病情，官鬼為父母用神。妻占夫病，官鬼為用神，子孫動來剋官鬼反而不吉。

　　福臨身，勢總險而堪醫。鬼化長生忌化進，須慮添災。福爻化剋卦反吟，病必反復。

　　自己占病，得子孫持世，不藥而癒；臨空破，實空、實破之日而病癒。代占六親之病，不必看六神之旺衰，凡子孫臨世爻，或動出子孫皆吉象。最忌官鬼發動，病情加深，若動化進神、長生或長生於日辰，更甚。惟喜忌神化退。自占病及代占兄弟病，喜子孫發動剋制官鬼。若子孫動化回頭剋，主病癒復發，反吟亦同。

《增删卜易》例，寅月乙卯日（空亡：子丑），占妻病，得水雷屯之水澤節。

世應	卦爻	地支	六親	六獸	動爻	地支	六親
	▬ ▬	子水	兄弟				
應	▬▬▬	戌土	官鬼				
	▬ ▬	申金	父母				
	▬ ▬	辰土	官鬼				
世	▬ ▬	寅木	子孫		×	卯木	子孫
	▬▬▬	子水	兄弟				

夫代占，以妻財午火為用神。卦中妻財不現，伏於辰土官鬼之下，但得到日辰月建生助。世爻子孫動化子孫，福德臨身喜悅之事。子孫太旺以入墓之日應驗病癒。占父母之病，元神為官鬼，若子孫爻發動，反而提油救火。妻占夫病，子孫發動剋制用神官鬼，越幫越忙。代人占病，宜六親全盤通變觀察。

> 用絕逢生，危而有救，主衰得助，重亦何妨。用臨日月休尋伏。伏神衰弱再宜占。

用神受剋，刑沖，但得日辰或月建之一生扶，稱絕處逢生。用神衰弱，但有生扶拱合，雖有重病亦不至死。卦中無用神，但得日月為用神，不必尋伏神，可得病癒。若無前述情形，應再占之。

《增删卜易》例，巳月戊午日（空亡：子丑），八旬老翁自占病，得火水未濟之火澤睽。

世應	卦爻	地支	六親	六獸	動爻	地支	六親
應	▬▬	巳火	兄弟				
	▬ ▬	未土	子孫				
	▬ ▬	酉金	妻財				
世	▬ ▬	午火	兄弟				
	▬ ▬	辰土	子孫				
	▬ ▬	寅木	父母		○	巳火	兄弟

　　自占病，以世爻為用神。世爻午火日辰月建扶助，寅木父母動化成午火更有力。器滿則傾，午火入庫於戌日，歸期應驗於壬戌日。

　　《增刪卜易》例，丑月辛卯日（空亡：午未），占子痘症，得雷天大壯之乾為天。

世應	卦爻	地支	六親	六獸	動爻	地支	六親
	▬ ▬	戌土	兄弟		○	戌土	兄弟
	▬ ▬	申金	子孫		○	申金	子孫
世	▬▬	午火	父母				
	▬▬	辰土	兄弟				
	▬▬	寅木	官鬼				
應	▬▬	子水	妻財				

　　子孫爻為用神，六沖卦變六沖卦，也是伏吟卦。雖然月建丑土生扶申金子孫，但敵眾我寡，難保其吉。再占一卦，得艮

為山之地風升。

世應	卦爻	地支	六親	六獸	動爻	地支	六親
世	▬▬	寅木	官鬼		○	酉金	子孫
	▬　▬	子水	妻財				
	▬　▬	戌土	兄弟				
應	▬▬	申金	子孫				
	▬　▬	午火	父母		×	亥水	
	▬　▬	辰土	兄弟				

　　本卦午火父母爻剋子孫爻，父母雖受到亥水回頭剋，但官鬼動變子孫，須防寅日。午火父母爻長生在寅，前一卦申金子孫化伏吟，寅日而沖申也。

　　《增刪卜易》例，兩卦合論，吉凶之日月較詳細。丑月丙戌日（空亡：午未），自占近病，得水地比之澤火革。

世應	卦爻	地支	六親	六獸	動爻	地支	六親
應	▬　▬	子水	妻財				
	▬▬	戌土	兄弟				
	▬　▬	申金	子孫		×	亥水	妻財
世	▬　▬	卯木	官鬼		×	亥水	妻財
	▬　▬	巳火	父母				
	▬　▬	未土	兄弟		×	卯木	官鬼

　　自占病，以世爻為用神。申金發動剋去卯木官鬼，又亥水

妻財化回頭生，病當癒。但世爻隨官鬼入空亡未土之墓，又形成亥卯未三合官鬼，恐化成久病。令親人再占。

　　妻占夫近病，丑月丙戌日（空亡：午未），得風澤中孚之兌為澤。

世應	卦爻	地支	六親	六獸	動爻	地支	六親
	▬▬	卯木	官鬼		○	未土	兄弟
	▬▬	巳火	父母				
世	▬　▬	未土	兄弟		×	亥水	妻財
	▬　▬	丑土	兄弟				
	▬▬	卯木	官鬼				
應	▬▬	巳火	父母				

　　妻代占，以卯木官鬼為用神，用神兩現取發動之爻。卯官為用，化未土空亡入墓，近病化空即癒，病雖癒，卦中還是亥卯未三合官鬼，恐成久病。應驗在明年未月填實。卯木雖進入未土之墓，但未土既是空亡，又是月破，按理說破而空逃脫極易，惟不巧恰逢官鬼三合。

　　《增刪卜易》例，子月丙寅日（空亡：戌亥），自占疫症，得水澤節之風澤中孚。

世應	卦爻	地支	六親	六獸	動爻	地支	六親
	−−	子水	兄弟		×	卯木	子孫
	—	戌土	官鬼				
應	−−	申金	父母				
	−−	丑土	官鬼				
	—	卯木	子孫				
世	—	巳火	妻財				

　　自占病，以世爻為用神。世爻妻財安靜，月建子水剋世爻，日辰丙寅生用神巳火，六合卦病情暫時難解，待寅日沖去申金生用神，病癒。

痘疹：

平時問男女何時出花者，以鬼爻為用。鬼爻靜者，逢值逢沖；鬼爻動者，逢值逢合；鬼爻衰者，逢生旺之年；鬼旺鬼多者，逢墓庫之歲；鬼空鬼破者，在填實之時；鬼若伏藏者，在出現之歲。問花之疏密者，鬼爻旺臨日月及動爻生扶，花必稠密。如值空破休囚墓絕，痘當疏朗。鬼動乾宮，多生頭上。鬼搖坤卦，腹上多叢。艮宮多于手。兌宮多於口。坎離上體。震巽下身。火鬼，其色紫紅。金鬼，其色虛白。水鬼，須防黑陷。木鬼雜細。土鬼腫大。以上所問，當分占，不可一卦而兼斷，大抵全在子孫爻爻也。子孫臨日月及日月動爻生扶，動而化吉，不受刑傷沖剋，爻不亂動者，花雖密，可以全生。

病源：

火屬心經，發熱，咽乾，口燥。水歸腎部，惡寒，盜汗，遺精。金肺。木肝。土乃病侵脾胃。衰輕旺重，動則兼迫身軀。螣蛇心驚，青龍則酒色過度，勾陳腫脹，朱雀則言語癲狂，虎有損傷，女子則血崩血暈，玄武憂鬱，男人則陰症陰虛。（另卜一卦分占之）

延醫：

鬼作憂神休妄動，福為喜悅要生扶。應作醫人，不宜破空墓絕。子孫制鬼，最宜旺象生扶。醫剋用爻，近病即愈。父爻持世，妙藥難調。子不代父以占藥。妻不代夫以卜醫。延醫于子孫之方，治病以應爻而定。不起之症，卦中不現其醫，立愈之災，爻中不報用藥。

1. 占疾病，以官鬼爻為疾病，以子孫爻為醫藥。凡代占者，以六親性質定之。例如占兄弟病情，以兄弟爻為用神。

2. 官鬼爻居於乾宮，主血液循環、頭部、心臟等。官鬼爻居於兌宮，主呼吸系統、肺部、肛門。官鬼爻居於震巽二宮，主四肢、腰部、骨骼等。官鬼爻居於坎宮，主腎臟、泌尿系統、婦科下部等。官鬼爻居於離宮，主心臟、眼睛等。官鬼爻居坤艮二宮，主消化系統、脾胃、食道、膽胰等。其次，官鬼爻居初、二爻，主下肢、股等。官鬼爻居三、四爻，主腹部、腰部。官鬼爻居五、六爻，主頭、胸、頸等。

3. 自占疾病，世爻臨官鬼，自己心神不寧，憂鬱煩躁。以六獸而言，用神臨青龍，氣度雍容穩健。用神臨朱雀，樂觀輕鬆。用神臨勾陳，悲觀消極。用神臨螣蛇，情緒不穩定。用神臨白虎，急躁衝動。用神臨玄武，放縱任性。

4. 官鬼爻伏於外卦，代表發病徵兆不明顯。伏於用神之下，舊疾引發。父母辛勞，官鬼爻伏於父母之下，辛勞過度所致。官鬼伏於財爻之下，飲食不節。官鬼伏於子孫福神之下，享福而生活習慣差。官鬼伏於兄弟之下，兄弟管風雲而心情鬱悶。

5. 官鬼爻化退，身體逐漸恢復。卦中官鬼爻化出進神，化出官鬼爻，或日辰為官鬼爻，一波未平一波又起。

6. 官鬼爻絕於日辰，病情好轉；但旁爻生扶官鬼爻，謂之絕處逢生，病情復發。發動入墓，旺相自己貪懶，休囚終日昏沉。

7.若官鬼爻居二爻，官動化兄，兄動化官，官動化官，兄動化兄，不論化進化退，主四肢外傷。

8.子孫可以剋官鬼，又是福神，所以子孫視為救藥，喜發動。但妻占夫，子孫動反而剋夫星官鬼。其次，官鬼是父母之元神，元神被剋也不吉。

9.用神宜日月動爻生扶拱合，若刑沖剋害，代表煎熬痛苦，若得世爻旁爻生合，忌神貪生忘剋，可以解緩病痛。

10.自占代占均不宜官鬼爻持世。官鬼就是疾病纏身，若用神旺相，子孫發動，終究是曇花一現。如子孫持世，可化險為夷。

11.占病用神不宜太旺，太旺則器滿必傾，反而喜日辰來剋。

12.用神旬空，不可絕於日辰，或動而化絕，油盡燈枯之象。逢空，喜沖空則起。臨絕，喜動爻日辰來生，絕處逢生。

13.父母爻發動，剋制子孫爻，官鬼爻就無制，病情難控制。

14.用神伏藏在外，享受不到生扶利益，但忌神也剋不到，死罪可免，活罪難逃。

15.官鬼爻發動化出帝旺，危險期將過；化出長生，逐漸惡化。官鬼爻發動恰好逢日破，或被動爻沖之，沖散凶中帶吉。若官鬼爻發動，被日辰動爻合住，合住一線生機，但注意沖開之日，舊疾復發。

16.官鬼爻持世，發動入墓，入墓如同病入膏肓，有藥醫不到。類似情形官鬼爻伏藏就無法知道病情，伏而又空，

很難對症下藥。

17. 子孫爻發動化成父母，就是化回頭剋，子孫被剋，無力制伏官鬼。子孫爻與官鬼爻都安靜，可比較兩者旺衰。若應爻生合用神，應爻為醫生、醫院，求醫有效。

18. 占病不宜用神發動，因為生病需要靜養，發動反其道而行，尤其發動後回頭剋。

19. 自占代占，喜日辰恰為子孫，且生扶用神，病情無需憂慮，即日好轉。反之，官鬼爻發動，且卦中無子孫或子孫空亡，因財生官鬼，官鬼剋我而病重，醫藥枉然。

四、婚姻

時代進步飛快，以前媒妁之言，指腹為婚。現代則是同居、試婚、網交，黃昏戀、爺孫戀、婚外戀，無奇不有，易學卜筮法當然也應隨機而進。《增刪卜易》云：「男家占女，以財為用。女家占男，以官為用。不拘父母親朋代占，悉皆同之。用官者，官有生扶。用財者，財爻旺相，即許成婚。」所述不論自占代占，男方卜卦看妻財爻，並以應爻為女方家庭。女方卜卦看官鬼爻，以應爻為男方家庭。用神須旺相，動而化吉；應爻不宜空破墓絕，不宜剋世爻。財爻、應爻同來生合世爻者，最吉利。

> 《增刪卜易》云：男卜女姻財要旺，女占男配鬼宜興。財值休囚破散，終非舉案之儔；官逢衰墓絕空，難遂齊眉之願。世靜空亡興化退，終須失望。應靜旬空財化進，夙有良緣。

男占女，妻財要旺相。女占男，官鬼宜興旺；均不宜墓

絕空破，男女自占，世爻也不宜墓絕空破。世爻安靜又空亡，終究不濟事，不比動爻在實空之日月可成事。動爻化退，婚難成。應爻若臨空亡，對方三心兩意。若是用神進化而且生世爻，就是好姻緣，若是世爻應爻發動而破，應驗在實破之時。

《增刪卜易》例，子年未月己未日（空亡：子丑），自占婚，得地火明夷之雷火豐。

世應	卦爻	地支	六親	六獸	動爻	地支	六親
	▬ ▬	酉金	父母				
	▬ ▬	亥水	兄弟				
世	▬ ▬	丑土	官鬼		×	午火	妻財
	▬▬▬	亥水	兄弟				
	▬ ▬	丑土	官鬼				
應	▬▬▬	卯木	子孫				

世爻丑土官鬼，雖逢日辰月建沖破，但動化成午火妻財回頭生，目前雖然日破月破，只須不破之時。世爻實破之丑年，得配佳偶。世爻逢空，動不為空。

《增刪卜易》例，子月癸酉日（空亡：戌亥），自占婚姻，得雷風恆之火風鼎。

世應	卦爻	地支	六親	六獸	動爻	地支	六親
應	▬ ▬	戌土	妻財		×	巳火	子孫
	▬ ▬	申金	官鬼				
	▬ ▬	午火	子孫				
世	▬ ▬	酉金	官鬼				
	▬ ▬	亥水	父母				
	▬ ▬	丑土	妻財				

世爻酉金官鬼，戌土妻財發動，又得應爻生世爻，戌土妻財雖然值旬空，發動不為空，明日甲戌出空，必有佳音，回頭生。

《增刪卜易》例，寅月丙午日（空亡：寅卯），女家代占婚姻，得地澤臨之水火既濟。

世應	卦爻	地支	六親	六獸	動爻	地支	六親
	▬ ▬	酉金	子孫				
應	▬ ▬	亥水	妻財		×	戌土	兄弟
	▬ ▬	丑土	兄弟				
	▬ ▬	丑土	兄弟		×	亥水	妻財
世	▬▬	卯木	官鬼		○	丑土	兄弟
	▬▬	巳火	父母				

一般長輩代替占婚，當然是希望女兒有好歸宿。本卦世

爻官鬼臨空亡，月扶日衰表示心中有憂疑，化出兄弟劫財；應爻亥水妻財，動化戌土兄弟回頭剋；三爻丑土兄弟，動化亥水妻財。卦象總體而言，世爻臨空化出兄弟，婚事必有阻礙。應爻生世爻，對我有情；無奈生出兄弟，間爻丑土兄弟發動變妻財，表示有對手也想娶老婆，兄弟丑土重疊，出手橫刀奪愛。雖下聘未及成婚，當年巳月破亥水妻財，被賊兵劫去。

> 世應皆空徒費力，反吟多變事難成。男占兮，兄動卦中非配偶。女卜兮，官爻持世是良緣。財官世應沖刑，夫妻反目。旺相爻逢六合，彼此同心。

　　《增刪卜易》云：「世應俱空，事無准實；反吟卦變，翻覆難成。」如果臨空亡，但用神旺相，則出空、逢沖仍有希望。男方占卦兄弟爻動，妻財莫強求。女方占卦官鬼爻持世，雖是良緣，還需注意旺相或墓絕空破。卦中凡是世爻應爻相沖剋，須分別是否造成夫妻反目的現象。卦爻形成六合，婚事順利，合中有剋，總有一方條件、觀念、意願有差距。合中有生，美滿如意。

　　《增刪卜易》例，巳月戊子日（空亡：午未），占婚事可成否？得雷風恆之火地晉。

世應	卦爻	地支	六親	六獸	動爻	地支	六親
應	▬ ▬	戌土	妻財		×	巳火	子孫
	▬ ▬	申金	官鬼				
	▬▬▬	午火	子孫				
世	▬▬▬	酉金	官鬼		○	卯木	兄弟
	▬▬▬	亥水	父母		○	巳火	子孫
	▬ ▬	丑土	妻財				

　　世爻酉金與月建巳火又合又剋，應爻臨妻財，戌土生酉金，對我有情，發動得回頭生，生世爻更有力。酉金官鬼動化兄弟，世爻官鬼剋兄弟，表示有克服難關之意志。亥水父母生出巳火，子孫生財，父母大力支持。但內卦反吟，反吟多變事難成，拖延至世爻所值酉月，沖去卯木兄弟，大功告成。

　　《增刪卜易》例，巳月乙亥日（空亡：申酉），占夫婦不合，得水天需之澤風大過。

世應	卦爻	地支	六親	六獸	動爻	地支	六親
	▬ ▬	子水	妻財				
	▬▬	戌土	兄弟				
世	▬ ▬	申金	子孫		×	亥水	妻財
	▬▬	辰土	兄弟				
	▬▬	寅木	官鬼				
應	▬▬	子水	妻財		○	丑土	兄弟

　　妻財兩現，取應爻發動之妻財為主要現象，兼看世爻。妻占夫，不宜子孫持世，因為子孫剋官鬼。本卦世爻子孫發動剋傷官鬼，不利夫妻感情。雖卦中妻財水，官鬼木相生，幸無傷剋。但應爻為妻財，竟化出兄弟丑土回頭又剋又合，有婚外情難分難解之現象。其次，外卦六爻亦為子水妻財，雙妻之象。世爻申金，隔年寅月休妻，未月再娶，應驗丑土被沖開，子水妻財來生官鬼夫星。

　　《增刪卜易》例，戌月庚申日（空亡：子丑），男占姦情，得澤水困之兌為澤。

世應	卦爻	地支	六親	六獸	動爻	地支	六親
	▬　▬	未土	父母				
	▬▬▬	酉金	兄弟				
應	▬▬▬	亥水	子孫				
	▬　▬	午火	官鬼				
	▬▬▬	辰土	父母				
世	▬　▬	寅木	妻財		×	巳火	官鬼

　　妻財爻持世，本為佳兆，無奈日辰庚申來沖，戌月生酉金兄弟，兄弟不發動，埋伏在外卦而隱避。其次，六合卦寅木變成巳火官鬼，心中有變。世爻寅木，變爻巳火，日辰申金，寅巳申三刑，官非後分手。

古用咸臨節泰，忌逢睽革解離。財化財，未必婚姻兩度；鬼化鬼，難曰相守百年。兄臨玄武防劫騙，鬼臨白虎遇凶喪。應財世鬼，夫唱婦隨。應鬼世財，夫權妻奪。

　　古來取卦義斷婚姻吉凶，例如澤山咸、地澤臨、水澤節、地天泰，忌諱火澤睽、澤火革、雷水解、離為火等卦。吉卦是否逢墓絕空破，合沖變沖，仍論吉？反之凶卦逢旺相，用神俱備而化合，是否仍論凶？《增刪卜易》舉例說明之。

《增刪卜易》例，巳月丁卯日（空亡：戌亥），占婚期，得地天泰。

世應	卦爻	地支	六親	六獸
應	▬▬	酉金	子孫	
	▬▬	亥水	妻財	
	▬▬	丑土	兄弟	
世	▬▬▬	辰土	兄弟	
	▬▬▬	寅木	官鬼	
	▬▬▬	子水	妻財	

妻財用神兩現，先取鄰近月破之應爻亥水妻財為用神。卦中兄弟爻持世，世爻辰土剋妻財，日辰丁卯也刑子水妻財，究竟取古法卦義解釋，或五行生剋制化為判斷依據。再占一卦，詳細觀察。

《增刪卜易》例，巳月丁卯日（空亡：戌亥），占得坤為地。

世應	卦爻	地支	六親	六獸
世	▬ ▬	酉金	子孫	
	▬ ▬	亥水	妻財	
	▬ ▬	丑土	兄弟	
應	▬ ▬	卯木	官鬼	
	▬ ▬	巳火	父母	
	▬ ▬	未土	兄弟	

世爻酉金沖日辰，亥水妻財臨月破，六沖卦，可知六爻預測，應以五行生剋制化為判斷依據。《增刪卜易》云：「凡有所疑，勿執古法而斷，須以再占之卦決之，後卦吉，即以吉斷，後卦凶，則以凶推，神不欺人。」男占

女，如果財化財，旺相生合世爻，主得賢妻美妾；惟忌爻中兄弟發動又日月沖剋財爻，不免波折。總之，女占男，最忌官鬼爻發動，又化官鬼爻。官鬼爻重疊剋世爻，婚災反覆爭奪，應當機立斷停止。男占女，剋世爻或世爻化官鬼，宜停止婚事。

兄弟爻動，玄武臨身，慎防有騙局，縱然世應相生，亦需耗財張羅。官鬼爻動，白虎臨世爻，過門前後謹防喪事。官鬼持世，應爻是妻財，財來就我，鸞鳳齊鳴。官鬼臨應爻，妻財持世，妻奪夫權；招贅反而吉祥。

《增刪卜易》，論此婚子嗣有無：
子孫旺相，或休囚而動，及動而化吉，皆主有子。子化進神，化回頭生，有子必多。如逢子孫墓絕，動而變鬼、鬼變子孫，父化子，子化父，父動剋子，皆因我命無兒，成此婚與否，亦無子也。

《增刪卜易》例，申月丁丑日（空亡：申酉），因多妾，占何命者有子，得澤火革之澤天夬。

世應	卦爻	地支	六親	六獸	動爻	地支	六親
	▬ ▬	未土	官鬼				
	▬▬▬	酉金	父母				
世	▬▬▬	亥水	兄弟				
	▬▬▬	亥水	兄弟				
	▬ ▬	丑土	官鬼		×	寅木	子孫
應	▬▬▬	卯木	子孫				

　　問子嗣，用神為子孫爻，子孫卯木逢申月坐絕論。丑土官鬼動化子孫寅木，申月來破，命中子孫緣薄弱。

> 此婚有宜於父母否：
> 專以父母為用神，父母或衰或旺，皆所不忌，所忌者，財爻發動，必此婚之有妨也。如財化父、父化財、鬼化父、動化墓絕空破及回頭剋，動而破散，或日月剋父母，乃桑榆之景，不成此婚亦難免也。
> 納寵：為子嗣者，以子孫為用神，與前占子嗣同斷，否則專看財爻，與占婚同斷。

　　婚姻完成緊接著婆媳問題就出現，占斷此類事項以父母爻為用神，不忌旺衰，就怕妻財爻發動，剋父母力量會變大。至於財化父、父化財、鬼化父、動化墓絕空破及回頭剋，動而破散，或日月剋父母，乃卦中不免之情形與婚姻牽涉不大。納寵妾以婚姻妻財關係判斷，若為子孫納妾以子孫爻為用神。總結如下：

1. 不論男女皆以世爻為自己，應爻為對方。但男方必須兼看妻財爻，女方兼看官鬼爻。
2. 卦喜六合，若受到日辰月建來沖，而發生合處逢沖時，往往功虧一簣。卦逢六沖，處處阻礙，難以和諧一致。但有日辰月建來合，謂沖中逢合，起初困難，中得解緩，後來順利。喜間爻動而六合。
3. 應爻若旬空，或發動剋世，或動而旬空，對方有三心兩意、排斥、迴避之現象。生合世爻則大象有利於我，待出空之時必成。
4. 男方兄弟爻持世，或兄弟爻發動，都是阻撓剋妻現象。

凡是兄弟持世，財爻與世爻相合婚姻可期。其次，兄弟持世，化出妻財，亦可成婚。

5.女方子孫爻持世，子孫發動剋制官鬼，婚事有阻滯，但若官鬼爻持世、合世、生世、旺相者，卜其婚姻美滿。

6.占婚姻，最喜逢六合，但還是要旺相。男方忌財逢墓絕，女方忌官星被剋坐絕。六沖卦變成六合卦，目前不成婚，日後還是共結連理。六沖卦除非財官兩旺，絕處逢生，切勿勉力強求。反之，六合卦變六沖卦，已允許而反悔，成婚而破鏡。

7.應爻發動剋世爻、沖世爻，卻被日辰合住，當應爻羈絆住，雖然婚事可成，難保日後有變。世爻旬空或動而化空或沖剋應爻，自己無意願，即使日辰合住，只是權宜行事，且待日後見風轉舵。

8.應爻臨六獸性質，旺相臨青龍，好人品。旺相臨朱雀，熱情親和。旺相臨勾陳，忠厚老實；休囚則懦弱無能。旺相臨螣蛇，固執任性。休囚又臨兄弟吝嗇。

9.應爻旺而生世爻，主動配合。間爻動而生世爻或應爻，且無沖剋，居中有人撮合。反之，剋世爻或應爻，有人作梗。

10.若世爻與應爻相合，但卦中有妻財或官鬼與世應相生，則另有愛情史未了結。若子孫爻與應爻生合，但世爻卻沖剋子孫爻或應爻，表示父母不贊成。

11.黃昏戀或爺孫戀自占婚姻，世應相合，而有子孫爻或間爻發動，造成世應之一被剋，表示有子女或親屬反對。反之得到子孫爻或間爻發動，合到世爻或應爻，表示子女或親屬樂觀其成。

12. 自占婚外戀，雖喜世應相合，但官鬼爻動、妻財動，沖剋世應，必有反對者。若兄弟動有口舌是非，又化出兄弟進神退神等衝突更嚴重，化空反而以吉論。

13. 代占子女婚姻，若卦中財空、官鬼空亡，子女婚姻無著落，應等待出空之年月。婚事有成，應期可看父母爻地支。

14. 網路交友，應爻臨青龍或勾陳忠厚老實。玄武須防財色騙局，朱雀油腔滑調，不踏實。螣蛇短暫無趣，陰昧之事。白虎則低俗無品味。

五、家庭（兄弟、夫婦、子嗣、同居）

占家庭的情況，必須分清楚占全家，或者是占家庭成員中的夫妻、兄弟、子嗣、父母。正常家庭應該是由已經成婚的夫婦組成，與問結婚成功與否不同。問兄弟須問明不和睦，將來和好否？能得兄弟相濟否？占夫婦之間須告明何事，例如妻壽？夫妻偕老否？妻有刑傷破財否？占問子嗣須告明，例如現在之子可保長年否？從未生育，是否有子嗣？問同居必須稟明何種關係，何種事情等。不可含糊而問，真意不清。

《增刪卜易・兄弟》云：兄爻旺相遇生扶，紫荊並茂。弟位休囚兼受制，雁序分飛。

兄弟爻旺相，臨日月、動爻生扶，及動而化吉者，主手足和睦。兄弟爻休囚，問是否能濟助，望雲興嘆，緣木求魚。若問將來相助之情，從此絕望。問壽元，歲月不留人。凡休囚又逢空破，即日月、動爻刑剋，或動而化凶，皆主不吉。

《增刪卜易》例，申月丙辰日（空亡：子丑），占兄弟和好得濟否，得火天大有之乾為天。

世應	卦爻	地支	六親	六獸	動爻	地支	六親
應	▬▬	巳火	官鬼				
	▬ ▬	未土	父母		○	申金	兄弟
	▬ ▬	酉金	兄弟				
世	▬▬	辰土	父母				
	▬▬	寅木	妻財				
	▬▬	子水	子孫				

問兄弟，以兄弟爻為用神。兄弟爻酉金，月建申金扶助，丙辰生助，未土父母發動申金兄弟，父母生兄弟旺相。僅得到申金屬猴之兄弟相助。

《增刪卜易》例，卯月戊辰日（空亡：戌亥），占兄弟同爨，將來和睦久遠否？終有反目否？當分居否？得震為雷之兌為澤。

世應	卦爻	地支	六親	六獸	動爻	地支	六親
世	▬ ▬	戌土	妻財				
	▬ ▬	申金	官鬼		×	酉金	官鬼
	▬▬	午火	子孫				
應	▬ ▬	辰土	妻財				
	▬ ▬	寅木	兄弟		×	卯木	兄弟
	▬▬	子水	父母				

　　問兄弟，以兄弟爻為用神。內卦兄弟寅木化進神卯木，申金官鬼於外卦化進神酉金。震木卦化成兌金，金剋木，回頭剋，六沖卦化沖。甲申年，木絕於申，兄弟遇賊兵被害。

　　《增刪卜易》例，未月辛酉日（空亡：子丑），占還有弟否？得水火既濟之澤火革。

世應	卦爻	地支	六親	六獸	動爻	地支	六親
應	▬▬	子水	兄弟				
	▬▬▬	戌土	官鬼				
	▬▬	申金	父母		×	亥水	兄弟
世	▬▬▬	亥水	兄弟				
	▬▬	丑土	官鬼				
	▬▬▬	卯木	子孫				

　　問兄弟，以兄弟爻為用神。亥水兄弟爻持世，申金父母生亥水兄弟，應該還有兄弟出現。但應爻子水兄弟臨空亡，兄弟不得力。

　　《增刪卜易・夫婦》云：財福生身，可遂唱隨之願。應爻合世，堪為附和之神。財動化凶，失履遺簪之嘆。弟兄持世，鼓盆箕踞之悲。財旺兄衰，終須反目。剋財財退，必主生離。

　　夫婦之間占卜，一卦只占一人，不可統合問之。占妻應以財爻為重，以應爻次之。妻財爻旺相，應爻空破，仍以吉斷。應爻旺相，妻財爻空破，論凶。應爻旺財旺，吉上加吉。反之，應爻破財破，凶之又凶。

　　財爻旺相，得日月、動爻生扶，即動化吉神，又世爻與應爻相合，所占必應。

　　妻財動化凶者，乃化鬼、化回頭剋、化退神、化絕、化空，玉碎珠沉。兄弟持世爻，或兄弟爻動於卦中，或日月臨兄弟傷妻財，或兄弟化妻財爻，妻妾不長久。

　　兄弟爻持世而財爻旺者，或兄弟爻持世，財化退神，此種兄弟與妻財極端對比，非反目則生離。

　　《增刪卜易》例，酉月辛巳日（空亡：申酉），占夫婦將來和好否，得地天泰。

世應	卦爻	地支	六親	六獸
應	▬ ▬	酉金	子孫	
	▬▬▬	亥水	妻財	
	▬ ▬	丑土	兄弟	
世	▬▬▬	辰土	兄弟	
	▬▬▬	寅木	官鬼	
	▬▬▬	子水	妻財	

　　占夫妻和好，以妻財爻為用神。兄弟爻持世剋妻財，幸好亥水財爻，酉月來生助。辛巳日沖動亥水，巳酉丑三合驛馬在亥，妻財臨驛馬，心生去意，別離之象。

《增刪卜易》例，戌月癸卯日（空亡：辰巳），占夫婦刑剋，得火山旅之水山蹇。

世應	卦爻	地支	六親	六獸	動爻	地支	六親
	▬▬	巳火	兄弟		○	子水	官鬼
	▬ ▬	未土	子孫		×	戌土	子孫
應	▬▬	酉金	妻財		○	申金	妻財
	▬▬	申金	妻財				
	▬ ▬	午火	兄弟				
世	▬ ▬	辰土	子孫				

夫妻間刑剋，以世爻與應爻為主，妻財爻兼看。得六合卦，辰土子孫持世爻，逢戌月破，又臨空亡，休囚不妙。妻財持應爻，得戌月生，發動化退神，辰酉持世應，面合心不合。婚後，互憎反目，分道揚鑣。

> 應財受制，結髮斷難偕老。動妻旺相，續絃堪許白頭。妻若剋身，非刑傷，必然妒悍。應財生世，非內助，即獲外財。

卦中若妻財爻多現，以應爻為正妻。應爻被日月動爻沖剋，又動而化出兇神，結髮有傷。若他爻妻財變出之爻與世爻相生相合，乃與小三白首偕老。如果財爻不臨於應爻，又以正卦之財為正妻，變爻之財為再娶。休囚的世爻若空破墓絕，又逢妻財來剋，或動化出凶神，或隨鬼入墓，夫命有危。反之，旺財剋世，逢世爻旺相得地，勢均力敵，必是悍妻。卦中遇財爻生合世爻，或許是妻家財力雄厚，或者是持家有方。

《增刪卜易》例，巳月丁未日（空亡：寅卯），占夫婦偕老，得天雷無妄之風地觀。

世應	卦爻	地支	六親	六獸	動爻	地支	六親
	━━	戌土	妻財				
	━━	申金	官鬼				
世	━━	午火	子孫		○	未土	妻財
	━ ━	辰土	妻財				
	━ ━	寅木	兄弟				
應	━━	子水	父母		○	未土	妻財

滿盤俱為財爻，世爻變出之未土與世爻相合，世爻自己生出之財為正妻。臨日建，得巳火月建生扶，百年好合。本卦世爻與應爻相沖相剋，變卦後上下卦伏吟，又得巳月未日生扶。

> 《增刪卜易·子嗣》云：福德旺隆，育兒賢俊。子孫衰弱，生子愚癡。財化子，可辨正出庶出。子化子，須知本宮他宮。父占子，知其易養。子臨貴，難曰成名。代占六親，不宜世爻化鬼。常問父母，亦有兼應兒孫。

占問子嗣，須明白告知實況，例如已經有子而占是否還有子女？占問現在之子是否長保？或從未生育，占問何時可得子女？等。因為《易》告知未來，不顯示以往，假如求占者已經有子女，只問以後是否會生？若卦中顯現無子女，則斷卦者依據卦象斷為無子嗣之命，將貽笑大方。

福德即是子孫爻，旺相臨日月，或日辰臨帝旺、長生，或動化出吉神，必是子女賢能孝順。子孫爻衰弱，子女難發達；

例如衰而被剋，休囚無氣，或空破墓絕，動而化凶，或日月動
爻沖剋，或父母化出子孫，或子孫化出父母，官鬼變子孫，或
父母持世爻，皆主生存難料。若是子孫爻動，逢空不妨礙，必
得子女於沖空、實空之年。

　　《增刪卜易》例，寅月癸亥日（空亡：子丑），占子嗣多
少，得坤為地之艮為山。

世應	卦爻	地支	六親	六獸	動爻	地支	六親
世	▬▬	酉金	子孫		○	寅木	官鬼
	▬▬	亥水	妻財				
	▬▬	丑土	兄弟				
應	▬▬	卯木	官鬼		○	申金	子孫
	▬▬	巳火	父母				
	▬▬	未土	兄弟				

　　六沖卦變六沖卦，子孫爻化官鬼爻，官鬼爻化子孫爻，遇
到其一，即為無子。兩卦俱都如此，大凶。

《增刪卜易》例，申月辛卯日（空亡：午未），占子嗣因亂世沖散，存否？得地雷復。

世應	卦爻	地支	六親	六獸
	▬ ▬	酉金	子孫	
	▬ ▬	亥水	妻財	
應	▬ ▬	丑土	兄弟	
	▬ ▬	辰土	兄弟	
	▬ ▬	寅木	官鬼	
世	▬▬▬	子水	妻財	

世爻子水妻財逢月建生助，申金月建，作子孫以生世爻，有子之兆。上爻酉金子孫，逢日辰辛卯沖動，酉金暗動以生世爻，外卦生內卦，由外而內，明年甲辰年，合住子孫酉金，兒子必定出現。

《增刪卜易》例，巳月己酉日（空亡：寅卯），占生子不存，將來存否？得山火賁之天雷无妄。

世應	卦爻	地支	六親	六獸	動爻	地支	六親
	▬▬▬	寅木	官鬼				
	▬ ▬	子水	妻財		╳	申金	子孫
應	▬ ▬	戌土	兄弟		╳	午火	父母
	▬▬▬	亥水	妻財		○	辰土	兄弟
	▬ ▬	丑土	兄弟				
世	▬▬▬	卯木	官鬼				

世爻卯木為官鬼，妻財兩現。內卦亥水妻財，動出兄弟爻辰土，回頭剋。外卦子水妻財，動出子孫爻申金，回頭生。內

卦代表前妻，外卦代表再娶入。妻財動生出子孫，表示續弦再
生出子嗣。

> 子化子，須知本宮他宮。父占子，知其易養。子臨貴，難曰成
> 名。代占六親，不宜世爻化鬼。常問父母，亦有兼應兒孫。

1. 子孫化子孫，有兩種情形。其一，若少年無子，占得此
   卦應為子嗣多。或現在有子，則多子多孫。其一，若老
   年無子，占得此卦，乃是分得他人之子立嗣。其次，化
   出他宮立異姓為子嗣，化出本宮立族中子孫。
2. 父母占子女，原則上只能知道是否容易養，富貴難以
   判斷。須子孫爻旺相又遇生扶，自然富貴。至於判斷科
   甲，言之太散爛。
3. 子孫爻臨貴人驛馬，未嘗有驗。而占子女遇子孫爻變官
   鬼，生死繫於一線。
4. 占父母、兄弟、妻妾、兒孫、先看世爻，雖占六親，常
   有帶出自己的吉凶現象。因此，若是世爻化鬼、化回頭
   剋、休囚化空破墓絕，即隨鬼入墓，日月同剋，應注意
   自己吉凶。
5. 所謂占彼而應此，因此占父母之卦，爻中反而帶出刑
   傷兄弟、兒孫、妻妾之卦象。反之，占兒孫，反應到父
   母、兄弟、妻妾者，應一併注意。

《增刪卜易》，子月戊戌日（空亡：辰巳），占現已有子，再能生否？得水雷屯之水澤節。

世應	卦爻	地支	六親	六獸	動爻	地支	六親
	▅▅　▅▅	子水	兄弟				
應	▅▅▅▅▅	戌土	官鬼				
	▅▅　▅▅	申金	父母				
	▅▅　▅▅	辰土	官鬼				
世	▅▅　▅▅	寅木	子孫		×	卯木	子孫
	▅▅　▅▅	子水	兄弟				

世爻寅木得子水來生，本體旺相。動爻寅木子孫，是現在之子，化出卯木子孫，乃將來之子。其中卯年生出之子，與月建子卯相刑，與日辰卯戌相合，刑中帶合，帶刑而有破相者，將來有發達之日。

《增刪卜易》，亥月丙辰日（空亡：子丑），占子容易養否，得天風姤之火山旅。

世應	卦爻	地支	六親	六獸	動爻	地支	六親
	▅▅▅▅▅	戌土	父母				
	▅▅▅▅▅	申金	兄弟		○	未土	父母
應	▅▅▅▅▅	午火	官鬼				
	▅▅▅▅▅	酉金	兄弟				
	▅▅▅▅▅	亥水	子孫		○	午火	官鬼
世	▅▅　▅▅	丑土	父母				

占子養育，以子孫爻為用神。亥水子孫臨月建，世爻旺相。應爻兄弟動，生出未土父母回頭生，兄弟爻申金強旺生亥水。殊不知，只要子孫變官鬼則大凶，亡於次年午火官鬼生出之時。

> 《增刪卜易・同居》云：與六親同居，用六親，宜世與用神相生，不宜相沖相剋。與外人同居，看應爻，世為己、應為人，世應相生相合，日月動爻生合世應者，彼此俱祥。剋世我遭傷，剋應他遭害。世剋應，他畏于我，應剋世，我被他欺。刑沖者同。

與六親同居，用神看六親屬性，例如與父母同居看父母，與兄弟同居看兄弟，其理甚明。世爻代表自己，若與應爻相生，一團和氣。與外人同居世爻為己，應爻為他人，宜相生相合，若得日月、動爻生合世爻應爻更佳。世爻被剋對我傷害，應爻被剋他人受傷。世爻剋應爻，我吃定他。應爻剋世爻，他吃定我。刑沖同理。

六、學業、功名、考試

過去科舉時代，考試是為了鯉躍龍門，等於就是求官，因此考試文章歸父母爻管，求官則是官鬼爻管，兩者兼顧。矛盾在官鬼爻要旺相，必須妻財爻生，但妻財旺相很容易剋制父母。這年頭文憑、學歷、證照、資格考等，都是獵取功名的必要條件，不一定與工作有關，因此就可以切割兩種用神。判斷要點與其他諸項大致相同。例如考試占得世爻旺相，父母爻旺相，或世爻雖不旺，但得父爻旺相發動，均金榜可期。最忌子

孫福德持世，妻財爻發動剋住父母，物質優渥，感情順遂，反而名落孫山。現代社會家長為子孫延請家教，或師生技藝、專才、體能等相傳，皆可以卜卦中之用神、世應等關係判斷。

> 《增刪卜易·學業》云：儒業者，父母世爻同旺，終須變化成龍，日月動爻相生，定是王家儲器。財動卦中，青燈不久。子孫持世，皓首無成。九流者，財與官旺，道重人欽。兄動世衰，有毀無譽。百工皆以財為用神，子孫為元神，最忌兄爻持世，及兄爻旺動者，勞碌終身。餘以求財章同斷。

占學業，世爻、父母爻同旺，又得日辰月建生扶，成龍成鳳可期。若得到日月與動爻生扶，定然拜相封侯。卦中財動談感情，讀書中道而廢。子孫爻持世，不利科名，無須埋首苦讀。九流術士，依據個人行業選擇用神；用神旺相，自然受社會人士尊重，一旦兄弟爻發動，世爻休囚，毀譽臨身。各行各業皆以妻財為用神，子孫為元神，兄弟爻持世又發動，勞碌終身。凡卦中皆不宜世爻空、破、墓、絕、休囚等，世爻若休囚，而又隨鬼入墓，以及受日月動爻沖剋，或動而化鬼、化絕、化剋者，學業難成。

> 《增刪卜易·治經》云：文旺官興，王家樑棟。世空子動，蓬蓽寒儒。

古代適合讀何種經書，就像現在選科系一般。官鬼爻、父母爻持世、相生、旺相、動而化吉等，都是飛黃騰達的現象。世爻空破，及動而變凶，或子孫與妻財持世，父母官鬼空破，須再占一爻。

《增刪卜易》例，酉月丙子日（空亡：申酉），占本經能發否，得風雷益之風地觀。

世應	卦爻	地支	六親	六獸	動爻	地支	六親
應	━━━	卯木	兄弟	青龍			
	━━━	巳火	子孫	玄武			
	━ ━	未土	妻財	白虎			
世	━ ━	辰土	妻財	螣蛇			
	━ ━	寅木	兄弟	勾陳			
	━━━	子水	父母	朱雀	○	未土	妻財

卦中酉月官鬼爻，合世爻辰土，初爻子水父母發動，化未土妻財回頭剋，所占經書不宜，再占一卦。

《增刪卜易》例，酉月丙子日（空亡：申酉），占學習《易經》可否，得天火同人。

世應	卦爻	地支	六親	六獸
應	━━━	戌土	子孫	
	━━━	申金	妻財	
	━━━	午火	兄弟	
世	━━━	亥水	官鬼	
	━ ━	丑土	子孫	
	━━━	卯木	父母	

亥水官鬼持世，得酉月與日辰丙子生扶，旺相之官鬼爻持世，雖以為吉，但父母爻卯木臨月破，此書不宜，再占一卦。

酉月丙子日（空亡：申酉），問讀《書經》可否，得雷火豐之離為火。

世應	卦爻	地支	六親	六獸	動爻	地支	六親
	▬ ▬	戌土	官鬼		×	巳火	妻財
世	▬ ▬	申金	父母				
	▬▬▬	午火	妻財				
	▬▬▬	亥水	兄弟				
應	▬ ▬	丑土	官鬼				
	▬▬▬	卯木	子孫				

父母爻持世，月建相扶，官鬼爻動化妻財回頭生。官鬼爻動生父母爻，丙子日沖動午火傷金，但申金入庫無傷大雅，整體而言，用神與元神都有力就足夠了。

《增刪卜易・延師》云：月扶世爻日助，青出於藍。動衰變旺，先惰後勤。動旺變衰，先勤後怠。三合連年受教，六沖半載難留。父為子而延師者，應為西席，世乃東家，宜世應相生相合，不宜相剋相沖。應生世，我得其益。應空破，延之不來。應動，他心有變。世空，我意非專。

世爻旺相或父母爻持世、或官鬼爻持世、日月動爻生扶、世爻動而化吉，都是吉兆。父母爻衰弱，而化長生、帝旺、化日月生扶、化進神等情況，主先惰後勤。父母爻旺而化出空、破、墓、絕，化退神，主先勤後怠。卦中出現三合，例如父母爻、世爻、日月之一出現三合局，師生融洽。卦中出現六沖，或世爻與父母爻互相刑剋，師生無緣。延請家教，以教師為應

爻，以東家為世爻，世應相生相合最佳。應爻來生我，弟子得到教誨，受益良多。應爻空亡月破，教師請不來。應爻動，對方心意有變。世爻空亡，延請心意不踏實。卦中父母爻不可缺，父母爻旺與子孫爻相合，名利兼收。父母爻動傷子孫，有損傷。子孫爻動化父母回頭剋，不宜延請。子孫爻動化出官鬼，當下辭掉，以免引狼入室。

《增刪卜易》例，寅月戊午日（空亡：子丑），占子從師，得火山旅之離為火。

世應	卦爻	地支	六親	六獸	動爻	地支	六親
	▬▬▬	巳火	兄弟				
	▬▬ ▬▬	未土	子孫				
應	▬▬▬	酉金	妻財				
	▬▬▬	申金	妻財				
	▬▬ ▬▬	午火	兄弟				
世	▬▬ ▬▬	辰土	子孫		×	卯木	父母

子孫爻動化父母，回頭剋。月建寅木剋世爻，戊午日生世爻，雖得六合卦，反身回頭剋，世爻與應爻辰酉合，與應爻成卯酉沖，慎防卯日與戌日沖開，不歡而散。

《卜筮正宗》例，巳月甲寅日（空亡：子丑），占延師教子，得天地否之乾為天。

世應	卦爻	地支	六親	六獸	動爻	地支	六親
應	▬▬	戌土	父母				
	▬▬	申金	兄弟				
	▬▬	午火	官鬼				
世	▬　▬	卯木	妻財		×	辰土	父母
	▬　▬	巳火	官鬼		×	寅木	妻財
	▬　▬	未土	父母		×	子水	子孫

六合卦變成六沖卦。先看用神父母，父母未土在初爻，動化子水入空亡，子卯相刑。二爻巳火官鬼動化寅木妻財，若逢申月恐有三刑之慮，官鬼自顧不暇，無力生父母用神。應爻父母管文章，代表教師，得月建巳火來生，戌土代表文章應為飽學之士。至午月，子水逢月破，刑世爻，其子病故，即辭退教師。

> 《增刪卜易·求名·童試》云：父旺官興，堪期首選，官衰父發，亦許掄收。子興財發於卦中，難遊泮水。世破身空兼墓絕，再奮芸窗。文旺遭傷，收而復棄，沖中逢合，棄而仍收。父衰變旺，愈出愈奇；文化退神，日長日短。

首要父母爻與官鬼爻興旺，持世爻、日月相生相合。父母爻持世得日、月、動爻生合，也須官鬼爻有氣。子孫爻發動剋住官鬼，妻財動剋住父母，或子孫妻財占據世爻都不宜。世爻有空、破、墓、絕、日月動爻沖剋，發動變成忌神等現象，繼

續寒窗苦讀。

　　父母爻旺相，若變化出休囚空破，化回頭剋，被沖剋等，功虧一簣。世爻與父母爻，動化逢沖，但有日月動爻等相合者，謂之沖中逢合，後來居上。

　　父母爻衰弱，但動出化旺，回頭生，化進神，有神來之筆。化退神、化剋、化空破墓絕、回頭剋等，養兵千日，大意失荊州。

　　《增刪卜易》例，亥月丙戌日（空亡：午未），占道考，得雷火豐之澤火革。

世應	卦爻	地支	六親	六獸	動爻	地支	六親
	▬▬	戌土	官鬼				
世	▬▬	申金	父母		✕	酉金	父母
	▬▬▬	午火	妻財				
	▬▬▬	亥水	兄弟				
應	▬▬	丑土	官鬼				
	▬▬▬	卯木	子孫				

　　父母爻持世化進神，日辰丙戌作官鬼來生世爻，整體卦象有力。其次，妻財安靜空亡剋不動父母，子孫安靜入空亡未庫，剋不動官鬼。文章出奇，拔得頭籌。

《增刪卜易》例，卯月壬子日（空亡：寅卯），占道考，得風天小畜。

世應	卦爻	地支	六親	六獸	伏神	地支	六親
	▬	卯木	兄弟				
	▬	巳火	子孫				
應	▬▬	未土	妻財				
	▬	辰土	妻財		○	酉金	官鬼
	▬	寅木	兄弟				
世	▬	子水	父母				

子水父母臨壬水日建，文章持世。但卦中不見官鬼爻，取首宮卦三爻之官鬼爻為伏神。酉金官鬼臨月破，但得三爻辰土妻財，飛神來生伏神，破而逢合。應驗在辰月考取。

《增刪卜易》例，辰月丁巳日（空亡：子丑），占成績可取否，得澤火革之水火既濟。

世應	卦爻	地支	六親	六獸	動爻	地支	六親
	▬▬	未土	官鬼				
	▬	酉金	父母				
世	▬	亥水	兄弟		○	申金	父母
	▬	亥水	兄弟				
	▬▬	丑土	官鬼				
應	▬	卯木	子孫				

問成績，用神父母爻。世爻亥水，辰月剋，巳日沖，休囚之象，但酉金父母與辰月六合，動合出元神有力生用神。又得世爻動化申金父母，回頭生，父母由衰變旺。

> 《增刪卜易‧歲考科考》云：文宜旺相，最忌休囚。官要生身，不宜剋世。飛神無助身無剋，榮辱無施。伏藏旺相世遭傷，賞罰並見。

喜父母爻與世爻旺相，又得日月動爻生扶，動又化吉最優等。但六沖變沖、反吟伏吟、變剋化絕，就是破綻必須扣分。其次，父母或世爻有一項遇刑沖剋害，最不利是同時受剋制的現象。官鬼要生父母，不宜剋世爻。

卦中沒有用神，飛神也無助於用神，只要世爻不被沖剋，可保中等成績。

《增刪卜易》例，申月乙巳日（空亡：寅卯），占歲考，得澤風大過之火風鼎。

世應	卦爻	地支	六親	六獸	動爻	地支	六親
	--	未土	妻財		×	巳火	子孫
	—	酉金	官鬼		○	未土	妻財
世	—	亥水	父母				
	—	酉金	官鬼				
	—	亥水	父母				
應	--	丑土	妻財				

亥水父母持世，申月建生，日辰巳亥沖，未土妻財動，

化生巳火，回頭生，妻財有力，但未直接剋世爻亥水父母，而是生元神官鬼，官鬼生父母，接續相生。果然錄取。凡財動剋父，須連帶觀察「貪生忘剋」之機會。

《增刪卜易》例，午月乙卯日（空亡：子丑），占歲考，得地天泰。

世應	卦爻	地支	六親	六獸	伏神	地支	六親
應	▬▬	酉金	子孫				
	▬▬	亥水	妻財				
	▬▬	丑土	兄弟				
世	▬▬▬	辰土	兄弟				
	▬▬▬	寅木	官鬼		○	巳火	父母
	▬▬▬	子水	妻財				

用神午火父母爻臨月建，卦中不見父母爻，以首宮二爻巳火為伏神，藏於寅木之下，月扶日生，飛神寅木來生伏神，世應辰酉六合，整體組合完美。僅嫌卯木剋辰土，略有瑕疵，無傷卦象吉凶。

> 《增刪卜易‧鄉試會試》云：父旺官興，姓標虎榜。子搖財動，名落孫山。兄弟乃奪標之惡客。日月為制煞之將軍。三合無沖，聯登甲第。六爻競發，空赴科場。

1. 父母官鬼旺，名登金榜。子孫妻財持世發動，名落孫山。不喜兄弟爻持世或發動，但妻財與父母同時發動，兄弟制住妻財，使妻財無法制住父母元神。

2. 卦中父母與官鬼同時發動，又喜兄弟持世，可以得到父母來生，不能奪魁但題名有望。

3. 卦中官鬼子孫同時發動，應判斷兩者旺衰，宜官鬼臨旺相，子孫衰弱。喜父母動，忌兄弟興發。

4. 父母、官鬼、世爻如果被動爻剋制，只須日辰月建沖掉該剋神，金榜有望。其次，日辰月建也可以沖去飛神，提拔出伏神。

5. 官鬼、父母、世爻合成父母局、官鬼局，不遇日辰月建沖破，定許登名。合成兄弟局，日月來生扶，亦許登名。惟忌合出子孫局。

《增刪卜易》例，卯月甲申日（空亡：午未），占會試，得艮為山之風雷益。

世應	卦爻	地支	六親	六獸	動爻	地支	六親
世	▬▬	寅木	官鬼				
	▬ ▬	子水	妻財		×	巳火	父母
	▬ ▬	戌土	兄弟				
應	▬▬	申金	子孫		○	辰土	兄弟
	▬ ▬	午火	父母				
	▬ ▬	辰土	兄弟		×	子水	妻財

世爻寅木官鬼得卯月扶，甲申日來沖，稱之暗動。惟日辰甲申、動爻子水、辰土兄弟，合出妻財三合局，反而生世爻，果然及第。

1. 兄弟爻持世，喜歡與兄弟鬼混，平時無法用功，成績不

佳，須有父母爻動來生世爻。

2.財爻、子孫爻休囚，父母爻伏於卦外，得日月生之，還是有錄取希望。

3.財爻持世而旺，父母爻休囚旬空。父母爻伏於卦外，受日月、動爻、飛神等剋制等情況，錄取機會渺茫。

4.財爻動於卦中，父母爻空亡，不受妻財剋制，妻神生助父母之元神，但不宜子孫發動。

5.太歲入卦中發動，生合世爻，人臣面君之象，君臣相聚，科甲有准。

6.兄弟爻持世臨白虎，注意臨場應變，以免大意失荊州。兄弟爻持世臨勾陳，考前必有壓力，注意放開心情。兄弟爻發動化空、化財、化官、化退，先後天條件不良。

7.財爻發動化成父母、化退，由父母出資耗財讀貴族學校。若是化進神，回頭生，媽寶一個沒希望。

8.父母與官鬼生合世爻卦中，但逢日月動爻沖壞，無情之象，難遂青雲之志。

9.數校聯招父母官鬼旺相，依據世爻、父母、官鬼在內外卦之順序，決定錄取學校遠近。出國讀書看世爻沖合決定可否成行，若卦逢六沖，世爻與日辰相合，或受日辰之剋，出國讀書難成行。

10.世爻旺相，不臨空破墓絕，財爻動化父母爻，有貴人與鈔票當通關用神。

11.求占獎學金、助學金、助學貸款、獎狀、獎章，均須另外占卦，與父母爻用神無關。

七、工作

　　工作這個名詞，包含的面向非常廣泛，有求職、應聘、續聘、陞遷、調差、降職等。工作時有同事相處之問題、薪資加給獎金之計算、工作前途之前瞻性、退休保障、中途離職、調職等情況，攸關自身權益。工作的用神是官鬼，而工作單位是父母。卜卦最重要的是用神的選擇，求職是想找到一份工作，以官鬼爻為用神。應聘是已經有工作，既然有對象，就是世爻與應爻的關係。應徵報考政府機關職位，等於古代陞選候補。

> 《增刪卜易・陞選候補》云：官爵榮身，須宜持世；養廉財祿，最喜生身。子孫持世，休望榮除；官位破空，勿思陞選。雨露承恩，合中逢合。

　　喜官鬼爻持世，及日月動爻作官星生合世爻，或官鬼來生世爻父母，或發動官鬼回頭生。詩云：「財動生官得美缺，官臨日月必超遷。」子孫爻持世剋傷官鬼，或官鬼爻臨空、絕、墓、破，動而變凶，都是陞遷無望。

　　得到工作的時機，在世爻與官鬼、妻財成三合局，或三合局生世爻，或世爻在局中，或官鬼爻持世與日、月、動爻相合，得逢六合卦或變動成六合者。

　　《增刪卜易》例，申月乙亥日（空亡：申酉），可否占缺，得水風井之水澤節。

世應	卦爻	地支	六親	六獸	動爻	地支	六親
	▬ ▬	子水	父母				
世	▬▬▬	戌土	妻財				
	▬ ▬	申金	官鬼				
	▬▬▬	酉金	官鬼		○	丑土	妻財
應	▬▬▬	亥水	父母				
	▬ ▬	丑土	妻財		×	巳火	子孫

　　職位出缺必有人競爭，競爭者與掌權者視為應爻，占卜者為世爻。世爻戌土不得日辰月建生扶，應爻亥水得日月生扶，內卦巳酉丑合成官鬼局，不生世爻而生應爻，大勢底定，長官另有青睞。

> 風雲未際，沖上逢沖；元神衰靜，洩氣爻搖，問陞選則無期。世爻發動，官化進神，望榮除而在即。世官破而休望，世福空而亦陞。隨官入墓，世旺者官陞；助鬼傷身，身衰者禍至。

　　世爻與官鬼休囚，又得六沖卦，或官鬼爻被日月相沖或六沖變沖，時機未到。元神衰弱，子孫洩氣又逢發動，遙遙無期。世爻發動或動而化吉，或祿馬貴人臨世爻，及官鬼爻發動生合世爻，整裝上任。世爻臨月破，縱然官星持世，亦無當差之日。子孫臨世爻，陞遷有望。隨官入墓，世爻旺相仍陞遷。世爻衰弱還是不吉。

《增刪卜易》例，寅月乙未日（空亡：辰巳），占陞遷，得水地比之風地觀。

世應	卦爻	地支	六親	六獸	動爻	地支	六親
應	▬ ▬	子水	妻財		×	卯木	官鬼
	▬▬▬	戌土	兄弟				
	▬ ▬	申金	子孫				
世	▬ ▬	卯木	官鬼				
	▬ ▬	巳火	父母				
	▬ ▬	未土	兄弟				

問工作，官鬼爻為用神。世爻官鬼臨月建，卦象本體旺相，應爻妻財子水動化出官鬼，雖然卯木入未庫，但妻財動而有力生世爻，陞遷於亥月合月建寅木之時，至遲於丑土沖開未木之時。

《增删卜易》例，戌月辛酉日（空亡：子丑），占何時可補官，得水山蹇之水天需。

世應	卦爻	地支	六親	六獸	動爻	地支	六親
	▬ ▬	子水	子孫				
	▬▬▬	戌土	父母				
世	▬ ▬	申金	兄弟				
	▬▬▬	申金	兄弟				
	▬ ▬	午火	官鬼		×	寅木	妻財
應	▬ ▬	辰土	父母		×	子水	子孫

問補官，以官鬼爻為用神。官鬼動化寅木妻財，妻財爻生助午火之官鬼，因而剋制世爻申金，稱助鬼傷身。應爻辰土生申金，午火貪生忘剋，應驗於辰土化子水空亡之日，至十一月則不空。

《卜筮正宗》例，卯月乙亥日（空亡：申酉），占陞選，得地澤臨之風澤中孚。

世應	卦爻	地支	六親	六獸	動爻	地支	六親
	▬ ▬	酉金	子孫		×	卯木	官鬼
應	▬ ▬	亥水	妻財		×	巳火	父母
	▬ ▬	丑土	兄弟				
	▬ ▬	丑土	兄弟				
世	▬▬▬	卯木	官鬼				
	▬▬▬	巳火	父母				

　　問陞遷，看世爻卯木臨月建，得亥水長生，應爻亥水生卯木，上級對我有情，間爻兄弟不發動，並無阻滯現象。世爻與官鬼同臨旺地，必定雀屏中選。外卦反吟，剋不動旺相官鬼，去而復回。

　　已經有職務在身，一般人所關心的就是寵愛有加，還是落入冷宮，因此陞遷、調職、降級也是卜筮重點。判斷方法可參考以下《增刪卜易・在任吉凶》章節。

《增刪卜易・在任吉凶》云：官旺財興，仕途顯赫。子搖兄動，減俸休官。官旺兄興，清風兩袖。父發鬼旺，雨露三加。兄鬼安臨，地方少事。

1. 官鬼爻旺日月生扶，或動而化吉，世爻旺，妻財爻也旺，或妻財爻動生世爻，宦海無波。官鬼爻臨日月生扶，生合世爻，或三合官局生合世爻，或官鬼爻持世，日月生扶，仕途顯赫。

2. 兄弟爻持世發動，破財、減俸、罰鍰，如影隨形。子孫爻持世或發動，有剝官削職之憂。如果卦中有官鬼，雖休囚而有扶，則子孫發動有官鬼制，降級。烏紗帽保住。

3. 官鬼爻旺相，雖然兄弟發動，或官鬼旺相，妻財爻臨空亡破絕，兩袖清風，為官清廉。父母爻與官鬼爻興旺，接近核心單位，加官進爵有望。

4. 兄弟爻與官鬼爻，多而亂發動於卦中，職務範圍內動盪、激變、不安，屢有狀況發生。

日月沖剋，誹謗多招。化進神，沖變合，加官贈爵。爻反吟，入三墓，反復昏庸。世破鬼空，居官不久。身衰化鬼，命盡當危。世化官而遇官，政權多攝。世臨官而遇馬，差遣煩勞。官合龍興，恩命至。

1. 日月沖剋官鬼爻或世爻，及朱雀螣蛇相臨，有是非口舌。休囚者得禍不淺，旺相者不免干誹糾結，宜謹慎執行職務。

2. 官鬼爻剋世或世爻旺而官鬼衰，主誹謗。反之，世爻衰弱官鬼旺，又臨螣蛇、朱雀，必遭糾舉。

3. 世爻旺相，官鬼化進神。或官鬼旺相，世爻化進神。世爻官鬼皆得地，財化出進神，以上都是吉兆。

4. 卦中反吟，雖然是身動不寧，但若是世爻與官鬼爻旺相，反而陞遷有望。反之，世爻與官鬼休囚，拜反吟之賜，降而復陞。惟若世爻與官鬼被沖被剋，卦中又帶反吟，謹防不測之災。

5. 有化墓入墓者，世爻有氣則昏饋顛愚。反之，世爻休囚被剋，職災難免。

6. 世爻與官鬼爻，化破化空，任職不久。世爻衰弱發動化官鬼，或發動化回頭剋，注意身體保養。

7. 世爻旺相，化出官鬼生合、比助世爻，可得權勢；反之，化出官鬼刑剋世爻，反受權勢欺壓。若化出之官鬼洩世爻之氣，賠錢了事。

8. 官鬼持世，而旺爻中又動出官鬼拱扶、比合者，掌權柄。官鬼旺相持世，明動暗動如有驛馬，必有官差任用；妻財動不化回頭剋，不貪不義之財。

9.官鬼持世爻旺相臨青龍，或世爻臨月建日辰，或日辰月
建與動爻，三者其一生合世爻。世爻與官鬼成三合局，
局內一體或局外來生合，皆吉兆。

《卜筮正宗》例，亥月己丑日（空亡：午未），占將來有
官職否，得兌為澤之天水訟。

世應	卦爻	地支	六親	六獸	動爻	地支	六親
世	— —	未土	父母		○	戌土	父母
	——	酉金	兄弟				
	——	亥水	子孫				
應	— —	丑土	父母				
	——	卯木	妻財				
	——	巳火	官鬼		○	寅木	妻財

問官職，以世爻、官鬼爻兼看。世爻未土父母持世，臨空
亡，丑日沖未土，未土化進神戌土，初爻巳火官鬼動化寅木，
回頭生。世爻應爻相沖，六沖卦使然。日辰丑土沖世爻，實不
為空。應驗在官鬼巳火沖亥月之實破之年。

實例，辰月己丑日（空亡：午未），占任職吉凶，得風澤中孚之水澤節。

世應	卦爻	地支	六親	六獸	動爻	地支	六親
	▬▬	卯木	官鬼		○	子水	妻財
	▬▬	巳火	父母				
世	▬ ▬	未土	兄弟				
	▬ ▬	丑土	兄弟				
	▬▬	卯木	官鬼				
應	▬▬	巳火	父母				

問官職，以世爻、官鬼爻兼看。世爻未土兄弟持世，臨月建辰土，丑日暗沖，又臨空亡，實不為沖。六爻卯木官鬼發動化子水妻財回頭生，官鬼剋出兄弟，兄弟暗動破財，幸有應爻巳火來生世爻未土，職位暫時保住。

> 《增刪卜易·凡用財圖名者》云：財旺官空，且自堆金于白屋。妻搖鬼旺，定然執玉拜丹墀。財靜子飛空用意。兄興財動枉勞心。
>
> 《增刪卜易·武試、文試參看》云：文試者，官文兩重。武試者，首重官爻。世破官空休指望，官星財旺亦堪圖。空赴武闈，皆為子孫持世。試期病阻，乃因官鬼傷身。

1. 妻財旺相，官鬼休囚逢月破旬空，或動而變凶，富而無貴。妻財爻動，官鬼旺相，財官俱美。

2. 子孫持世，妻財爻不動，皆落空；但子孫、妻財、官鬼同時發動，子孫動生妻財，妻財生官鬼，一路通關，一

帆風順。兄弟爻持世或兄弟發動，必破妻財，須要官鬼同時發動剋制兄弟，飯碗得保。

3.求文職，官鬼爻與父母爻兼論。求武職，首重官鬼爻，喜父母爻錦上添花。最忌子孫持世，福德之神，不宜奔波沙場。

4.世爻與官鬼有空、破、墓、絕，而無生扶，水中撈月。然財動生官而入榜，莫非有隱情，有財能使鬼推磨。

5.官鬼爻剋世爻，日月與動爻剋世爻，世爻動化成官鬼爻或回頭剋，考試時有病、災等意外之事阻撓。

6.失業者求占工作，以官鬼爻為用神，應爻則為雇主或徵求單位。官鬼旺相與世爻生合，工作有譜，應期在官鬼爻地支。

7.官鬼爻休囚臨空，世爻旺相，求職心願堅定，但事與願違。反之，卦中不見官鬼爻，飛神生伏神，或飛神臨空，伏神或出空工作有著落。

8.世爻旺相發動化墓、化絕、化空、化退，尋找工作意願不高。

9.官鬼爻多現，有選擇工作的機會，依照一般用神多現之方法選擇。

10.官鬼爻臨月建而不空，日辰動爻來生世爻，即日可得佳音。

11.世爻與官鬼合，工作滿意度高；世爻剋官鬼，為生計委屈遷就；官鬼爻剋世爻，工作有著落，撐得很辛苦。

12.世爻旺相，又得妻財爻發動來生，或與世爻合，則工作與待遇如願以償。

應爻所臨六神，代表雇主個性特質。

13.應聘時世爻是自己，應爻為徵募單位，世爻應爻相合，雙方一拍即合。應爻來生，對方有用我之意願。世爻旺相，世爻生扶應爻，我願意遷就對方之條件。世爻與應爻六合，合中有剋，被剋者讓步；合中有生，被生者有利。

《卜筮正宗》例，未月丁卯日（空亡：戌亥），占得否出仕，得天火同人之澤火革。

世應	卦爻	地支	六親	六獸	動爻	地支	六親
應	▅▅▅	戌土	子孫		○	未土	子孫
	▅▅▅	申金	妻財				
	▅▅▅	午火	兄弟				
世	▅▅▅	亥水	官鬼				
	▅▅ ▅▅	丑土	子孫				
	▅▅▅	卯木	父母				

問出仕，以亥水官鬼為用神。官鬼持世，不得日月生伏，又臨空亡，極為休囚。應爻戌土子孫，化出退神子孫，自身難保，難言剋世爻。丁卯日合住應爻戌土，需待辰年沖開忌神戌土，始得如願以償。

八、買賣

買賣固然是求財運，但買賣一般限於商人，例如買貨囤積、低買高賣等，帶有冀求獲利等期望性質。例如建材商買賣

水泥鋼筋、食品商買賣麵粉大豆等。其次，遇到非常態性之特定目的，例如自己買屋、賣地、賣車等偶而行之的行為，這些在占卜中都以買賣行為規範之。而求財運則是更廣泛的與每個人都有關，不必限於買賣、身分、職業等限制。

合夥事業與買賣相同，重在世應關係，世爻應爻都不宜旬空。空者，無心在彼，同床異夢。世爻應爻都不宜發動，有一方發動則心意動搖。若世應相合，逢日辰月建發動刑沖剋害，則是半路殺出攔路虎。合夥事業表現在世應之間關係，世應相生相合是吉兆，世應相沖是肝膽俱裂，基於情勢所逼之互相取暖而已。世應相剋，難言精誠團結，必有一方壓榨一方。

> 《增刪卜易・囤貨賣貨》云：財爻衰者宜停榻，妻位當時可脫之。貨有定時，須憑時令。物無定者，指利而占。財化進神，其價正長。兄爻持世，破敗之端。

買賣最忌妻財爻逢空亡、破絕，及動而變剋。財氣衰弱宜囤積，財氣旺乘機脫手。「貨有定時，須憑時令」，一般有時效性之貨物，例如蔬果、夏天的棉被、冬天的扇子都不合時宜。「物無定者，指利而占」，所以與時效較無關之貨品，則偏重於以利益差額計算買賣時機。財化進神，貨品搶手，切勿追高，不宜囤積。財化退神，價格將跌，當機立斷，脫手入袋。兄弟爻持世，或卦中兄弟爻發動，注意破財。

《增刪卜易》例，寅月己亥日（空亡：辰巳），占收貨，得山雷頤。

世應	卦爻	地支	六親	六獸
	▬	寅木	兄弟	勾陳
	▬▬	子水	父母	朱雀
世	▬▬	戌土	妻財	青龍
	▬▬	辰土	妻財	玄武
	▬▬	寅木	兄弟	白虎
應	▬	子水	父母	螣蛇

問買賣，以妻財爻爲用神。妻財戌土持世爻，被月建寅木所剋，不得日辰生扶，世爻剋制應爻，對方有盤算肯賣。世爻青龍高雅、心軟、慈祥，應爻螣蛇陰邪、寡信、虛僞，君子可以欺之以方。貨進堆積四年，竟朽壞大半，虧蝕。

> 財值旺衰墓絕，自有得令之秋。
> 妻逢破剋扶空，豈無乘除之日。

妻財爻太旺者　必須進入辰戌丑未入庫之月。反之，妻財休囚須等待生旺之時，月破在塡實之時。被剋者，沖去剋神之時。伏藏者，得利於出現之時。旬空者沖空實空之月。財逢合住，亦須等待沖開之時。

《增刪卜易》例，子月己丑日（空亡：午未），占貨物何時得高價，得雷澤歸妹之兌為澤。

世應	卦爻	地支	六親	六獸	動爻	地支	六親
應	▅▅ ▅▅	戌土	父母				
	▅▅ ▅▅	申金	兄弟		×	酉金	兄弟
	▅▅▅▅▅	午火	官鬼				
世	▅▅ ▅▅	丑土	父母				
	▅▅▅▅▅	卯木	妻財				
	▅▅▅▅▅	巳火	官鬼				

問貨物賣價，妻財為用神。妻財卯木子月來生，有根之財。卯木妻財不動，表示目前不適宜妄動，五爻兄弟申金動出兄弟，待寅月沖去申金必漲價。《增刪卜易》云：「月破者，填實之候；被剋者，沖去剋神之秋。」所以財爻被剋，在沖去剋神之時。

《增刪卜易》例，巳月戊申日（空亡：寅卯），占買紙有利可圖否，得地雷復之山雷頤。

世應	卦爻	地支	六親	六獸	動爻	地支	六親
	▬ ▬	酉金	子孫		×	寅木	官鬼
	▬ ▬	亥水	妻財				
應	▬ ▬	丑土	兄弟				
	▬ ▬	辰土	兄弟				
	▬ ▬	寅木	官鬼				
世	▬▬▬	子水	妻財				

占圖利，以妻財為用神。用神妻財兩現，以世爻子水妻財為用神。日辰申金來生，酉金子孫爻發動生妻財，金水是元神與用神，在巳月俱為休囚。《增刪卜易》云：「伏藏者，得利於出現之時。」妻財持休囚，出脫於旺時。

《增刪卜易》例，卯月乙未日（空亡：辰巳），占賣貨，得風火家人之風天小畜。

世應	卦爻	地支	六親	六獸	動爻	地支	六親
	▬▬▬	卯木	兄弟				
應	▬▬▬	巳火	子孫				
	▬ ▬	未土	妻財				
	▬ ▬	亥水	父母				
世	▬ ▬	丑土	妻財		×	寅木	兄弟
	▬▬▬	卯木	兄弟				

　　占賣貨，以妻財為用神。丑土妻財持世，卯月剋制，乙未日沖，化出寅木兄弟大忌回頭剋，財爻被剋損財，世爻被傷主自身。應爻臨空生世爻，愛莫能助。應驗於世爻逢沖之未月。財有根，沖去之時得財。財無根，沖剋之時破財。

> 財逢合而當遇。財逢沖而當起。賣貨宜守宜動，內財衰而外財旺，宜往他鄉。應財外而世財內，須查動靜。六沖須要別圖，六合還宜坐守。財衰變旺，先屈後伸。財旺變衰，先金後土。

1. 財逢合，凡世爻、應爻、財爻與月建六合；或財爻衰而不動，但與日辰月建有生扶之關係，就必須當下成交。
2. 財旺而安靜不動，或旺相而臨空，如果日辰來沖，價格逐漸水漲船高。反之，安靜休囚，如同扶不起之阿斗，日辰來沖即破。
3. 買賣有固守鄉里，或奔波四方；妻財爻在外卦，生合世爻及持世者，宜出外謀財。但財爻不生合世爻，及世爻動化成凶神者，野花那有家花香。
4. 應爻財在外卦，財爻持世宜在內，但還必須應爻動而生合世爻，天時地利對我生財。
5. 旺相之爻，逢六沖卦，適合改變經營策略；旺相者，六沖還是有財。財氣衰弱須再卜一卦，如果還是財氣休囚，則須固守本業。如果卦得六合，還須觀察財爻衰旺，財持世爻而發動，奮力突破難關，不宜坐困愁城。衰而靜者，固守待時。
6. 財氣原屬休囚而後轉旺，目前跌停將來漲。財旺動化轉空、破、休囚，出脫為吉。
7. 買貨與賣貨相反，財爻旺而宜賣，財爻衰而宜買。內卦

財衰，及財化進神，宜往外地賣出。世爻財旺，及世爻
化退，宜就近脫手。

《增刪卜易》例，寅月己酉日（空亡：寅卯），占脫貨於
何時，得山火賁。

世應	卦爻	地支	六親	六獸
	▬▬	寅木	官鬼	
	▬　▬	子水	妻財	
應	▬　▬	戌土	兄弟	
	▬▬	亥水	妻財	
	▬　▬	丑土	兄弟	
世	▬▬	卯木	官鬼	

占脫貨，以妻財為用神。妻財兩現，以接近世爻之亥水為用神。己酉日金生水，寅月合起亥水，目前是好時機。世爻臨空亡，暫時不宜妄動；又臨月建，酉金暗沖，身動或出空始可脫貨。移貨至他處，獲利入袋。問買賣，妻財爻逢六合，或世爻逢六合，利於擇機出手。

《增刪卜易・往何方買賣》野鶴曰：古法有之，屢試不驗，須指其方而卜之。《增刪卜易・買何貨為吉》野鶴曰：古以金財而像珠玉，水財以類漁鹽，火財陶冶果實，木財竹木，土財五穀。青龍木利，又兼喜慶之用；白虎金財，喪儀屠宰之物；玄武水利；朱雀火宜；騰蛇利於出入；勾陳利於農工。予以為此乃揣摩五行之論，屢試不效。必須意屬何類，指而占之，方能有效。
《增刪卜易・買賣六畜》：山野獸禽，須尋福德。家畜牛犬，亦看子孫。

《增刪卜易》例，午月戊子日（空亡：午未），占往湖廣買荳，得地澤臨。

世應	卦爻	地支	六親	六獸
	▬▬	酉金	子孫	
應	▬▬	亥水	妻財	
	▬▬	丑土	兄弟	
	▬▬	丑土	兄弟	
世	▬▬▬	卯木	官鬼	
	▬▬▬	巳火	父母	

亥水妻財不得月建生扶，子水日辰扶應爻妻財，且生世爻卯木，應爻在外，卦中財氣尚存，惟嫌間爻兄弟交疊，又得月建生，子水相合，外來阻力重重，至耗費不貲，幸而地頭貨價大漲。

《增刪卜易》例，未月戊申日（空亡：寅卯），占探親東粵，帶何貨歸來得利，得火山旅。

世應	卦爻	地支	六親	六獸
	▬▬▬	巳火	兄弟	朱雀
	▬▬	未土	子孫	青龍
應	▬▬▬	酉金	妻財	玄武
	▬▬▬	申金	妻財	白虎
	▬▬	午火	兄弟	螣蛇
世	▬▬	辰土	子孫	勾陳

世爻辰土子孫生應爻妻財，世爻與應爻辰酉相生相合，買賣出行必順利。妻財爻酉金得未月生，申日相扶，財氣旺相。妻財臨玄武，水產魚鹽之類。酉金妻財，珠寶玉石之類。

《卜筮正宗》例，巳月戊申日（空亡：寅卯），占脫貨有利否，得風天小畜之乾為天。

世應	卦爻	地支	六親	六獸	動爻	地支	六親
	▬▬	卯木	兄弟				
	▬▬	巳火	子孫				
應	▬ ▬	未土	妻財		×	午火	子孫
	▬▬	辰土	妻財				
	▬ ▬	寅木	兄弟				
世	▬▬	子水	父母				

占脫貨財利，以妻財爻為用神。卦中妻財兩現，取發動之應爻為用神。應爻未土妻財，月建巳火來生，世爻與財爻長生皆起於申，應爻發動得午火子孫，回頭生。兄弟寅卯木，入墓未土休囚安靜，俱為財利之象。

《卜筮正宗》例，未月乙亥日（空亡：申酉），占前往買賣求利，得兌為澤之震為雷。

世應	卦爻	地支	六親	六獸	動爻	地支	六親
世	▬ ▬	未土	父母				
	▬▬	酉金	兄弟		○	申金	兄弟
	▬▬	亥水	子孫				
應	▬ ▬	丑土	父母				
	▬▬	卯木	妻財		○	寅木	妻財
	▬▬	巳火	官鬼				

問買賣求利，以妻財為用神。二爻妻財動化退神妻財，退神無利可圖。間爻酉金兄弟發動，化出兄弟更有力，有外力干擾劫財之象。世爻臨月建，後臺有金主，執意而行。兌為澤，動化為震之六沖卦，六沖卦帶反吟，賣方與貨品有變動現象，虧損而回。

九、出行

古時候交通不方便，資訊不發達，出門在外有曠日廢時、旅途顛簸、治安動亂等風險。出行之目的有旅遊、經商、求學、探親，甚至避債、索債、逃婚等。自占出行，以世爻為自己，以應爻為目的地或接待對方。若代替他人卜筮，以六親關係為用神，例如代替子女占卜，以子孫爻為用神。喜應爻生用神，或生世爻。其次世爻或用神剋制應爻也宜。

> 《增刪卜易》云：世爻旺相宜行，應若空亡且止。世傷應位，不拘遠近皆宜。應剋世爻，無論公私不利。八純亂動，在處皆凶。兩間齊空，獨行則吉。

1. 世爻視為出行的人，世爻旺相適於出行，發動出吉神以及化出子孫，更吉利。如果休囚空破，動化出凶神，則不宜出行。應爻若空亡墓絕休囚，或動而變鬼、變絕、回頭剋等，到彼處於我無益。
2. 世爻剋制應爻，所向通達；應爻剋制世爻，寸步難行。
3. 六沖卦，及動化變成沖、世爻休囚被剋者，不去為吉，去也空手而回。
4. 兩個間爻為同行附載之人，發動剋世爻，恐遭其害。

發動出兄弟，妻財難保。間爻生合世爻與用神，得到助力。如果兩個間爻都臨空亡，可能中途受阻或形單影隻。

《卜筮正宗》例，申月乙卯日（空亡：子丑），占避難何處，得天雷无妄之雷天大壯。

世應	卦爻	地支	六親	六獸	動爻	地支	六親
	▬▬	戌土	妻財		○	戌土	妻財
	▬▬	申金	官鬼		○	申金	官鬼
世	▬▬	午火	子孫				
	▬ ▬	辰土	妻財		×	辰土	妻財
	▬ ▬	寅木	兄弟		×	寅木	兄弟
應	▬▬	子水	父母				

世爻午火子孫為自己，內卦外卦反吟，應爻子水父母作父母，月建生應爻，日辰生世爻，世應安靜，寅木兄弟爻化兄弟，又逢月破，兄弟有災難之象。卦中子孫福德之神午火持世爻，可保平安；應往東方避難得木生助。

《增刪卜易》云：靜遇日沖必去，動逢合住而留。官鬼交重災禍重。福神發動患殃消。父剋世爻，風雨舟車行李。

1. 世爻暗動者，出行必成。世爻旺相而安靜，逢沖之時必成行。
2. 動爻發動卻被合住，或被日辰、月建、動爻等合住，必有事故羈留。或凡入墓出空或日辰來沖，皆可能成行之

日。

3. 玄武發動憂慮盜賊。朱雀發動防訴訟。白虎發動防半路
   生病。螣蛇發動驚風駭浪。勾陳發動風波相連。青龍發
   動吃喝嫖賭。

4. 出行最喜子孫發動，子孫持世，世爻化子孫，子孫發動
   剋世爻亦吉利。

5. 父母爻持世而發動，或父母爻發動剋制世爻，舟車勞
   累。但世爻旺相並無妨礙，就怕休囚又化出空破墓絕。

《增刪卜易》例，申月丙子日（空亡：申酉），占出行，
得地火明夷之雷山小過。

世應	卦爻	地支	六親	六獸	動爻	地支	六親
	▬ ▬	酉金	父母				
	▬ ▬	亥水	兄弟				
世	▬ ▬	丑土	官鬼		×	午火	妻財
	▬▬▬	亥水	兄弟				
	▬ ▬	丑土	官鬼				
應	▬▬▬	卯木	子孫		○	辰土	官鬼

占出行，以世爻為自己。丑土官鬼持世爻，與丙子日相
合，必有事故羈絆。其次，世爻發動成午火妻財，回頭生。應
爻卯木逢申金剋木，與日辰子卯相刑，又發動子孫變官鬼，因
子孫之事罣礙。應驗於辰日所化出之官鬼爻。《增刪卜易》
云：「靜遇日沖必去，動逢合住而留。」

《增刪卜易》云：兄沖世位，花月耗破災非。反吟化退中途返，六沖隨墓始終凶。六合化沖不吉，六沖化合方亨。

1. 妻財持世，兄弟爻沖剋，有風花雪月，應酬耗費，有奸頑鼠輩，明欺暗奪等災禍。
2. 卦中伏吟，世爻發動，沖開之日月得以出行。卦得反吟，去而中途復返。世爻逢沖剋大凶。
3. 六沖卦世爻安靜不動或空亡，不能成行。世爻休囚變官鬼而入墓，歸鄉遙遙無期。
4. 六合卦變六沖，及卦爻變成剋絕，在家也恐難安。反之，六沖卦轉變六合卦，一帆風順。

《增刪卜易・舟行》云：登舟問何日到者？世爻發動，合日、值日而到。若得子孫持世，及子孫他爻發動者，值日而到；世化退，及反吟卦，中途而返。

古往今來在交通運輸中，受到交通工具、氣候變動、治安動亂等影響，而無法順利搭機、搭船、搭車之情況是很普遍的。凡世爻發動，合住日辰，值當日都是交通工具到達之期限。如果子孫爻持世，及其他子孫爻發動，當下抵達。世爻化退神，及卦中反吟，半路折返。

　　《增刪卜易》例，申月乙卯日（空亡：子丑），占出行，得水雷屯之水澤節。

世應	卦爻	地支	六親	六獸	動爻	地支	六親
	▬ ▬	子水	兄弟				
應	▬▬	戌土	官鬼				
	▬ ▬	申金	父母				
	▬ ▬	辰土	官鬼				
世	▬ ▬	寅木	子孫		×	卯木	子孫
	▬▬	子水	兄弟				

　　占出行，以世爻為用神。世爻臨寅木而化進神卯木，應可成行。但逢申月來破，因此目前不利出行，出申月至亥月啟程方可。子孫化進神，平安可期。因破而逢合之月，故應驗于亥月。

> 身行問平安否？子孫持世、剋世、生世、合世，一路無虞。官鬼持世，憂疑驚恐。官鬼沖剋世爻，災非必見，兄動破財。

　　旅途中是否平安，端在於子孫持世爻、剋世爻、生世爻、合世爻，一路平安，官鬼爻持世，憂疑驚恐。官鬼爻發動沖剋世爻，行進間必見是非災厄。兄弟爻發動必有破財事故。

> 《增刪卜易‧同舟共行》云：同行共處應為尊，同路同舟一樣論。應傷世位遭他害，墓空絕破負吾恩。只宜生合相扶助，永賴維持如至親，三合同途皆遂意，六沖半路便灰心。起居為害搖兄鬼，水陸清平動子孫。占他人以應為用。占親戚看所用用神。不宜兄鬼動而剋世，最宜相合相生。

1.出行有伴侶也是正常現象，同行相處互相尊重，水路論
　法相同。
2.應爻剋害世爻，注意同行夥伴傷害。應爻逢空破墓絕，
　好心須防反噬。
3.世應之間只宜相生相合，若合出三合局，一路順行。卦
　逢六沖，半路拆夥。起居生活，端賴兄弟爻安靜。一帆
　風順，全靠子孫爻。
4.占他人，以應爻為用神。占親戚，依所屬六親性質決
　斷。還是不宜兄弟爻與官鬼爻發動剋世爻，凡世爻、應
　爻與用神之間，必須相生相合。

　　《增刪卜易》例，戌月丙戌日（空亡：午未），占登舟一
路平安否，得山風蠱之巽為風。

世應	卦爻	地支	六親	六獸	動爻	地支	六親
應	▬▬	寅木	兄弟				
	▬▬	子水	父母		×	巳火	子孫
	▬▬	戌土	妻財				
世	▬▬	酉金	官鬼				
	▬▬	亥水	父母				
	▬▬	丑土	妻財				

　　世爻酉金官鬼，戌月戌日生用神有酉金。子水父母發動，
變出子孫爻。子孫為福德，應驗在巳日，停舟五天後，一路順
風。《增刪卜易》云：「惟舟行占風，以子孫為風。蓋行舟風
逆，我心憂也，子孫發動之日，乃得順風之日，風順，我無憂

矣。」子孫可以化解憂愁，唯一擔心的風，就由子孫的出現來解決。

《增刪卜易》例，辰月甲戌日（空亡：申酉），占行舟順風否，得地風升之雷風恆。

世應	卦爻	地支	六親	六獸	動爻	地支	六親
	▬ ▬	酉金	官鬼				
	▬ ▬	亥水	父母				
世	▬ ▬	丑土	妻財		×	午火	子孫
	▬▬▬	酉金	官鬼				
	▬▬▬	亥水	父母				
應	▬ ▬	丑土	妻財				

世爻丑土妻財，得日辰戌土，月建辰土相扶，動化午火子孫回頭生。今日午時，必得順風，但因為甲戌日，午火子孫入墓，子孫力道衰弱，未時風停止。

（一）、論世爻與用神

1. 世爻為自己，世爻安靜旺相或日月、動爻來生扶最佳。世爻被剋不宜遠行。世爻與用神被日辰所剋制，或化回頭剋，恐中途病傷，水土不服之類，或世爻化墓化絕不宜動身。
2. 用神休囚衰弱，暫緩出行，世爻用神臨日辰或被日辰所沖，即刻啟程。世爻與用神發動而化出官鬼、化絕、化墓、化空、化退神、化回頭剋，稍安勿躁。

（二）、論應爻

1. 應爻與出國有很大關係，自己駕車出行，或以運送貨物為職務，應爻為目的地。子孫持世不化回頭剋，至少可許平安。忌應爻旬空，入寶山空手而回，白忙一場。若世應兩者俱空，以出空逢沖出行為宜。財臨應爻生合用神，出行求財必順利。

2. 應爻總以生合世爻最佳，應爻代表目的地、接待員、嚮導員、解說員、旅行社、海關、簽證等。父母爻動生合世爻與用神，簽證順利，發動入空須再等待。

3. 應爻空亡到達目的地，悵然、茫然，漫無目的。應爻剋用神或世爻，到達目的地嫌東唸西，寢食難安。

4. 應爻為兄弟或官鬼，且沖剋世爻與用神，且應爻臨玄武，注意騙財詐色之危機。

5. 辦理綠卡、遊學、打工之長期性簽證，以父母爻為用神，以應爻為官方機構，空則遲延，剋則被拒，入墓則緩，生合必順利。

6. 以應爻旺相休囚與所臨六神判斷接待對方人格特質，假設應爻旺相臨青龍，接待員外型端莊，有板有眼；應爻休囚臨玄武，言語閃爍，行動瑣碎。

（三）、論間爻

1. 可以動、靜、空、破、墓、絕，生、剋，推斷旅程的狀況，例如間爻安靜不動，旅途平安。如果間爻發動剋世爻，一路不順。

2. 如果較接近世爻的間爻是兄弟，安靜不發動，旅程有伴侶；間爻與世爻之一，有兄弟發動之情況要破財。

3.若妻財接近世爻，有動化生合世爻之情形，貴人出錢；若用神與世爻為妻財旺相，自己出資。動化與世爻相臨之間爻，途中必有變化，應觀察其喜忌性質。

4.子孫爻不宜伏藏、旬空，子孫爻持世更妙，官鬼爻則宜伏藏、旬空、入墓。父母爻代表交通工具、文書，若休囚化出官鬼、化絕、化墓、化空、化退神、化回頭剋，應注意舟車、護照、文件、罰單、病痛等意外。

5.妻財發動，為美色而破財，各盡所能，各取所需。子孫爻太旺或發動剋世爻，吃喝嫖賭，快意人生。

十、行人

　　慈母手中線，遊子身上衣，臨行密密縫，惟恐遲遲歸。一語道盡古時候交通音訊落後，所造成的相思之情。由《增刪卜易》、《卜筮正宗》等書，可以發覺古時占行人的例子特別多。現代雖然資訊發達，與出外人連絡非常容易，但離家出走、不告而別、老人迷失、妻女誘拐等情事，仍層出不窮。對於占卜者的重點必須有所區別，若求占行人，以六親性質分別，例如迷失之長者，以父母爻為用神。正宮與小三之類，以妻財為用神。寵物以子孫爻為用神。六親以外，以應爻為用神。行人之歸期，有遠有近；遠則以年月為應驗，近則以日時為應驗。至於行人是否平安，宜再起卦斷之。

> 《增刪卜易》云：世剋用兮人未動，用爻剋世必然歸。占親人，看所用用神。疏者，以應爻為用神。世剋用，且無歸志；用剋世，指日回家。墓絕空破，歸信杳然。

世爻剋用神，人尚未動身或無歸返之意願。反之，用神剋世爻，必然指日歸來。占親人看六親爻，六親以外較為疏遠者，以應爻為用神。世爻與用神墓、絕、空、破，歸期渺茫。

> 暗動明搖，歸鞭發矣。伏藏者，出現之日。動者，逢合之日，動化進神不返。用神化退必歸。動逢合，有事阻隔。動化鬼，在外危災。最忌動而化剋，還防卦變反吟。

世爻與用神旺相，日辰暗動，用神發動，指日可待。用神伏藏，伏神有氣者，出現之日。卦爻發動者，逢合之日。動化進神，越離越遠。動化退神，歸期至矣。發動後被合住，有事羈絆難脫身。發動後化出鬼神，在外有災禍之屬。最忌世爻與用神自己發動回頭剋，至於反吟表示內外卦紛爭，伏吟則進退反覆，心思不定。

> 世爻空者，行人即至。用神靜，逢休囚空破者，且不思回。動空旺空者，歸於實空沖空之月日。惟恐卦變剋絕，及反吟、用神被沖被剋者，皆難望其回也。

世爻空亡，虛心以待，可感應行人歸來。用神安靜，逢休囚空破，行人並無啟程歸鄉之意願。旺相而有發動入空，須待實空、沖空之日。惟恐卦中發動變坐絕，又剋世爻、用神，反吟、伏吟等，歸鄉遙遙無期。

用神三合，沖開之月日而來，卦逢六沖，行人無定而不返。用爻靜者，沖動之日。用爻墓者，開墓之期。用爻無病，可斷歸期。用爻有病，在外不安。野鶴云：用神墓絕空破受傷，謂之有病。來人問行人在外平安否？須看有病無病。若問歸期，只看卦象而斷來與不來。

用神形成三合局，沖開之月日歸來。逢六沖卦，行人無定腳之處，飄忽不定而不歸。歸期之說，不外世爻與用神安靜，當在沖動之日；世爻與用神入墓，在沖開之時。世爻與用神皆無瑕疵，歸期在即。用神有空破墓絕，在外終有不如意。占卜者有時只關心行人的人身安全，以有病無病判斷。而歸期由卦象總體判斷。

《增刪卜易》例，酉月戊申日（空亡：寅卯），占母親在外何時歸來，得火山旅之艮為山。

世應	卦爻	地支	六親	伏神	動爻	地支	六親
	▬▬	巳火	兄弟				
	▬　▬	未土	子孫				
應	▬▬	酉金	妻財		○	戌土	子孫
	▬▬	申金	妻財				
	▬　▬	午火	兄弟				
世	▬　▬	辰土	子孫	伏		卯木	父母

問母親歸期，以父母爻為用神。父母爻卯木伏藏，酉金月破，伏神剋飛神，六合卦沖散，平安而未歸。若問母親平安

否？卯木父母被酉月破，申日剋，臨空亡，必有一番折騰。所幸者應爻得月建日辰相扶，又得回頭生，目前平安無恙。

《增刪卜易》例，亥月甲子日（空亡：戌亥），占僕人何日歸來，得澤火革之澤天夬。

世應	卦爻	地支	六親	伏神	動爻	地支	六親
	▬▬	未土	官鬼				
	▬▬▬	酉金	父母				
世	▬▬▬	亥水	兄弟				
	▬▬▬	亥水	兄弟	伏神		午火	妻財
	▬▬	丑土	官鬼		×	寅木	子孫
應	▬▬▬	卯木	子孫				

占僕人歸期，以妻財為用神。卦中妻財爻不現，以午火妻財伏於三爻之下，亥月子日俱來剋用神，飛神亥水兄弟剋伏神午火妻財。世爻空亡，歸人必定速回。應驗於巳日，巳日沖亥水空亡，巳火也是妻財。若改成在外吉凶，午火被日月、飛神兄弟剋制。

《增刪卜易》例，未月戊戌日（空亡：辰巳），占伯父何日到訪，得水雷屯之澤雷隨。

世應	卦爻	地支	六親	六獸	動爻	地支	六親
	▬ ▬	子水	兄弟				
應	▬▬▬	戌土	官鬼				
	▬ ▬	申金	父母		×	亥水	兄弟
	▬ ▬	辰土	官鬼				
世	▬ ▬	寅木	子孫				
	▬▬▬	子水	兄弟				

占伯父何時到訪，以長輩父母為用神。月建未，日辰戌土來生助申金，用神旺相，世爻寅木子孫，剋應爻戌土官鬼。父母爻發動化成亥水，申金發動有力，用神剋制世爻，速速到來。應驗在化出之亥月。《增刪卜易》云：「世剋用兮人未動，用爻剋世必然歸」，本例即用神剋世爻。

《增刪卜易》例，丑月庚午日（空亡：戌亥），占父親何時歸來，得天澤履。

世應	卦爻	地支	六親	六獸
	▬▬	戌土	兄弟	
世	▬▬	申金	子孫	
	▬▬	午火	父母	
	▬ ▬	丑土	兄弟	
應	▬▬	卯木	官鬼	
	▬▬	巳火	父母	

問父親歸期，以父母爻為用神；父母爻兩現，取接近世爻之午火父母為用神。日辰庚午扶父母爻，剋制世爻申金子孫，日辰剋制世爻，子孫福德安逸之象收斂，說曹操，曹操到。

《增刪卜易》例，酉月乙未日（空亡：辰巳），占遊子久出不歸，吉凶如何？得坤卦。

世應	卦爻	地支	六親	六獸
世	▬ ▬	酉金	子孫	
	▬ ▬	亥水	妻財	
	▬ ▬	丑土	兄弟	
應	▬ ▬	卯木	官鬼	
	▬ ▬	巳火	父母	
	▬ ▬	未土	兄弟	

占遊子，以子孫爻為用神。世爻臨子孫，酉金臨月建，乙未日來生，用爻世爻旺相。對於坤卦之六沖卦，《增刪卜易》云：「卦逢六沖，行人無定而不返。」目前暫時樂不思蜀。卜其歸來之時，世爻子孫受沖之卯年。

《增刪卜易》例，寅月辛卯日（空亡：午未），占父何日回，得風地觀之天地否。

世應	卦爻	地支	六親	六獸	動爻	地支	六親
	▬	卯木	妻財				
	▬	巳火	官鬼				
世	▬▬	未土	父母		×	午火	官鬼
	▬▬	卯木	妻財				
	▬▬	巳火	官鬼				
應	▬▬	未土	父母				

占父親歸期，以父母爻為用神，世爻應爻俱為未土父母，用神兩現，取世爻發動為優先。未土父母爻持世，與應爻同臨空亡，動化午火官鬼回頭生，又生又剋帶空亡，動不為空。但月建寅木，日辰卯木，剋土太甚，不宜驟下判斷。再求占一卦。

《增刪卜易》例，寅月辛卯日（空亡：午未），占得天澤履之風澤中孚。

世應	卦爻	地支	六親	六獸	動爻	地支	六親
	▬	戌土	兄弟				
世	▬	申金	子孫				
	▬	午火	父母		○	未土	兄弟
	▬▬	丑土	兄弟				
應	▬	卯木	官鬼				
	▬	巳火	父母				

　　此卦還是父母爻臨空發動，所不同者，發動剋世爻，且父母爻午火得日辰卯木月建寅木之生助，用神旺相，與前一卦之用神休囚，天壤之別。《增刪卜易》云：「動空旺空者，歸於實空沖空之月日。」故於出空之甲午、乙未日返家。

　　《增刪卜易》例，辰月丙申日（空亡：辰巳），占差遣家人取書得到否？何日回？得風山漸之山地剝。

世應	卦爻	地支	六親	六獸	動爻	地支	六親
應	▬	卯木	官鬼				
	▬	巳火	父母		○	子水	妻財
	▬▬	未土	兄弟				
世	▬	申金	子孫		○	卯木	官鬼
	▬▬	午火	父母				
	▬▬	辰土	兄弟				

　　占文書，以父母爻為用神。巳火父母爻臨空亡，日月不生扶，休囚之象。父母代表文書，取發動之五爻判斷，化出子水回頭剋，取書不得。申金子孫持世爻，動化卯木官鬼，雖有波折剋不住世爻，應爻卯木被世爻申金剋制，所差之人必歸返，應驗於酉日沖去卯木。

　　《增刪卜易》例，酉月癸酉日（空亡：戌亥），占兄弟何時歸來，得地水師之地澤臨。

世應	卦爻	地支	六親	六獸	動爻	地支	六親
應	▬ ▬	酉金	父母				
	▬ ▬	亥水	兄弟				
	▬ ▬	丑土	官鬼				
世	▬ ▬	午火	妻財				
	▬▬▬	辰土	官鬼				
	▬ ▬	寅木	子孫		×	巳火	妻財

　　問兄弟歸期，以兄弟爻為用神。亥水兄弟得酉月酉日生助，旺相而臨空。出空之日必歸，子孫爻發動，正是卦中子孫生世，動而生合世爻，寅木子孫生世爻午火，皆吉利喜悅。應驗於寅木合起亥水之日。

《增刪卜易》例，未月戊戌日（空亡：辰巳），占爻往生疏之人何日來，得水山蹇。

世應	卦爻	地支	六親	六獸
	▬ ▬	子水	子孫	
	▬▬	戌土	父母	
世	▬ ▬	申金	兄弟	
	▬▬	申金	兄弟	
	▬ ▬	午火	官鬼	
應	▬ ▬	辰土	父母	

卜至交好友，以兄弟爻為用神。生疏之人，則以應爻為用。應爻辰土雖有未月戊日之扶助，應爻旺相，但臨空亡，必待出空。應驗在甲辰日出空之時。

（一）、論用神

1. 用神發動剋世爻，世爻不論空亡否，行人必然即刻歸來。若用神動而生世爻或合世爻，行人歸來，但按部就班。反之，世爻剋用神，短期內無指望。

2. 用神雖安靜不動，但生合世爻有歸鄉意願。反之，用神安靜，若逢日辰沖起，乃為暗動，若遇月建、動爻剋用神，又不能歸返。

3. 用神發動欲歸返，卻又被日辰與動爻合住，有事而暫時不能啟程，逢沖開之時可以歸來。

4. 應爻為用神所居之處，以世爻為家鄉故里。故應爻生合世爻，只有歸來之意。用神生合世爻才能踏實歸來；世應皆空難望歸期。

5. 用神伏藏定要掀開飛神，飛神旬空，逢動爻、日辰沖開，就是歸期，六沖卦更驗。反之，用神伏藏又旬空，

音訊茫然。

6.用神如果沒有空亡、傷剋，墓絕，且卦中妻財、子孫不缺，勿逢回頭剋，可許平安。

7.用神發動表示行人動身，若安靜不動，又無日辰、動爻沖起，行人樂不思蜀。

8.用神安靜，得世爻沖起合起，則須使用拉拔驅策等手段使之歸來。用神伏藏或入墓，有世爻沖開破墓，亦須尋找。卦中忌神發動或日辰剋用神，或日辰與用神相併，皆難許歸期。

9.預測失蹤行人，如用神發動與他爻相合則必結伴而行。若用神發動剋合他爻，或他爻生合用神，是用神主動。反之，用神生合他爻，或他爻剋合用神，用神被動跟隨。

10.若用神安靜，被日辰動爻合起，或用神發動而被日辰動爻合住，則居無定所，有人收容。若用神發動而沖剋世爻，或用神持世爻而發動，自己歸來。

（二）、論歸期

1.用神旺相歸來必快速，在受沖剋之日與入墓之日歸來，反之，用神休囚歸來必遲。

2.若安靜，逢沖之日歸，發動，以本爻地支定歸期。入墓逢合，則破墓沖合之日歸來，安靜逢沖，要逢合之日而歸來。

3.占失蹤之人，以父母爻為信息，旺相、出空，則有下文。父母旺相伏藏待推開飛神有消息。伏藏又旬空，杳無音訊。財爻發動生官鬼，恐遭刑剋摧折。財爻發動剋

父母，沒有消息。

4.求占行蹤以用神地支方位判斷。用神安靜未發動仍在本宮附近，例如尋找兄弟，得天風姤卦未發動，在鄉里西北方附近，未遠離鄉里。若發動，則兄弟酉金在西方。

十一、官司

除律師與訟棍外，沒有人喜愛打官司。官司對任何人在物質、精神、時間等方面的損耗是非常巨大的。而社會變遷使然，連官司的型態與法條都紛雜如牛毛，各有專業領域。如自己起訴，則世爻是自己，應爻為被告。反之，自己被告，應爻為原告，世爻為被告。父母爻代表文書，所以訴訟狀均以父母爻為用神。間爻代表證人。世爻代表本人，以被測之人為用神，例如替子女代占，以子孫爻為用神。替妻子代占，以妻財爻為用神。

> 《增刪卜易·防非避訟》云：憂慮官司，卻喜官居空破，最宜子動、子孫持世，無非。鬼雀同興，口舌不免。蛇鬼剋世，災患相侵。玄武鬼，必因盜賊陰人；白虎鬼，定有傷痕見血。

官司雖然令人憂慮，但是卻喜歡官鬼爻，臨空亡、月破之類，表示官司刑剋之力量不大；而喜歡子孫爻發動剋官鬼或持世爻旺相。其次，官鬼若臨朱雀，發動時口舌是非聚集。螣蛇剋世爻，必然有災禍。玄武臨世爻，則有盜賊陰人。白虎臨世爻，有血光之災。

> 世動剋應，我興詞。應剋世爻，他有訟。子孫動，子孫持世，
> 必不成非。鬼持世、鬼剋世、應動剋世，定然成訟。

　　世爻發動剋制應爻，是我當原告。應爻剋制世爻，是對方興訟我被告。子孫發動持世爻，官訟化解於無形。官鬼持世爻、剋世爻、應爻發動剋制世爻等，則官司纏身。

> 《增刪卜易‧鬥毆爭競》云：　彼此相爭尋世應，不宜沖剋喜相生，日月剋身，我必受辱。動爻剋應，他定遭刑。應剋世他勝。世剋應我贏。世空世破，世動化退，我心怯焉。應動應旺，應化進神，他得勢矣。

　　訴訟在於彼此關係，以世爻與應爻為判斷。世應相沖相剋，必然兩敗俱傷，反之，相生相合，和平落幕。日辰月建剋世爻與用神，自己必受法網之難。卦中有動爻剋應爻，對方受挫。應爻剋我世爻，官司對我不利。世爻剋應爻我勝。世爻墓、空、破、絕、化退神，我方心虛。應爻發動旺相，化出進神，對方占上風。總之，不外以吉凶之象評估。

　　《卜筮正宗》例，辰年午月丁未日（空亡：寅卯），代占兄弟官司吉凶如何，得澤水困之雷風恆。

世應	卦爻	地支	六親	六獸	動爻	地支	六親
	▬▬	未土	父母				
	▬▬▬	酉金	兄弟		○	申金	兄弟
應	▬▬▬	亥水	子孫				
	▬▬	午火	官鬼		×	酉金	兄弟
	▬▬	辰土	父母				
世	▬▬	寅木	妻財				

　　代兄弟占官司，以兄弟爻為用神。月建午火剋，日辰未土生，勢均力敵。酉金動化出兄弟為退神，兄弟助力逐漸退散；而官鬼午火臨月建，又動化出兄弟，造成官鬼剋兄弟更有力。辰年與用神酉金相合，暫時無事。化退神於申，應驗於午年申月，判重刑。

> 卦遇六沖必散，卦逢六合必成。總不離乎子孫爻，子發動，子持世，爭鬥不成。日月動爻宜于剋應，不宜剋世。世宜旺動剋應及動而化吉，官事必贏。

　　六沖卦，訴訟劇烈，反目成仇；反之，六合卦，如願以償，握手言和落幕。卦中若有子孫爻發動、持世爻等，官司消散於無形。日辰月建最宜剋制應爻，不宜剋世爻。世爻宜旺相發動剋制應爻，或發動化出回頭生、進神之吉象，官司必勝。

> 《增刪卜易・興詞舉訟》云：官父同興，公庭有理，父官剋
> 世，受屈含冤。世化退神、世空世破、卦變六沖、世被刑沖，
> 終不成訟。財與子孫同動，剋破文書官鬼，亦主不成。

　　官鬼爻與父母爻同時旺相，父母代表文書，旺相理直氣
壯。父母爻與官鬼爻剋世爻，自己受到冤屈。世爻凡是有化退
神、化空、化破、變六沖爻、被刑沖剋害，以不興訟為妙。若
妻財爻與子孫爻發動，子孫剋官鬼，妻財剋父母，還是不利於
官司。

　　《卜筮正宗》例，戌月丁卯日（空亡：戌亥），占訟事，
得地天泰卦。

世應	卦爻	地支	六親	六獸
應	▬ ▬	酉金	子孫	
	▬ ▬	亥水	妻財	
	▬ ▬	丑土	兄弟	
世	▬▬	辰土	兄弟	
	▬▬	寅木	官鬼	
	▬▬	子水	妻財	

　　世爻辰土逢月破，日辰卯木剋世爻，爻逢六合，刑事官司
內外卦六合，沒完沒了，遭廷杖。

　　《增刪卜易》例，卯月戊辰日（空亡：戌亥），占父親官事，得澤地萃之天火同人。

世應	卦爻	地支	六親	六獸	動爻	地支	六親
	▬　▬	未土	父母		×	戌土	父母
應	▬▬▬	酉金	兄弟				
	▬▬▬	亥水	子孫				
	▬　▬	卯木	妻財		×	亥水	子孫
世	▬　▬	巳火	官鬼				
	▬　▬	未土	父母		×	卯木	妻財

　　問父親官訟，以父母爻為用神。父母用神兩現，以接近世爻之父母爻為用神。外卦未土父母，卯月剋之。內卦亥、卯、未合成三合木局，還是剋制未土，未土又自己動化出卯木，回頭剋。而剋制父母之妻財竟得亥水子孫回頭生，剋力加大。毫無救助，被重刑。

　　《增刪卜易》例，卯月戊辰日（空亡：戌亥），妹占兄官事，得天地否之天水訟。

世應	卦爻	地支	六親	六獸	動爻	地支	六親
應	━━━	戌土	父母				
	━━━	申金	兄弟				
	━━━	午火	官鬼				
世	━ ━	卯木	妻財				
	━ ━	巳火	官鬼		×	辰土	父母
	━ ━	未土	父母				

　　問兄弟官訟，以兄弟爻為用神。申金兄弟爻辰土來生，巳火官鬼爻來發動，刑剋申金，辰日沖動父母戌土，暗動生申，剋處逢生，若有父母可以救之。後因父年八旬，援例死罪可免，活罪難逃。

　　《增刪卜易》例，丑月壬子日（空亡：寅卯），占官訟，得天山遯。

世應	卦爻	地支	六親	六獸
	▬	戌土	父母	
應	▬	申金	兄弟	
	▬	午火	官鬼	
	▬	申金	兄弟	
世	▬▬	午火	官鬼	
	▬▬	辰土	父母	

　　自占官司，以官鬼為用神。世爻官鬼午火，丑月午火休囚，又逢子日沖之，因世爻休囚，沖動就為日破，不為暗動，又子孫爻伏於初爻子水父母之下被剋，爹娘不應無氣，見官被杖。

　　官場職場不免爾虞我詐，互相參奏，其與官司爭鬥的本質相同，都是為求名利。《增刪卜易》談到面聖等於百姓見官，談到上書等於起訴，談到條陳、劾奏等於答辯狀。但在六親生剋之理由還是略有區別的，讀者應查明。

> 《增刪卜易》云：旺文持世，宜日月歲五以維持。兄弟臨身，喜父母化吉而拱合。財爻持世破文書。子福臨身防降罰。世臨空破，難以回天。子動臨身，力能折檻。

　　父母為文書、章奏，持世爻，合世爻，再得歲五及日月動爻生合，無往不利。兄弟爻持世或發動、化進神，只須是剋制應爻，總是吉事。財爻持世剋破官鬼文書，官司不利；雖然說子孫福德臨身，應防降職罰鍰，但子孫爻可以發動剋官鬼，對訴訟有利；但若逢間爻為妻財，通關後反而剋制父母文書，滋

生官鬼，弄巧成拙。世爻空亡破絕休囚，先天不良，輸在起跑點，且須防不測之災。子孫福德臨世爻，不畏官非。

《增刪卜易》例，巳年巳月丁卯日（空亡：戌亥），占劾奏，得火山旅。

世應	卦爻	地支	六親	六獸
	▬	巳火	兄弟	
	▬▬	未土	子孫	
應	▬	酉金	妻財	
	▬	申金	妻財	
	▬▬	午火	兄弟	
世	▬▬	辰土	子孫	

占鬥爭，世爻為我，應爻為敵。應爻酉金長生在巳年巳月，歲月巳火剋制酉金，卯日沖之，此外應爻全無呼應。反觀世爻辰土子孫持世，得月建來生。敵弱我強之勢甚明，果然摘奸發伏。

最忌官爻剋世，猶嫌助鬼傷身。歲五生身防受制，六爻恍惚且休行。父旺官生，叨蒙贈爵，旺官持世，平步登雲。我念為名，忌子孫之發動。我念為利，忌兄弟而臨身。世旺官崇，憂心冰解，旺官持世。喜映雙眉。

最忌官鬼爻剋世爻，又遇妻財發動，幫助官鬼傷世爻，猶如雪上加霜。其次，厭惡化出官鬼回頭剋、隨鬼入墓、反吟、變絕等。太歲生世爻，必須在卦中，否則沒作用。六爻亂動，剋多生少，不宜亂動。父母爻旺相，又得官鬼來生，或官鬼旺相持世爻，加官進爵。想獲得功名，忌子孫發動。想獲得財

利，忌兄弟發動剋財。總之，世爻父母旺相，官鬼旺或世爻官鬼，刑事官司有利。

《增刪卜易》例，申月戊辰日（空亡：戌亥），占上書，得風澤中孚之山澤損。

世應	卦爻	地支	六親	六獸	動爻	地支	六親
	▬▬	卯木	官鬼				
	▬▬	巳火	父母		○	子水	妻財
世	▬ ▬	未土	兄弟				
	▬ ▬	丑土	兄弟				
	▬▬	卯木	官鬼				
應	▬▬	巳火	父母				

官鬼爻卯木在申月坐絕，世爻未土得五爻巳火父母來生，應爻巳火也來生，上級有接納文書之意。惟因五爻動化妻財子水回頭剋，有生之名，但因財祿之故，無相生之實，上書後利害兩無。

　　《增刪卜易》例，午月丙辰日（空亡：子丑），占具狀申冤以保功名，得雷天大壯之澤天夬。

世應	卦爻	地支	六親	六獸	動爻	地支	六親
	▬▬ ▬▬	戌土	兄弟				
	▬▬ ▬▬	申金	子孫		×	酉金	子孫
世	▬▬▬▬	午火	父母				
	▬▬▬▬	辰土	兄弟				
	▬▬▬▬	寅木	官鬼				
應	▬▬▬▬	子水	妻財				

　　此項是非起於爭名，以官鬼為標的。父母午火持世，臨月建旺相，文書極旺。申金子孫發動，化進神更有力，剋傷官鬼爻代表之功名。同理，若官司、官場所爭為利益，兄弟發動，爭財不利。

《增刪卜易》例，未月戊申日（空亡：寅卯），占遲誤軍糧被參劾，得雷火豐之火山旅。

世應	卦爻	地支	六親	六獸	動爻	地支	六親
	▬ ▬	戌土	官鬼		×	巳火	妻財
世	▬ ▬	申金	父母				
	▬▬	午火	妻財				
	▬▬	亥水	兄弟				
應	▬ ▬	丑土	官鬼				
	▬▬	卯木	子孫		○	辰土	官鬼

　　本例如同現代之刑事官司，並無原告與被告兩方之存在，而是以司法單位與被告兩造。用神父母爻與官鬼爻同參，世爻申金父母臨日建，未月來生助，戌土官鬼動化巳火妻財，回頭生，世爻旺相。卯木臨空，絕在申金世爻，又動化辰土，倒戈扶官鬼生世爻。因累積軍功免議。

（一）、用神

1. 用神旺相，日辰動爻來生扶，且世爻臨子孫不受沖剋，則事必圓緩。反之，用神休囚，受日辰動爻剋制，或卦中官鬼剋用神，不論旺衰必受制裁；化退神、化回頭剋、化絕，更嚴重。
2. 官鬼爻休囚或化退神，化回頭剋、官鬼力道減輕，判的輕。反之，旺相、化進神、化回頭生，判得重。
3. 子孫爻發動，用神旺相臨月建，或日辰動爻生之，輕判、緩刑、易科罰金等優待。

4.占代理人、律師等須另外占卦。世爻為自己，應爻為對方，相生相合，最吉利。應爻受日月、動爻剋制，表現不如預期。妻財動化生應爻，拿錢養人。世爻旬空或父母爻動而化空，自己欲撤告訴。反之，應爻如是。

（二）、間爻

1.間爻為兄弟，或為用神，或間爻動化兄弟、化用神等，還有同夥。間爻發動剋用神或剋世爻，證物、證人、同夥咬用神。間爻有化空、旬空，有隱情或未歸案之同夥。

2.卦遇伏吟，當事人糾結於呻吟反覆之境遇。卦遇反吟，供詞反覆，弄巧成拙。

　用神臨朱雀、玄武，一派胡言，信口雌黃。用神臨螣蛇、白虎，則性剛固執。用神臨青龍，則有悔過之意。

3.父母爻旬空、伏神、化空、化退，目前不能結案。兄弟爻發動，不外賠償、疏通等破費。

4.占證人要看間爻，間爻生世爻證詞利於我，間爻生應爻，證詞有力於對方。間爻官鬼臨玄武注意偽證。

（三）、書狀

1.起訴狀父母爻旺相，日辰、動爻生扶，訴訟狀理由完備。父母爻休囚受剋，寫得有理講不清。又化退、化空，可能被駁回。

2.財爻持世，剋對方父母文書，而應爻受日月動爻之剋，或應爻發動化墓、化絕、化回頭剋，勝訴機會大。

（四）、和解

1. 世爻應爻都是子孫爻，和解可能性大，空亡者退讓較多。
2. 若子孫爻與父母爻各據世爻應爻，子孫爻一方希望和解，父母爻一方不和解。
3. 世爻、應爻、動爻、日辰，形成三合局，而不剋用神世爻，和解撤訟。
4. 兄弟爻持世且受日月、動爻之剋，勝敗都是破財。
5. 官鬼爻空亡，需待出空後開庭審理。

（五）、刑事

1. 刑事官司大多數代占，因為羈押、跑路、限制居所，或已經名聲遠揚，不便拋頭露面等。因此務必確認當事人與代占者之關係。
2. 刑事被告官鬼爻臨月建，用神得日辰、動爻生扶，應極力爭取法律權益，減輕判刑有希望。

十二、借貸

　　放貸、投資、入股、借出、擔保等，忌兄弟爻臨世爻應爻，肉包子打狗。世應爻俱空，財臨破絕，本金利息難回收。若是官鬼爻生世爻，官鬼制住兄弟，或子孫動生妻財來合住世爻，有利財運。若官鬼爻與父母爻發動，而財爻化空、絕、墓，見父母官訴訟之象。借貸一科須世應相合，喜應爻與財爻生合世爻。

《增刪卜易：借貸》云：世逢兄，何須開口。應空破，難遂我心。財如空破休指望，子興財發可干求。

《增刪卜易：放債索債》云：　兄臨世，放則無還。應臨兄，索則不獲。應鬼剋身防負義，應財生世定懷忠。

　　世爻與應爻最宜相生相合，皆不宜臨月破、旬空。兄弟爻最忌臨世爻、接近世爻、發動、化進神等，有借無還。應爻是借錢的對象，不宜臨空、化墓、化絕。如果應爻是官鬼，借錢還錢不同嘴臉。應爻是妻財爻，又生世爻，有借有還。應爻是兄弟，借錢後索償無門。

　　《增刪卜易》例，未月丁卯日（空亡：戌亥），占借貸，得兌為澤之震為雷。

世應	卦爻	地支	六親	六獸	動爻	地支	六親
世	▬ ▬	未土	父母				
	▬▬	酉金	兄弟		○	申金	兄弟
	▬▬	亥水	子孫				
應	▬ ▬	丑土	父母				
	▬▬	卯木	妻財		○	寅木	妻財
	▬▬	巳火	官鬼				

　　占借錢，以妻財爻為用神。兌卦屬金，變震卦屬木，金剋木為財。卯木財爻動，化退神，酉金兄弟爻動，也化退神，剋財無力。妻財爻臨日辰，旺而不退，明日戊辰合住兄弟酉金，兄弟不能剋阻財運，錢借到手。

《卜筮正宗》例，戌月甲辰日（空亡：寅卯），占借錢成功否，得坤卦。

世應	卦爻	地支	六親	六獸
世	▬ ▬	酉金	子孫	
	▬ ▬	亥水	妻財	
	▬ ▬	丑土	兄弟	
應	▬ ▬	卯木	官鬼	
	▬ ▬	巳火	父母	
	▬ ▬	未土	兄弟	

占借錢，以妻財爻為用神，妻財亥水入庫於甲辰日。應爻臨空亡，又是六沖卦。世爻得戌月生，甲辰日六合，旺相。沖中逢合。應驗在應爻卯木甲寅日出空，寅日又合亥水妻財，借到錢。

《卜筮正宗》例，巳月甲戌日（空亡：申酉），占借貸，得地雷復之雷地豫。

世應	卦爻	地支	六親	六獸	動爻	地支	六親
	▬ ▬	酉金	子孫				
	▬ ▬	亥水	妻財				
應	▬ ▬	丑土	兄弟		×	午火	父母
	▬ ▬	辰土	兄弟				
	▬ ▬	寅木	官鬼				
世	▬▬▬	子水	妻財		○	未土	兄弟

占借貸。妻財爻為用神。六合卦變六合卦，謀事必成。但亥水財爻月破，酉金元神旬空，世爻子水妻財動化未土，兄弟回頭剋；兄弟辰土得到巳火生助，日辰來沖時暗動。午火生扶

應爻丑土，應爻極強剋制極弱之世爻。子孫臨空亡不發動。借錢後歸途遇害。

《增刪卜易》例，辰月己卯日（空亡：申酉），占今日有人還錢否，得坤卦。

世應	卦爻	地支	六親	六獸
世	▅▅	酉金	子孫	
	▅▅	亥水	妻財	
	▅▅	丑土	兄弟	
應	▅▅	卯木	官鬼	
	▅▅	巳火	父母	
	▅▅	未土	兄弟	

占還錢，以妻財爻為用神。世爻酉金辰月來生，卯日沖酉金。日辰己卯臨應爻沖世爻，靜而逢沖日起，今天巳時有人送錢來，先還一半。乙酉日巳時還清一半，因為靜空沖起，只有一半力量。若元神世爻子孫不臨旬空，日辰卯日來沖，全數還清。

十三、開店

開店是大事，因為砸下重金後，必須全心全力經營，如果經營有成，全家人雞犬升天，如果經營失敗，拖累一家大小，一回頭已百年身，精神、意志、金錢等耗盡後，成為過街老鼠，這些都是社會百態。因此，慎始為經營之本。其次對於經營夥伴，也可以在世爻與應爻之對待中，一窺其秘，以茲為判斷信息。

《增刪卜易·開行開店》云：　世為己，應為人，大宜相合；財為本，福為基，最喜同興。鬼作災，非須忌動，財為活計畏刑沖。鬼兄發動，有制何妨；隨墓助傷，多凶少吉。卦得反吟多反復。沖中變合再重興。合夥不嫌兄弟，乏本內外無財。

《增刪卜易·投行》云：官若興隆，行主可千金之託；應如空破，牙人無毫忽之能。世被應傷，遭他陷害；財逢兄剋，慮彼相瞞。兄動，貨難脫卸；子興物易交關。兄雀並搖，難逃口舌；武鬼同發，須慮穿窬。

1. 開店世爻為自己，應爻為對方，相合最宜；例如老闆與夥計。相生相合，彼此同心。應爻生世爻，他益於我。世爻生應爻，我益於他。應剋世，他來欺瞞我。世剋應，他來跟隨。相沖相剋，反目成仇。

2. 玄武兄弟，暗中盜騙。應爻官鬼剋世爻，明降災害是非。世爻妻財，應爻兄弟，拿錢養兄弟。世爻妻財，應爻是子孫福德，他來生財。世爻應爻有空亡，注意虛偽訛詐不實等情。

3. 妻財為本體，福德子孫為基礎，同時發動為進神最佳。官鬼爻為忌神，發動更糟，有子孫剋制無妨，但無官鬼又怕兄弟劫財。妻財爻忌空破墓絕，發動變凶。

4. 不宜世爻隨鬼入墓，或世爻動而變回頭凶神。

5. 凡占貿易，有官鬼爻剋世爻，而財爻動，財生官鬼，官鬼如養老鼠咬布袋，暗損於我。

6. 反吟卦，行行止止，開開關關，遷移之跡象。六合或六沖變六合，或世爻、財爻、子孫成三合局，東山再起，興發之象。然六合變六沖，曇花一現。

7. 兄弟臨世爻、應爻皆不吉；兄弟爻發動也不吉。倘若兄弟爻持世，日辰月建作為財星而剋世爻，反作吉。內外無財，伏而又空，必然欠東風。

8. 投行時，官鬼與應爻旺相，可以依靠。空破墓絕，小心人財兩空。世爻被應爻所傷，有陷害之虞。世爻妻財被兄弟所剋，已經進入圈套。兄弟動貨物難脫手。子孫爻動，財入口袋。

9. 朱雀臨兄弟、官鬼而剋世爻者，口舌官非。玄武官鬼而剋世爻，須防竊盜。

10. 生意、開市等，日辰，月建、動爻生扶世爻，如世爻被合住，要看合住之爻六親性質，合中有生則有利，合中帶剋則不利，若世爻發動被合住，代表行動阻滯，須再占卦。

10. 生意開市必須財爻與子孫爻俱全，旺相有力，日辰月建動爻來生扶世爻。喜官鬼有氣，父母爻、兄弟爻衰弱。應爻代表消費者，來生合世爻必定生意興隆。

11. 如果應爻是官鬼，動化剋制世爻，則有外界干擾。卦中財落空亡、化絕、化墓，而世爻、官鬼、世應動而合，表面風光，財不落實。

12. 雇用員工以應爻為用神，古法以奴僕為財爻觀察，惟現代法律保護員工，彼此地位已經平等，宜用世應關係對待。因此世爻剋應爻，應爻生世爻都是吉象。反之，應爻剋世爻，必是難掌握的頭痛人物。若有旁爻生合應爻，而來剋世爻者，必有員工勾結、欺瞞、隱私等情。

13. 應爻生合世爻，動而化進，化回頭生，上下同心協力。反之，應爻動而化退，化回頭剋，則受雇員工工作績效

不如意。

14.世應不合，應爻發動，員工另有盤算，不如歸去。若應
爻剋世爻，且應爻發動，化進神，回頭生，則受雇人員
有損傷雇主之事。反之，回頭剋，受雇人員有被罷職處
分等情事。

15.向政府申請上市、上櫃、出口、驗證、補助、專利、
優惠稅率、融資、地政、戶政等，應注重官鬼爻。喜世
爻旺相，官鬼爻生合；否則世爻旺相剋官鬼爻，一番折
騰，苦盡甘來。世爻生扶官鬼爻，花錢找黃牛，大有希
望。如果日辰月建生世爻，有人旁敲側擊暗中下指導
棋。若與財物有關，忌兄弟爻動，動化出子孫爻，一番
折騰終有代價。

16.父母爻管文章，若與文書相關之事，例如助學貸款、獎
學金、保送甄試等，須兼看父母爻旺相休囚。不喜子孫
爻剋制官鬼，或妻財爻剋制父母爻成績差等現象。

17.若遇官鬼爻旬空，官方空轉，職務怠忽，不得其門而
入，待官鬼爻出空，而且生合世爻之日再辦理。官鬼爻
逢墓、逢破、逢絕，事情難成。世爻動而化官鬼，化回
頭剋，化入墓，徒勞無功。

18.求官方之財，官鬼爻不宜旬空伏藏，如果應爻官鬼生合
世爻或發動生合世爻，或世爻旺相剋制官鬼應爻，事成
有望。但若官鬼爻剋世爻，或官鬼發動生合旁爻，琵琶
別抱，對我無情。

19.開辦各種事務所、仲介、廣告等，以勞務為主的行業，
世爻應爻宜相生相合，父母爻與官鬼爻也應旺相安靜，
不宜化空化絕，化回頭剋。最忌兄弟爻持應爻，還化回

頭生剋世爻。

20.凡牽涉創意、生理需求之行業，喜卦中子孫福德生扶世爻；忌官鬼爻發動剋制世爻，父母爻發動剋制子孫爻。

21.不動產屬於宅舍，宅舍歸父母爻，父母爻要旺相。而經營不動產不外乎求得財利，若財爻旺盛則剋父母爻，因此要有官鬼爻通關。喜妻財爻持世，得日辰與動爻生合，父母爻臨月建，產品搶手。

22.委託他人受理自己之事，要注重應爻。應爻旺相生合世爻，忠於他人委任之事。若是應爻休囚空破，恐辜負委任之事。若玄武臨應爻，有陰暗欺矇之事。朱雀臨應爻沖剋世爻，有口舌爭議。財爻生應爻不生世爻，養豬不肥肥到狗。

23.進貨屯積，忌財爻衰弱，坐空破墓絕，動化回頭剋。遇火剋注意火災。遇金剋注意損傷。遇木剋須防盜失。遇水土剋制須防變質。凡財爻旺相或應爻生、剋、合世爻，買賣應當機立斷。

《增刪卜易》例，未月辛未日（空亡：戌亥），占開金銀店鋪，得火雷噬嗑之水雷屯。

世應	卦爻	地支	六親	六獸	動爻	地支	六親
	▬▬	巳火	子孫		○	子水	父母
世	▬ ▬	未土	妻財		×	戌土	妻財
	▬▬	酉金	官鬼		○	申金	官鬼
	▬ ▬	辰土	妻財				
應	▬ ▬	寅木	兄弟				
	▬▬	子水	父母				

開店鋪，以妻財爻、世爻為用神判斷。未月未日扶助未土世爻妻財，化進神，一片大好。六爻子孫巳火化回頭剋，雖生助無力，但本體強旺。酉金官鬼發動，兄弟不敢來劫妻財，且忌神寅木入未庫。

《增刪卜易》例，巳月壬申日（空亡：戌亥），占開店貿易，得坤卦之山地剝。

世應	卦爻	地支	六親	六獸	動爻	地支	六親
世	▬ ▬	酉金	子孫		×	寅木	官鬼
	▬ ▬	亥水	妻財				
	▬ ▬	丑土	兄弟				
應	▬ ▬	卯木	官鬼				
	▬ ▬	巳火	父母				
	▬ ▬	未土	兄弟				

占生意，以妻財爻為用神。此卦妻財亥水臨月破坐空亡，世爻酉金子孫生出官鬼，子孫爻不生財，也是世爻不生財，應爻又是官鬼，總之，洩氣有之，生扶不見，尤防子孫變出官鬼寅木時，申月有災。

　　《增刪卜易》例，午月丙子日（空亡：申酉），占開典鋪，得雷天大壯之巽卦。

世應	卦爻	地支	六親	六獸	動爻	地支	六親
	▬▬	戌土	兄弟		×	卯木	官鬼
	▬▬	申金	子孫		×	巳火	父母
世	▬	午火	父母		○	未土	兄弟
	▬	辰土	兄弟				
	▬	寅木	官鬼				
應	▬	子水	妻財		○	丑土	兄弟

　　世爻臨午火月建，日辰子水沖不散，又化出未土，午未相合，合到兄弟有破耗阻滯，故世爻得到扶助，論吉中帶凶。但應爻妻財子水化出丑土，六合帶回頭剋，反而糾纏難分。且六沖卦變出六沖卦，內外變動，交相沖擊，有上下不合，至親反目之現象，店開不久即收攤。

《卜筮正宗》例，寅月辛酉日（空亡：子丑），占開店，得艮卦之地火明夷。

世應	卦爻	地支	六親	六獸	動爻	地支	六親
世	▬	寅木	官鬼		○	酉金	子孫
	▬▬	子水	妻財				
	▬▬	戌土	兄弟				
應	▬	申金	子孫				
	▬▬	午火	父母				
	▬▬	辰土	兄弟		×	卯木	官鬼

占開店，先看世爻用神。寅木官鬼臨寅月，日辰酉金剋世爻。世爻又發動化出酉金，回頭剋，官鬼代表疾病，應驗在世爻入墓之未月。應爻申金代表夥計，酉月趁病打劫，洗盡一空。

十四、陽宅與風水

關於風水地理之類，有主張以觀察實地狀況為優先，認為以卜卦決斷地理只是輔佐之手段，例如遠在外地，而急需下判斷等情形，就只能先依據卜卦方式而定。這些方式是依據各人所學而應用，本書依據《增刪卜易》所說，加以說明，僅供參考。

《增刪卜易・蓋造買宅賃宅》云：父旺持世，此處清安宜久住。財爻發動，他方仁里另宜求。爻逢六合，終見亨通；卦遇反吟，多于愁嘆。世動而化進，綿長百代；父興不化退，增置千間。最忌隨官入墓，須防鬼動傷身。

1. 看住宅是否適宜居住，只須父母爻旺相、持世爻、生世爻、合世爻，以及世爻動化父母爻來相生，或得到日辰月建作父母，生合世爻，皆是福地福宅。

2. 若妻財爻發動剋制父母爻，適宜另尋屋宅。世爻與用神旺相，得六合卦福地福人居；六沖卦，居住不安寧。卦中出現反吟，世爻被沖剋，大凶之象。世爻與父母爻化進神，財旺家興；不可化退神。

3. 凡世爻隨鬼入墓，妻財爻助官鬼剋世爻，及世爻發動化凶神，或日月、動爻剋制世爻，不宜居住。父母爻發動剋世爻，及世爻與父母爻空、破、墓、絕，也不宜居住。

　　《增刪卜易》例，戌月丙午日（空亡：寅卯），占家宅，得乾卦之風天小畜。

世應	卦爻	地支	六親	六獸	動爻	地支	六親
世	▬▬	戌土	父母				
	▬▬	申金	兄弟				
	▬▬	午火	官鬼		○	未土	父母
應	▬▬	辰土	父母				
	▬▬	寅木	妻財				
	▬▬	子水	子孫				

　　占家宅吉凶，以世爻為用神。世爻戌土臨戌月丙午日生扶，旺相。午火官鬼發動，動以相生，此屋宅吉利。若須問其他六親、災病、仕途、財運，均須另外占卦，以決憂疑。

　　野鶴曰：凡蓋造、買宅、賃宅，世與父爻旺相，不犯沖剋者，即宜成之，自漸榮華昌盛。如問一家之凶吉，雖要分占，亦待遷居入火之時，擇其吉日而占之，問此日遷居，礙于父母妻子否？如有妨，須宜另擇一日，不然，或令所礙之人，另擇一時入門可也。朝廷頒曆，以便民用者，此也；若蓋造買宅，占問一家俱宜吉慶，設家有百口，欲使人人合其吉者，百年亦買不成矣。

　　凡是起造、買屋、租屋等，只須世爻與父母爻旺相，不犯沖剋即是福宅。至於家中數十口吉凶，必須分開占筮。如有不吉者，另外擇遷居之日，否則俱要全家人口全部吉祥，可能等不到這種屋宅了。

> 《增刪卜易・創造宮事》云：興工創造，卦忌六沖，鬼動為忌，剋世最凶，隨官入墓，禍患多逢。父爻旺相，世位興隆；世父兩爻動化吉，人安宅盛事亨通。

屋宅起造時日，不宜卜出六沖卦。最忌官鬼爻發動剋世爻，或隨官入墓，都是多災多難。父母爻旺相與世爻動化吉神，宅安人多福。

> 《增刪卜易・脩方動土》云：世臨福德最相宜，官鬼爻重有禍基；世旺逢生宜化吉，世衰受剋且停之。子孫之方宜起手，官鬼之位莫挑泥。

子孫爻持世爻最相宜，官鬼爻重疊災難不免，世爻旺相也不要動出凶神。世爻衰弱暫時不宜起造。動工最宜先從子孫爻的地支方開挖，官鬼地支方，最後再開挖。

> 如子孫屬水，起手動土，宜于北方；官鬼屬火，不可動土于南方；鬼在辰戌丑未，此方切忌動土。拆舊豈嫌財象發，興新偏忌父爻虛；造成屋宇憂沖散，父爻旺相久長居。

子孫爻如果是亥、子水，宜從北方先動土。子孫剋官鬼，所以南方留在最後開挖。官鬼爻在辰戌丑未方，則宜以三合性質迴避官鬼爻。拆舊屋還是要妻財爻旺相，起造新屋舍，還是要父母爻旺相。占成屋，不喜六沖爻，父母爻旺相值得長久居住。

> 《增刪卜易・遷居過火》云：內三爻為現居之宅，外三爻為未住之房；內剋外，外宅不利，不可遷居；內生外，外宅興隆，速遷為吉。

屋宅也有新歡舊愛的問題，內卦指現在居住的屋宅，外卦指尚未居住的屋宅；內卦剋外卦，外宅不利，不宜遷居。內卦生外卦，外卦興隆吉利，可以速速遷進。

《增刪卜易・歸宅入火》云：宅之凶吉，已于蓋造買宅卦中卜就之矣，今擇入火之日，須將父母、兄弟、妻兒各自分占，宜于此日者用之，不宜此日者改之。或改日，或另擇一時以入門，皆可化凶為吉。

屋宅之吉凶在興建購買就已經決定，其次是歸宅入火的擇日選擇，需要將父母、兄弟、妻兒等各自分開，分別占筮，各取吉日。

《增刪卜易・入宅六親吉凶》云：擇某日入宅宜于父母、兄弟、妻兒否？當各自分占。占父母，父母宜于旺相；占兄弟、妻兒，亦皆旺相而遇生扶，不宜變動化鬼及剋制刑沖。卦得吉者，即于此日入宅；卦之凶者，令此人另改一日入門可耳。若數卦之中，或弟兄或妻兒，內有一卦不利者，即令另擇一日，或另擇一時俱可，

選擇父母、兄弟、妻兒入宅的吉日，應分別占卦。若是占父母入宅吉日，須父母爻旺相。占兄弟、妻兒，皆相同道理，均不宜變動化鬼及空墓破絕。逢卦象不吉，此六親另外擇日、擇時遷入。

《增刪卜易》例，子月丁酉日（空亡：辰巳），占選某日入宅，有礙父母否？得澤地萃。

世應	卦爻	地支	六親	六獸
	-- --	未土	父母	
應	——	酉金	兄弟	
	——	亥水	子孫	
	-- --	卯木	妻財	
世	-- --	巳火	官鬼	
	-- --	未土	父母	

占父母入宅吉凶，以父母爻為用神。父母未土，安靜休囚。忌神妻財卯木月建生助旺相，日辰酉金沖之暗動，不利遷入。變更之方法如何？野鶴云：卯木絕在申時，選申時入宅，且父母未土，土長生在申，床一併宜安在西南最宜。

《增刪卜易》例，卯月丁卯日（空亡：戌亥），占某日入宅子女平安否，得澤火革之雷火豐。

世應	卦爻	地支	六親	六獸	動爻	地支	六親
	-- --	未土	官鬼				
	——	酉金	父母		○	申金	父母
世	——	亥水	兄弟				
	——	亥水	兄弟				
	-- --	丑土	官鬼				
應	——	卯木	子孫				

占子女入宅是否平安，取子孫爻為用神。子孫爻卯木臨日月，父母爻發動退神無力，但剋子孫，宜於亥子日遷居，洩父母酉金，生子孫卯木。子女之床位宜安在東南方，木火通明，科甲有准。占屋宅吉凶，六親應分別占卦，當初買房卦中即可能顯示六親吉凶。

《增刪卜易》例，申月辛卯日（空亡：午未），占買某宅之吉凶，得澤火革之澤天夬。

世應	卦爻	地支	六親	六獸	動爻	地支	六親
	▬ ▬	未土	官鬼				
	▬▬	酉金	父母				
世	▬▬	亥水	兄弟				
	▬▬	亥水	兄弟				
	▬ ▬	丑土	官鬼		✕	寅木	子孫
應	▬▬	卯木	子孫				

占買宅，以世爻為用神。月建申金生助世爻亥水，兄弟旺相，又值日辰辛卯沖動父母酉金，父母生助兄弟，世爻更有力。但二爻官鬼化子孫，寅木回頭剋又逢月破。《增刪卜易》記載，其子八月死於痘症，十月，仍買此宅。

《增刪卜易·馬房豬圈》云：子孫須宜旺動，父母切忌興隆。生相必須兼用，日月更喜相生。

關於馬房、豬圈也是分別占卦，一切六畜皆以子孫爻為用神，最忌父母爻發動，動則六畜子孫爻受傷，又忌子孫爻空、

破、墓、絕，及被日月、動爻，刑沖剋害，及子孫動化空、破、墓、絕、化鬼、化父、化回頭剋，皆主刑傷，此地不宜用，或更換地方，或另改一日，均須再占卦。

六畜雖以子孫爻為用神，但仍須旺相。假如馬房，子孫不被沖剋，固然為吉，但馬屬於午，故午爻亦不臨鬼，及動而變鬼，餘倣此。凡占六畜，卦得日月生扶，六畜必然繁盛；倘受日月沖剋，牲口絕種無根。

《增刪卜易・舊宅》云：貴知來占之意：或因連年破耗，疑家宅之不安者；或因屢科不第；或因有子求名，疑此宅能興旺子孫否者，此須子孫親卜之。或因官不陞者；或因子女不存者；或因官災火盜者；或因父母六親多病者；或因前後左右他人蓋造，疑沖犯我宅者；或家有響聲，鬼祟現形者，當問來人而判也。

卦師應理解求占卜之來意，是何因而連年破耗，家宅不安，考場失利等。如果問此宅是否能興旺子孫，最好由子孫本人親自占卦。其次，官不陞，子不存，逢盜賊又多病，遭前後屋宅沖射，家中鬼影祟祟等，應清楚求占者心思。必須指出其所疑惑者而占之，無不響應。

《增刪卜易》例，酉月戊寅日（空亡：申酉），占官事不順，是否院內不宜有井？得地水師之地澤臨。

世應	卦爻	地支	六親	六獸	動爻	地支	六親
應	▬▬	酉金	父母				
	▬▬	亥水	兄弟				
	▬▬	丑土	官鬼				
世	▬▬	午火	妻財				
	▬▬▬	辰土	官鬼				
	▬▬	寅木	子孫		×	巳火	妻財

占官事，以官鬼爻為用神。官鬼兩現，休囚安靜。世爻有日辰戊寅相生，不弱。又得子孫發動更旺，官運不順與井無關。再卜一卦，

《增刪卜易》例，酉月戊寅日（空亡：申酉），占或者是大門對向不利，可否更改門向？得天火同人。

世應	卦爻	地支	六親	六獸
應	▬▬▬	戌土	子孫	
	▬▬▬	申金	妻財	
	▬▬▬	午火	兄弟	
世	▬▬▬	亥水	官鬼	
	▬▬	丑土	子孫	
	▬▬▬	卯木	父母	

官鬼持世爻，酉月來生亥水，戊寅日六合亥水，官鬼爻旺相，罪魁禍首就是此門。既然必須修改，改門後之功名如何？再占一卦。

《增刪卜易》例，酉月戊寅日（空亡：申酉），占如果改門後功名如何，得雷山小過之山地剝。

世應	卦爻	地支	六親	六獸	動爻	地支	六親
	▬ ▬	戌土	父母		×	寅木	妻財
	▬ ▬	申金	兄弟				
世	▬▬▬	午火	官鬼		○	戌土	父母
	▬▬▬	申金	兄弟		○	卯木	妻財
	▬ ▬	午火	官鬼				
應	▬ ▬	辰土	父母				

午火官星持世，寅日生之，外卦寅、午、戌三合火局，扶助世爻官鬼，應驗於巳、午年陞官。

> 《增刪卜易》云：福德動搖，不是此方之禍。官鬼發動，得於此處之妖。福德臨身，轉災為福；旺財持世，寶藏興焉。鬼動爻中，真妖實祟。官剋世位，為禍為災。

1. 子孫爻持世或發動，或官鬼不動，及六爻安靜，皆非所占問之症候起因。只有官鬼爻持世爻、剋世爻，及發動於卦中，才是禍首。
2. 子孫剋官鬼，子孫持世或發動，神藏鬼沒，消蹤覓跡。旺相之妻財爻持世，生世、合世，必有古窖。
3. 官鬼爻臨白虎，必有伏屍。官鬼爻臨玄武，山魈水怪。螣蛇則蠱蛇為患。朱雀臨官鬼，主火盜官非。勾陳臨官鬼，傷身牢獄。青龍臨官鬼，縱情色欲。鬼在變爻，有冤家債主。有鬼臨日辰月建，供養正神。官鬼剋世爻，

必受其災殃。官鬼生世爻，反為我用。

4.官鬼剋世爻，或世爻隨鬼入墓，或世爻發動變成官鬼
回頭剋，都是冤親債主之禍患。財爻發動剋父母、化父
母、或父母化妻財，須注意高堂老者。父母發動剋子
孫，官鬼化子孫，子孫化官鬼，注意兒孫輩受損。官鬼
變弟兄，鬼動剋兄弟。官鬼變妻財，兄弟動化妻財，妻
財變化兄弟，主手足刑傷，或分衾拆枕。

《增刪卜易》例，巳月己丑日（空亡：午未），占讀書人
屢次落第，懷疑後廟沖射本宅。得火天大有之乾為天。

世應	卦爻	地支	六親	六獸	動爻	地支	六親
應	▬▬	巳火	官鬼				
	▬ ▬	未土	父母		×	申金	兄弟
	▬▬	酉金	兄弟				
世	▬▬	辰土	父母				
	▬▬	寅木	妻財				
	▬▬	子水	子孫				

世爻為本宅，應爻為廟宇，應爻巳火來生世爻辰土，無虞
相犯。未土發動，廟照壁後有數百年大樹一株，須安張口大獸
頭於屋脊，與之相對。再占一卦，論修補後之吉凶。

　　《增刪卜易》例，巳月己丑日（空亡：午未），占修補後吉凶，得雷澤歸妹之雷地豫。

世應	卦爻	地支	六親	六獸	動爻	地支	六親
應	▬ ▬	戌土	父母				
	▬ ▬	申金	兄弟				
	▬▬▬	午火	官鬼				
世	▬ ▬	丑土	父母				
	▬▬▬	卯木	妻財		○	巳火	官鬼
	▬▬▬	巳火	官鬼		○	未土	父母

　　占功名，先看父母爻，兼看官鬼爻。父母爻持世爻，月建來生，日辰丑土來扶旺相。妻財發動生官鬼，官鬼發動生世爻，變卦後成六合吉象。

　　《增刪卜易》例，亥月戊午日（空亡：子丑），母親病癒，換妻子生病，占家宅吉凶否，得水地比之水山蹇。

世應	卦爻	地支	六親	六獸	動爻	地支	六親
應	▬ ▬	子水	妻財	朱雀			
	▬▬▬	戌土	兄弟	青龍			
	▬ ▬	申金	子孫	玄武			
世	▬ ▬	卯木	官鬼	白虎	×	申金	子孫
	▬ ▬	巳火	父母	螣蛇			
	▬ ▬	未土	兄弟	勾陳			

近病逢空即病癒，今日戊午日，沖動妻財子水，病人逢沖則起，當晚可以退病。但世爻卯木官鬼動，化子孫回頭剋。《增刪卜易》記載，改到左邊的右門，於庚申日仍然改回右邊，必可家宅平安。所以用庚申日更改大門，其目的在金制木鬼。

《增刪卜易・尋地》云：世爻旺相，祖父魂安；福德興隆，兒孫綿祀。三合六合，聚氣藏風；世沖六沖，飛砂走石。六沖變合，地已去而復來。六合變沖，形已成而復失。世旺而化絕破，吉處藏凶。世衰而化合生，凶中有吉。世化進神，千秋綿遠。福德化進，百代蒸嘗。日月宜生福德，動爻不可傷身。旺世臨虎，棺上加棺。旺福逢龍，寅葬卯發。

---

1. 世爻代表穴位。世爻旺相，或臨日月，或日月動爻生扶，都是福地。子孫爻持世，或子孫在他爻旺相，子孫昌隆。

2. 卦逢六合，或世爻與子孫爻作六合，乃藏風吉穴。得六沖卦，或六沖卦變六沖卦，或世爻與應爻相沖，氣脈沖散無地。六沖卦變六合卦，可能先前求之不得，後來反求得此地。或地氣已經衰敗，又得到真龍。六合卦變六沖，得而復失，或地運開始衰離。

3. 世爻旺相，不宜化破、化墓、化絕、化回頭剋，否則是先得旺地，後有破損，或葬後遭人暗損，吉處藏凶。反之。世爻若衰弱，動而化回頭生、化長生帝旺、化日月、化合化進，先否後泰，凶中帶吉。

4. 世爻化進神、日月、回頭生、化合、化長生帝旺，地脈綿長，財丁興旺。子孫爻化進神、日月、回頭生、化

合、化長生帝旺，孫賢子貴。日辰月建宜生助子孫爻與世爻，不宜被日月、動爻沖剋。

5.世爻官鬼臨白虎，或隨鬼入墓，皆主地中有伏屍。世爻旺相又遇生扶，乃是加官晉爵之兆。子孫爻旺相，又遇日月生扶，又逢青龍，吉上加吉，迅速發達。

《增刪卜易》例，寅月戊午日（空亡：子丑），占地，得山雷頤之天雷无妄。

世應	卦爻	地支	六親	六獸	動爻	地支	六親
	▬▬	寅木	兄弟	朱雀			
	▬ ▬	子水	父母	青龍	×	申金	官鬼
世	▬ ▬	戌土	妻財	玄武	×	午火	子孫
	▬ ▬	辰土	妻財	白虎			
	▬ ▬	寅木	兄弟	螣蛇			
應	▬▬	子水	父母	勾陳			

世爻戌土，春令休囚，化出午火子孫回頭生世爻，形成三合局，青龍戲水化成長生，水源極遠，但因申金為月破，戌土剋子水，又被戊午日沖散，春夏有水，秋冬必乾。卦中日辰、月建、子孫組成三合局。

《增刪卜易》例，申月戊子日（空亡：午未），占塋地，得山地剝。

世應	卦爻	地支	六親	六獸
	▬▬	寅木	妻財	朱雀
世	▬ ▬	子水	子孫	青龍
	▬ ▬	戌土	父母	玄武
	▬ ▬	卯木	妻財	白虎
應	▬ ▬	巳火	官鬼	螣蛇
	▬ ▬	未土	父母	勾陳

子孫持世臨青龍，月建日辰生扶，青龍戲水，水由左旋，旺相必近大河，不然亦有長流之水。白虎卯木，子卯相刑，爪牙埋伏。應爻巳火為向山，火逢水剋，向山應不高。戌為案山，戌土剋水，案山略高。隔年得孫子，次子加陞。

　　《增刪卜易》例，卯月壬寅日（空亡：辰巳），占尋地，得澤火革之水火既濟。

世應	卦爻	地支	六親	六獸	動爻	地支	六親
	▬▬	未土	官鬼				
	▬▬	酉金	父母				
世	▬▬▬	亥水	兄弟		○	申金	父母
	▬▬▬	亥水	兄弟				
	▬▬	丑土	官鬼				
應	▬▬▬	卯木	子孫				

　　父母爻為用神，卯酉月破，日辰坐絕，休囚之象。申金父母回頭生亥水，世爻雖然休囚，逢申金長生，只嫌寅日沖去申金，必尋找至申月當令始得到土地。父母臨申酉方，所以地在坤方，所得到的就是財丁之地。世爻衰弱化出長生與回頭生，至申年發旺，酉年子孫大發。

　　《增刪卜易》云：散墓絕空，世與子孫勿見。化剋化鬼，弟兄妻子休逢。應沖合處逢沖，流移遷徙。反伏卦變化剋，洪泛陵夷。父化父，兒孫夭折。子化子，兒女成行。

　　1.世爻與子孫爻，不宜休囚墓絕空破，動爻破剋、化破散、化絕、化墓、化官鬼、化退神、化回頭剋，只要遭逢一項，即非吉地。

　　2.六親不宜化出官鬼，例如父母化官鬼，官鬼化父母。官鬼化子孫，子孫化官鬼。兄弟化官鬼，官鬼化兄弟。兄弟化妻財，妻財化兄弟。妻財化官鬼，官鬼化妻財等。

因為以上全部有剋出剋入的關係。尤其父母坐高堂，官鬼化父母，疾病近身；父母化妻財，父母被倒剋；妻財化父母，飲食不進。

3. 世爻被應爻沖，或合處逢沖，即流徙遷移之象。反之，世爻與應爻相合，爻逢六合，或世爻、應爻、子孫爻三合成局，即為好地理。

4. 卦中伏吟，遇到沖開之年月必有遷移。卦得反吟，遇到沖年沖月必有變化。內外卦反吟，如巽卦變為乾卦，就是化絕化剋，輕則遷徙，重則禍至。

《卜筮正宗》例，卯月甲寅日（空亡：子丑），占風水，得澤水困之水澤節。

世應	卦爻	地支	六親	六獸	動爻	地支	六親
	▬ ▬	未土	父母				
	▬▬	酉金	兄弟				
應	▬▬	亥水	子孫		○	申金	兄弟
	▬ ▬	午火	官鬼				
	▬ ▬	辰土	父母				
世	▬ ▬	寅木	妻財		×	巳火	官鬼

懷疑祖上風水，年近五旬而無子嗣，以子孫為用神。世爻寅木得日辰月建扶助，旺相。六合卦化合，藏風聚氣，子孫爻與寅日六合，子孫旺相，化出申金回頭生，但寅日破之。修改風水後見水得財，子嗣有根源。應驗於巳年得官，妻財動化官鬼。申年得子，因子孫化出申金兄弟，回頭生。

《增刪卜易‧地形勢》云：世旺遇長生，來龍甚遠。世衰逢應
剋，對案山欺。兩間旺而明堂寬，龍虎衰而左右陷。左山旺，
頭角崢嶸。右山衰，爪牙埋伏。朱雀遇刑沖，前山雜亂。玄武
逢破散，后脈空虛。龍虎世爻合局，虎踞龍蟠。水土世應相
合，山環水遠。水口不固，上爻一定逢空。道路參差，螣蛇必
然破散。

1. 世爻當令，又長生帝旺於日辰，來龍遠大。例如世爻是
申、酉，日辰是乙巳日等。應爻來剋世爻，臨葬坐對向
山，或案山高聳。

2. 間爻旺相，代表明堂寬大。休囚則是明堂傾陷。龍左虎
右，兩者皆旺，有環抱之勢。否則，不能環抱。龍山宜
於有旺相生扶，頭角軒昂。虎山宜剋宜衰，虎爪收斂。

3. 朱雀遇到刑沖剋散，以及空破墓絕，前山雜亂。玄武逢
刑沖剋散，空破墓絕，後脈空虛。

4. 若得龍虎子孫組成三合局，乃神州大地。第六爻為上
爻，若逢空破，水口不固；逢絕者，水泉乾涸。

5. 觀察河道內之水文，須看卦內之水爻；休囚被剋，漲
退不常，逢長生、化長生源遠流長。再臨青龍，源長秀
麗。螣蛇代表道路，逢沖散小路必多，旺相者定有官
道。勾陳田坡，以旺衰定有無。

《增刪卜易》例，丑月庚申日（空亡：子丑），占地形勢如何，得澤山咸。

世應	卦爻	地支	六親	六獸
應	▬ ▬	未土	父母	螣蛇
	▬	酉金	兄弟	勾陳
	▬	亥水	子孫	朱雀
世	▬	申金	兄弟	青龍
	▬ ▬	午火	官鬼	玄武
	▬ ▬	辰土	父母	白虎

世爻申金得丑月生，日辰庚申相扶，旺相。青龍白虎皆無傷剋，龍虎環抱之局。向山未土與丑月相沖，但有朱雀之亥水得庚申日來生，必有水源。螣蛇為路，上爻為水口，俱臨月破，道路參差，水口散亂。兩間爻酉金亥水旺相，明堂寬大。安葬後名利如何？六親如何？須另外卜卦，以決憂疑。

《增刪卜易・得地于何時》云：世為用神，靜者逢沖逢值，動者逢值逢合。世空者，沖實之秋。世破者，填實之候。逢合入墓，須待沖開。獨靜獨發，值之而遇。世若休囚須旺相，若逢旺相待休囚。世為塋地，靜者，逢沖、逢值之年月，即如世值子水者，應在子午年月。動者，應在丑年月，亦有應子年月。餘倣此。空者，沖空、實空之年。世破者，實破之年。世逢三合、六合，或世爻化合，或墓于日辰，或化墓，皆應沖開之日。卦中一爻獨發，一爻獨靜，亦應逢值之年。動逢合、靜逢沖，即如卦中子爻獨動，應在子丑年，如子爻獨靜，應在子午年。

《增刪卜易》例，辰月乙卯日（空亡：子丑），占何時得地，得地雷復之水雷屯。

世應	卦爻	地支	六親	六獸	動爻	地支	六親
	▬ ▬	酉金	子孫	玄武			
	▬ ▬	亥水	妻財	白虎	×	戌土	兄弟
應	▬ ▬	丑土	兄弟	螣蛇			
	▬ ▬	辰土	兄弟	勾陳			
	▬ ▬	寅木	官鬼	朱雀			
世	▬▬▬	子水	妻財	青龍			

亥水財爻獨發，伏拱世爻，被戌土回頭剋制，世爻妻財子水逢空亡，目前是月破，待到戌月是實破，交入冬季得地之時。地在何方？須另占一卦決定。

> 《增刪卜易・得地于何方》云：卜得地于何時，還以世爻為用。卜得地于何方，當以父爻為用也。已葬之後，皆以父爻為用。

以世爻判斷得到土地之應期，以父母爻判斷土地在何方。父母爻亥水，地在北方。父母爻臨巳午，地在東南方。父母爻辰戌丑未，地就在辰戌丑未之方向。父母爻臨木星，地在寅卯方。父母爻在申酉，地在西南方。或許地在入墓方，例如父母爻屬金，地在丑方。父母爻屬水，地在辰方。

> 《增刪卜易・祖塋舊塚》云：父爻旺相，祖墓安然。墓絕休囚，後裔零落。世爻變鬼，占者不祥。鬼化六親，各屬不吉。

1. 先祖下葬多年，來占卜必有原因，因為貧賤、屢試不第、盜賊病災等，須先清楚來意，用神以父母爻為主。

2. 卦遇六沖，全無地脈。卦變化絕，地勢倒懸。卦中伏吟，欲遷移而不遂。卦中反吟，由不得不遷。卦變六沖，地氣散失。沖中變合，子孫興隆。

3. 父母爻旺相，日月、動爻生扶，動而化生、化日月、化比助、化進神，兒孫發達之象。

4. 父母爻空破墓絕，動而破散，化破退、化退神、化絕墓、化回頭剋、化旬空，乃生者亡者不安之象。

5. 世爻變鬼，即隨墓助傷，求占者不吉。例如子水化出官鬼，不利鼠命。午火化出官鬼，不利馬命。最忌子孫發動而化出官鬼，以及父母發動而化出子孫，不利子孫。

《增刪卜易‧因何事所傷》云：爻無亂動，須觀五行之有無。卦如安逸，又看地支之缺陷。

---

1. 專以沖剋父母之爻為忌神，如果六爻安靜，自然平安。如果忌神為火，又臨朱雀火，應是窯灶之禍。忌神為土，又臨玄武鬼魅，應是偷葬所傷。忌神屬金，臨白虎，應是沖射所致。忌神屬木，臨青龍，樹根之災。忌神臨螣蛇，蛇蟻為巢。忌神屬土，臨勾陳，動土開工所致。忌神屬水，臨玄武，棺木浸水。

2. 六爻安靜，並無沖剋父母之爻，則觀察五行是否缺少。卦中無土，須築牆垣。卦無金星，石碑可立。火星缺現，可立煙灶，或安看墳之宅。卦中無水，可鑿池塘、河道，木爻不現，多栽植樹木。若有空破墓絕，順五行特性判斷之。

《增刪卜易・脩補吉凶》云：子孫持世子動爻，脩之則吉。官鬼剋世父爻空，遷則獲福。

　　脩補以世爻為用神。子孫持世，子孫發動，修補則大吉。官鬼爻剋世爻，求占者必有損害。父母爻空破墓絕，再被日月動爻傷剋，修補也無濟於事，遷走為上策。

　　《卜筮正宗》例，申月辛卯日（空亡：午未），占買入房宅吉利否，得澤火革之澤天夬。

世應	卦爻	地支	六親	六獸	動爻	地支	六親
	▬ ▬	未土	官鬼				
	▬▬▬	酉金	父母				
世	▬▬▬	亥水	兄弟				
	▬▬▬	亥水	兄弟				
	▬ ▬	丑土	官鬼		×	寅木	子孫
應	▬▬▬	卯木	子孫				

　　占買房吉凶，先看世爻如何。兄弟亥水持世，月建申金生世爻，酉金暗動生世爻，世爻論旺相。惟官鬼爻發動，化出子孫回頭剋，官鬼爻受制，但子孫爻逢月破。宅吉，子孫不安。

十五、雜論（年運、人口不安、賭錢、小人口舌、胎孕、失物、占夢）

（一）、年運

每逢新的一年，大家都希望今年事事如意，依序大致為健康、家庭、工作、財運、社交等。但是一個卦中的信息，很難有如此周詳之訊息，因此經常是依據各人之需求而判定，例如長年臥病看健康、生意人看財運、上班族喜問工作如何、適婚男女問婚姻、考生問考運如何等。

《增刪卜易》例，辰月癸丑日（空亡：寅卯），占流年，得澤水困之雷水解。

世應	卦爻	地支	六親	六獸	動爻	地支	六親
	▬ ▬	未土	父母				
	▬▬▬	酉金	兄弟		×	申金	兄弟
應	▬ ▬	亥水	子孫				
	▬ ▬	午火	官鬼				
	▬▬▬	辰土	父母				
世	▬ ▬	寅木	妻財				

占流年，世爻為我。世爻寅木妻財，辰月丑日休囚，又值旬空。酉金兄弟忌神，發動於五爻，化退神，酉金入丑庫，暫時剋制無力，但待機而動。至未月沖動丑庫，酉金被沖出，兩未一辰，疊疊土生酉金，忌神大動干戈，凶殁。

《增刪卜易》例，寅月丁未日（空亡：寅卯），占流年，得風雷益之風澤中孚。

世應	卦爻	地支	六親	六獸	動爻	地支	六親
應	▬▬	卯木	兄弟				
	▬▬	巳火	子孫				
	▬ ▬	未土	妻財				
世	▬ ▬	辰土	妻財				
	▬ ▬	寅木	兄弟		×	卯木	兄弟
	▬▬	子水	父母				

占流年，世爻為我。辰土妻財持世爻，月剋日扶，難言旺相。目前寅月寅木發動化進神卯木，雖臨月建，但臨空亡又入墓，暫時貪圖繁榮，不來剋世爻。待未月過後，木神發揮，宜往金旺之西邊避風頭。出行數日，家宅逢地震有人口被傷。

《卜筮正宗》例，未月癸亥日（空亡：子丑），占流年，得艮卦。

世應	卦爻	地支	六親	六獸
世	▅▅▅	寅木	官鬼	
	▅ ▅	子水	妻財	
	▅ ▅	戌土	兄弟	
應	▅▅▅	申金	子孫	
	▅ ▅	午火	父母	
	▅ ▅	辰土	兄弟	

　　占流年，以世爻為用神。世爻寅木官鬼持世，六爻安靜，形成六沖卦，若問年運應爻子孫來剋世爻官鬼，六沖卦，今年必是非纏身。然而不知卦主隱瞞前去從軍之意願，故占從軍，應以官鬼爻為用神。癸亥日與世爻寅木官鬼相合，合中等待逢沖之申日成行。

　　《卜筮正宗》例，午月辛丑日（空亡：辰巳），因母病占流年，得風雷益之天雷无妄。

世應	卦爻	地支	六親	六獸	動爻	地支	六親
應	▬▬	卯木	兄弟				
	▬▬	巳火	子孫				
	▬　▬	未土	妻財		×	午火	子孫
世	▬　▬	辰土	妻財				
	▬　▬	寅木	兄弟				
	▬▬	子水	父母				

　　問母病，以父母爻為用神。問流年，以世爻為用神。世爻辰土妻財持世，未土妻財發動生子孫，財星疊疊元神有力，流年財氣興旺。殊不知，占母病以父母爻為用神，父母子水逢月破，丑日來困，目前世爻辰土空亡，待出空之甲辰日，危機重重。

（二）、人口不安

《增刪卜易》例，卯月癸亥日（空亡：子丑），占新遷住宅，人口不安，得水天需之乾為天。

世應	卦爻	地支	六親	六獸	動爻	地支	六親
	▬▬	子水	妻財		×	戌土	兄弟
	▬▬▬	戌土	兄弟				
世	▬▬	申金	子孫		×	午火	父母
	▬▬▬	辰土	兄弟				
	▬▬▬	寅木	官鬼				
應	▬▬▬	子水	妻財				

占宅第，先以世爻為用神。申金父母持世爻，休囚之象，發動午火回頭剋，世爻代表宅中之子孫俱受剋。上爻子水妻財，發動戌土兄弟回頭剋，代表妻妾、錢財受剋，一家子受剋害現象。申金怕火旺，應驗在夏季，黃河決口，隨波逐滔。

（三）、占賭錢

對賭，端看世爻應爻如何對待。若賭錢先看世爻，兼看財爻。世爻喜臨日月旺相，財爻宜日月生扶，動而化出吉神，應爻帶財生世爻，鈔票送進來。反之，兄弟爻發動，官鬼爻剋世爻等，皆破財之象。若鬥鳥獸，專重子孫爻，子孫旺必勝。反之，空破墓絕或父母爻動來剋子孫，落敗跡象。

《增刪卜易》例，巳月戊申日（空亡：寅卯），占鬥鷓鳥，得風山漸之巽為風。

世應	卦爻	地支	六親	六獸	動爻	地支	六親
應	▬	卯木	官鬼				
	▬	巳火	父母				
	▬▬	未土	兄弟				
世	▬	申金	子孫				
	▬▬	午火	父母		×	亥水	妻財
	▬▬	辰土	兄弟				

占賭錢，先看世爻。子孫持世，以臨日辰，又合巳月。殊不知忌神午火父母爻發動，雖亥水妻財回頭剋，但月破之亥水，難制巳月炎火，爭鬥時且避過巳、午時辰。早場得勝，午場倒貼。

《增刪卜易》例，子月己巳日（空亡：戌亥），占賭錢，得坤卦。

世應	卦爻	地支	六親	六獸
世	▬▬	酉金	子孫	勾陳
	▬▬	亥水	妻財	朱雀
	▬▬	丑土	兄弟	青龍
應	▬▬	卯木	官鬼	玄武
	▬▬	巳火	父母	白虎
	▬▬	未土	兄弟	螣蛇

世爻酉金剋應爻卯木，但巳日沖動亥水，反生應爻卯木官鬼，反而對世爻不利，勢均力敵。六沖卦，賭局撐不久。亥水妻財臨空亡，鈔票流到對方口袋不多。朱雀臨妻財暗動，為錢爭吵。

（四）、占小人口舌

《增刪卜易》例，卯月丙午日（空亡：寅卯），占小人口舌，得乾卦之水天需。

世應	卦爻	地支	六親	六獸	動爻	地支	六親
世	▬▬	戌土	父母	青龍	○	子水	子孫
	▬▬	申金	兄弟	玄武			
	▬▬	午火	官鬼	白虎	○	申金	兄弟
應	▬▬	辰土	父母	螣蛇			
	▬▬	寅木	妻財	勾陳			
	▬▬	子水	子孫	朱雀			

占小人口舌，妨礙前程，先看世爻。午火官鬼爻動化出兄弟，白虎臨兄弟爻，有口舌是非。然而世爻戌土合月建卯木，又得午火來生，旺相又逢青龍，戌申日得到起用，口舌群小迴避。應驗於申日沖臨空亡之寅木，三合火局力挺世爻戌土。

（五）、占胎孕

《增刪卜易》云：福神旺相遇生扶，麟兒兆瑞；子孫休囚逢破散，胞孕空虛。子化子，雙生有准，陽變陰，男女可變。

《增刪卜易》例，酉月庚戌日（空亡：寅卯），占何年生子，得水雷屯之水澤節。

世應	卦爻	地支	六親	六獸	動爻	地支	六親
	▬ ▬	子水	兄弟				
應	▬▬▬	戌土	官鬼				
	▬ ▬	申金	父母				
	▬ ▬	辰土	官鬼				
世	▬ ▬	寅木	子孫		×	卯木	子孫
	▬▬▬	子水	兄弟				

寅木子孫持世而化進神，子孫化出子孫，多子之卦象。寅木臨旬空，卯木臨空亡又月破，進神有力，在實空之寅、卯年得孕生出子息。

《增刪卜易》例，辰月戊辰日（空亡：戌亥），占孕男女，得雷山小過之雷地豫。

世應	卦爻	地支	六親	六獸	動爻	地支	六親
	▬ ▬	戌土	父母				
	▬ ▬	申金	兄弟				
世	▬▬▬	午火	官鬼				
	▬▬▬	申金	兄弟		○	卯木	妻財
	▬ ▬	午火	官鬼				
應	▬ ▬	辰土	父母				

兄弟爻發動，動化出卯木妻財，孕婦分娩無虞，卦中陽動變陰，卦中陽爻變成陰爻，必然生女。

（六）、占失物

占遺失物之用神，例如現金、信用卡、首飾、珠寶、存摺等以財爻為用神。而證件、鞋帽、服飾、汽車、字畫、書籍等，具有保護、包覆、文書等性質的物品，以父母爻為用神。寵物、禽獸以子孫爻為用神。至於以上物品同時遺失，一概以財爻為用神。喜六合或沖中逢合，失而復得。反之，六沖或合處逢沖，付之東流。臨空化空，自己疏失遺忘。用神旺相而伏藏，不被飛神剋制，有出現之時。以用神爻位之高低，判斷遺失物高低；以用神之地支，判斷遺失物方位。用神在外卦，受日月、動爻沖剋，遺失在外。六爻安靜用神旺相，而無剋世、生世、合世等情形，並無遺失，自然會出現。用神化出官鬼，生合官鬼，人為因素，官鬼入日墓難尋，反之，官鬼爻被日辰

沖剋，有機會尋回。

《卜筮正宗》例，寅月戊戌日（空亡：辰巳），占遺失銀物，得巽卦之天水訟。

世應	卦爻	地支	六親	六獸	動爻	地支	六親
世	━━	卯木	兄弟	朱雀			
	━━	巳火	子孫	青龍			
	━ ━	未土	妻財	玄武	×	午火	子孫
應	━━	酉金	官鬼	白虎	○	午火	子孫
	━━	亥水	父母	螣蛇			
	━ ━	丑土	妻財	勾陳			

占遺失物，以妻財爻為用神。世爻卯木得寅月扶，戌日相合，世爻旺相。世爻卯木與應爻酉金相剋，未土妻財動化午火，回頭生。應爻酉金官鬼爻，化出午火回頭剋，巽卦為六沖卦，世爻合到日辰，沖中見合，巳火空亡，等待乙巳日元神出空亡之時，物歸原主。

　　《卜筮正宗》例，辰月丁巳日（空亡：子丑），占逃僕，
得水山蹇。

世應	卦爻	地支	六親	六獸
	▅ ▅	子水	子孫	
	▅▅▅	戌土	父母	
世	▅ ▅	申金	兄弟	
	▅▅▅	申金	兄弟	
	▅ ▅	午火	官鬼	
應	▅ ▅	辰土	父母	

　　古時僕人被視為主子的私人財產，因此占逃僕即是遺失
私人財產之範圍。卦中妻財爻不現，取首卦兌宮，查出二爻為
妻財爻，伏於飛神午火之下，卯木則為伏神。我為世爻申金兄
弟，雖然剋制卯木，必待子日沖去飛神午火之時。《黃金策》
云：「伏无提挈終徒爾，飛不摧開亦枉然。」

（七）、占夢

《增刪卜易》例，丑月戊子日（空亡：午未），占夢，渾身有血，入河洗之，吉凶如何，占風雷益之風澤中孚。

世應	卦爻	地支	六親	六獸	動爻	地支	六親
應	▬▬	卯木	兄弟	朱雀			
	▬▬	巳火	子孫	青龍			
	▬ ▬	未土	妻財	玄武			
世	▬ ▬	辰土	妻財	白虎			
	▬ ▬	寅木	兄弟	螣蛇	○	卯木	兄弟
	▬▬	子水	父母	勾陳			

神兆機於動，先觀察此卦，二爻寅木兄弟臨螣蛇，發動化卯木進神，剋世爻妻財，應爻同為木剋土，無外援之象。須防木害，世爻與動爻都在內卦，凶象發生於內部周邊，宜出外避禍，以免發動之寅月應驗。

　　《增刪卜易》例，戌月戊申日（空亡：寅卯），占夢亡母喚去，跟隨而去，得風山漸卦。

世應	卦爻	地支	六親	六獸
應	▬▬	卯木	官鬼	朱雀
	▬▬	巳火	父母	青龍
	▬ ▬	未土	兄弟	玄武
世	▬▬	申金	子孫	白虎
	▬ ▬	午火	父母	螣蛇
	▬ ▬	辰土	兄弟	勾陳

　　子孫持世爻，戌月土來生金，申日來扶助，世爻旺相，本體強旺。子孫為福德之神，無須憂慮。《增刪卜易》云：子孫持世固然吉利，若值月破，許出月無憂。若臨旬空，出旬無災患，未到出旬之日，盡屬於空憂虛禍，自尋苦悶煩惱。

《周易》六十四卦探義

第五章 《周易》六十四卦探義

一、《周易》的基本概念

（一）、《周易》的架構

　　朱熹說，「《易》本卜筮之書。」故先有符號，後有文字。符號部分有陰爻、陽爻之分，再由三個爻組成一個卦，相傳始於伏羲，共有乾（天）、兌（澤）、離（火）、震（雷）、巽（風）、坎（水）、艮（山）、坤（地）八個卦。陽爻稱九，陰爻稱六。《繫辭》云：「易有太極，是生兩儀，兩儀生四象，四象生八卦，八卦定吉凶，吉凶生大業。」八卦重疊組成六十四卦，起於乾、坤，終於既濟、未濟。至於六十四卦由何人組成，莫衷一是。

（二）、《周易》的作用

　　《繫辭傳》云：「易有聖人之道四焉，以言者尚其辭，以動者尚其變，以制器者尚其象，以卜筮者尚其占。」《繫辭》云：「《易》與天地準，故能彌綸天地之道。仰以觀于天文，俯以察于地理，是故知幽明之故。原始反終，故知死生之說。」《繫辭》云：「夫易，聖人所以崇德廣業也。」《繫辭》云：「觸類而長之，天下之能事畢矣。顯道神德行。是故可與酬酢，可與祐神矣。」《繫辭》云：「夫易，開物成務，冒天下之道，如斯而已者也。是故聖人以通天下之志，以定天下之業，以斷天下之疑。」

（三）、《周易》名稱由來

　　「三易」云：「一曰連山，二曰歸藏，三曰周易。」鄭玄《易論》則云：「夏曰《連山》，殷曰《歸藏》，周曰《周易》」。《易》學又稱《周易》的主要說法，一是周代成書，其次六十四卦自成完備周全之體系。

（四）、《周易》與《易傳》

　　《易傳》又稱《十翼》。計有《彖辭上》、《彖辭下》、《象辭上》、《象辭下》、《繫辭上》、《繫辭下》、《文言》、《說卦》、《序卦》、《雜卦》等，其中《繫辭》上下內容廣泛，第一章天尊地卑，第二章聖人設卦觀象，第三章彖者言乎象者，第四章精氣為物，第五章顯諸仁藏諸用，第六章聖人有以見天下之頤，第七章藉用白茅，第八章大衍之數，第九章知變化之道，第十章天一第二，第十一章故易有太極，第十二章子曰書不盡言，均可說章章精彩，哲理深厚。堪稱中國最早之一部類似「周易哲學概論」之典籍。

（五）、《周易》推天道以明人事

　　《繫辭》又云：「《易》之為書也，廣大悉備，有天道焉，有人道焉，有地道焉。」至於《說卦》云：「昔者聖人之作《易》也，將以順性命之理，是以立天之道曰陰與陽，立地之道曰柔與剛，立人之道曰仁與義。兼三才而兩之，故易六畫而成卦。分陰分陽，迭用柔剛，故易六位而成章。」所以《周易》的架構是天地人一體的思想，在天地人之間統合自然人文，倫理道德等，這就是中國哲學天人合一思想的起源。

（六）、《周易》時間與空間的概念

《易緯·乾鑿度》：「孔子曰：『易始於太極。太極分而為二，故生天地。天地有春秋冬夏之節，故生四時。四時各有陰陽剛柔之分，故生八卦。八卦成列，天地之道立，雷、風、水、火、山、澤之象定矣。其布散用事也；震生物於東方，位在二月；巽散之於東南，位在四月；離長之於南方，位在五月；坤養之於西南方，位在六月；兌收之於西方，位在八月；乾制之於西北方，位在十月；坎藏之於北方，位在十一月；艮終始之於東北方，位在十二月。八卦之氣終，則四正四維之分明，生長收藏之道備，陰陽之體定，神明之德通，而萬物各以其類成矣。」因此，太極主導天地萬物之生死，宇宙時空運作之原理都在其中，而以河圖、洛書等圖象抽體表示。

（七）、簡易、變易、不易

易簡者，如百姓之道，日用不知而日可見行也。變易者，日用之道交錯變化，及於天地萬事萬物也。不易者，變者恆變之理或不易之道理。鄭玄所注之《易緯乾鑿度》云：「易者，易也；變易也；不易也。……易者，以言其德也……。光明四通，簡易立節，天地爛明，日月星辰，布設八卦……不煩不擾，澹泊不失，此其（簡）易也。變易者，其氣也，天地不變，不能通氣，五行迭終，四時更廢，君臣取象，變節相和，能消者息，必專者敗……此其變易也。不易者，其位也，天在上，地在下，君南面，臣北面，父坐子伏，此其不易也。」《易緯乾鑿度》又云：「上古之時，人民無別，羣物未殊，未有衣食器用之利，伏羲乃仰觀象於天，俯觀法於地，中觀萬物之宜。於是始作八卦，以通神明之德，以類萬物之情。故

《易》者所以斷天地，理人倫，而明王道。是以畫八卦，建五氣，以立五常之行；象法乾坤，順陰陽，以正君臣、父子、夫婦之義；度時制宜，作為網罟（ㄍㄨˇ），以佃以漁，以贍（ㄕㄢˋ）民用。於是人民乃治，君親以尊，臣子以順，羣生和洽，各安其性。」以上為「三易」垂教之本意。

二、《周易》的思維方式

　　《周易》是一門智慧，以開啟思維方式提出個人追求學問之「釣魚竿」，而非一條魚。《周易》的思維方式以直觀、形象、邏輯、辨證、象數為主要的思維方式。

（一）、直觀思維

　　直觀思維是以過往的直接感受或經驗判定事物及其發展之趨勢的一種思維方式，主要依據個人的生活直觀感受或體驗。例如〈井〉卦，「羸其瓶，凶」，瓶子打破無法儲水，即是呈現無水可用之窘境，暗喻無功而返。人類認識世界，首先接觸事物的外表，又是進一步認識事物的起點，在難以繞道或捨棄之下，應思考如何在起始階段正確使用這種思維，不忽視事物內在的問題。

（二）、形象思維

　　形象思維是直觀思維的進化，兩者都以事物的形象為思維過程的媒介，但直觀思維是以整體印象對比、衡量、判斷，而認識並創新事物道理。例如〈既濟〉卦，以水之潤下，火之炎上視為水乳交融的現象，比喻陰陽和諧。又例如《陰陽魚

圖》，黑白有別，首尾銜接，整體環抱，故有一分為二，合二為一，既統一又對立之形象可供思考。形象思維把握事物不離形象，故有將認識停留在事物表面與外在聯繫之虞，僅對事物內質與事物共性之掌握，尚須輔以其他思維方法。形象思維中的圖象思維，是藝術美學的基本認識方法。理性、價值觀、情感變化等，是形象思維的進一步體會。

（三）邏輯思維

指遵循形式邏輯的法則思考問題、認識事物的思維方式。主要表現在分類、類推、思維形式化等。以分類而言，例如《象·乾》云「雲行雨施，品物流行。」、「乾道變化，各正性命。」《文言·乾》云：「同聲相應，同氣相求。水流濕，火就燥，雲從龍，風從虎。聖人作而萬物覩，本乎天者親上，本乎地者親下，則各從其類也。」以屬性作為事物發展變化的內在依據，而將境遇作為事物發展變化的外在條件。王弼打破這種思維，《周易略例·明象》云：「是故觸類可為其象，合義可為其徵。義苟在建，何必馬乎？類苟在順，何必牛乎？」分類是邏輯思維中最基礎的形式。

分類往前深化成為類推，類推是指把一個事物的類屬性推及同類的另一個事物身上，以求對另一種事物有所認識的思維方式。《周易》紀錄以往驗證之事，用筮草算卦後，據以推斷未來之事，就是利用同類事物異中有同的特性。類推思維的偏差在於運用當下牽強附會，或分類之籠統，造成同類異類之定位混淆。邏輯思維可以逐漸形式化，形成一定的、相對穩定的法則或公式，以此公式去限定思維的定向，只管對錯，不管真假，而且是出於算卦功能的需要。古代邏輯思維能力的訓練大

多是通過《周易》經傳的研究和解釋來實現。

（四）辨證思維

辨證思維大略分為變易思維、相成思維、整體思維。1.變易思維是從變化的觀點，考察一切事物的思維方式。（1）卦象與爻象的變化，例如乾卦最下一爻變化，由剛健變為柔順。（2）卦象爻象所象徵的人事吉凶的變化，例如履卦「素履往，無咎」，《周易》的吉凶是帶有條件的，無咎的原因在於九二樸實的誠心。（3）卦辭爻辭借以表示的自然現象的變化，例如大過卦，「枯楊生稊」與「枯楊生華」，兩者意義迥然不同。因為自然界運作不息，變化就成為《周易》指導原則，《繫辭》云：「日新之謂盛德，生生之謂易」。「窮則變，變則通，通則久」。「一闔一闢謂之變，往來不窮謂之通。」2.相成思維，是以相互聯繫，相互依賴，相濟互補的觀點，看待對立的兩個方面或對立的兩種事物的思維方式，故事物之存在前提是對立面同時存在。例如《繫辭》云：「一陰一陽之謂道」，「日月運行，一寒一暑。乾道成男，坤道成女。乾知大始，坤作成物。乾以易知，坤以簡能」，「形而上者謂之道，形而下者謂之器。」等3.整體思維，是以普遍聯繫，相互制約的觀點看待世界一切事物的思維方式。這種思維方式不僅把整個世界視為一個有機整體，認為構成這個世界的一切事物都是互相聯繫互相制約的，而且把每一個事物又各自視為一個小的整體，除了與其它事物之間具有相互聯繫，相互制約的關係外，其內部也呈現出多種因素、多種部件的普遍聯繫。簡單說，一物一太極。

（五）象數思維

象數思維是以符號和數為媒介，認識、推斷或預測事物及其發展變化的一種思維形式。與形象思維不同之處，在於象數思維借助形象進行思維的時候總是伴隨著數的變化，以象數合一的觀念考察事物變化的過程與規律。通過象與數的演繹轉換，來推測事物變化的方向與趨勢。例如《說卦》云：「參天兩地而倚數，觀變於陰陽而立卦。」《繫辭》云：「大衍之數五十，其用四十有九。分而為二以象兩，掛一以象三，揲之以四，以象四時，歸奇于扐以象閏。五歲再閏，故再扐而後掛。天數五，地數五，五位相得而各有合。天數二十有五，地數三十。凡天地之數五十有五。此所以成變化而行鬼神也。」至於先有數後有象，或先有象後有數，雖爭論而未見定案。象與數不可偏廢，天地間一切事物，從自然到人類社會既有可感知的性質，又有數量的規定性，象數思維即是以質量與數量的變化，掌握《易》學的途徑。

二、《周易》六十四卦探義

1.乾卦

 乾卦　乾下乾上

> 卦辭：乾，元亨利貞。

乾，健也。天者定體之名，乾者體用之稱。即是說天之體性以剛健為用，運行不息，人法此自然之象而用之於人

事。於物象而言，純陽天也。於人事，君、父，以其居尊位，而置為諸卦之首。元，始也。亨，通也。利，和也。貞，正也。《乾》卦是六十四卦起首，元、亨、利、貞，謂之四德。「元」是純陽之和諧，始生萬物，各有其利。「亨」是萬物生化，開通物理人性。「利」是以義理和諧萬物，使事物各得其位。「貞」是固守正道，使萬物事理各得其正。簡言之，諸事之始，大為亨通，乃經由和諧萬物，固守正道。

> 彖曰：大哉乾元，萬物資始，乃統天。雲行雨施，品物流形，大明終始，六位時成，時乘六龍以御天。

彖，斷也，裁也。《乾》卦是天地萬物藉茲所生的總根本，也是宇宙運行的原動力，《乾》卦本以象天，故本乎天道，統貫天道。「雲行」是大氣的流動變遷，比喻氣象和諧交融。「雨施」是普降甘霖，無所不至。所有一切有形的物品，在大化流行之間即生即滅，但《乾》體永保無虧，明白昭示至健之道。「大明」指空間。「終始」指時間。「六位」指六爻，六爻適時適地展現陰陽不測，乾升坤降之變化。適時使《乾》道駕馭「六龍」施利於萬物。所謂「六龍」指潛龍、見龍、惕龍、躍龍、飛龍、亢龍等。「御天」指《乾》卦代表的天道，準備由「元亨利貞」的過程，下貫天道性命。

《乾》卦是一個天地萬物，天道性命的綱領，每一爻就是一條龍，象徵自然變化的現象。上古的人讚嘆大自然神妙之能力，所以讚美《乾》卦「大哉」，這是屬下對長官，需求者對供給者應有的誠敬態度。《乾》卦發動六十四卦，六十四卦分別抽象的代表形而上的道與形而下的器。因此，任一個機構大如國家，小如家庭，都應該有一位《乾》者，負責擔任推動運

行之火車頭。在推動之中，《乾》者取「雲行雨施」對下屬公道無私，諧和運作，使事物人倫，各安其位，「六位時成」則美譽流行，人道契合天道。

> 乾道變化，各正性命，保合太和，乃利貞。首出庶物，萬國咸寧。

《乾》卦道體無形，自然使物開通，謂之「道」。「變」謂後來改前，以漸移改，謂之變也。「化」謂一有一無，忽然而改，謂之為化。即言乾之為道，使物漸變，使物卒化，各能正定物之生命。「性」者天生之質，若剛柔遲速之別。「命」者人所稟受，若貴賤夭壽之屬。純陽剛暴，得「保合太和」，和順則物蒙其利，保安合會，太和之道，乃利貞於萬物。「庶」，眾多。《乾》卦為萬物之首，聖人效法乾德，生養萬物，言聖人為君在眾物之上，群類各置君長以領萬國，故萬國皆得「咸寧」。《乾》卦變化不已，但仍須保持陰柔一方的對待，廣納四方建言。所以領導發動指揮權，布散恩澤，任用群賢，使合於天地四時，各正其位。「保合」就是萬物之間相互和諧運作。

> 象曰：天行健，君子以自彊不息。

《象》者，像也。雖有實象、假象，皆以義示人。「天」者，萬物壯健，皆有衰怠；唯天體運行，晝夜不息，周而復始，无時虧退，故云「天行健」。言「君子」者，謂君臨上位，子愛下民，通天子諸侯，兼公卿大夫有地者。凡言「君子」，義皆然也。「自強不息」，指君子以人事法天所行，自強勉力，不有止息。所謂「君子」泛指有志於道者，《乾》為天，天體運行健壯

有序。君子法天地自然循環之規律而不懈怠。

> 初九：潛龍勿用。
> 象曰：潛龍勿用，陽在下也。

《乾》卦初九，居第一之位，故稱「初」。以其陽爻，故稱「九」。潛者，隱伏之名；龍者，變化之物。潛龍之時，小人道盛，聖人雖有龍德，於此時唯宜潛藏，勿可施用，故言「勿用」。《象》曰：「潛龍」，明《易》之龍則「陽氣」也。初九龍氣未盛，正適宜君子充電，觀察時機而出仕、創業、求功名等。忌強行出頭，逆勢而行，宜伺機而動。

> 九二：見龍在田，利見大人。
> 象曰：見龍在田，德施普也。

「見龍」者，出潛離隱，處於地上。田是地上可營為有益之處，陽氣發在地上，故曰「在田」。「利見大人」，以人事而言，猶如聖人久潛稍出，雖非君位而有君德。「大人」者，利益天下，有人君之德者。「德施普也」，二爻居下卦之中，故周而普徧，居中不偏。龍德在田，表示君子已經立身在世，上應於五爻飛龍，以道德普施能擔綱任事。

> 九三：君子終日乾乾，夕惕若，厲，无(ㄨˊ)咎。
> 象曰：終日乾乾，反復道也。

《乾》卦九三「終日乾乾」。因為處下卦之極，居上卦之下，在不中之位，屢重剛之險。上不在天，未可使其尊長開懷釋然。下不在田，未可以寧其居。純脩臣下之道，則對應上位之道德休廢；純脩上道，則處下之禮義曠廢殆然。「夕惕

若，厲」則須居上不驕，在下不憂，因時而惕，不失其機，雖危而勞，可以「無咎」。《象》曰：「終日乾乾」，言自強不息，反反覆覆，皆合其道。九三的位置很尷尬，在下卦之上，雖然領導小單位，但仍遭上級單位之管束。在自己的單位普施恩澤，獲得擁戴，亦無可牴觸上屬之指令，如果只顧及大人臉色，只怕部屬抽樓梯、放冷箭。其次，往上則陽爻重重，騎虎難下，瞻前顧後，堅守正道是最佳選項。

九四：或躍在淵，无咎。
象曰：或躍在淵，進无咎也。

《乾》卦九四，去下體之極，居上體之下，乾道革之時也。君子進則跳躍在上，退則潛處在淵，比喻進退自如。履重剛之險，而无定位所處，故九四處於進退无常之時也。接近九五帝尊，欲前進發揚其道，惟迫乎在九五其下，非躍所及。《象》曰：「无疾」者，欲靜其居，居非所安，遲疑猶豫，未敢決志。用心存公，進不在私，疑以為慮，不謬滯於結果，故「无咎」也。九四已經脫離下卦，擔任大單位的下屬，已經接近領導核心，但是領導還是透露出狐疑的眼神。九四察言觀色，不亢不卑，動則躍於九天之上，退則藏於九地之下。運勢不利則避免徒勞無益，收斂不切實際的表現，以免掉入深淵。

九五：飛龍在天，利見大人。
象曰：飛龍在天，大人造也。

《乾》卦九五，陽氣盛大通天，猶若聖人有龍德飛騰而居天位，德備天下，為萬物所瞻覩，故大人利於普施天下之利，恩澤廣備。「飛龍」者，龍德飛騰，聖人功德萬人瞻仰之。

《象》曰:「造」,為也。創生飛龍所代表的聖德,唯有依賴君子大人。大人登上九五之位,集權勢於一身,天下歸服,有立德、立言、立功的機會,普普眾生,故仰賴大人行善濟世。

> 上九,亢龍有悔。
> 象曰:亢龍有悔,盈不可久也。

《乾》卦上九,亢陽之至,大而極盛,故曰「亢龍」。此自然之象,以人事言之,似聖人有龍德,上居天位,久而亢極,物極則反,故「有悔」。《象》曰:「盈不可久」,九五是盈也,盈而不已則至上九,地位臻於亢極,物極必反悔恨必生。享受權勢就像麻藥,忘記自己如何一路艱辛而來,當野心勃勃強出頭,昧於現實悖逆天道,很快就有悔吝的凶險發生。

> 用九,見群龍无首,吉。
> 象曰:用九,天德不可為首也。

《乾》卦用九,見「群龍无首」吉,夫以剛健而居人之首,六爻俱陽爻,乃共成天德一片,並非是一爻陽九,則稱為天德。九是天之德也,天德剛健,當以柔和接待於下,不可更懷剛健為物之首,上九亢龍居一卦之終,六爻輪流變化,陽氣宜轉化陰柔之質,故云「天德不可為首」。故六爻皆陽,並非某爻獨占鰲頭。所以組織單位運作順暢,業績耀眼,不是領導一人的功德,而是全體上下的努力,群龍不爭功,吉。

> 文言曰:元者善之長也,亨者嘉之會也,利者義之和也,貞者事之幹也。君子,體仁足以長人,嘉會足以合禮,利物足以和義,貞固足以幹事,君子行此四德者,故曰:乾,元亨利貞。

　　《文言》傳僅針對「乾」「坤」二卦進行解釋。卦辭云：元、亨、利、貞。乾之為體，是天之用。凡天地運化，自然如此，因无无而生有也，无為而自為。故天本无心，豈能造出「元亨利貞」之德也？天本无名，豈能造出「元亨利貞」之名也？但聖人以人事託之，謂此自然之功，為天之四德。垂教於萬民，使後代聖人法天之所為，故立天「四德」以設教也。

　　「元者，善之長」謂天體本性，生養萬物，善之大者，莫善施生，故元為施生之宗，自然規律的原動力。言君子體悟仁道，汎愛施生，足以得世人的尊重。「亨者，嘉之會」，嘉，美也。天能通暢使萬物流行，使萬物和諧的會聚。君子使萬物會聚運作，足以配合於禮，謂法天之「亨」。「利者，義之和」，言天能利益庶物，使物各得其宜而和同。言君子利益萬物，使物各得其宜，足以和合於義，法天之「利」也。「貞者，事之幹」，言天能以中正之氣，成就萬物，使物皆得相濟。君子能堅固貞正，令物得成，使事皆幹濟，此法天之「貞」也。前四句以天之德配四時，「元」是物始，於時配春，春為發生，故云「體仁」，仁則春也，屬木。「亨」是通暢萬物，於時配夏，故云「合禮」，禮則夏也，屬火。「利」為和義，於時配秋，秋既物成，各合其宜，屬金。「貞」為事幹，於時配冬，屬水，冬既收藏，事物皆完成。於五行之氣，唯少土也。土則分王四季，四氣之行，非土不載。

　　「元亨利貞」稱為四德，以天道言之，即春夏秋冬循環不已的過程。以人道言之，指出道德本質即是仁禮義信。作為專案領導要有P→D→C→A的觀念，由計劃到執行，由執行到檢核，將檢核經驗融入下一次計劃中，就是元亨利貞的過程。

> 初九曰：潛龍勿用，何謂也？子曰，龍德而隱者也，不易乎
> 世，不成乎名，遯（ㄉㄨㄣˋ）世無悶，不見世而無悶，樂則行
> 之，憂則違之，確乎其不可拔，潛龍也。

《文言》傳云：「潛龍勿用」，夫子以人事釋「潛龍」之
義，聖人懷龍德而隱居，「不易乎世」，不因世俗之影響而移
轉心志，「不成乎名」，不求功名顯達於世，「遯世無悶」，
雖不見用於世，又逢險難，但心无所悶。「樂則行之」，凡讓
自己心無所愧，則樂於行之，能進則進。「憂則違之」，道若
不行，心以為憂，即明哲保身高飛遠離。「確乎其不可拔」
者，身雖逐物推移，隱潛避世，心志守道，確然堅實而不可拔
乎。君子處世立身，不論主客觀因素而無法得到重用，應保持
不憂、不懼、不悱的精神，堅守中道，進退有據，觀察時勢，
伺機而動。

> 九二曰：見龍在田，利見大人，何謂也？子曰，龍德而正中者
> 也。庸言之信，庸行之謹，閑邪存其誠，善世而不伐，德博而
> 化。易曰，見龍在田，利見大人，君德也。

見龍在田，「利見大人」，陽爻居中，「庸」謂中庸。
庸，常也。平常保持一貫之信實與謹慎，「閑邪存其誠」，放
下邪惡保存誠體。「善世而不伐」，處世與人為善，盡性於道
體，而不自伐誇耀其功。「德博而化」，君子之道德廣備四
海，而能適時適地，窮理變化。因為「君德」具備，雖「在
田」而非在「君位」，仍然適宜謀仕，求進階而服務天下。
九二在下卦之中，比喻為小單位小主管不應埋怨生不逢時，大
才小用，而應該紮實基礎，廣布暗樁，做為日後大展長才的準

備工作。

> 九三曰：君子終日乾乾，夕惕若厲，無咎，何謂也？子曰，君子進德修業。忠信，所以進德也，修辭立其誠，所以居業也，知至至之可與幾也，知終終之可與存義也。是故居上位而不驕，在下位而不憂。故乾乾因其時而惕，雖危無咎矣。

　　君子「進德脩業」者，德謂德行，業謂功業。君子欲進益道德，脩營功業，故「終日乾乾」不得匱懈。「忠信」者，推忠於人，以信待人，人則親而尊之，其德日進，是「進德」也。「修辭立其誠」，辭謂文明教育，誠謂誠實。外則脩理文教，內則立其誠實，內外相成則有「功業可居」。「知至至之」者，九三處一體之極，方至上卦之下，是「至」也。既居上卦之下，而不凶咎，是「知至」也。既能知是將至，則是識幾知理可與共論幾事。「幾」者，去无入有，有理而未形之時，事物發萌之時，九三既知時節將至，知理欲到，可與共營「幾」也。居一體之盡，而全其終竟，是「知終」也，猶如元亨利貞，舉一反三，周而復始。既知此終盡，「義」者，宜於保存其位，於事得宜。因「知終」居下卦之上，不敢驕慢。因「存義」居上卦之下，乾乾惕厲而不憂。因「其時而惕」，九三深知懈怠則曠，失時則廢，自然遠離咎害。九三經過一番努力得到一些局面，欲進必須「知幾」，欲退必須「存義」，進退之間須分辨義利。進德修業的工夫，是不論何時何地應該實踐的。

> 九四曰：或躍在淵，无咎，何謂也？子曰，上下无常，非為邪也。進退无恆，非離群也。君子進德脩（ㄒㄧㄡ）業，欲及時也，故无咎。

「上下无常」，指上而欲躍，下而欲退。「上下」者，據位也。「无常」乃意在於從王事，兼善天下，非是為自己之邪欲。「進退」者，據爻也。「非離群」者，依群眾而行，非獨善其身，自視卓絕而離群。「進德」則欲上、欲進，棄位而成躍龍。「脩業」則欲下、欲退，仍退在淵。「欲及時」者，九四進入上卦，緊隨九五飛龍，是承上之職責。九四離開深淵，居非中位，當然要奮勇前進，取得制高點。但不要孤立無援，離群索居。進德修業，上下都秉持正道。追隨九五是瞬間應及時掌握的。

> 九五曰：飛龍在天，利見大人，何謂也？子曰，同聲相應，同氣相求。水流濕，火就燥，雲從龍，風從虎。聖人作而萬物覩（ㄉㄨˇ），本乎天者親上，本乎地者親下，則各從其類也。

「同聲相應」者，若彈宮而宮應，彈角而角動。「同氣相求」者，若天欲雨而柱礎潤是也，兩者聲氣相感。「水流濕」，水流於地，先就低窪濕處。「火就燥」，火焚其薪，先就柴薪乾燥處。水火雖無形，自然而然，無識而相感。「雲從龍」，雲是水氣，龍是水畜。「風從虎」，風是震動之氣，虎是威猛之獸，因同類相感，龍吟則景雲出，虎嘯則谷風生。飛龍在天，萬物爭睹大人之利，因同類相感，聖人有生養之德，萬物有生養之情。天地絪縕，和合陰陽二氣，各依其性，有受氣於天偏多者，「本乎天者親上」。有受氣於地偏多者，「本

乎地者親下」，飛龍者，廣解天地共相感應之氣，推仁德恩澤之利於天下。近朱者赤，近墨者黑。飛龍在天，覽天下同聲同氣，領導者善用各種局面，尋求相同氣勢，以為助力。

> 上九曰：亢龍有悔，何謂也？子曰，貴而无位，高而无民，賢人在下位而无輔，是以動而有悔也。

交位發展到最終，亢龍在極點反而憂虞悔吝，謂何意義？上九雖然居於最高位，反而脫離人民，既然與人民隔離，則帝王之意義不復存在。九二賢良君子遠在下位而無法輔助，輕舉妄動必加速滅亡。

> 潛龍勿用，下也；見龍在田，時舍也；終日乾乾，行事也；或躍在淵，自試也；飛龍在天，上治也；亢龍有悔，窮之災也；乾元用九，天下治也。

初九潛龍勿用，應籌謀規劃不宜躁進。九二見龍在田，君子離其隱居之地，身居下卦中位，時局形勢所致。九三終日乾乾，領導下卦努力奮動，終日健行而不息事。九四躍龍輔佐王事，自我應驗不遺餘力。九五飛龍尊貴權重，在上位治理下民。上九亢龍物極必反，窮盡之時又不知變通，災咎如影隨形。「乾元用九」，如何治理天下？九，陽數之終極，元亨利貞之剛健，天道順時流行而已。

> 潛龍勿用，陽氣潛藏；見龍在田，天下文明；終日乾乾，與時偕行；或躍在淵，乾道乃革。

初九潛龍，因陽氣尚未浮出地面，所以時不我予，暫勿見用。九二見龍在田，田中百穀萌生，日麗光和，文明采躍。

九三終日乾乾，順天時規律變化，生息不止。九四或躍在淵，由下卦進入上卦，因時位遷移，需變革其道。

> 飛龍在天，乃位乎天德；亢龍有悔，與時偕極；乾元用九，乃見天則。

九五飛龍照臨於天，恩澤普施，故稱天德。上九亢龍有悔，時位俱皆窮盡極端；乾卦元亨利貞，代表天道運行的自然規則。

> 乾元者，始而亨者也；利貞者，性情也。乾始能以美利利天下，不言所利，大矣哉。大哉乾乎，剛健中正，純粹精也；

乾代表萬物始生，繁榮亨通。性者，天生之本質。情，以六爻旁通順理行事，陰陽二氣中和。因乾卦具備元、亨、利、貞，故能美善利物，大有利於天下，而不居其功。乾卦之偉大，在於剛正而自強不息，又六爻俱陽，卦義之精必然純粹無雜。

> 六爻發揮，旁通情也；時乘六龍，以御天也；雲行雨施，天下平也。君子以成德為行，日可見之行也。

六爻以時位上下變化之意義，觸類旁通，接引萬物情理；循著六爻潛、見、惕、躍、飛、亢等龍之變化，駕馭天理變化。雲行遍及天下，雨施均而不偏，乾道無不公平。君子以追求道德成就為行動準則，日日將德行彰顯於外。

> 潛之為言也，隱而未見，行而未成，是以君子弗用也。君子學以聚之，問以辨之，寬以居之，仁以行之。易曰，見龍在田，利見大人，君德也。

「潛」龍的意思是主客觀條件尚未成熟，當君子處於隱晦，既無明顯之權位，行諸四海，即難期成就，故君子不用當下之期。君子好學，故團聚志同道合之士；不恥下問，廣泛問學，以增強分辨義理是非之能力。寬宏大量居於鄉里，再以仁禮接待應對，美譽加身。《易》曰：見龍出現在田，比喻君子道德修養俱備，故利於見大人，輔佐王事，

> 九三，重剛而不中，上不在天，下不在田，故乾乾因其時而惕，雖危无咎矣。

九三位居下卦之終，承在上卦之下，未得中位，既無上位之權勢，又未落實在潛隱之地，故不尊不卑應時時警惕，雖有危機但能履險如夷，而無咎害。

> 九四，重剛而不中，上不在天，下不在田，中不在人，故或之。或之者疑之也，故无咎。

九四與九三都是「重剛而不中，上不在天，下不在田」，而且不居二、五爻之中位。唯九四上近於天，下遠於地，人心上下無定，進退憂疑，非人所處之道，故中不在人。若能疑惑、危惕、憂慮，則無咎害。

> 夫大人者，與天地合其德，與日月合其明，與四時合其序，與
> 鬼神合其吉凶。先天而天弗違，後天而奉天時，天且弗違，而
> 況於人乎？況於鬼神乎？

天地、日月、四時、鬼神都是陰陽和諧之中的產物。天
地表現在好生之德，日月表現在光明照耀，四時表現在時序規
律，鬼神表現在形上不測。君子若在天時之先行事，天道乃在
後不違，因為君子行事以德，天道必合大人之德。若在天時之
後行事，君子亦能奉順天道，推天道以明人事。天道契合乾
道，乾道尊而高遠，何況其下位之人道與鬼神之道？

> 亢之為言也，知進而不知退，知存而不知亡，知得而不知喪，
> 其唯聖人乎？知進退存亡而不失其正者，其唯聖人乎！

上九亢進之原因，在於知進、知存、知德，而對於極端反
面之退、亡、喪，均掉以輕心，豈是聖人之道？故聖人應以心
思知進退，以道義估存亡，以禍淫論得喪，秉持聖人不失其正
且掌握乾道之規律。

2.坤卦

 坤卦　坤下坤上

> 卦辭：元亨，利牝馬之貞。君子有攸往，先迷，後得，主利，
> 西南得朋，東北喪朋，安貞吉。

坤道，始生萬物，各得亨通。坤卦六爻皆陰，以明柔順

之德，牝馬對牡馬為柔，馬對乾卦之龍為順從，故以牝馬形容
行地無疆，廣生萬物之德。君子適合固守柔順利貞，故先於乾
道，越俎代庖，僭越尊貴，即因至柔而迷惘。若跟隨明主之
後，必因柔順而得利益。西南得朋，後天八卦坤在西南，朋類
相聚。東北為艮卦陽剛，並非坤卦之柔順，往陽爻相聚，坤道
必喪失朋類。

> 象曰：至哉坤元，萬物資生，乃順承天。坤厚載物，德合无
> 疆，含弘光大，品物咸亨。牝（ㄆㄧㄣˋ）馬地類，行地无疆。

　　坤卦，廣大浩翰，萬物依於地而生，柔順承於乾卦剛健。
坤卦，地道厚而無疆，廣載天地萬物，比喻道德是廣大恢宏、
長久不衰，無所不至，品類流行而亨通。牝馬柔順，如相類於
地道寬柔包容，其道無窮無盡。

> 柔順利貞，君子攸行，先迷失道，後順得常。西南得朋，乃與
> 類行，東北喪朋，乃終有慶，安貞之吉，應地无疆。

　　君子修道進德，取柔順漸進，「先」則失其為陰柔之道，
故須「後」則得柔順之常道。西南坤卦與同類俱行，得其同
類。東北艮卦陽剛，初時雖離陰爻群類，終極則因柔道發揮作
用而有慶善。固守坤道之柔順，去陰就陽，必獲坤德吉利而無
遠弗屆。

> 象曰：地勢坤，君子以厚德載物。

　　坤為地，地界無疆，地貌至廣，地勢或方直，或不順，其
勢承天，比喻君子學習坤道厚德容載萬物。

> 初六，履霜，堅冰至。
> 象曰：履霜堅冰，陰始凝也。馴致其道，至堅冰也。

初六陰爻開始，以霜為微陰，足履秋霜之上，知道冬季堅冰即將來臨。「陰始凝，馴致其道」，陰氣逐漸加重，秋霜累積成堅冰。

> 六二，直方大，不習无不利。
> 象曰：六二之動，直以方也。不習无不利，地道光也。

坤土居中得正，比喻陰隨陽動，而後生出正直、方靜、博大之美德。六二陰爻居下卦中位，自然興動，不假修習卻仍無往不利，地道柔而廣博。

> 六三，含章可貞，或從王事，无成有終。
> 象曰：含章可貞，以時發也；或從王事，知光大也。

六三處下卦之極，不敢為首，須待命乃發，順從於王事。「含章可貞」，指君子剛強而不暴，柔從而不流，溫良恭儉，寬容不傲之德。「无成有終」，坤道陰柔，能自降退，輔佐其主而不自為主，故無成。「以時發也」，待時而動，智慮廣大，惟尊奉乾道。

> 六四，括囊，无咎，无譽。
> 象曰：括囊无咎，慎不害也。

「括囊」者，將囊袋結口封閉，比喻暫時封閉其智慧，勿使鋒芒畢露。六四進入上卦，處於上卦之下，又接近六五，履非中位，故知明哲保身，閉守其智，既無過咎亦無美譽，與萬

物同流，謹慎而免於遭害。

> 六五，黃裳元吉。
> 象曰：黃裳元吉，文在中也。

　　黃，中之顏色。裳，上體之服稱衣，下體之服稱裳。衣在上，比喻乾卦。裳在下，比喻坤卦。六五陰爻為臣，柔順而居君位，貴在中和融通事理。元吉，即大吉。「文在中」者，雖然乾上坤下，五爻已經準備轉化，陰陽交雜，文采在中。

> 上六，龍戰于野，其血玄黃。
> 象曰：龍戰于野，其道窮也。

　　上六一卦之中，群陰變調而與陽剛交戰。「龍戰于野」，龍指乾卦六龍，上六在外，稱野，比喻上六困於窮盡之地，僭越行事。「其血玄黃」，指陰陽相傷，《說卦》，乾為大赤，取其盛陽之色；又云戰乎乾，戰必有血。玄黃指血流土中，大地染出深黃之色。比喻爭鬥慘烈。

> 用六，利永貞。
> 象曰：用六永貞，以大終也。

　　永，長久。貞，正也。眾爻皆柔順，坤德堅持長久之正道。「大終」者，長守貞正，廣大而終。

> 文言曰：坤至柔而動也剛，至靜而德方，後得主而有常，含萬物而化光。坤道其順乎，承天而時行。

　　坤卦六爻陰柔，本體雖至柔，六爻漸動，初雖柔弱，終至堅剛而不撓。相對天而言，地是柔順安靜，坤德方正。陰柔而

順隨主君之後，量時而行，不敢爭先，謹守坤卦常理，涵養萬物而德化光大。坤道的美德就是順承天時，相時而動。

> 積善之家，必有餘慶；積不善之家，必有餘殃。臣弒其君，子弒其父，非一朝一夕之故，其所由來者漸矣，由辨之不早辨也。易曰，履霜堅冰至，蓋言順也。

六爻皆陰逐漸上升，至龍戰于野是積累所成。君子觀察履霜堅冰，見微知著，故體會美善之家亨通利達，必因長期累積善行，致使四方順服。不知累積善行，其後災殃重疊而來。例如臣弒其君，子弒其父，非一朝一夕之故，即質量累積的漸變過程。「其所由來者漸」，指所以如此之原因在於日積月累，積柔不已，初時不知及早防辨，乃終至禍亂。《易》曰：「履霜堅冰至，蓋言順也」，指循順習惡，積微漸著，始有堅冰至。

> 直，其正也；方，其義也。君子敬以直內，義以方外，敬義立而德不孤。直方大，不習无不利，則不疑其所行也。

君子效法坤地正直厚道而生萬物，故內心正直，處世有方，萬事合乎義理。君子本於內心對坤道厚德之恭敬，表現義理於外，端正行於四方，則心意恭敬接待於人，人亦恭敬對待於我，故德不孤而四鄰相應。坤道在於正直無邪、方正謙恭、廣博弘大，故君子本性萬物皆備，和而不競，無往不利，無須猶疑所行艱困。

> 陰雖有美，含之以從王事，弗敢成也。地道也，妻道也，臣道也。地道无成，而代有終也。

　　陰爻的美質是含蓄、和而不競，順從王事輔佐君主，故不矜伐自誇，強贊居功。地道的美德是待唱乃和，代陽有終，可以藉妻道從夫，臣道從君，不敢先於其主為現象。故地道卑柔，不自居成就萬物之功。

> 天地變化，草木蕃(ㄈㄢˊ)，天地閉，賢人隱。易曰：括囊，无咎无譽，蓋言謹也。

　　天地順應時空變化，生生不息，草木茂盛，言天地通則賢人出。反之，天地閉塞，賢人隱遁。此時君子應「括囊」，比喻守口如瓶，無咎害，亦無美譽，賢人君子須謹言慎行。

> 君子黃中通理，正位居體，美在其中，而暢於四支，發於事業，美之至也。

　　六五居上體之中位，以中道奉承臣職，通曉事物之義理，位於道體之中，端正而美其行。「四支」者，人之手足，比喻四方之事物。故六五以中和發揚事業，是誠出於中發於外之美德。

> 陰疑於陽必戰，為其嫌於无陽也，故稱龍焉；猶未離其類也，故稱血焉。夫玄黃者，天地之雜也，天玄而地黃。

　　「陰凝於陽」，陰爻發展至終端，陰盛極於一時，陽爻無地自容，故為陽所疑所嫌。「稱龍」者，坤雖陰柔，其質強勢而不退讓，故誇稱「龍」。「稱血」者，一山不容二虎，猶未能離其陰類，既非真龍，故以陰陽血戰形容陰陽轉化之過程。「黃」為中道、地道、坤道。「玄」是深赤、黑色。乾坤相爭造成天玄而地黃之規律交雜，比喻陰陽轉化之混亂現象。

3.屯卦

 屯卦　震下坎上

> 卦辭：元、亨、利、貞，勿用有攸往，利建侯。

《序卦傳》：「有天地，然後萬物生焉，盈天地之間者唯萬物，故受之以屯，屯者盈也，屯者物之始生也。」屯，草木初生；事物新創生，有艱難之象。創始、亨通、順利、貞艱，應運而生，順其自然，無往不利之象，利於王侯建立基業。

屯，難也。坎水性柔向下，雷動性剛向上，剛柔始交而難生，不交則否。事物初創利於貞正，往有大亨，利於建設人事。

> 象曰：屯，剛柔始交而難生，動乎險中，大亨，貞。雷雨之動，滿盈。天造草昧，宜建侯而不寧。

乾卦剛健，坤卦柔順，天地交合的開始，而生育必有生產艱難之事。脫離險境必須奮發振作，固守貞道才有大而亨通的前景。剛柔初始交會中，情感未通，故有險難。雷動乎坎險之下，動乎險中必戒慎恐懼，始於險難而終於亨通。雷雨二氣之變動，先舒醒後盈潤。天地造物之始，其形體尚未彰顯，不免蒙昧，此時宜建邦立國，不宜貪圖安逸寧靜。雖天地不寧，正需要安邦立國。

> 象曰：雲雷，屯。君子以經綸(ㄌㄨㄣˊ)。

雲為雨水，雷是震動，君子仿效屯卦，立志在蒙昧之時，

經理國事，整頓時務。

> 初九：磐桓，利居貞，利建侯。
> 象曰：雖磐桓，志行正也。以貴下賤，大得民也。

初爻陽剛，下卦為震，磐桓代表破土之艱辛，春天為震，雷聲隆隆也是陽剛健旺。比喻事業草創，不免有險阻陣痛。侯王志向端正，以尊貴者對下謙卑，必得民心。

> 六二：屯如邅（ㄓㄢ）如，乘馬班如，匪寇婚媾（ㄍㄡˋ），女子貞不字，十年乃字。
> 象曰：六二之難，乘剛也。十年乃字，反常也。

六二陰爻居中，車隊困頓艱險，初九、六二的結合不順利，六二欲合九五，但初九強行滯留六二。經十年耐心等待，事情終有轉機。六二之危難在於乘凌陽剛，逆天行事，故有十年之久困頓。

> 六三：即鹿无虞，惟入于林中。君子幾不如舍。往吝。
> 象曰：即鹿无虞，以從禽也，君子舍之，往吝窮也。

六三陰爻居陽位不中，追逐野鹿必須有虞人作為嚮導，擅自進入山林必然無功而返，君子見機而斷，捨棄欲望，以免徒勞無功。「即鹿无虞」，比喻主客觀條件不足以狩獵，評估無利可圖，君子有自知之明，明智的捨棄窮吝之途。

> 六四：乘馬班如，求婚媾，往吉，无不利。
> 象曰：求而往，明也。

六四與初九陰陽配對，但是路程艱辛，以致意圖動搖。

六四與九五也是陰陽相配，感情專一才吉利。自知力有未逮，求助是明智之舉。

> 九五：屯其膏，小貞吉，大貞凶。
> 象曰：屯其膏，施未光也。

九五上下陰爻自陷險境，無所施為，只得屯積一些小利益小油水，長久如此還是不利整體局勢。「施未光」，作為不夠光明博大。

> 上六：乘馬班如，泣血漣(ㄌㄧㄢˊ)如。
> 象曰：泣血漣如，何可長也。

上六已經是盡頭了，一卦之終必生轉化。「乘馬班如」，是形容進退兩難，仍然孤立無援。「泣血漣如」，形容悲傷而血淚交織。「何可長也」，不能長久如此，必須靜觀其變，當變則變。

4.蒙卦

 蒙卦　坎下艮上

> 卦辭：蒙亨，匪我求童蒙，童蒙求我。初筮告，再三瀆，瀆則不告。利貞。

《序卦傳》：「物生必蒙，故受之以蒙，蒙者，蒙也，物之樨也。」蒙卦是屯卦的綜卦，萬物萌生有蒙昧、幼稚的現

象；山下有泉，細水長流，故啟發教育是永續性的。蒙昧求筮開導，初筮據實以告，諄諄誘悔。不思慮，不舉一反三，再三褻瀆誠靈，徒為煩瀆天地陰陽之神道，放棄這種教育對象。

> 象曰：蒙，山下有險，險而止，蒙。蒙亨，以亨行時中也；匪我求童蒙，童蒙求我，志應也；初筮告，以剛中也；再三瀆，瀆則不告，瀆蒙也；蒙以養正，聖功也。

坎在艮下，山下有險。艮為止，坎上遇止，險而止。無所適從，以致陷入蒙昧。蒙者志在求亨通，亨通之道首在時中，見機而作，德在正中。闇者往求識者，理同志合之應。初筮九二在下卦之中，剛健中正。對於猥褻神明再三求筮，恐瀆亂之蒙昧者，均不予理會。〈蒙〉卦因養正之功，有成聖作用。山水〈蒙〉的卦象是山下有水，有危險靜止的意義，蒙昧適足以啟蒙，啟蒙後因時中而亨通。筮者乃有識之士，自有蒙昧者前往相應。虔誠的卜筮必然相應；反之，再三冒犯瀆筮都不可取。〈蒙〉卦鼓勵聖功教化，養中正之道。

> 象曰：山下出泉，蒙，君子以果行育德。

山下出泉，未有所適之處，蒙昧之象。「果行」者，蒙亨之本義，君子模仿泉水默然持久之象，立志育養其　，觸發君子修養道德的心志。

> 初六：發蒙。利用刑人，用說桎(ㄓˋ)梏(ㄍㄨˋ)，以往吝。
> 象曰：利用刑人，以正法也。

初六陰爻陽位，君子以明定刑法教令，作為啟發下民蒙昧的手段，不可盡信桎梏功效，但利用刑法還是啟發蒙昧，端正

法律的必要手段。

九二：包蒙吉，納婦吉，子克家。
象曰：子克家，剛柔接也。

九二陽爻居陰位在下卦之中。包容蒙昧者，或將包蒙說成闢地開荒之事業。接納婦人之善德，子孫能克理家政，都是九二的卦德。「剛柔接」者，九二、九五陰陽相接。

六三：勿用取女，見金夫，不有躬，无攸利。
象曰：勿用取女，行不順也。

金夫指陽剛或多金之男子，六三陰爻應合上爻九六，也乘凌九二之上，有見異思遷，三心兩意的現象。不有躬，不知親愛精誠，對自己無所有利。「行不順」者，凡不有躬者，皆因不行正路而不順行。

六四：困蒙，吝。
象曰：困蒙之吝，獨遠實也。

困在上下陰爻蒙昧之中，鄙吝無道，自取其辱。「獨遠實」者，實指陽爻，六四獨與陽爻疏遠，自困於虛濘之中。

六五：童蒙，吉。
象曰：童蒙之吉，順以巽也。

九五雖陰柔，但居上爻之中，下應九二陽剛，固守中道，雖蒙昧，而有柔順謙虛受教之美德，故吉象。

> 上九：擊蒙，不利為寇，利禦寇。
> 象曰：利用禦寇，上下順也。

擊蒙，當頭棒喝的震撼教育，是用盡六爻刻不容緩所致。不利於一昧的體罰，而是用來幫助排除學習障礙的手段。「利用禦寇」者，上九對六五順其性而啟蒙，但對六三當頭棒喝，喚醒其懸崖勒馬。

5.需卦

 需卦　乾下坎上

> 卦辭：有孚，光亨貞吉，利涉大川。

《序卦傳》：「物穉不可不養也，故受之以需，需者，飲食之道也。」水天需，上卦坎水為險，下卦乾為天，乾健而動險在前，不可冒然前進，應有所等待；自然有光明亨通，利於涉險之吉象。

> 象曰：需，有孚，光亨，貞吉。需，須也，險在前也，剛健而不陷，其義不困窮矣。位乎天位，以正中也；利涉大川，往有功也。

「需」者，須也。乾卦剛健，雖坎卦之險在前，但因掌握需待之義，不滯陷、不困窮。乾為天，掌權卡位，陽爻陽位既中又正，故行險而往有功。

需卦是等待的藝術，九五雖然遇到險境在前，但因為本身的剛健、誠信，並整體評估進退的時機，善用手中的資源，所以堅定的前往而創建功業，故需卦的意義足以使人不至於陷入困窘，而勇涉大川建功立業。

> 象曰：雲上於天，需，君子以飲食宴樂。

需卦，雲在天上，需待濕度、溫度、氣流等條件，則沛然成雨時，甘霖普施，恩澤盛德亨通。又需待天下太平安樂，後天下之樂而樂。君子趁機蓄積才德，利用時機飲食宴樂，廣結盟友，以積蓄精神與人脈。

> 初九：需于郊，利用恆，无咎。
> 象曰：需于郊，不犯難行也。利用恆，无咎，未失常也。

初九陽爻居陽位，駐足於遠離上卦坎險之處，有恆心的避害守常，不會有災禍。避難於遠處，利用守恆，靜觀其變，常德未失，必無咎害。

> 九二：需于沙，小有言，終吉。
> 象曰：需于沙，衍在中也；雖小有言，以吉終也。

坎水岸邊是沙洲，駐足於沙洲，離坎險還有段距離，九二雖然履健居中，但是居於兌卦之下，小有言，口舌責難不免。「衍」者，河邊的流沙，比喻危險逐漸接近。

> 九三，需于泥，致寇至。
> 象曰：需于泥，災在外也，自我致寇，敬慎不敗也。

九三再進一步涉入坎險就是泥濘之地，陽爻居陽位，背後

相挺有力，欲搶進坎險中，很容易遭致盜寇襲擊。災在外，指上卦坎險有災，若執意接近，將自取其咎，故恭敬謹慎即可立於不敗之地。

> 六四：需于血，出自穴。
> 象曰：需于血，順以聽也。

需於血，坎卦險難刀光血影，六四居於陽爻夾擊中。出自穴，離開所居之穴，暫避風頭，也是選項之一。「順以聽」者，六四下有三陽力挺，九五催促在前，順勢而為，聽命行事。

> 九五：需于酒食，貞吉。
> 象曰：酒食貞吉，以中正也。

經過一番折騰，達到九五陽爻居中得正的地位，犒賞以酒食，自養且對待賓客，賓主盡歡，「需」道亨通是堅持中正之道的報償。

> 上六：入于穴，有不速之客三人來，敬之終吉。
> 象曰：不速之客來，敬之終吉；雖不當位，未大失也。

上六貪圖安逸也有極限，突然出現不速之客聞香而來，恭敬的對待，解除了暗藏的風險。不速之客，指下卦三陽爻，僅九三相應，而初九、九二對上六而言皆不當位。

6.訟卦

訟卦　坎下乾上

卦辭：有孚，窒、惕。中吉，終凶。利見大人，不利涉大川。

《序卦傳》：「飲食必有訟，故受之以訟。」訟卦是水天需的綜卦，需卦等待，訟卦出擊。天向上行，水在地流，兩者背道而馳，互不相謀。有孚窒，誠實信任閉塞。惕，戒懼。訴訟得中道而止，吉象。堅持訴訟到底，凶象。僅利於晉見大人，以斷吉凶；訴訟不利作為長遠涉險的目標。

象曰：訟，上剛下險，險而健，訟。訟，有孚，窒、惕，中吉，剛來而得中也。終凶，訟不可成也。利見大人，尚中正也；不利涉大川，入于淵也。

訟，兩造對簿公堂。上卦乾為行動剛健，下卦坎為內心走險，才能成訟。打官司必須誠實信用，塞窒情緒，因內外卦二五陽爻居中，才得吉利。爭訟到底，兩敗俱傷，不可依賴訴訟成事。九五剛中得位，利於斷訟，不利共同涉險，「入于淵」者，比喻都淌入渾水中。

象曰：天與水違行，訟，君子以作事謀始。

乾為天，性體向上。水潤下，性體向下，故兩體背道而馳，因此事情之始應深謀遠慮。

> 初六：不永所事，小有言，終吉。
> 象曰：不永所事，訟不可長也；雖小有言，其辯明也。

官司開始都在芝麻小事，僅不利其事喋喋不休。故小小的爭執，無須將任何理由無限上綱，大事化小，吉象收場，只需簡單明瞭的爭辯，事情就清晰了。「不永所事」，官司不值得纏訟。趁著官司初時還可以把話講清楚，否則長期累訟，法官也懶得看卷宗，恐龍悲劇就發生了。

> 九二：不克訟，歸而逋，其邑人三百戶，无眚。
> 象曰：不克訟，歸逋（ㄅㄨ）竄也；自下訟上，患至掇（ㄅㄨㄛˊ）也。

見訴訟不成理，偃兵息鼓，悄然遁走，鄉黨親朋不受連累。九二向九五提出訴訟，九五乃權勢在握，九二自不量力，以下犯上，小不忍則亂大謀。「掇」者，拾取，自取其辱。

> 六三：食舊德，貞厲，終吉。或從王事，无成。
> 象曰：食舊德，從上吉也。

六三食舊德，有祖蔭可以依靠，處於兩陽爻間，局面險難，比喻堅定勉勵的行道，終於保全所有。四爻以上全部陽爻，六三陰爻不得位，不濟事，故委身於王事，應順從上位，雖然沒有成就，但進入保護傘，可得遮風避雨之吉利。

> 九四：不克訟，復即命，渝，安貞吉。
> 象曰：復即命，渝，安貞不失也。

爭訟不利，就依照裁斷意旨行事，瞬間所有氣氛都改變

了。「渝」者，變也，安然而處的吉象。退步求解，反求正理，固守貞道不失利。

> 九五：訟，元吉。
> 象曰：訟，元吉，以中正也。

九五代表君王，用訴訟的剛中、柔中、時中等道理，折服天下異議者，而不用征伐、刑獄、苛扣等手段，舉國安祥吉利。

> 上九：或錫之鞶（ㄆㄢ／）帶，終朝三褫（ㄔ∨）之。
> 象曰：以訟受服，亦不足敬也。

獲勝而得到大腰帶之賞賜，但一天之內又被剝奪三次，比喻一貶再貶，爭訟只能一時得利，但長久的鬥爭，樹敵太多，將導致功名利祿被剝奪。天下未有以爭訟折服他人，獲得尊敬的。

7.師卦

 **師卦　坎下坤上**

> 卦辭：貞，丈人吉，无咎。

《序卦傳》：「訟必有眾起，故受之以師。」地水師，土地與水源是農民耕作之要素，有了這個要件人民聚眾成師。領導必須老成持重，指揮必須精於運籌帷幄，戰爭時才能凱旋而歸。

> 象曰：師，眾也；貞，正也；能以眾正，可以王矣；剛中而應，行險而順，以此毒天下，而民從之，吉，又何咎矣。

興師動眾必須名分端正，得眾人信服，王師所到之處，大軍披靡。九二剛中，上應六五，雖身在坎卦之險，但順應上意，以此中正之德治理天下，民心悅從，何來咎害？

> 象曰：地中有水，師，君子以容民畜眾。

地中之水，源源不絕，君王以大德容民，廣畜天下歸附者。師者，取之於民，寓兵於民。

> 初六：師出以律，否臧（卩尢）凶。
> 象曰：師出以律，失律凶也。

初六代表軍隊開始動員，陰爻柔順的勸導；律是紀律，否臧指不善，軍隊渙散，師出無名都是凶象。出師必以軍律統帥，失去軍律必然遭致凶險。

> 九二：在師中吉，无咎，王三錫命。
> 象曰：在師中吉，承天寵也；王三錫命，懷萬邦也。

九二陽爻居中，以剛中之道率領基層部眾，必無禍害，順此逐漸嶄露頭角，得君王賞賜並賦予重任。在軍旅中的功績得到六五賞識，三次嘉獎軍功，感懷對萬民邦里之貢獻。

> 六三：師或輿（ㄩˊ）尸，凶。
> 象曰：師或輿尸，大无功也。

六三陰居陽位，缺乏指揮官的斷然、剛猛、機智、堅毅，

以車輿尸，比喻損兵折將而回，太無軍功可言。

> 六四：師左次，无咎。
> 象曰：左次，无咎，未失常也。

　　上將軍居右，偏將軍居左，左邊非主力部隊。六四陰爻得位，雖剛健不足，僅為偏師，亦無軍功可取，但也按兵不動，駐紮警備得宜，未失常法，無過錯危害。

> 六五：田有禽，利執言，无咎。長子帥師，弟子輿尸，貞凶。
> 象曰：長子帥師，以中行也；弟子輿尸，使不當也。

　　六五陰爻居尊位，雖然剛健不足，但像獵捕四散逃竄之田獸般，還是差強人意，因為將士得以適才適所。「中行」者，本卦一陽統五陰，長子就是九二，率軍出征，眾望所歸。「使不當」者，若由他爻擔任統帥，因才疏志小，優柔寡斷，有輿尸之凶，故行軍勝負端視知人善任一事。

> 上六：大君有命，開國承家，小人勿用。
> 象曰：大君有命，以正功也；小人勿用，必亂邦也。

　　戰爭結束論功封賞時，天子必須作到符合比例原則，任命忠誠精幹之開國大臣治理國事，軍功小則成家立業給予卿大夫之職。至於那些隔山觀虎鬥的牆頭草，一概不用。小人包藏禍心，必成邦國亂源。

8.比卦

 比卦　坤下坎上

卦辭：吉，原筮，元永貞，无咎。不寧方來，後夫凶。

《序卦傳》：「眾必有所比，故受之以比。」水貼附於地面，表示君王與民眾的關係密切。比者，兩人以上群聚之現象。能夠相親比，元永貞者，有始有終，親愛和諧，無咎害。「不寧方來」，自然吸引追求安寧的人民前來歸附，遲遲來歸者，不知提早脫離險境之急迫性，凶險之象。

象曰：比，吉也。比，輔也，下順從也。原筮，元永貞，无咎以剛中也；不寧方來，上下應也；後夫凶，其道窮也。

相親比的吉利，是輔佐所生，下順從者，五陰順從一陽。元，開始。永貞，固守正道其終必善，因九五守剛無過。必有動盪不安，以至深切體會與上下相親比相應之重要。「後夫凶」者，僅上六為逆往下比，自我孤立之凶。

象曰：地上有水，比。先王以建萬國，親諸侯。

水向下，貼附於地面，比合不分。故先王建立國家，以封建制度親撫諸侯，以鞏固自己的基業。

初六：有孚，比之无咎。有孚盈缶（ㄈㄡˇ），終來有他，吉。
象曰：比之初六，有他吉也。

　　陰爻居陽位，以至誠至信與人親比，自無悔吝。充滿誠信，就向豐盛的美酒佳餚，自然吸引四方群眾。初六托六四，而六四以柔承九五陽剛，親比後得吉。

> 六二：比之自內，貞吉。
> 象曰：比之自內，不自失也。

　　發自內心的親近比合，動機純正當然吉祥。六二居下卦之中爻，相應於上卦之九五，自動自發的親比。

> 六三：比之匪人。
> 象曰：比之匪人，不亦傷乎。

　　六三在下卦之上，陰爻佔據陽位，名不正，言不順，德不配位，誠摯受到質疑，相親比無人或所親比非人，均感嘆哀傷。

> 六四：外比之，貞吉。
> 象曰：外比于賢，以從上也。

　　六四身居外卦與內卦全不相應，只能往前應合九五，意志堅定必得吉利之象。往外親比賢人，遵從九五指示。

> 九五：顯比，王用三驅，失前禽也；邑人不誡，吉。
> 象曰：顯比之吉，位正中也；舍逆取順，失前禽也；邑人不誡，上使中也。

　　王用三驅失前禽者，君王狩獵僅向己方奔逃之禽獸射獵，所以網開一面，取去者不留，比喻天子有仁民愛物之德。「邑人不誡」，邑人無需警誡，因為君王剛中得正，鄉里比和親

愛，一團吉祥和睦，邑民無須日夜警懼，全在於君王親比中道。

> 上六：比之无首，凶。
> 象曰：比之无首，无所終也。

上六陰爻以柔乘剛，又與六三無應，不能體會親比妙用，以至孤立無援，眾人所棄。「無所終」者，故親比到最後階段，物極必反，上六轉為對立。

9.小畜卦

 小畜卦　乾下巽上

> 卦辭：亨。密雲不雨，自我西郊。

《序卦傳》：「比必有所畜，故受之以小畜。」上巽下乾，風行天上，上柔下剛，僅六四為陰爻，積畜下卦三爻，畜止剛健。密雲不雨，望雲興嘆，比喻志氣難伸前，應積蓄籌碼，待時翻身。

> 象曰：小畜，柔得位而上下應之，曰小畜。健而巽，剛中而志行，乃亨。密雲不雨，尚往也。自我西郊，施未行也。

小畜，「柔得位」者，五陽爻一陰爻，惟一的陰爻得位，上下陽爻相應，但陰爻本質柔弱，以小畜大，故稱小畜。「健而巽」者，下卦為乾剛健，上卦為巽順，九五九二居上下卦

「中位」,故志向可行而亨通。密雲不雨,應積極主動,西方之雲其性乾燥,崇尚陰陽往還之和諧。

> 象曰:風行天上,小畜,君子以懿文德。

風行天上,未及於地面萬物,君子以時積蓄文明道德,嘉美懿行。

> 初九:復自道,何其咎,吉。
> 象曰:復自道,其義吉也。

初九上應六四,回歸本道,必無悔吝咎患。歸回本位的意義是畜德待時,符合卦名的吉利。

> 九二:牽復,吉。
> 象曰:牽復在中,亦不自失也。

九二剛中得位,欲統合下卦三陽爻前進,登高一呼,團結志同道合之士前進。但九五不相應,而親比六四,阻止下卦前進,因此順合牽絆畜止於中爻原地,「不自失」者,自我抑制,以免躁進無功。

> 九三:輿說輻,夫妻反目。
> 象曰:夫妻反目,不能正室也。

九三在下卦之上,剛而不中且與上九無應,又與六四陰爻發生摩擦。「輿說輻」者,以車輪脫落的故障,假形象以喻人事,表示團隊內鬨,運作失靈。九三在一卦之中,下推上止,就像家中夫妻意見不合般的矛盾羈絆,故不能端正家室。

> 六四：有孚，血去惕出，无咎。
> 象曰：有孚惕出，上合志也。

血者，陰陽相傷。惕，憂勞恐懼。六四陰爻居柔位，以誠信戒懼的精神，面對下卦三陽爻進逼，免於咎患。「上合志」者，六四與九五相應志合，得到九五支持，最終解決憂患。

> 九五：有孚攣(ㄌㄨㄢˊ)如，富以其鄰。
> 象曰：有孚攣如，不獨富也。

九五剛中得位，滿懷誠信，願受九二攣攣，以其富貴普及四鄰。又九五與六四相應，六四與初九相應，全卦得以緊密結合，故稱「不獨富」。

> 上九：既雨既處，尚德，載婦貞，厲。月幾望，君子征凶。
> 象曰：既雨既處，德積載也；君子征凶，有所疑也。

「既雨」者，陰陽協調的意象。「既處」者，安於陰陽協調。上卦對下卦以柔畜剛，六四以陰柔蓄九三，以高尚的道德立身處事，但上九剋制九三，婦制其夫，臣制其君，如剋制太過，幾進危厲。故君子把握協調之功用，不妄動征伐。在這種陰陽偏枯的情況下，雖然道德豐盛，但仍要落實征討凶頑之評估。

10.履卦

 履卦 兌下乾上

> **卦辭：履虎尾，不咥人，亨。**

《序卦傳》：「物畜然後有禮，故受之以履」僅六三為陰爻，乘於九二之上，雖有履虎尾被咥齧之危機，但兌為和悅，以柔克剛，故不見其害。履者，禮也，《論語·為政》：「道之以德，齊之以禮，有恥且格。」剛進有禮必然亨通。

> **彖曰：履，柔履剛也，說而應乎乾，是以履虎尾，不咥(ㄉㄧ
> せˊ)人，亨。剛中正，履帝位而不疚，光明也。**

履卦，一陰五陽，故陰爻最貴。以陰爻謙卑和順為特質，踐履在九二陽剛之上。下卦為兌，喜悅之象，上應乾卦剛健，比喻順從跟隨老虎尾巴，亨通而不受咥齧之危難。九五得帝王之尊貴，因中道光明，遠離咎害，心無內疚。

> **象曰：上天下澤，履。君子以辨上下，定民志。**

履卦，上卦剛健，下卦喜悅，是實踐履行的要領。君子以此辨明上下禮義，端正萬民志氣。

> **初九：素履往，无咎。**
> **象曰：素履之往，獨行願也。**

初九陽爻得位，履道，以禮存心，素而不華，無往不利。

「獨行願」者，初九與九四無應，九二亦無相求，我行我素，吉咎兩無。

> 九二：履道坦坦，幽人貞吉。
> 象曰：幽人貞吉，中不自亂也。

「坦坦」者，平易之貌。九二以陽居陰，不喜處於豐盈之地，「幽人」者，是有品德、謙退、不居功的君子，堅守正道以求吉利。人幽靜自然心安，不因外界騷擾而亂其心志，履卦之大義。

> 六三：眇（ㄇㄧㄠˇ）能視，跛能履，履虎尾，咥人，凶。武人為于大君。
> 象曰：眇能視，不足以有明也；跛能履，不足以與行也；咥人之凶，位不當也；武人為于大君，志剛也。

六三以柔居剛，志在剛健，操之過急，不修履道。失位則失態，眇視人，跛履足，不揣淺陋，以尚武凌威的行為，膚淺的曝露頑愚本性。眇能視，跛能履，比喻才疏學淺，強求擔綱，以至遭到上位者咥齧之凶。如果反向思考，以此精神擔任武備將官，適才而得其位。

> 九四：履虎尾，愬（ㄙㄨㄛˋ）愬，終吉。
> 象曰：愬愬終吉，志行也。

「愬愬」者，危險戒懼貌。九四接近九五，以陽承陽，伴君如伴虎，謹慎括囊，終得其吉。因戒慎恐懼而堅定執行禮義，終究得吉。

> 九五：夬（《ㄨㄞㄟ）履貞厲。
> 象曰：夬履，貞厲，位正當也。

夬者，決也。厲，危也。履道雖正，然九五剛中得位，接近滿盈，行事必明快決斷，但應注意過於剛暴之副作用。「位正當」者，故謹守其位之名分等級，才是明哲保身之道，注意卡位、當位的功效。

> 上九：視履考祥，其旋元吉。
> 象曰：元吉在上，大有慶也。

「考祥」者，稽徵所履之行，察其善惡禍福，禮道終極。「旋」者，上九雖在履卦終極，但下應兌卦六三，高而不危，故不受物極必反之原則，即便旋反履道，尚有「禮」道福慶之吉。「大有慶」者，上九以規範典章檢點各方得失，其結果大有福慶。

11.泰卦

 泰卦　乾下坤上

> 卦辭：小往大來，吉，亨。

《序卦傳》：「履而泰，然後安，故受之以泰。」內卦為乾，外卦為坤，陽長故大來，陰去故小往，內君子而外小人。坤向下行，乾向上行，陰陽天地相交而萬物相通。

> 象曰：泰，小往大來，吉亨，則是天地交而萬物通也，上下交而其志同也。內陽而外陰，內健而外順，內君子而外小人，君子道長，小人道消也。

　　泰卦，坤卦在上，乾卦在下，天地上下全體的交往，比喻萬物整體的和諧，在人事方面比喻君臣志向相同。坤卦在外屬陰，乾卦在內屬陽；比喻內部剛健，外部柔順，內部有君子統籌決勝於千里之外，外部有小人供驅策，君子道德之象橫溢，小人狹隘之心消蝕。

> 象曰：天地交泰，后以財成天地之道，輔相天地之宜，以左右民。

　　泰，舒適泰然。君王利用天地所生萬物，輔以天地規律與時空之所宜，用於治理萬民生計。。

> 初九：拔茅茹，以其彙，征吉。
> 象曰：拔茅征吉，志在外也。

　　茹，相牽引。除惡則如拔茅，一網打盡。初九陽爻與六四相應，引喻行善除惡，應糾集志同道合以類相從者。征伐除惡，如同防止野草趁機蔓延。外卦三陰爻，吸引三陽爻志向外行。

> 九二：包荒，用馮河不遐遺，朋亡，得尚于中行。
> 象曰：包荒，得尚于中行，以光大也。

　　「包荒」者，能包含荒穢之物。用馮河者，無舟渡水，馮陵於河，頑愚之舉。不分親疏遠近全部接納，又九二得中與

六五陰陽相應，故不偏愛結朋黨友。乾坤包容廣大，九二中道發揚往來之功用。

> 九三：无平不陂(ㄆㄧˊ)，无往不復。艱貞无咎，勿恤其孚，于食有福。
> 象曰：无往不復，天地際也。

九三即將進入上卦，並由陽爻變為陰爻，此處於天地交變，以平路將陂傾，往而必復為比喻。在變革之世，能堅定方向行止端正，必無咎患。九三陽爻得位，居不失正，動不失應，與上六陰陽相應，不必憂慮誠信，「于食有福」，誠信有助於食祿，至少飯碗不會打破。九三在上下交接處，風雲際會，不可不慎。

> 六四：翩翩不富，以其鄰，不戒以孚。
> 象曰：翩翩不富，皆失實也；不戒以孚，中心願也。

「翩翩」者，疾飛就下。「鄰」者，五爻與上爻。六四陰爻得位，下乘九三，與六五、上六同其志願與乾卦交往，因為陰陽的吸引性質，所以不用戒懼，只在乎真誠之意，並不以財富為目的。六四下應初九，六五、上六也一併隨同往下相應，因一氣相應，故不待告誡，而是心中真誠的意願。

> 六五：帝乙歸妹，以祉元吉。
> 象曰：以祉元吉，中以行願也。

婦人謂嫁為歸，帝乙，紂王之父，以和親手段對付周人急速膨脹的實力，六五居尊位，願向下祈求和平之吉象。六五屈尊行向九二，由上趨下，以尊就卑，必須是心中真正的願望。

> 上六：城復于隍，勿用師，自邑告命，貞吝。
> 象曰：城復于隍，其命亂也。

「城復于隍」，指城牆崩塌於護城河中，假外象以喻人事，暗指內政、軍事不修備，以至上下傾軋，臣不扶君。失去民心即自身難保，卻勞師動眾，等於雪上加霜，故「勿用師」。「自邑告命」，上六到達盡頭，君道頹廢，下詔命令僅及於自己駐紮之城池，四面楚歌，不知懸崖勒馬，咎害即將臨身。故城復于隍，比喻國家綱紀敗壞，人民自顧不暇，社會一片亂象。

12.否卦

　否卦　坤下乾上

> 卦辭：否之匪人，不利君子貞，大往小來。

《序卦傳》：「泰者通也。物不可以終通，故受之以否。」天地否閉，不利於人道交通。乾陽大往，主生息；坤陰小來，主消耗。此時君子應收斂欲望，不應執著在榮華富貴。

> 象曰：否之匪人，不利君子貞。大往小來，則是天地不交，而萬物不通也。上下不交，而天下无邦也。內陰而外陽，內柔而外剛，內小人而外君子，小人道長，君子道消也。

乾為天，下不應地；坤為地，上不應天。比喻天地萬物不

融合，故君臣不相應，上下對立無交集。對立兩方漠視對方存在，擴大到邦國，猶如體制無存，綱紀敗壞。內裡陰柔，外卦陽剛，就像內部隱藏小人干政，外部君子必然受制，亦猶佞人內心陰險，外表飾以泱泱然。

> 象曰：天地不交，否。君子以儉德辟（ㄅㄧ丶）難，不可榮以祿。

天地不交之時，道途險難；此時君子應收斂才氣，故面對榮華富貴與功名利祿，應謹慎處理。

> 初六：拔茅茹，以其彙，貞吉，亨。
> 象曰：拔茅貞吉，志在君也。

茅草柔弱，但草根匯聚後，有很強的生存能力。君子行道效法自然，初六陰柔，故必須集結下卦三陰爻，同心協力共同邁進才是吉祥的。初六志在九四，有心上進，但應先固守貞道，如草根匯聚後逐漸凝聚力量的現象。

> 六二：包承，小人吉，大人否，亨。
> 象曰：大人否亨，不亂群也。

「包承」者，六二陰爻居中得位，願以至順至柔包攬九五所託責任，否閉之時利於小人混水摸魚故小人論吉，而君子應步步為營，戒慎恐懼論凶。「不亂群」者，六二雖柔，居中得位，小人雖盛，不敢亂群。九五相應六二，但不能包庇六二，否則規矩混亂，群體崩潰。

> 六三：包羞。
> 象曰：包羞，位不當也。

六三以陰爻居陽位，群陰俱以小人之道包承於上，六三自詡與上九陰陽相合，戮力鑽營而忝不知恥，忘記自己的位置還在下卦，「位不當」者，俱用小道奉承其上，行不正而引來羞辱。

> 九四：有命无咎，疇離祉（ㄓˇ）。
> 象曰：有命无咎，志行也。

「疇」，初也，初六。「離」者，麗也，附著。「祉」者，福祿。九四陽爻與初六相應，九四得令，初六遵行，守正而相應於上，故無咎害。「志行」者，初六有志守正，上應隨行九四之命，故無咎害。

> 九五：休否，大人吉，其亡其亡，繫于包桑。
> 象曰：大人之吉，位正當也。

九五居中得正，「休」者，美也。能在否道之中，戒慎恐懼，趨吉避凶，故吉利。「包」者，本根。於否塞之時，行懿美之事，置己身於根重而牢固之地；「位正當」，自明者，心意常存危難，固守九五德位，遏絕小人佞妄，自求多福。

> 上九：傾否，先否後喜。
> 象曰：否終則傾，何可長也。

「傾否，先否後喜」，否道未傾，慮其防備之道；否道已傾，喜其事理翻覆，扭轉乾坤，危機變轉機。否卦大象先傾，

爻變至上九否道已終，撥雲見日，其事理必通達四方。天地盈虛，否卦終結，則否極泰來，君子自強不息，豈能坐視否卦長久之窘困。

13.同人卦

 同人卦　離下乾上

> **卦辭：同人于野，亨。利涉大川，利君子貞。**

《序卦傳》：「物不可以終否，故受之以同人。」同人者，與人和平同存。野者，廣遠之處。君子開放心胸，誠信無遠弗屆，必得亨通。假利涉大川之象以明人事，君子藉以貞定與人同心，共同涉難，可大可久。

> **象曰：同人柔得位，得中而應乎乾，曰同人。同人曰：同人于野，亨；利涉大川，乾行也；文明以健，中正而應，君子正也；唯君子為能通天下之志。**

同人卦，五陽一陰，唯一陰爻六二居下卦之中得位，主爻向上呼應乾卦之九五，又與他爻陰陽和諧，不乏志氣相投之士。「同人于野」，比喻同人之作風遼闊無垠，若得乾道陽爻相配，亨通而利於涉險犯難。君子有乾卦發揮文明之德，六二九五中正相應，君子亨通天下，蓋有以德配位之志。

> **象曰：天與火同人，君子以類族辨物。**

天在上，火性炎上，雖融合出同人之道，但方以類聚，物以群分，君子應明辨品物之別，察言觀色，知人善用。

> 初九：同人于門，无咎。
> 象曰：出門同人，又誰咎也。

初九與九四無應，上承六二，陰陽呼應，出門逢人皆同，同於嚮往剛健文明之志。心無繫屬，既然一視同仁，必無誰與過咎之難。

> 六二：同人于宗，吝。
> 象曰：同人于宗，吝道也。

六二陰爻雖然上與九五相應，但合同之志僅及於宗族，用心鄙吝於門戶與宗派成見，辜負九五盛意。同人卦五陽一陰，六二為主爻，寡者，眾之所宗，德澤僅及於宗族鄉里，鄙吝之道。

> 九三：伏戎于莽，升其高陵，三歲不興。
> 象曰：伏戎于莽，敵剛也；三歲不興，安行也。

「伏戎于莽」者，軍隊隱藏於山野，不敢亢顯。「升其高陵」者，觀望敵情，衡量局勢，無法驟然判斷。九三陽剛欲進，但下乘六二陰爻，後援無力，外卦剛健，敵人剛強，阻逆甚囂，以致三年之久無法運作。「安行」者，伺機而按兵不動。

> 九四：乘其墉(ㄩㄥ)，弗克攻，吉。
> 象曰：乘其墉，義弗克也；其吉，則困而反則也。

乘者，登上。「墉」者，城牆。登上城牆禦敵，占有地利，但九四陽爻居陰地，履非其位，而與九三爭六二；按理六二上應九五，九四攻三求二，違背義理，經困頓後幡然悔悟，故得其吉。「義弗克」者，裁斷於義理，自知不應妄想戰剋之事。「困而反則」，艱困中自省，尋找出準則依據後，可趨吉避凶。

> 九五：同人，先號咷(去幺ˊ)而後笑。大師克，相遇。
> 象曰：同人之先，以中直也；大師相遇，言相克也。

九五與六二的相合，間爻是重重剛險，執剛用直，眾所不從，以致苦而號咷。九五剛中得位，本體健壯，克勝制敵，雖好事多磨，最終仍克服眾敵，與志同道合者歡聚一堂。故同人相合先受九三、九四之阻絕，「中直」者，以中而正直之美德克服，「相克」之時，比喻六二、九五相遇合。

> 上九：同人于郊，无悔。
> 象曰：同人于郊，志未得也。

「郊」者，外之極也。上九陽爻居陰位，雖有志氣，但所處地位在「郊」，本體過於剛健，與九三無應，且不比九五，所以聚眾不多，但遠離內鬥，身家安然無虞，雖志氣尚未得逞，也無需後悔。

14.大有卦

 大有卦　　乾下離上

卦辭：元亨。

《序卦傳》：「與人同者物必歸焉，故受之以大有。」前卦同人的綜卦是火天大有。僅六五爻一陰五陽，柔處尊位，群陽並應，聚眾人之力，行事必然亨通，故得大有包容，順天利命的吉祥。

象曰：大有，柔得尊位，大中而上下應之，曰大有。其德剛健而文明，應乎天而時行，是以元亨。

「柔得尊位」，大有卦，六五陰爻主導全卦，上下陽爻應之。「大中而上下應之」，九二居下卦中爻與六五相應，五陽俱受一陰牽動，故得大有之象。其內卦乾，比喻道德剛健；外卦離，比喻文明，故文明剛健順天據時必亨通。

象曰：火在天上，大有。君子以遏惡揚善，順天休命。

離火在天，夏季日照甚廣，農作物以茲為大豐收現象。君子以光明剛健作為遏止邪道，並發揚善性之根本，故君子以順應天時，懿美天命為職責。

初九：无交害，匪咎，艱則无咎。
象曰：大有初九，无交害也。

初爻之始，尚無外寇讎敵，初九剛健，雖不在中位，不知履中謙退，但堅定的意志往離火前進，已經遠離咎害。相交必生利害對應，初九遠離六五，無動無利害。

九二：大車以載，有攸往，无咎。
象曰：大車以載，積中不敗也。

「大車以載」，是以卦象比喻九二承載重任，陽爻九二居陰位，往前與六五陰陽相應，雖任重而有外援，堅定方向必无咎。「積中不敗」，九二像受六五正應的受命大臣，負載重任，剛健行進無咎害。

九三：公用亨于天子，小人弗克。
象曰：公用亨于天子，小人害也。

九三陽爻居陽位，統領下卦群陽奮進有功，並與六五陰陽相應，得到封功賞賜。但九三未居中，道德與才能不足以承擔責任，故不能得到犒賞。小人指九三，率領下卦前進，可以忠心耿耿，也可以瞞上欺下，中飽私囊，故為害為利，惟九三所定奪。

九四：匪其彭，无咎。
象曰：匪其彭，无咎，明辨晢（ㄒㄧ）也。

九四陽爻居陰位，上承五爻至尊，下乘九三陽剛；匪，非也。彭，旁也，盛大。九四既然進入上卦，不應分心於下卦，義無反顧，棄三歸五，不執著細微過往，故得無咎。九四近於六五，莫自驕而僭越，應謹慎明辨。

> 六五：厥孚交如，威如，吉。
> 象曰：厥孚交如，信以發志也；威如之吉，易而无備也。

　　孚者，誠信。交，對待往來。威，畏也。「厥孚交如」，互相以誠信對待；君子威嚴莊重誠信，必得到四方景仰之吉利。「信以發志」，六五為主爻，一心想以誠信發揮志向。「易而无備」，威嚴之吉，重在平易可親，坦蕩無戒備的和諧氣氛中。

> 上九：自天祐之，吉无不利。
> 象曰：大有上吉，自天祐也。

　　本卦一陰五陽，僅上九獨乘陰爻，以剛制柔，在豐盛大有之時，君子藉謙卑體會柔順之理，故大有剛健文明之吉，在天將助佑尚賢崇德者。

15.謙卦

 謙卦　艮下坤上

> 卦辭：亨，君子有終。

　　《序卦傳》：「有大者不可以盈，故受之以謙。」大有的富足之象，必須以謙虛制衡，才能長久。艮為山，收斂高聳入雲之特性，居於大地之下，諸行最善者，莫如謙虛下物，故所行皆亨通。

> 象曰：謙、亨、天道下濟而光明，地道卑而上行，天道虧盈而益謙，地道變盈而流謙，鬼神害盈而福謙，人道惡盈而好謙。謙尊而光，卑而不可踰(ㄩˊ)，君子之終也。

謙卦亨通，天道損有餘補不足，因濟助人道而光明絢爛。當高處土石沖蝕時，低卑之處反而得到填實，地道盈滿則流向更卑微之處。鬼神不會庇佑驕橫盈滿之徒，而是賜福給謙卑有德者，人道亦復如此。總之，天道、地道、人道、鬼神都是謙受益，滿遭損。廣尊謙卑之美德，足以為君子終生遵守不踰。

> 象曰：地中有山，謙。君子以裒(ㄆㄡˊ)多益寡，稱物平施。

謙，上卦為坤，下卦為艮，山在地之中，山雖高，願以高就低，比喻謙虛之美德。裒，收集起來。君子量稱物質均寡，以多資少，增損之原則在不患寡，患不均。

> 初六：謙謙君子，用涉大川，吉。
> 象曰：謙謙君子，卑以自牧也。

初六陰爻居陽位，又居坎險之下，君子以謙遜的態度修養品德，故面對阻逆橫難，終究吉利。「卑以自牧」，謙卑是君子自我修養的實踐功夫。

> 六二：鳴謙，貞吉。
> 象曰：鳴謙貞吉，中心得也。

鳴者，聲名發鳴。陰爻得中位，謙虛的美德，處中行正，必須發自於內心，固守貞道，得其所而吉利。

> 九三：勞謙，君子有終，吉。
> 象曰：勞謙君子，萬民服也。

本卦一陽五陰，九三陽爻居上，下統二陰爻，上承三爻皆陰，比喻群陰來附，萬民歸順，堅持到上六柔順謙卑，勞苦己身但終局吉祥。君子勞於謙遜，萬民臣服於其謙道。

> 六四：无不利，撝（ㄏㄨㄟ）謙。
> 象曰：无不利，撝謙，不違則也。

「撝」者，施布之象或同揮，奮勇。向上承五而柔謙，乘三而用謙，不違謙遜之法則，無所不利。「撝謙」，不在意謙虛之美名，才是不違背謙道準則。

> 六五：不富以其鄰，利用侵伐，无不利。
> 象曰：利用侵伐，征不服也。

「以」者，用也。六五居於上卦中位，而不必以財富聚人，以干戈服人，故以謙卑的美德統御鄰邦，對驕而蠻橫者以「謙」道進行征伐，所向無敵。

> 上六：鳴謙，利用行師，征邑國。
> 象曰：鳴謙，志未得也，可用行師，征邑國也。

處外而履謙順，雖有美譽僅內化在一邦之內，征服不順從的邑國，立軍功仍需利用行師征伐。「謙」道到了盡頭，謙遜未必得到鄰國臣服或尊敬，對桀驁不馴之鄰邦，只能動用軍旅，沙場一決高下。

16.豫卦

 豫卦　坤下震上

> 卦辭：利建侯、行師。

　　《序卦傳》：「有大而能謙必豫，故受之以豫。」豫卦與謙卦互為綜卦。謙卦之後不免自我放鬆，淫亂悄然而近。豫者，取逸豫之義，以和順而動。雷在地上，外動而內順，有利於行動，應趁機建立功業。豫卦，一陽五陰，陽爻居陰位統領五陰爻，名不正位不對。

> 彖曰：豫，剛應而志行，順以動，豫。豫順以動，故天地如之，而況建侯行師乎！天地以順動，故日月不過，而四時不忒（ㄊㄜˋ）；聖人以順動，則刑罰清，而民服，豫之時義大矣哉！

　　豫卦，僅九四為陽爻，上下柔爻均與之相應，故有應而上行。坤卦為順，震卦為動，故豫卦順以動。天地萬物順其理，而行動亦順應自然規律，何況建立侯國，行軍練兵之事。日月運行與四時變換，都是順應天地運行的道理，聖人不違背天地規律而順從，則刑罰清明，慎用法令，故萬民臣服，豫卦的運用時點意義甚大。

> 象曰：雷出地，奮豫。先王以作樂崇德，殷薦之上帝，以配祖考。

　　奮，動也。殷，盛也。薦，進也。豫卦，上卦為震，下卦

為地，春雷乍響，古人認為陽氣由地中沖出，萬物振奮。先王藉此欣欣之象，製作典章禮樂，殷勤的敬祀天帝與祖先。

> 初六：鳴豫，凶。
> 象曰：初六鳴豫，志窮凶也。

初六陰爻居陽位，名不正言不順，眼光短淺，只見到自己與九四陰陽相應，自鳴得意，不知相應於不正之位，又自己身居艮卦之下，志向窮窘，前途凶險。

> 六二：介于石，不終日，貞吉。
> 象曰：不終日，貞吉，以中正也。

介於石者，六二居中得位，對上下，不諂媚，不褻瀆，操守耿介，故不待終日即可得固守中道之吉利。六二守中正之道，順不苟從，豫不違中，故貞吉。

> 六三：盱(ㄒㄩ)豫，悔，遲有悔。
> 象曰：盱豫有悔，位不當也。

「盱」者，張目。六三陰爻居陽位，名位不順，想前進與九四親近，又不與上六相應，猶豫不決，錯失良機，終有悔吝。「盱豫有悔」，六三居不當位，進退失據。

> 九四：由豫，大有得。勿疑，朋盍簪。
> 象曰：由豫，大有得，志大行也。

「盍」者，合也。「簪」者，疾也。大有得，眾陰皆歸，大有所得。九四震卦之下，震動之始，五陰爻拱九四陽爻，不必懷疑的快速向九四聚集。「大有得」，九四一陽合五陰，由

「豫」義集結志向相投之人，而利於大功業之進行。

> 六五：貞疾，恒不死。
> 象曰：六五貞疾，乘剛也；恒不死，中未亡也。

　　豫卦以九四剛爻為主，專權執勢，而六五堅守中道，雖乘九四而不得九四順服，又處中位，九四亦未可取而代之，彼此制衡，恆久拉鋸而爭取存亡。

> 上六：冥豫，成，有渝，无咎。
> 象曰：冥豫在上，何可長也。

　　「冥豫」，逸樂而昏頭轉向。「渝」，變也。勉勵占者自求改變，變上爻為陽爻離卦，離為目，離火光明，看清楚局勢而自思改變，即時改弦易轍，必無咎害。

17.隨卦

 　　隨卦　震下兌上

> 卦辭：元、亨、利、貞，无咎。

　　《序卦傳》：「豫必有隨，故受之以隨。」前一卦「豫」，猶豫謹慎，老成持重，深謀遠慮，必有人願追隨。隨卦以元亨利貞，周而復始為卦義，上卦澤代表西方秋天，下卦震代表東方春天；初九到九四取離象，六三到上六取坎象，四時俱備，五行相生自無災禍。

> 彖曰：隨，剛來而下柔，動而說，隨。大亨、貞，无咎，而天下隨時，隨時之義大矣哉！

　　隨卦，上卦兌柔，下卦震剛，故剛來居柔之下，物皆悅隨，可以無為而不勞，故喜悅與震動是隨卦特性。隨卦亨通在於中正之道，君主謙恭對待臣民，臣民則喜悅隨從君主，天下事不動或相隨，惟在可隨則隨，逐時而利用，掌握隨卦意義甚大。

> 象曰：澤中有雷，隨，君子以嚮晦（ㄏㄨㄟˋ）入宴息。

　　兌上震下，即雷在澤水中。晦，宴也。君子體會時序，以入夜就寢止息，按時作息。

> 初九：官有渝，貞吉。出門交有功。
> 象曰：官有渝，從正吉也；出門交有功，不失也。

　　「官」者，人心所主，觀念思想等。「渝」，變也。初九陽爻得位，但與九四無應，對於內外在的因素，都可以適時改變，無往不吉。「官有渝」者，隨從正道，出門與四方相交，不應狐群狗黨，同流合污，則必有功於事業。

> 六二：係小子，失丈夫。
> 象曰：係小子，弗兼與也。

　　小子謂初九，丈夫謂九五。六二陰柔藉初九之力，雖繫屬於九五，但遠水不濟，又有九四攔阻，只得委身遷就小子初九，既有所屬，不應往前與九五相應，此時吉凶莫辨。丈夫與小子，無法兼顧。

> 六三：係丈夫，失小子。隨有求得，利居貞。
> 象曰：係丈夫，志舍下也。

六三陰爻處世不能獨立，但六二已經占據初九，因此只得向九四靠攏，而九四與初九無應，故六三、九四陰陽相應，近水樓台，宜貞定隨其所擇而居之。「志舍下」，捨棄初九小子。

> 九四：隨有獲，貞凶，有孚在道以明，何咎。
> 象曰：隨有獲，其義凶也；有孚在道，明功也。

九四陽爻居上卦之下，以陽居陰，處在兌卦之初，下卦兩個陰爻巴結而來，九五認為履非其位，隨有獲利，貞凶之象悄然而現。堅定的服從與跟隨，明示道義誠信，必無咎害。「其義凶」者，隨卦原是剛下柔上，九四則反其道剛在下，不合卦義。隨卦之功效，明示在誠信之道。

> 九五：孚于，嘉，吉。
> 象曰：孚于嘉吉，位正中也。

九五居中得正，相應六二，誠信得嘉美之吉。誠信能取得隨卦精義，隨時、隨地、隨人之誠信，因九五中正而有嘉美之吉。

> 上六：拘係之，乃從維之，王用亨于西山。
> 象曰：拘係之。上窮也。

事情發展到了最後階段，上六忤逆不隨從，故須拘繫，反成為敵方戰利品。兌卦在西，山謂險阻，君王祭天是因順天討

逆。比喻周初由西方起義，經過一番阻逆才大功告成。象曰：
手段用盡，窮極則變，敬酒不吃賞罰酒。

18.蠱卦

　蠱卦　巽下艮上

> 卦辭：元亨，利涉大川，先甲三日，後甲三日。

《序卦傳》：「以喜隨人者必有事，故受之以蠱。蠱者，
事也。」經營事業如同涉大川之險，甲者，十日之首，創制之
始，不可因循舊制。既然創制即需宣導政令於前，先甲三日為
辛，取改過自新，殷殷告誡。後甲三日為丁，取再三叮嚀；民
若未習，不應立即施加刑罰。

> 象曰：蠱(《ㄨ∨)，剛上而柔下，巽而止，蠱。蠱，元亨，而
> 天下治也；利涉大川，往有事也；先甲三日，後甲三日，終則
> 有始，天行也。

「蠱」者，惑也，上卦為艮剛，下卦為巽柔，故剛上柔
下，艮，止也，無健行之才。巽，柔也，無振奮之志。事事因
循苟且，百廢待舉，故「艮而止」。蠱，元亨，因撥亂反治，
故亨。治必有涉大川險難，需振衰起弊，勇於任事。先甲三
日，後甲三日，頒布新令，始終有序，如天行之規律，讓人民
有預期準備。

> 象曰：山下有風，蠱。君子以振民育德。

山下之風，迷惑事物真情。比喻君子之恩澤下振於民，君子以養育萬民視為己任。

> 初六：幹父之蠱。有子考，无咎，屬終吉。
> 象曰：幹父之蠱，意承考也。

蠱者，惑也，事也。父在稱考，屬則危也。初六陰爻居陽位，事情發端之時，有子息以柔巽的態度承擔長輩艱險，事情之初見機而動，最終的結局是無咎害而吉利的。「意承考」者，善繼父親之志，糾舉端正蠱惑之事。

> 九二：幹母之蠱，不可貞。
> 象曰：幹母之蠱，得中道也。

九二陽爻居中得位，與六五陰陽相應。雖然陽爻居陰位，不能全面幹練順服，但仍不失中道。遷就母親過錯宜隨機應變，固守中正之道。

> 九三：幹父之蠱，小有悔，无大咎。
> 象曰：幹父之蠱，終无咎也。

九三位居下卦之上，以剛健幹事，甚至糾正長輩過失而無其應，雖不知屈己順人，致有小過悔吝，但陽爻得位本體剛健，終無大咎患。九三對父親蠱惑雖陽剛相待，終究以得位論吉。

> 六四：裕父之蠱，往見吝。
> 象曰：裕父之蠱，往未得也。

裕，寬容。六四陰爻居陰位，柔體當位，能設身處地理解
長輩的過錯，但六四居上卦之下柔弱，以致鄙吝而無應於所擔
負之事。寬裕蠱惑，所往必見鄙吝，未有所得。

> 六五：幹父之蠱，用譽。
> 象曰：幹父用譽，承以德也。

六五陰爻居至尊之位，以中道柔順奉承父輩功業，九三過
於陽剛激進，六四失之柔怠，僅六五剛柔相濟，博得美譽。子
承父德，彰顯中道。

> 上九：不事王侯，高尚其事。
> 象曰：不事王侯，志可則也。

「事」者，伺候。上九陽爻居變化之末，不惦念俗事，不
貪圖祿位，故不承王侯之事，僅崇尚清高之美譽。功成身退，
急流勇退，「志可則」者，所作所為提供世人效法準則。

19.臨卦

 臨卦 兌下坤上

> 卦辭：元、亨、利、貞，至于八月有凶。

《序卦傳》：「有事而後可大，故受之以臨。」陽爻上升
到九二，有大而亨通之象。臨卦上卦坤為順，下卦兌為悅，所
以上下相應。元亨利貞是順應天道運行，所謂「八月有凶」是

以臨卦在丑月為起點，依流月順序變爻至天地否卦之時，三陰既盛，三陽方退，恰為申月。比喻盈滿則傾，盛大難以終保。

> 彖曰：臨，剛浸而長，說而順，剛中而應，大亨以正，天之道也。至于八月有凶，消不久也。

臨卦，上卦為坤柔順，下卦為兌悅，二陽爻謙卑居於四陰爻之下。「剛浸而長」，陽尊臨下，陽剛將由九二開始向上發展，並得到六五相應，「剛中而應」，符合天道之規律準則，亨通而正。「至于八月有凶」，指子月開始到未月，恰是八個月，而成遯卦，兩卦又為錯卦。「消不久」，陽氣漸消陰氣長。

> 象曰：澤上有地，臨。君子以教思无窮，容保民无疆。

臨卦，水澤之上有地，提供生物群聚，故須治理。君子以思慮教化，接納四方之民，保利疆域而無內外之分。

> 初九：咸臨，貞吉。
> 象曰：咸臨貞吉，志行正也。

咸，感也。初九陽爻得位，上應於六四陰爻陰位，虔誠的感應，利於初九開始向上進展。臨卦初九因固守正道而行事，故吉利。

> 九二：咸臨，吉无不利。
> 象曰：咸臨，吉无不利，未順命也。

九二陽爻居陰位，雖然不得位，但上應於六五且堅守中道。以誠心感應，取信於天下，所向皆吉。但未順從「八月有凶」的天命，因把握臨卦中道之吉。

> 六三：甘臨，无攸利，既憂之，无咎。
> 象曰：甘臨，位不當也；既憂之，咎不長也。

甘臨者，謂甘美諂佞也。六三陰爻居陽位，有邪佞、諂媚之意。凡以邪說面臨事物，無所得利。若能以憂患咎害之心情，改修其道，剛不害正，必無咎患。六三位不當，既知憂患在前，必知迴避咎害。

> 六四：至臨，无咎。
> 象曰：至臨无咎，位當也。

六四陰爻居陰位，所居為正，陰柔不致邪佞。進入坤卦柔順而應陽爻初九，履得其位，臻於極善，故稱至臨無咎。

> 六五：知臨，大君之宜，吉。
> 象曰：大君之宜，行中之謂也。

「宜」者，義也。六五陰爻居陽位，履位其中與九二相應，宜時宜地宜位。故卦爻雖柔，但委以重任於九二，四方賢人貢獻智慧，集思廣益，供君王差遣處理各項事宜。「大君之宜」，是君王任用中道之臣，隨時以「宜」道行事。

> 上六：敦臨，吉，无咎。
> 象曰：敦臨之吉，志在內也。

外卦為坤，上六處於終極，以柔順敦厚的道德，下臨六三，志在幫助賢能剛健之初九與九二者。「志在內」，贊助內卦二陽爻，以敦厚為美德。

20.觀卦

 觀卦　坤下巽上

> 卦辭：盥而不薦，有孚顒若。

《序卦傳》：「臨者，大也。物大然後可觀，故受之以觀。」觀卦與臨卦互為綜卦。盥者，祭禮前洗手洗面。薦，奉上祭品。顒，嚴正之貌。觀者，王者道德之美而可觀也。「觀盥而不薦」者，可觀之事，莫過於宗廟隆重祭盥之禮節，引申為上位者端正莊嚴，以下觀上應有虔敬之心。

> 象曰：觀，盥而不薦，有孚顒（ㄩㄥˊ）若，下觀而化也。大觀在上，順而巽，中正以觀天下。觀天之神道，而四時不忒；聖人以神道設教，而天下服矣。

觀卦，上卦巽為風，下卦坤為柔順，二陽爻在上，四陰爻在下，天子主持大祭，外卦九五以中正之道，觀察天下子民。下民仰觀君上為風行草偃，德澤普施之象。上君俯觀下民為春風化雨，感受教化之德。故觀察天地鬼神之道，四時流行，不有差忒。聖人以陰陽變化之道，順天應人，而天下臣服。

> 象曰：風行地上，觀。先王以省方、觀民、設教。

風行地上，萬物皆受吹拂，比喻君王有生育、養育、教育的責任，而以觀察作為手段。故君王應省察四方，審酌萬民生計，提倡文教禮義。

> 初六：童觀，小人无咎，君子吝。
> 象曰：初六童觀，小人道也。

　　初六陰爻居陽位，事情初始無法開展大作為，對於小人是無害的，但柔爻對於君子奮進不利，因此以「童觀」形容孩童蒙昧，無法體會宮廟之美、百官之富。初六童觀離九五最遠，君子不至鄙吝如此，小人之道仍需上進。

> 六二：闚（ㄎㄨㄟ）觀，利女貞。
> 象曰：闚觀，女貞，亦可醜也。

　　六二陰爻居中得位，體性柔弱，從順應人，所見比喻為「窺」，窺視即不能大開廣見，利女貞，上應九五，女子崇尚剛健正道，若偷窺則不夠莊重大方，六二羞醜而見識狹隘。

> 六三：觀我生，進退。
> 象曰：觀我生，進退，未失道也。

　　六三居下卦之首，內外交接之際，不比鄰於九五與童觀，退則闚觀，獨善其身；進則觀國，兼善天下。居在進退兩宜之地，未失其道。

> 六四：觀國之光，利用賓于王。
> 象曰：觀國之光，尚賓也。

　　六四陰爻得位，接近九五至尊，廣開進路，有習練國家禮儀之機會，進一步居為國賓，為君王效力。「觀國之光」，觀察國家政績風俗之光輝，而有體會。「尚賓」者，六四忠臣對九五帝王之應對，應崇尚賓主之禮。

> 九五：觀我生，君子无咎。
> 象曰：觀我生，觀民也。

　　九五尊位為觀卦之主，含弘光大，上行下效。君王觀察民風世俗，以百姓為誡鑑，故君道莫不在觀民，以察教化而已。九五觀我生，君王政權由民心向背所否決，所謂「水能載舟，亦能覆舟。」

> 上九：觀其生，君子无咎。
> 象曰：觀其生，志未平也。

　　「生」，猶如動化而生出。君王處於上極之位，天下萬民觀其施生一切，一舉一動都是人民的楷模，故君子所生若合乎「道」，必無咎患。「志未平」者，君王以人飢己飢之精神，觀察民生樂利，焉敢自滿？

21.噬嗑卦

噬嗑卦　震下離上

> 卦辭：亨，利用獄。

　　《序卦傳》：「可觀而後有所合，故受之以噬嗑，嗑者合也。」噬，齧也。嗑，合也。凡上下之間，有物體相隔，而以齧合去除間隔之物，假借口象咬合，比喻利用刑獄排除不法。

> 彖曰：頤中有物，曰噬嗑（ㄏㄜˊ）。噬嗑而亨，剛柔分動而明，雷電合而章，柔得中而上行，雖不當位，利用獄也。

頤，腮也。噬嗑，以牙齒咬物，初九、上九為牙齒，九四為間隔之物。上卦為離，為光明、文明、清廉等。下卦為震、剛動、奮發、迅速等。剛爻柔爻分明，雷為耳聲，電為目眩，分別運作動化，火雷結合出文采章美。六五柔中上行，雖不當位，全卦剛柔並濟，適宜利用判斷刑獄。

> 象曰：雷電，噬嗑，先王以明罰敕（ㄔˋ）法。

噬嗑卦有雷電般的震撼、光明、迅速等特性，先王用之以昭示刑罰，整飭社會風氣。

> 初九：屨（ㄐㄩˋ）校滅趾，无咎。
> 象曰：屨校滅趾，不行也。

「屨校滅趾，无咎。」屨校者，腳上帶著的刑具。滅趾者，傷其腳趾。凡過錯都是由幾微之處開始，因此初九陽爻被壓制在艮卦之下，罪孽尚輕，不得脫逃，尚稱無咎害。「不行」者，刑具在身不再犯罪，也不能往六二，否則噬膚滅鼻，自討苦吃。

> 六二：噬膚滅鼻，无咎。
> 象曰：噬膚滅鼻，乘剛也。

膚，柔脆之物，無骨嫩肉，比喻受刑之人。六二是用刑者，在下卦得位，乘初九之陽剛，以進行規定的噬膚滅鼻凌遲等處罰。因為六二用刑合乎中道，故未有咎患發生。

> 六三：噬（ㄕˋ）腊（ㄌㄚˋ）肉，遇毒。小吝，无咎。
> 象曰：遇毒，位不當也。

「噬」者，比喻刑人。「腊」者，比喻不服。「毒」者，比喻怨生。六三陰爻居陽位，在下卦之上履非其位，又不乘剛，後臺不夠硬，刑人不服執法者不循正道的行為。

> 九四：噬乾胏（ㄗˇ），得金矢，利艱貞，吉。
> 象曰：利艱貞吉，未光也。

「胏」者，帶骨頭的肉脯。金，剛也。矢，直也。九四陽爻居陰位，不得中道，居非其位，若科以刑罰不足服人，滋味如「噬乾胏」難下嚥，必須剛直斷案，堅毅貞正始有吉利。九四停留在艱貞而未亨通光大之地位。

> 六五：噬乾肉，得黃金，貞厲，无咎。
> 象曰：貞厲，无咎，得當也。

「乾肉」，比喻堅硬。「黃」，中也。金，剛也。六五以陰處陽，以柔乘剛，凌遲於刑人，刑人不服，執法者如同「噬乾肉」般無味，但居於中道而刑戮得當，雖嚴厲但正確而無過錯。六五處在中道之餘，操貞厲之志，免除咎害，得當之舉。

> 上九：何校滅耳，凶。
> 象曰：何校滅耳，聰不明也。

「何」者，擔荷。「校」者，古代刑具。刑人桀驁不馴，處罰的層級被一再升高，發展到施加的刑具又厚又緊，連耳朵都被磨滅了，比喻罪大惡極前途凶險。「聰不明」者，不知思

慮而一再積惡，冰凍三尺非一日之寒。

22.賁卦

 賁卦　離下艮上

> **卦辭：亨、小利有攸往。**

　　《序卦傳》：「嗑者，合也。物不可以苟合而已，故受之以賁，賁者飾也。」賁，以文相飾。下卦離為火，文飾上卦艮為山。裝飾的利益效果是有限的。其次，艮上離下是下卦的乾以九二爻換取坤卦上六爻，故「以柔來文剛」不得中正，往進小利而已。

> **象曰：賁亨，柔來而文剛，故亨。分剛上而文柔，故小利有攸往，天文也；文明以止，人文也。觀乎天文以察時變，觀乎人文以化成天下。**

　　賁卦，將地天泰之六五與九二對換，成為上卦之艮，下卦之離；故泰卦六五柔爻調降到乾卦中爻，稱「柔來而文剛」。反之，將泰卦九二剛爻提昇到坤卦上爻，稱「剛上而文柔」，陰陽融通，小有得利。陰陽交錯是天文現象，可以內化為道德文明，而禮儀節度必有所止。觀察天文可以理解天道四時運作，觀察人文可以教化天下蒼生，皆是陰陽造化之功。

> 象曰：山下有火，賁。君子以明庶政，无敢折獄。

庶政，各種政事。山下之火照耀草木路徑，比喻君王治理國事有明燈指引，希望不必動用刑法，斷案繫獄。

> 初九：賁其趾，舍車而徒。
> 象曰：舍車而徒，義弗乘也。

古時乘車是大人身分象徵，初九剛健而自明位卑，裝飾腳趾，整裝徒步待發才符合身分。「義弗乘」者，初九剛爻無乘凌六二之理，捨車而徒步與六四相應。

> 六二：賁其須。
> 象曰：賁其須，與上興也。

六二陰爻得位，但無應於六五，只得上應九三，而離卦中虛上附九三，好像修飾鬍鬚般。「與上興」者，隨九三起舞，藤籮繫甲，故借九三陽爻為本質。

> 九三：賁如濡(ㄖㄨˊ)如，永貞吉。
> 象曰：永貞之吉，終莫之陵也。

「賁如」者，華麗裝飾。「濡如」者，潤澤光鮮。九三居下卦之上又得位，有六二相比文飾，得其潤澤，長保永貞之吉。「終莫之陵」者，九三勤於修飾文華，切莫將外表華麗凌駕本質之上，才是固正守實之吉。

> 六四：賁如皤(ㄆㄛˊ)如，白馬翰如，匪寇婚媾。
> 象曰：六四當位，疑也；匪寇婚媾，終无尤也。

「如」者，兩端不定未決之詞。賁如，修飾打扮。皤如，素白之色。翰如，徘徊待之，六四陰爻得位與初九相感，欲前往婚媾初九，但有九三橫阻於前，伺機而動占無吉凶。六四當位但猶疑不決，見初九舍車而徒，傳宗接代，終身大事，故終無怨尤。

六五：賁于丘園，束帛戔（ㄐ一ㄢ）戔。吝，終吉。
象曰：六五之吉，有喜也。

「賁于丘園」，丘園是質樸之地，比喻寧可樸素而不要奢侈華麗。束帛，指財物。戔戔，數量少。六五以陰爻居陽位，雖是文采所飾之主，簡約吝嗇，最終還是吉利的。六五雖尊，但以微薄之禮，捨文就質，忠誠於婚媾則喜。

上九：白賁，无咎。
象曰：白賁无咎，上得志也。

處於文飾之終，放任其本質素樸，無需執著於文采裝飾，比喻以本性相待，還我真性情，必無咎患。上九「賁」道已成，物極必反，虛一清靜，故志得圓滿矣。

23.剝卦

 剝卦　坤下艮上

> 卦辭：不利有攸往。

《序卦傳》：「賁者，飾也。至飾然後亨則盡矣，故受之以剝。」上卦艮，下卦坤，剛上柔下；一陽乘五陰，一群小人剝落唯一陽爻，不利向前進展。

> 象曰：剝，剝也，柔變剛也。不利有攸往，小人長也。順而止之，觀象也；君子尚消息盈虛，天行也。

剝卦，一陽五陰，艮山阻止在前，坤地柔順在下。「柔變剛」者，陰爻逐漸向上發展吞蝕陽爻。觀察陰爻之擴展現象，不利攸往，比喻小人成群結黨發展中。故君子注重天道運行之意喻，審酌削減生息與滿盈空虛之對待關係。

> 象曰：山附于地，剝。上以厚下安宅。

外卦艮山，附著於坤地，陽爻幾乎被剝盡。山高地厚，上君以厚道安頓下民。「厚」者，提供民利、興辦教育、薄稅斂、輕刑罰、降低失業率、興建國民住宅等。

> 初六：剝床以足，蔑（ㄇㄧㄝˋ）貞，凶。
> 象曰：剝床以足，以滅下也。

「蔑」者，猶削，猶滅也。形容「剝」道由初六開始，比

喻由根基開始腐爛。反者，道之動也。凡事走到極端就向反方向移動。「剝床以足」，以床代表事物，坤陰爻先吞蝕初九陽爻，萬物腐敗於根。

> 六二，剝床以辨，蔑貞，凶。
> 象曰：剝床以辨，未有與也。

「辨」者，足之上也，稍近於「床」，等於床身之下，床足之上。六二陰爻雖得位，但一再「剝」之接近床面，就是滅極而凶。「未有與」者，六二與六五既不相應，又無法獨立存在。

> 六三：剝之，无咎。
> 象曰：剝之无咎，失上下也。

五陰爻中唯獨六三與上九相應，且居五陰爻之中，如果相應上九剝之，群陰無首，六三撥亂反正無咎害。「失上下」者，六三獨有應，六二、六四均無應，故六三無剝害，無則无咎。

> 六四：剝床以膚，凶。
> 象曰：剝床以膚，切近災也。

「膚」者，比喻身體。六四陰爻當位，剝床已盡，到床面而及於人身體膚，比喻接近凶險。「切近災」者，六爻過半，陰爻黨羽眾多，災禍迫在眉睫。

> 六五：貫魚，以宮人寵，无不利。
> 象曰：以宮人寵，終无尤也。

「貫魚」者，比喻小人魚貫而來。六五陰爻居得尊位，為

剝卦之主導。小人貼近而來，若僅限於宮中下人，而不剝及於正人君子，六五可得重臣輔佐，雖寵宮人尚無不利。六五與上九相應，使唯一陽爻面對群陰蜂擁之咎害，得有緩衝空間。

> 上九：碩果不食，君子得輿，小人剝廬。
> 象曰：君子得輿，民所載也；小人剝廬，終不可用也。

「碩果不食」者，為取碩大之果仔傳播，故不為人食，比喻上九擔負標竿、教化、移風易俗等功能。上九乃唯一陽爻，居於全卦之終，宛如碩果。「君子得輿」者，以一陽庇蔭五陰，君子履居其位，使人民安居樂業。廬者，房舍茅廬。「小人剝廬」，比喻人民流離失所，上九陽爻雖不得位，仍不可用陰爻。

24.復卦

 復卦 震下坤上

> 卦辭：亨，出入无疾，朋來无咎。反復其道，七日來復，利有攸往。

《序卦傳》：「剝者剝也。物不可以終盡剝，窮上反下，故受之以復。」復卦與剝卦互為綜卦。剝卦，陽爻被剝奪；復卦，陽爻逐漸復生。復亨者，陽氣反復而得到亨通之象。出入無疾者，陽氣充沛流暢，疾病不生。朋來无咎者，朋指陽氣，陽氣滾滾，朋聚而來無咎害。陽氣過盛即非常道，以七日為一

循環，利於攸往。

> 彖曰：復，亨。剛反，動而以順行，是以出入无疾，朋來无
> 咎。反復其道，七日來復，天行也；利有攸往，剛長也；復其
> 見天地之心乎！

復卦，初九唯一陽爻，返回事物現象中，剛健上行，引動
陰陽同類，故順勢一體的運作，呼朋引伴，出入無疾害。「七
日來復」，姤、遯、否、觀、剝、坤、復，共七卦七日，天道
運行陰陽消息而已。復卦陽爻進展，類似天地好生之德的心
機，日復一日的昭明天地間。

> 象曰：雷在地中，復。先王以至日閉關，商旅不行，
> 后不省方。

復卦，雷潛藏在地中。「至日」，冬至陽生之日，陽氣衰
微，故先王規定閉關自守，商旅得以安靜休養，后與王不出門
省察四方，比喻順天道而行人事。

> 初九：不遠復，无祇悔，元吉。
> 象曰：不遠之復，以修身也。

初九剛健有自己的走向，走不遠又回頭，沒有迷失的風
險，比喻發現錯誤就立即改過。「祇」者，大也。「以修身」
者，立即改過當然沒有悔恨之事，吉祥的開始。

> 六二：休復，吉。
> 象曰：休復之吉，以下仁也。

六二陰爻得位，中道柔順，往下親比於初九。休復，氣氛

喜悅美好的親仁睦鄰，是吉利的。「以下仁」者，六二退於初
九之下，得以休養生息。

> 六三：頻復，厲，无咎。
> 象曰：頻復之厲，義无咎也。

　　頻，頻蹙。六三是下卦最上爻，與六二陰陽無應，逐漸遠
離初九，但與上六無應，即將進入上卦，前途陰爻一片，心中
迷惑油然而生。雖然隱伏危厲茫然，但頻顧義理，故無咎害。
「頻復之厲」，六三與上六無應，六二、六四也無應，時與位
使然而搖擺不定，故危厲並非違背義理所肇致。

> 六四：中行獨復。
> 象曰：中行獨復，以從道也。

　　六四陰爻得位，處於五陰爻之中間，卑微柔順的踽踽而
行，順從中道，故尚無吉凶可言。

> 六五：敦復，无悔。
> 象曰：敦復无悔，中以自考也。

　　六五居中得正，敦厚的行道，上下爻皆為陰爻，無從親
比，自我反省其言行，敦睦厚道，自無悔吝。「自考」者，自
我考核是否合乎中道。

> 上六：迷復，凶，有災眚。用行師，終有大敗。以其國君凶，
> 至于十年不克征。
> 象曰：迷復之凶，反君道也。

　　上六是最後一爻，「復」道已經有顛覆的傾向，若還是

迷惑在追求「復」道之中，以致有凶災過失。不自我檢討，而擅自動用行師，必無制勝之理，苦戰十年鎩羽而歸。「迷復之凶」，上六以迷惑推行君道，「反君道」者，不知利用陰陽盈虛之自然法則，故十年之久不克有成。

25.无妄卦

 无妄卦　震下乾上

> 卦辭：元、亨、利、貞。其匪正有眚，不利有攸往。

《序卦傳》：「復則不妄矣，故受之以无妄。」无妄卦，下卦剛動，上卦剛健，因此事物無虛妄偽詐，進而元始亨通，利物貞正。行為不端正自有過失，不利於往前行。眚，過失，災禍，削減。

> 象曰：无妄，剛自外來，而為主於內；動而健，剛中而應；大亨以正，天之命也。其匪正有眚，不利有攸往，无妄之往，何之矣？天命不祐，行矣哉！

无妄卦，坤，震一索而得男，陽爻來自乾卦，震卦主於內卦。六二呼應乾卦九五剛中，上卦為健，下卦為動。九二、九五皆得中當位，得天命自然亨通。順從天道行事，必然趨避災眚，「无妄之往」雖主觀所動，但仍須天命客觀配合。否則「天命不祐」，將寸步難行。

> 象曰：天下雷行，物與无妄，先王以茂對時育萬物。

　　雷聲驚傳千里，猶如君王昭告動健剛中，欲行昊天之志。茂，盛大也，勉力。對時，掇取時機。萬物應雷動而震發，故先王仿效無妄之象，順天應時養育萬物。

> 初九：无妄，往吉。
> 象曰：无妄之往，得志也。

　　初九陽爻，剛健而居下，以貴下賤，遵循教化不妄動，故所往皆吉，得志於真實而不虛妄。

> 六二：不耕穫，不菑(卩)畬(ㄩˊ)，則利有攸往。
> 象曰：不耕穫，未富也。

　　「不耕穫，不菑畬」，比喻不強制作為，不強求收穫。六二處中爻得位，下乘初九之剛健，順勢而為，雖未躬耕於前，仍隨其後，代君有終，意味不爭其始，守成在後，盡臣道不敢造次，放空富貴利祿，則利有攸往。「未富」者，無所為，無所求，待機而動。

> 六三：无妄之災，或繫之牛，行人之得，邑人之災。
> 象曰：行人得牛，邑人災也。

　　六三陰爻居陽位，德不配位，在震卦之上，震動為大道之象。行人順手牽牛，揚長而去，村邑中人就要面臨被官府搜查的損害。以陰居陽，才德不足順天行道，強求的結果必遭到無妄之災從天而降。

> 九四：可貞，无咎。
> 象曰：可貞无咎，固有之也。

　　九四已經趨近九五，雖然以剛乘柔，但受九五正道感應，有所執守，堅定往進必无咎。「固有之」者，陽爻實在而無虛妄，陰爻虛而有妄，九四剛爻應固守本質，必然無咎。

> 九五：无妄之疾，勿藥有喜。
> 象曰：无妄之藥，不可試也。

　　「疾」者，以生病表示九五面對的禍疾。「藥」者，比喻治療禍疾之對策。九五至尊為無妄之主爻，堅持無妄之卦義，消除一切妄動，順天應理，即無須大費周章的改弦易轍。「藥不可試」，無妄小疾，順其自然，用藥反而因造作而肇致災妄。

> 上九：无妄，行有眚，无攸利。
> 象曰：无妄之行，窮之災也。

　　上九在無妄之終極，理應收斂剛健，若不知靜保其身，一昧窮其所行，必有災眚而無攸利。「窮之災」者，因強制行事，違背自然而不知接近窮途末路，將因忤逆天意而遭致災禍。

26.大畜卦

 大畜卦　乾下艮上

> 卦辭：利貞，不家食，吉，利涉大川。

　　《序卦傳》：「有无妄然後可畜，故受之以大畜。」無妄日久，必然畜德。大畜者，外卦艮，內卦乾，乾卦奮進，艮卦止而畜之，日積月累的積畜必成大業。「不家食」者，謂家業豐盛，即應養賢尊士，待時出仕，寧可食於王室，兼善天下。大畜卦應天順人，利於衝破險難。

> 彖曰：大畜，剛健、篤實、輝光，日新其德，剛上而尚賢，能止健，大正也。不家食吉，養賢也；利涉大川，應乎天也。

　　大畜卦，外卦艮山，內卦乾健，山在天上，氣勢雄偉。有剛健、篤實、光輝、日新其德之性質。「能止健」者，上九止住六五，乾卦上進，艮卦止住，故畜財養賢，大道中正。賢士為國家棟樑，當公差，吃公糧，不食家中私糧。順天道，利於涉險。

> 象曰：天在山中，大畜。君子以多識前言往行，以畜其德。

　　天在山中，何其雄偉，氣勢大則積蓄多，見識廣。君子前瞻而仿效前人言行業績，以積蓄自己的德性。

初九：有厲，利己。
象曰：有厲利己，不犯災也。

　　初九上應於六四，但六四陰爻僅為自己積蓄，進則有險厲，故初九先利養自己，枕戈待旦，靜觀其變無吉凶。「不犯災」者，初九涉世未深，以積蓄利己，故遠離災禍。

九二：輿說輹(ㄈㄨ丶)。
象曰：輿說輹，中无尤也。

　　九二陽爻在陰位，以「輿說輹」比喻車輪脫離車軸，自陷泥沼。六五陰爻居陽位，僅能虛應九二，九二雖然想奮勇前進，但所乘之「輿」破敗。「中无尤」者，九二中爻，車軸脫離而知制止前進，尚屬遵守中道，未遭怨尤。

九三：良馬逐，利艱貞。曰閑輿衛，利有攸往。
象曰：利有攸往，上合志也。

　　「良馬逐」者，比喻九三陽爻得位，經過整備有利於前進，即使前途艱險，亦能驅逐快馬克服艱險，但尚未進入上卦，應自我砥礪。「閑輿衛」者，「閑」者，防禦、練習。「輿」者，車與馬。「衛」者，將士，禁衛軍一路護隨，所往皆吉利。「上合志」者，志在「閑輿衛」是符合君王期待的。

六四：童牛之牿(ㄍㄨ丶)，元吉。
象曰：六四元吉，有喜也。

　　童牛，小牛。牿，綁在牛角上的衡木，以防止牴傷人身。以六四陰爻處上卦之下，應防範未然。「有喜」者，安頓牿

牛，大功告成，等待收穫。

> 六五：豶（ㄈㄣˊ）豕之牙，吉。
> 象曰：六五之吉，有慶也。

「豶」者，除也，提防。「豕牙」者，公豬之獠牙，指九二剛健沖擊。六五陰柔居中，應未雨綢繆，以柔克剛，趨吉避凶。「有慶」者，豶豕之牙，比喻六五柔能制剛，禁暴制剛，終生受用，君王所行攸關一國之利害，故有慶。

> 上九：何天之衢（ㄑㄩˊ），亨。
> 象曰：何天之衢，道大行也。

衢者，四通八達之道路。比喻上九居大畜卦終爻，與天道相應，亨通而無所不利。「道大行」者，一卦之終結，即大畜卦之作用如通天大道，四通八達，無往不利。

27.頤卦

 頤卦　震下艮上

> 卦辭：貞吉，觀頤，自求口實。

《序卦傳》：「物畜然後可養，故受之以頤」大畜而後有所養。頤，養也。貞，正也。養正，其一為養賢人與萬民；其二為養正自身。求口實，則是飲食合理，言語謹慎，美譽臨身等。上艮下震，上下爻為陽，中間四爻為陰，上止下動，口的

形象。

> 彖曰：頤，貞吉，養正則吉也。觀頤，觀其所養也。自求口實，觀其自養也。天地養萬物，聖人養賢以及萬民，頤之時大矣哉！

頤卦，以正道養生，養性，則吉也。觀察頤卦六爻所養與自我養食，而有不同理解。養生包含天地生養萬物，聖人體會天道，應自許尊養賢人及萬民，頤養之道關係國計民生，時位掌握之意義甚大。

> 象曰：山下有雷，頤。君子以慎言語，節飲食。

山下有雷，雷聲在山中反覆震盪，比喻頤卦上下二陽爻包藏四陰爻，口食之象。君子以謹慎言語，節制飲食為卦義。

> 初九：舍爾靈龜，觀我朵頤，凶。
> 象曰：觀我朵頤，亦不足貴也。

初九應該振奮自求其養，竟放棄自己明鑑神靈的龜卜兆機，貪圖外在歡樂俗欲，凶象畢露。朵頤，嚼也，比喻世俗欲望。「觀我朵頤，亦不足貴」，指貪婪之徒不知守廉養貴，而放任物欲氾濫。

> 六二：顛頤，拂經，于丘頤，征凶。
> 象曰：六二征凶，行失類也。

丘，山丘，指艮卦。六二乘初九之上，顛倒向下頤養初九，違背經義，六二又無應於六五，上卦為艮，向上求頤養又無應，一昧往進征途凶險。「行失類」者，六三、六四、六五

皆養上九，唯獨六二反求初九，異於同類。

> 六三：拂頤，貞凶。十年勿用，无攸利。
> 象曰：十年勿用，道大悖（ㄅㄟˋ）也。

「拂」者，違也。六三陰爻居陽位，自身不正，違背養正的道理。六三諂媚供養於上九，十年之久不知悔悟，無所得利。「道大悖」者，六三不中不正，柔而無實，不以正道養生。

> 六四：顛頤，吉，虎視眈眈，其欲逐逐，无咎。
> 象曰：顛頤之吉，上施光也。

「顛頤，吉」者，六四在上卦之下，應於初九，負責以上養下，因此顛倒向下頤養是吉利的。「虎視眈眈」，恐下位頤養成性而褻瀆犯上，故須威而不猛，嚴而不惡。「其欲逐逐」者，敦實無所求，自無咎害。「上施光」者，六四下養初爻，寡欲少求，布施廣大。

> 六五：拂經，居貞吉，不可涉大川。
> 象曰：居貞之吉，順以從上也。

六五以陰居陽，不願謙退，違背經義，若謹守中爻之易理雖是吉利的，但本身不夠強健，故不足離開中道涉入危機中。「順以從上」，六五順從上九的供養。

> 上九：由頤，屬吉，利涉大川。
> 象曰：由頤屬吉，大有慶也。

「由頤」者，以陽爻之下有四陰爻，四陰爻俱都供奉上

九，由之以得其養，故統領眾陰之上九，不可褻瀆，需嚴屬而吉；位高而心懸頤養萬民，利於眾志成城，以利涉險。

28.大過卦

 大過卦　巽下兌上

> 卦辭：棟橈。利有攸往，亨。

《序卦傳》：「頤者養也。不養則不可動，故受之以大過。」大力供養後，過多過盛須以大過節制。「棟橈」者，謂屋宇棟梁。衰難之世，以四陽爻在中，二陰爻在外，如國之棟樑，比喻超越常理拯救患難，攸往而亨通。

> 彖曰：大過，大者、過也；棟橈（ㄋㄠˊ），本末弱也；剛過而中，巽而說，行利有攸往，乃亨。大過之時大矣哉！

大過卦，初六與上六為陰爻，中間四爻為陽爻，陽爻多而密集，有過於陽剛之象，故「棟橈」是由於本末陰爻柔弱所致。剛爻發展過中，拯弱興衰，巽卦與上六即可得到陽爻之濟助，本末弱的缺點即可糾正，故巽而悅，利有攸往。此為大過卦之時義。

> 象曰：澤滅木，大過。君子以獨立不懼，遯世无悶。

巽木本漂浮在水上，澤水淹沒巽木，大為超過正常現象。君子可以獨立不懼，泰山崩於前而面不改色；亦可遁隱濁世，

清虛遨遊於青松明月間。

初六：藉用白茅，无咎。
象曰：藉用白茅，柔在下也。

初六柔順在下，虔誠樸素的奉事於上，免於咎患。「藉用
白茅」，用白色柔軟茅草裝承祭品，物雖薄，心意莊敬。

九二：枯楊生稊(去一ˊ)，老夫得其女妻，无不利。
象曰：老夫女妻，過以相與也。

「稊」者，楊樹之秀枝嫩芽。九二以陽居陰，能超越本分
而振衰起弊，使衰者轉強，猶如枯槁之楊樹更生新稊，老夫得
少妻，皆大過其本，而救其弱。「過以相與」者，老夫與女妻
之配對，以發芽比喻事情之發展長遠而言有利。若女妻而得少
夫，是「依分相對」。

九三：棟橈，凶。
象曰：棟橈之凶，不可以有輔也。

九三陽爻居陽位，下卦為巽木，上卦為兌金，上剋下過剛
易折。九三處下體之極，不知救危拯弱，反而只應上六，閉戶
自守凶咎之事。「不可以有輔」，九三是群剛之剛，九四亦自
恃其剛，相斥而無法相輔。

九四：棟隆，吉，有它吝。
象曰：棟隆之吉，不橈乎下也。

「棟隆」者，以棟梁托住房屋。九四陽爻居陰位，在上卦
之下，發揮大過卦至壯輔助至衰的精神，然而九四是向下與初

六相應，終不若陰爻般可以上承九五來的恢弘光大。「不橈乎下」者，九四剛爻居陰位，居陰用柔，相得益彰，物有其用故吉。

> 九五：枯楊生華，老婦得其士夫，无咎、无譽。
> 象曰：枯楊生華，何可久也？老婦士夫，亦可醜也。

「生華」者，開花。比喻九五處得尊位，未能以強濟弱，以致無法向九二「生稊」般獲得新力量，僅能「生華」後等待枯萎。言老婦得少夫無益於生產力，但老夫得少妻則利益宏大。比喻棟樑位置不同而所生效益不同，即資源錯置之損害。「亦可醜」者，老妻少夫之配對有難言之隱，僅是各盡所能各取所需，拯救危難之作用狹隘，故言醜陋。

> 上六：過涉滅頂，凶，无咎。
> 象曰：過涉之凶，不可咎也。

上六在大過卦之終極，本欲濟時拯難，動機宏偉，但涉難太深，以至於自滅其頂，功雖無成，亦無被追究責任之餘地。「不可咎」者，二陰難拒四陽，實力懸殊，無可咎責。

29.習坎卦

 坎卦 坎下坎上

卦辭：有孚，維心亨，行有尚。

《序卦傳》：「物不可以終過，故受之以坎，坎者陷也。」大過固然亨通，唯亨通豈能長久不墜。習，重複。尚，使之向上。坎卦中爻陷於二陰之中，比喻險象。惟陽爻在內，信心發自剛中之誠心；再上下重疊，雖險之又險，也比喻有人志同道合相匹配。

象曰：習坎、重險也；水流而不盈，行險而不失其信。維心亨，乃以剛中也；行有尚，往有功也；天險不可升也，地險山川丘陵也，王公設險以守其國。險之時用大矣哉。

坎卦不同於諸卦者，加一「習」字。因上下俱坎，其次行險應先習其事。水流來去，崖峻谷泄，而無滿盈；涉水如行險，漲跌不失其時，信守水性。「維心亨」者，九二九五分佈上下卦中爻。集結同志攜手前行，必有功績可成。天險已經是極限，不可在險上加險。地險在山川丘陵，依地勢所形成之要地。君王公侯在險地設置要塞，以固守其國土。險的時地意義甚大。

象曰：水洊（ㄐㄧㄢˋ）至，習坎。君子以常德行，習教事。

水重重洊至，比喻學習就是重重演練。君子以水流不息，

作為追求道德之常態，並教化以詩書禮樂。

> 初六：習坎，入于坎窞（ㄉㄢˋ），凶。
> 象曰：習坎入坎，失道凶也。

　　坎，地勢不平。初六陰爻居陽位，進入重重險難之下，無人應援。「失道凶」者，初六陰柔入坎未先習坎，不固守坎道，故言失道之凶。

> 九二：坎有險，求小得。
> 象曰：求小得，未出中也。

　　九二陽爻得位與六三陰陽相應，但六三陰爻居陽位，未足以為大援，故僅小有得益，且坎水雙重，仍尚未出險。

> 六三：來之坎坎，險且枕，入于坎窞，勿用。
> 象曰：來之坎坎，終无功也。

　　六三履非其位，又處在兩「坎」之間，出入都是坎險，腹背受敵，非安居高枕之地，出行無功。故陷入坎險之中，無所作為。「終无功」者，六三誤入坎窞，必須不淌渾水，明哲保身，故無功而自保。

> 六四：樽酒，簋（ㄍㄨㄟˇ）貳，用缶（ㄈㄡˇ），納約自牖（一ㄡˇ），終无咎。
> 象曰：樽酒，簋貳，剛柔際也。

　　一樽之酒，二簋之食，簡樸的器皿，虔敬的侍奉，終無咎患。六四以柔居柔，重險履正，在上卦之下承九五，兩者皆剛柔各得其所，誠信相輔，不假外飾。「納約自牖」，君臣身陷

囹圄，從窗口送酒食，禮物食品簡樸，不妨礙六四、九五陰陽呼應，比喻君臣上下精誠團結。

> 九五：坎不盈，祇既平，无咎。
> 象曰：坎不盈，中未大也。

「坎不盈」者，九五與九二無應，上下陰爻坎陷，險難未盡。險難多而習練通順，九五爻變就是坤卦的地道，展現平順的旅途，無咎而脫離坎險。「中未大」者，坎水尚未滿盈，九五剛中之功效未達預期。

> 上六：係用徽纆（ㄇㄛ丶），寘（ㄓ丶）于叢棘，三歲不得，凶。
> 象曰：上六失道，凶三歲也。

「徽纆」者，繩索。「寘于叢棘」者，古時以荊棘樹叢囚禁人犯。坎險升高至上六，上六又不願自修其道，失去自新的機會，以致三年不得其吉。「上六失道」者，上六設險，阻止九五出險，險終乃反，三歲之後可以免。

30.離卦

離卦　離下離上

> 卦辭：利貞，亨，畜牝牛，吉。

《序卦傳》：「坎者陷也。陷必有所麗，故受之以離，離者麗也。」離與坎互為綜卦。畜牝牛，假象以明人事。牝牛，

外強內順，合乎離卦之德。

> 彖曰：離，麗也。日月麗乎天，百穀草木麗乎土，重明以麗乎
> 正，乃化成天下。柔麗乎中正，故亨。是以畜牝牛吉也。

　　離，附著、附麗、文明，萬物各得其所附著之處。日月明
麗必須依附天上。百穀草木必須依附土壤。離上離下，重重光
明必須依附正道而行，乃得移風易俗，教化天下。二五俱為陰
爻，代表柔道，柔道亦應中正，不可委屈貪附，故利於畜牝牛
柔順之道，比喻應固守柔順、光明之「離」道。

> 象曰：明兩作離，大人以繼明照于四方。

　　太陽日日升降，故離火重疊就是離卦。大人以離卦明德之
精神遍照四方。

> 初九：履錯然，敬之，无咎。
> 象曰：履錯之敬，以辟咎也。

　　「錯然」者，警慎之貌。初九將進而盛，遇九四陽剛不相
應，宜慎其所履之位，恭敬而不犯上，初九代表日出，慎始足
以避免咎害。

> 六二：黃離，元吉。
> 象曰：黃離元吉，得中道也。

　　黃，中土之顏色。離，附麗於黃中。六二陰爻得位，雖
不應六五，兩爻皆柔順。「得中道」者，有柔中與黃中雙重吉
利。

> 九三：日昃（ㄗㄜˋ）之離，不鼓缶而歌，
> 則大耋（ㄉㄧㄝˊ）之嗟（ㄐㄧㄝ），凶。
> 象曰：日昃之離，何可久也。

　　日昃，太陽偏西。耋，老人。嗟，憂傷嘆息。九三是下卦終爻，光明亮麗接近尾聲，面對人生無常，養志無為，虛度光陰，當老之將至又不委事任人，自取逸樂，徒然憂傷嘆息，凶險之象。「日昃之離」者，太陽西斜，美景將逝，何可久也？比喻文明附麗，君子深知花好月圓不常在，應自我調適。

> 九四：突如、其來如、焚如、死如、棄如。
> 象曰：突如其來如，无所容也。

　　三爻是已沒，四為始出，突如其來。九四初進上卦，顯露出離卦的火性。焚如，逼近至尊，如炙熱咄咄逼人。死如，焚後無生無息。棄如，已經違背「離」道，無應無承不當位，眾人皆棄而遠離，無地所容，不知吉凶如何？

> 六五：出涕沱（ㄊㄨㄛˊ）若，戚嗟若，吉。
> 象曰：六五之吉，離王公也。

　　「出涕沱若」者，憂戚流淚嘆息之象。誠心的哀傷悲戚，必得眾人相助。「離王公」者，揣度王公憂戚之情緒，附麗置身於君上之心境，故六五悲戚論吉。

> 上九：王用出征，有嘉折首，獲匪其醜，无咎。
> 象曰：王用出征，以正邦也。

　　上九離道既成，物皆親附，君王趁勢有所作為，於是斬除

匿首，為民除害，得征伐嘉美之功。「正邦」者，一卦之終必
生反復，鄰邦不附麗，逼使君王用兵出征，匡正天下。

31.咸卦

 咸卦　艮下兌上

> 卦辭：亨、利貞，取女吉。

　　《序卦傳》：「有天地然後有萬物，有萬物然後有男女，
有男女然後有夫婦，有夫婦然後有父子，有父子然後有君臣，
有君臣然後有上下，有上下然後禮義有所錯。」「咸」者，感
應。嫁娶是男女共相感應，而成人倫之始，故夫婦之道吉而亨
通。

> 象曰：咸，感也。柔上而剛下，二氣感應以相與；止而說，男
> 下女，是以亨利貞，取女吉也。天地感而萬物化生，聖人感人
> 心而天下和平。觀其所感，而天地萬物之情可見矣！

　　咸卦，上卦為澤柔，下卦為艮剛，陰陽二氣上下互相感
應，各盡其力，互有所求。艮止住而取悅兌，即少男居下對少
女獻殷勤，嫁娶是天地自然的感應，專一篤實值得固守。天地
交感而萬物化生，聖人感應萬民心願，上下互相體悟求和諧。
觀察其感通之處，知天地萬物品類流行，情義相投。

> 象曰：山上有澤，咸，君子以虛受人。

咸卦，山澤通氣，澤水下流，滋潤萬民，艮山承上，兩者空虛其懷，放空受納萬物，《老子》：「古神不死，是謂玄牝。」虛懷若谷，才能體會玄妙感應。

> 初六：咸其拇。
> 象曰：咸其拇，志在外也。

拇，足部大拇指。初六只感應在身體末端足趾，雖小有心志，處於感應之初，未見吉凶。「志在外」者，心志小有感應，雖未甚噪動，未移其足，但其志在外。

> 六二：咸其腓（ㄈㄟˊ），凶，居吉。
> 象曰：雖凶居吉，順不害也。

腓，小腿肚。六二陰爻相應在九五陽爻，女感應男，則凶。不受鼓躁，柔順中道，靜居則吉。「順不害」者，雖開始躁動，但陰爻陰位守中，咎害尚未出現。

> 九三：咸其股，執其隨，往吝。
> 象曰：咸其股，亦不處也。志在隨人，所執下也。

股，指大腿、臀部。九三處陽爻艮卦之上，相當於臀部，當位又相應上六，體會動靜隨足，進不能管制足部之動作，退不能靜守其處之窘境；比喻志在隨人，而無自我操持，所執鄙吝無道，所執下也。

> 九四：貞吉，悔亡；憧（ㄔㄨㄥ）憧往來，朋從爾思。
> 象曰：貞吉悔亡，未感害也。憧憧往來，未光大也。

亡，無也。九四陽爻不得位，周邊眾人忡忡來去，心志

難定，而親朋摯友隨從互相感應思維。進入上卦可以將男女感應，由成家立業擴張至國家社會。「未光大」者，九四固守貞道，雖無悔吝，所感尚非全然無思無欲，但陽爻居陰位，不得其所，故未恢弘博大。

九五：咸其脢(ㄇㄟˊ)，无悔。
象曰：咸其脢，志末也。

「脢」者，脊肉、背肉。九五剛正中道，堅守卦德，而脢肉反應遲鈍，其在心之上，口之下，進不能大為感應，退又不甘無志，志氣淺薄無悔吝而已。「志末」者，脢高於心，淺於心神，厚於言語，故巧言過於心志。

上六：咸其輔頰舌。
象曰：咸其輔頰舌，滕口說也。

輔，上頷，與頰、舌都是言語作用。上六是咸道終極，僅落在口舌言語而已。「滕口」者，滕，競也。上六「咸」道感應至終極，弄巧成拙，以搬弄口舌為競爭手段。

32.恒卦

 恒卦　巽下震上

卦辭：亨、无咎，利貞，利有攸往。

《序卦傳》：「夫婦之道，不可以不久也，故受之以恒，

恒者久也。」恒卦與咸卦互為綜卦。恒，久也。恒久之道，貴在變通，利以行正，無往不利。

> 象曰：恒、久也。剛上而柔下，雷風相與；巽而動，剛柔皆應，恒。恒亨，无咎。利貞，久於其道也。天地之道，恒久而不已也。利有攸往，終則有始也。日月得天，而能久照；四時變化，而能久成；聖人久于其道，而天下化成。觀其所恒，而天地萬物之情可見矣。

恒卦，上卦為震動，下卦為巽柔，《說卦》云：「雷風相薄」，剛爻柔爻的相應是恒久的，而道德無咎利貞，當繫於恒心的長久鍛鍊。天地之道所以為人仿效，貴在恒久不已，故把握「恒」道，融會變通，無往不利，如同天地無窮運轉，終始如一。「終則有始」，比喻有恒心的終結任務，在君王信任之中才有功業之始。觀察日月是恒久的高照於天，四時的變化是因長久運行而深植於人心，故聖人體會「恒」道以教化天下。以「恒」道觀察天地，可知天地萬物之變化；用於觀察人事，可收安家治國之功利。

> 象曰：雷風，恒，君子以立不易方。

雷風交變是大自然的變化方法。方者，久於其道。君子彪立德性，以「恒」德為用，堅毅不移。

> 初六：浚(ㄐㄩㄣˋ)恒，貞凶，无攸利。
> 象曰：浚恒之凶，始求深也。

「浚」者，深也。初六陰爻居陽不當位，又位處三陽爻之下，若在初始施之於仁義無妨深求，若不義之舉或欲望太深，

則所往不利而有凶象。「始求深」者，往往欲速而不達，違背日月久照之本質。

> 九二，悔亡。
> 象曰：九二悔亡，能久中也。

九二雖陽爻不當位，恒以中道居之，上應六五，所以無悔吝。「能久中」者，風雷諧和，九二占據陰位無悔，是因掌握中庸之道。

> 九三：不恒其德，或承之羞，貞吝。
> 象曰：不恒其德，无所容也。

九三在三陽爻之中，居下體之上，下不全卑；處上體之下，上不全尊，定位不明，德行無恆心，無力承擔震卦陽剛，自取羞辱。「无所容」，無恒心恒德，雖有所往，但無地自容。

> 九四：田无禽。
> 象曰：久非其位，安得禽也。

田，田獵，比喻有事。九四陽爻不當位，初六親比九二，間爻阻逆無法上合九四，田獵勞而無功。「安得禽」者，九四因本體陽爻，處在不適合的位置，豈能獲利。

> 六五：恒其德貞，婦人吉，夫子凶。
> 象曰：婦人貞吉，從一而終也，夫子制義，從婦凶也。

六五陰爻居中，雖有尊位，然柔順僅及於相應之九二，從唱而已，無法兼善天下；「夫子制義」者，恒久的從一而終，

乃婦人之吉。夫子需斷天下事，不應矇固執一，而應通權達變，故從妾婦之道論凶。

> 上六，振恒，凶。
> 象曰：振恒在上，大无功也。

振，動也。上六居恒卦之上，以振為恒，若搖搖動動，且陰爻不得中，違背上者應當清靜無為，不動而穩如泰山之形象，故上六不知虛一清靜，無功而凶。

33.遯卦

　遯卦　艮下乾上

> 卦辭：亨、小，利貞。

《序卦傳》：「恒者久也。物不可以久居其所，故受之以遯，遯者，退也。」「遯」者，隱退逃避。二陰在下，四陽在上，陰道開始萌長，正道亦未全滅，故僅小有亨通。三十六計，走為上策，君子「遯」逃有方，美德一件。

> 象曰：遯、亨，遯而亨也。剛當位而應，與時行也。小利貞，柔浸而長也。遯之時義大矣哉。

遯卦，退避不爭，亨通，初爻二爻為陰，以上四爻俱為陽。上卦為乾剛，下卦為艮止，九五陽剛當位與六二相應，順時機而變化流行。陰爻逐列上行成長，遯卦之時位意義甚大。

> 象曰：天下有山，遯。君子以遠小人，不惡而嚴。

艮山在天之下，艮山是陰爻較多，逐列上行，比喻山勢上逼於天，天何其高遠，遯避之所，遯避又何妨？故君子遇到遯避之時，不與小人褻瀆，不與之交惡，一如往昔莊嚴和煦。

> 初六：遯尾厲，勿用有攸往。
> 象曰：遯尾之厲，不往，何災也。

小人滋長於內，當必須退避遠遯之時，向外逃竄勿當遯尾，以其接近於小人，易遭迫害。「不往何災」者，小人由內孳生，危厲瞬間而至，走為上策，避災趨吉「遯」之道。

> 六二：執之，用黃牛之革，莫之勝說。
> 象曰：執用黃牛，固志也。

黃，比喻中和。牛革，柔順堅厚。六二內卦居中位，在逃遯之世，對棄己而遯者，施以中和柔順之道，莫讓遯者解脫而去。「固志」者，固守正道，使心生逃遯之徒，先以中庸平和的道理說服，不服則以牛革繩之，雙管齊下。

> 九三：係遯，有疾厲，畜臣妾，吉。
> 象曰：係遯之厲，有疾憊也。畜臣妾吉，不可大事也。

係遯，九三無應於上，意在六二陰陽交會，以陽附陰，宜於遁走，卻繫在內卦之上，不能遠離禍害，而憊於屈辱危厲中，此時大事不可為，宜「畜臣妾」遠小人，親於所近，先安頓身邊事情。「有疾憊」者，九三代表上卦阻截二陰爻進展，疲憊不堪。

> 九四：好遯，君子吉，小人否。
> 象曰：君子好遯，小人否也。

九四雖不當位，卻相應於初六，君子能捨棄身外之物，故云「好遯」。小人不捨而貪戀權祿，故否。「小人否」者，面對榮華富貴時，君子喻於義，小人喻於利。

> 九五：嘉遯，貞吉。
> 象曰：嘉遯貞吉，以正志也。

嘉，美也。九五陽爻居中，反制六二，小人感通應命，率正其志，九五發揮端正之作用，成為遯卦之美德。「正志」者，九五成為六二的效法志向，兩者俱中爻當位，相輔相成。

> 上九：肥遯，无不利。
> 象曰：肥遯无不利，无所疑也。

肥，饒裕。九四、九五在外卦，遯得其時，但皆陰陽相應於內卦，猶然有反顧之情；唯獨上九身在最外爻，無應於九三，遯逃的無牽無掛，豐饒而富裕的「飛遯」。「无所疑」者，上九無應於內，憂患與己無涉，逃之夭夭，何所疑也？

34.大壯卦

 大壯卦　乾下震上

卦辭：利貞。

《序卦傳》：「遯者退也。物不可以終遯，故受之以大壯。」大壯卦與遯卦互為綜卦。遯隱的休養生息，迎接來成長茁壯。大壯卦，陽氣向上發展到四爻，群陽盛大，柔道消退，大者獲正，利於固守正道行事。

彖曰：大壯，大者、壯也，剛以動，故壯。大壯利貞，大者正也。正大而天地之情可見矣！

大壯卦，強盛之名，陽爻居多，剛健震動，大而盛壯，大者獲正，故小道將滅。天地之情恢弘廣大，若無天地般胸襟，何能「震動」、「乾健」一體見存？

象曰：雷在天上，大壯，君子以非禮弗履。

雷在外卦，天在雷下，雷聲響徹，其勢大壯。君子以習「禮」抑制驕溢淫奢，非禮勿履。

初九：壯于趾，征凶，有孚。
象曰：壯于趾，其孚窮也。

初九在下，有如強健的足趾。但氣勢凌人的奮進，即將與九二抗衡，征伐的行動有凶險之象，故先整頓自己的信心與道

德誠信。「其孚窮」者，足趾在下，而一心主於行，比喻人微言輕，卻壯於行動，眾人對之信心窮吝。

> 九二：貞吉。
> 象曰：九二貞吉，以中也。

九二陽爻居中，自身不得位，但居於兌卦之下，堅定的心悅誠服是吉利的。「以中」者，九二以陽居陰，履謙不亢，行不違禮，必有固守正道之吉。

> 九三：小人用壯，君子用罔，貞厲；羝(ㄉㄧ)羊觸藩，羸(ㄌㄟˊ)其角。
> 象曰：小人用壯，君子罔也。

九三陽爻得位，在下卦之上，得位不居中。小人急功近利，利用剛健壯盛充實自己，君子則以剛健之網，羅列應有之品德操守。結果好鬥的羝羊到處衝撞，以至羊角被籬笆拘縶纏繞，就像年輕氣盛的小子出師不利，迎頭撞牆。「君子罔」者，君子見小人壯而無制，健而不謙，視為羅網而趨避。

> 九四：貞吉悔亡，藩決不羸，壯于大輿之輹。
> 象曰：藩決不羸，尚往也。

九四以陽處陰，行事謙恭，奮進而無悔，以籬笆沖開不受拘束為比喻。大輿，指大車。強壯的車軸構造，利於九四奔馳往進。「藩決不羸，尚往」者，籬笆被沖開，羊角不被拘縶纏繞，比喻九四足夠堅強，可以邁步前進了。

> 六五：喪羊于易，无悔。
> 象曰：喪羊于易，位不當也。

「喪羊」者，陽爻用盡。局勢詭譎，以陽據陽，尚有悔吝；何況六五以陰處陽，居於大壯。六五以柔乘剛，無法剋制群陽進逼，而己身又違背謙遜禮節，故放棄羊壯，往下遷就九二，即時應變而無悔。「位不當」者，六五不當位，陰柔不實。

> 上六：羝羊觸藩，不能退，不能遂，无攸利，艱則吉。
> 象曰：不能退，不能遂，不詳也。艱則吉，咎不長也。

上六有應於三，不能退，面對群陽勢眾，退無可退；為今之計，先定其分，再固其志，以之為艱守自處之道，憂患自然消除。「艱則吉，咎不長」者，進退兩難故不祥，艱固其志，憂患內咎自然消退。

35.晉卦

晉卦　坤下離上

> 卦辭：康侯，用錫馬蕃庶，晝日三接。

《序卦傳》：「物不可以終壯，故受之以晉，晉者進也。」停留在壯大的階段，等於故步自封。宇宙流轉的概念，使大壯之後應該前進、上升、晉生。晉，進也，言朝臣晉升。

康者，美之名。蕃庶，多也。晝日，一日也。君王賞賜有功之大臣，包含眾多牧養並足以藩衍之馬，一天之內為賞賜接見三次。

> 象曰：晉、進也。明出地上，順而麗乎大明，柔進而上行，是以康侯用錫馬蕃庶，晝日三接也。

晉卦，昇進。上卦為離，下卦為坤，離卦由地中生起，明麗平順。六五以柔道、臣道上進，得到君王賞賜。

> 象曰：明出地上，晉，君子以自昭明德。

離火上升，逐漸照亮大地文明。君子以光明昭示道德，固守自明之德性。

> 初六：晉如、摧如，貞吉。罔孚、裕，无咎。
> 象曰：晉如、摧如，獨行正也。裕无咎，未受命也。

摧，退也。欲，寬也。初六處卦爻之始，功業雖非顯著，但必自求心胸寬裕而無邪。「罔孚」者，未為人所信服，故應致力於寬裕道德，待機而進，自然無咎。「裕无咎」者，寬裕進德之人，未受履位，未得賜命，心中坦然無咎害。

> 六二：晉如愁如，貞吉。受茲介福，于其王母。
> 象曰：受茲介福，以中正也。

六二居中得位，履順而正，不與六五無應，以至晉升時必有憂愁戒慎之舉，不因無應而不修其德，中正得貞吉。茲，這也。介，大也。母者，處內而成德，指六五。「受茲介福」，離卦之福德光明照耀，以中正配享大君的恩賜。

六三：眾允，悔亡。
象曰：眾允之，志上行也。

六三陽爻居陰位，雖不當位，但順時相應於眾人之志，附麗上行，無所悔吝。「眾允」，與眾人（指初六與六二）同志，相應上九，志節高尚。

九四：晉如，鼫(ㄕˊ)鼠貞厲。
象曰：鼫鼠貞厲，位不當也。

鼫鼠，有五能而不成伎之蟲，比喻大而無當，虛有其表。九四陽爻居陰位，履非其位，上承於六五，下乘於三陰爻，上承下據皆非其偶，如同過街老鼠，喪家之犬，皆因履位不當。

六五：悔亡，失得勿恤，往吉，无不利。
象曰：失得勿恤，往有慶也。

六五陰爻居陽位，能不自負其明，以事委任於下，各有責成範圍，故失責棄職，各自承擔，自無憂恤，故所往無不利。「往有慶」者，六五得六二之臣道，上下親比陽爻，且六五陰柔以晉卦自強，故所往必有利。

上九：晉其角，維用伐邑。厲吉，无咎，貞吝。
象曰：維用伐邑，道未光也。

上九在晉卦之極，其猶冗進，對於周邊采邑，因其道德不足以使萬邦信服，必須施以攻伐，所以因危機而獲無咎之吉，但征伐乃以暴制人，長久堅持是鄙吝之道。故逼使武力征伐，是「晉」道作用尚未廣博。凡一卦之終極，必有向相反方向運

行之傾向；晉卦初始文明，終極動用干戈。

36.明夷卦

明夷卦　離下坤上

卦辭：利艱貞。

《序卦傳》：「晉者進也。進必有所傷，故受之以明夷，夷者，傷也。」明夷卦與晉卦互為綜卦。夷者，傷也。離卦在坤卦之下，日入地中。比喻闇（ㄢˋ）主在上，明臣在下，隱藏明智，艱難固守貞正之德，有如文王拘羑里。

象曰：明入地中，明夷。內文明而外柔順，以蒙大難，文王以之。利艱貞，晦其明也。內難而能正其志，箕子以之。

明夷卦，離火入於地中，以人事而言「傷」也，比喻昏君執政。離為文明，坤為柔順，內懷人文，外象柔順。周文王在羑里蒙難時，以「明夷」卦精神保全身命。利艱貞，指不失其正。晦其明，指隱藏鋒芒。箕子對國內之患難，裝瘋以晦暗其德而不同流合污，正是明夷卦的利用。

象曰：明入地中，明夷。君子以莅（ㄌㄧˋ）眾，用晦而明。

離火落入地中，比喻君子臨於眾民，應收斂鋒芒，故用明或用晦，存乎一心，藏明於內，顯明於外，君子以智慧求運用之妙。

> 初九：明夷于飛，垂其翼。君子于行，三日不食。有攸往，主
> 人有言。
> 象曰：君子于行，義不食也。

初九處於一卦之始，距離上六最遠，故離危難最遠。
「垂其翼」者，匿蹤絕跡，飛翔中不敢凸顯蹤跡。君子洞燭危
機，去意甚堅，以三日不食換取棄官出走。「有攸往，主人
有言」，指所往有利，君主對拋棄官祿有微詞，外人也議論紛
紛，但主客觀條件皆不利戀棧。「義不食」者，君子認為道義
上不應留在人民唾棄的朝廷中，故不食公糧，不從王事，去意
已堅。

> 六二：明夷，夷于左股，用拯馬壯，吉。
> 象曰：六二之吉，順以則也。

六二陰爻居離卦之中，居中履正，堅守職位，雖左股被
傷，但用健馬代步，吉利之象。比喻利用器具、人氣、形勢解
決危機。「順以則」者，陰爻不同於初九剛健，取馴服之道，
遵從潛規則，以免暴君加害。

> 九三：明夷于南狩，得其大首，不可疾貞。
> 象曰：南狩之志，乃得大也。

南方，文明之所。「狩」者，征伐之類。「大首」者，闇
君，昏庸之君主。九三相應於上六，比喻明臣征伐闇君，為民
除暴。征伐後移風易俗，教化百姓，基於人民迷亂甚久，不可
急於立竿見影。「南狩之志」，指有征伐暴君的大志向，才能
得到大功業。

六四：入于左腹，獲明夷之心，于出門庭。
象曰：入于左腹，獲心意也。

「腹」者，比喻事情之核心場域，這裡指心腹而言。六四陰爻柔順，執謙卑之心，入闇君之心腹，雖不忤逆，又順其意，但出其門庭，有隨時避難之準備。「獲心意」者，六四得悉暴君心意，作出走之準備。

六五：箕子之明夷，利貞。
象曰：箕子之貞，明不可息也。

六五最接近闇君，殷末箕子既不願效法比干，亦不願以身殉國，故披髮佯狂，遠離殺身之地。比喻以陰居陽，明哲保身。「明不可息」者，長保光明的心志，箕子晦藏明德，道德之光，何嘗熄滅？

上六：不明晦，初登于天，後入于地。
象曰：初登于天，照四國也；後入于地，失則也。

上六居明夷卦之終，離卦在下，故暗晦。初爻彷彿離火在天，光照四國；後來離火沉如地中，闇君也就失去明燈的指引；發展不明，未見吉凶。「初登於天」，指君王上任，光照四方九州。「失則也」，一卦之終極必反轉，君王晦明墜入於地，失去道德準則。

37.家人卦

家人卦　離下巽上

卦辭：利女貞。

《序卦傳》：「夷者傷也。傷於外者必反其家，故受之以家人。」家，提供身心休養之地，在外受傷當然希望回家休養，風火家人是家中飲食宴樂，引火談笑生風的象徵。卦義指各自進修一家之道，家內之事由女方主持，不知家外他人之事。既非丈夫管轄，故利女貞。

象曰：家人，女正位乎內，男正位乎外。男女正，天地之大義也。家人有嚴君焉，父母之謂也。父父子子，兄兄弟弟，夫夫婦婦，而家道正。正家而天下定矣。

家人卦是談家庭倫理，故上卦為巽長女，下卦為離中女。女主內，內卦六二為陰爻；男主外，外卦九五為陽爻。故男女分佈得正位，家道興，乃得天地大義。家中以父母為尊主，同於一國之嚴君。父子尊卑有序，兄弟和睦有情，夫婦相敬有愛，故而家庭倫理端正，天下安定。

象曰：風自火出，家人。君子以言有物，而行有恆。

巽上火下，火起之初，因風方熾，火既炎盛，還復生風，比喻家人內外相成。君子言之有物，行必有常，恒於家道。

> 初九：閑有家，悔亡。
> 象曰：閑有家，志未變也。

閑，防範也。初九成家之始，即應建立治家之道，在初始即須嚴正，以防範日後的黷亂。「志未變」者，立法防閑，預防邪佞之事，嚴定家教以維持門風。

> 六二：无攸遂，在中饋，貞吉。
> 象曰：六二之吉，順以巽也。

六二陰爻居中，代表家中主婦，以陰爻應上下陽爻，履得其位，宜於婦道之正，確實掌理家中饋食，婦人之吉，巽順之常道而已。

> 九三：家人嗃(ㄏㄜˋ)嗃，悔厲吉，婦子嘻嘻，終吝。
> 象曰：家人嗃嗃，未失也。婦子嘻嘻，失家節也。

「嗃嗃」者，嚴酷之意。「嘻嘻」者，喜笑之貌。九三陽爻居下卦之上，應收斂酷厲，可保其吉。對婦人終日嘻嘻哈哈，嘻笑無節制；初時雖歡樂，終究自取其辱有失家道。

> 六四：富家大吉。
> 象曰：富家大吉，順在位也。

六四陰爻得位，德行柔順端正，上承巽卦利市三倍，和氣生財；明於家道，近九五至尊，順承君王，故祿位昌盛。「富家大吉」者，六四履得其位，順承大君，能富其家。

> 九五：王假有家，勿恤，吉。
> 象曰：王假有家，交相愛也。

「假」者，至也。九五陽爻居正位，若能處尊體巽，推家道為國道，則在下如沐春風，全國亨通則無需憂恤。「交相愛」者，君王明於家道，同理推廣至邦國，和睦親愛。

> 上九：有孚，威如，終吉。
> 象曰：威如之吉，反身之謂也。

事物以威猛為本，則患在寡恩；以仁愛為本，則患在寡威。上九在家人卦之終極，家道惟誠信與威嚴，施之於人或反身用之於己皆吉利。「反身」者，敬人者人恆敬之，愛人者人恆愛之；種瓜得瓜，種豆得豆。

38.睽卦

 睽卦　兌下離上

> 卦辭：小事吉。

《序卦傳》：「家道窮必乖，故受之以睽，睽者乖也。」睽與家人互為綜卦，家人和睦是因為不願見到互相悖離。當互相悖離睽違，也可以利用現實作些吉祥小事。中女與少女各懷其歸，尚可異中求同。

象曰：睽、火動而上，澤動而下，二女同居，其志不同行。說而麗乎明，柔進而上行，得中而應乎剛，是以小事吉。天地睽，而其事同也。男女睽，而其志通也。萬物睽，而其事類也。睽之時用大矣哉！

上卦為離火，文明附麗，下卦為兌卦喜悅；離火炎上，澤水潤下，各自出行，無相成相輔之道，比喻兩女同居，其志不同，無相濟之功。下卦兌附麗離火，「說而麗乎明」者，兌卦喜悅附麗離火。「柔進而上行」者，六五陰爻居中，上下有應。「得中而應乎剛」，六五中位下應九二陽剛，君王有大臣剛健輔助。若剛柔相應，異中求同，小事尚可稱吉。天地雖睽違對立，天地運作卻是一體。男女雖睽違對立，但孤陰不生，孤陽不長，故夫妻一體不分。萬物睽違，惟其事項分類仍有共通處。「睽」卦之時效與作用甚大矣。

象曰：上火下澤，睽，君子以同而異。

火澤睽，水火雖異，合則同功。君子分辨萬物品類，同中求異，異中求同。

初九：悔亡，喪馬勿逐，自復，見惡人，无咎。
象曰：見惡人，以辟咎也。

初九代表剛健，無相應而獨立。馬比喻私有而明顯的物體，喪失馬匹於初始，若汲汲追逐於所失，眾人必深惡其私心自用，故待其自然歸來。見者，謙遜相待也。乖離之時，在下窮於位，在上無應援。「見惡人，以辟咎」，初九謙遜面對惡人，避免樹敵過多，反而突顯美德，故无咎。

> 九二：遇主于巷，无咎。
> 象曰：遇主于巷，未失道也。

　　九二陽爻不得位，無所安頓，與六五陰陽相應，但六五自身也不得位，「遇主于巷」者，同黨九五巷內不期而遇，雖失其位，不失其道，故無咎。比喻以中道應付難以預測之事。

> 六三：見輿曳，其牛掣（彳亡ヽ），其人天且劓（一ヽ），无初有終。
> 象曰：見輿曳，位不當也。无初有終，遇剛也。

　　六三陰居陽位，志在上九，與九四不合。九二又應於六五，不合於己。故以輿曳、牛掣，比喻車被曳，牛被牽，無所進取。「天且劓」者，黥，墨刑於額為天；截鼻為劓。六三在二四之間皆陰陽無應，故以「天且劓」形容處在上下皆險峻之中。「无初有終」者，六三初始在「天且劓」中，其後與上九相應而有善終。

> 九四：睽孤，遇元夫，交孚，厲无咎。
> 象曰：交孚无咎，志行也。

　　「睽孤」者，九四陽爻居陰位，獨處而無應，五應二，三應上又與己睽違。「遇元夫」者，六三、六五皆不當位，故與九四同聲相應，互相以誠信交往，雖危無咎，志可前行。

> 六五：悔亡，厥宗，噬膚，往何咎。
> 象曰：厥宗噬膚，往有慶也。

　　「厥宗」者，異姓宗族，指九二。噬膚，食爛肉，噬六三。六五陰爻居尊位，與九二剛中相應，禮賢下士；六三陰

柔，九二噬去六三往應六五，無悔吝。九二六五合德，「往有慶」。

> 上九：睽孤，見豕負塗，載鬼一車；先張之弧，後說之弧；匪寇婚媾。往遇雨，則吉。
> 象曰：遇雨之吉，群疑亡也。

　　上九陽剛的處在卦終，與六三陰陽相應，但兌卦澤性向下，故「睽孤」。睽孤者無法與外界溝通順暢，「見豕負塗」者，將一身污泥趨近之豬車，看成來意不善的鬼怪，疑神疑鬼的將善意、利益，當成是應加防範之滿車魑魅。「先張之弧，後說之弧」者，懼其害己，張弓防備，復見親信之人，張弓轉為脫卸弓矢。上九離火之象徵，「往遇雨」者，水火交融，陰陽和諧，豕塗豬糞洗滌一清是吉利的。「遇雨之吉」，雨比喻陰陽交合，消弭眾異，往而和諧之吉。

39.蹇卦

 蹇卦　艮下坎上

> 卦辭：利西南，不利東北。利見大人，貞吉。

　　《序卦傳》：「睽者乖也。乖必有難，故受之以蹇，蹇者難也。」睽違的分崩離析，造成前進困窘的蹇卦。利西南，比喻平地易行，則蹇難易解。不利東北，因東北多山，其道窮也。以大德之人能濟眾解難，故利見大人。

> 象曰：蹇、難也，險在前也。見險而能止，知矣哉！蹇利西
> 南，往得中也。不利東北，其道窮也。利見大人，往有功也。
> 當位貞吉，以正邦也。蹇之時用大矣哉！

蹇，難也，有險在前，畏而不進。見到險難而能知止，才是有智慧。蹇卦利西南，喜行坤、巽、離、兌等柔順之地。不利東北乾、震、坎、艮等陽剛之地。見蹇難而止，惟避難仍需犯難，否則何以濟功？故化危機為轉機，持中道見大人，六二九五當位，有保家衛國，端正民風之吉。蹇卦之時效作用甚大矣。

> 象曰：山上有水，蹇，君子以反身修德。

蹇卦，外卦為坎險，內卦為艮山。山上有水，行走困難之象。君子藉以反求諸己，三省吾身，進德修業。

> 初六：往蹇來譽。
> 象曰：往蹇來譽，宜待也。

往蹇，初六柔順謙卑，蹇難之開始，知覩險而止，觀察形勢，以待其時。謙卑躬謹，換來美譽。

> 六二：王臣蹇蹇，匪躬之故。
> 象曰：王臣蹇蹇，終无尤也。

「蹇蹇」者，難上加難，王臣以憂患意識互動。六二處難之時，履當其位，上應九五，匡濟王事，盡忠於君；又親比於九三，私其身家於後，故未見其尤。「終無尤」者，六二雖柔，竭力赴君王之險難以濟蹇，故不受責難怨尤。

> 九三：往蹇來反。
> 象曰：往蹇來反，內喜之也。

九三上下陰爻，自陷坎險之中，往則自陷蹇卦。「來反」則得位，下卦僅九三為陽爻，故為下卦之主，反即回歸本位，變即得坤柔之道。「內喜之」者，九三在艮卦之上，若進入四爻則有坎卦之險，固守原位，則初六、六二竊喜無須往蹇。

> 六四：往蹇來連。
> 象曰：往蹇來連，當位實也。

六四陰爻得位，雖本體信實，但上卦承坎水，自為三四五爻形成的離火，故往前無應，退回艮止，往來皆難，不知吉凶。「往蹇來連」者，六四親比九五，六二相應九五，三爻主動相連，九五當位有實德。

> 九五：大蹇，朋來。
> 象曰：大蹇朋來，以中節也。

九五陷入坎窞與離火之上，然九五居不失正，履不失中，不改其節，聚人以德，則登高一呼，四方響應。「朋來」者，朋指諸爻，九五因剛中得位，得以連結諸爻，使四方濟蹇而來。

> 上六：往蹇來碩，吉，利見大人。
> 象曰：往蹇來碩，志在內也。利見大人，以從貴也。

「碩」者，大也。上六是險難終結之地，不宜再往前，往前則蹇；來則險難終結，聚眾人則為碩大之象，上六有弘揚大

道之吉，下比九五，故志在內部和諧。從貴，從九五陽爻，蹇卦終極，撥雲見霧，曙光初現。

40.解卦

 解卦　坎下震上

> 卦辭：利西南，无所往，其來復吉，有攸往，夙吉。

《序卦傳》：「物不可以終難，故受之以解。解者，緩也。」解卦與蹇卦互為綜卦。險難不能是永續而停滯，經過艱難的磨練，必然有解困之道。西南坤卦，處於平順之地，濟解困難之志，利於廣博施加於眾人。無「難」可往，則利於復歸靜守中道；有難而往，必須速速趕赴，當機立斷。

> 象曰：解、險以動，動而免乎險，解。解利西南，往得眾也。其來復吉，乃得中也。有攸往夙吉，往有功也。天地解而雷雨作，雷雨作而百果草木皆甲坼（ㄔㄜˋ）。解之時用大矣哉！

解卦，上卦為震，動也。下卦為坎險。動於坎險之上，故運動可以脫離險境。蹇卦之後以西南柔順之地，利於緩解生息，故合眾人之意。九二為主爻與六五相應，兩者交復往來，符合中道陰陽相應，故早晚夙夜匪懈，必有功效。天地陰陽之氣和諧交會，則產生雷雨。雷雨發作則百果破甲殼而出，草木破土壤而萌芽，萬物生生不息。解卦有解除束縛，逢機而生的時效作用。

> 象曰：雷雨作，解，君子以赦過宥（一ㄡヽ）罪。

赦，謂放免。宥，謂寬宥。罪，謂故犯。雷雨發作，是天地陰陽一體的作用，君子體悟天下一體，人事社會亦然，同為人體，寬恕赦罪乃天經地義之事。

> 初六：无咎。
> 象曰：剛柔之際，義无咎也。

上卦為雷，下卦為水，初六陰爻處無位之地，此時險難未夷。在險難之初，剛強不凌，柔弱無咎，故初六无咎。「義无咎」者，初六上比九二，與九四陰陽相應，皆為剛柔之際。

> 九二：田獲三狐，得黃矢，貞吉。
> 象曰：九二貞吉，得中道也。

「田獲三狐」者，狐者，隱伏。「黃」者，道理中正。「矢」者，直也。九二剛中得位，遇到困蹇，以豐沛、正直、中道之說理，將隱伏之癥結條條陳述，所以得貞吉。「中道」者，九二陽爻居陰位，不當位居中，故須貞守正道。

> 六三：負且乘，致寇至，貞吝。
> 象曰：負且乘，亦可醜也。自我致戎，又誰咎也。

六三陰爻居陽位，處非其位，履非其正，又不應上六；盤附資財招搖過街，利用九二之中道，上乘九四諂媚逢迎，其醜態引來盜賊攻伐，為貞正君子所鄙吝。「亦可醜」，一副小人得志的嘴臉。「自我致戎」，小寇為盜，大盜為戎，自我不檢點，遭致匪寇，怪咎何人？

> 九四：解而拇，朋至斯孚。
> 象曰：解而拇，未當位也。

　　解，解除。而，汝也。拇，足大指。九四陽爻居陰位，向前行必須先解除六三如腳拇指般，貼附在下的諂媚逢迎，當除去身邊的小人，誠信君子必然相循而來。「未當位」者，九四不當位，雖上下陰陽相比，仍須解除自己的不當位，才能得諸爻信服。

> 六五：君子維有解，吉，有孚于小人。
> 象曰：君子有解，小人退也。

　　「維」者，唯有、只有。六五陰爻居尊履中，相應於九二，仍有可為。若闖出蹇難之佞人，願信服君子恩威並濟之「解」道，則利用誠信是吉利的。「小人退」者，君子是否有「解」，端在於小人是否有退？

> 上六：公用射隼于高墉之上，獲之无不利。
> 象曰：公用射隼，以解悖也。

　　「隼」者，貪殘之鳥。高墉，高牆。上六與六三無應，以隼鳥代表六三行為不正，囂張至出現在城牆上；君王藏器於身，待時而動。對悖逆之現象應強力誅討，以獲取誅滅敵梟之吉利。「解悖」者，六三負且乘，與上六不相應，既為悖逆者，唯有「射隼」以對。誠意的求「解」至一卦之終，仍需動用干戈。

41.損卦

 損卦　兌下艮上

> 卦辭：有孚，元吉，无咎，可貞，利有攸往。曷之用，二簋可用亨。

　　《序卦傳》：「緩必有所失，故受之以損。」解除困難，必須付出損害，天下沒有白吃的午餐。心存誠信無往不利，固守正道，雖僅是簡陋之竹籃，節約的貢品，但無辭可咎，有何不可用？

> 彖曰：損、損下益上，其道上行。損而有孚，元吉。无咎，可貞，利有攸往，曷之用亨。二簋之亨，應夫時情。損剛益柔，損益盈虛，與時偕行。

　　損卦，艮卦在上，兌卦在下，損下益上，「其道上行」者，以六三陰虛換取上九陽實，則變地天泰卦，萬民受利。若將初九、九二換取六四、六五，則變天地否卦，萬民遭殃。君王減損自身利益，換取百姓誠信相對是吉利的。損剛益柔，以強濟弱，盈必損之，虛必增之，觀察客觀形勢，合理相應時空變化。

> 象曰：山下有澤，損，君子以懲忿窒欲。

　　山下有澤，澤中之水山上來，故艮山以減損自己，增補兌澤。君子體悟窒塞情慾，克己復禮。

初九：已事遄往，无咎，酌損之。
象曰：已事遄往，尚合志也。

「已事」者，暫將事情告一段落。「遄往」者，速速前往。初九陽爻得位，相應六四，損下益上，與上位相合，但需斟酌自己的承擔減損能力。「尚合志」者，初九上合於六四且急速補助，不失時效，彷彿久旱逢甘霖。

九二：利貞征凶，弗損益之。
象曰：九二利貞，中以為志也。

九二居中不得位，但願以剛健本體助益六五，在初九損己之後，九二利於居正守貞，不要執著於增益他人而減損自己，否則成為剝卦，不合「損」義。「中以為志」者，柔不可以全益，剛不可以全削，六五、九二不宜棄守中道。

六三：三人行，則損一人。一人行，則得其友。
象曰：一人行，三則疑也。

六三陰爻不得位，但上應上九，為君王守社稷者，非必全體共赴險難，損失一人足矣。六三犧牲小我，非獨上九受益，亦得朋類相親比。「三則疑」也，六三獨自行進，乃得其友上九。若三陰爻一併上行，將使上九不知所措，益生疑竇。

六四：損其疾，使遄有喜，无咎。
象曰：損其疾，亦可喜也。

「損其疾」者，六四陰爻居上卦之下，接近帝尊，應知足知止，不可有貪欲之病。六四滯塞貪欲，故不待與初九相應，

上下皆恪守其職，無咎害。「亦可喜」者，六四得到初九增益，欲望得到平復。

> **六五：或益之十朋之龜，弗克違，元吉。**
> **象曰：六五元吉，自上祐也。**

龜，作為卜筮用，代表智慧；亦作為錢幣，代表財富；指人才與錢財匯聚。「十朋之龜」指君王厚賜。九二弗損，六五陰爻反願相應九二，故回饋利益甚豐。「弗克違」，六五寬宏大量，使上下和諧而不違逆。「自上祐」者，六五與九二陰陽相應，但各居中位不互補，而是得到上九之相比。

> **上九：弗損益之，无咎，貞吉。利有攸往，得臣无家。**
> **象曰：弗損益之，大得志也。**

上九是陽爻居陰位，損下益上的主爻，停止巧取豪奪，其次處於損卦之終，反而助益天下。若萬民得其恩澤，君王何往不利？「得臣无家」者，四海歸心臣服，君德廣布萬邦，非僅適於一家。「大得志」者，上九有六三相應，剛爻柔位，不損而萬民所歸。

42.益卦

 益卦　震下巽上

> 卦辭：利有攸往，利涉大川。

　　《序卦傳》：「損而不已必益，故受之以益。」益卦與損卦互為綜卦，損失到極點，轉化成受益。取下謂之損，與下謂之益。互益則無往不利，利於涉險。

> 象曰：益、損上益下，民說无疆。自上下下，其道大光。利有攸往，中正有慶。利涉大川，木道乃行。益動而巽，日進无疆。天施地生，其益无方。凡益之道，與時偕行。

　　益卦，上卦巽木，下卦震動，損上益下，故黎民受益，喜悅無疆。九五中正，無往不利，以至尊卑下九二，故大道廣備，萬民有慶。巽木利於行舟，故利涉大川。君王收斂欲望，廣施利益於萬物，無往不利。震，動也。巽，順也。君子震動興作，順天應理，日日進修，廣博無疆。以天地否卦為例，初六上行與九四互益，乾以陽實，互益坤之陰虛，稱天施地生，受益無限。「益」卦施益助人，應隨時位而客觀變動。

> 象曰：風雷，益。君子以見善則遷，有過則改。

　　益卦，雷風相薄，相得益彰。君子以天地萬物為師，取長補短，見善則跟隨，見不善則改過。

> 初九：利用為大作，元吉，无咎。
> 象曰：元吉无咎，下不厚事也。

　　初九陽爻得位，處卦爻之始，體會震德剛健，不違巽木風行草偃之性，以茲利用振興大事，吉利而無咎患。「下不厚事」者，初九卑下之位，無法承擔重責大任，但開始的方向是正確的。

> 六二：或益之十朋之龜，弗克違，永貞吉。王用享于帝，吉。
> 象曰：或益之，自外來也。

　　六二居下卦之中，上應九五，益自外來，謙恭接納。「十朋之龜」者，形容受益之大及於萬物鬼神，「益」道既受明靈降福，自應相受不違，感應而祭告天帝。

> 六三：益之用凶事，无咎。有孚中行，告公用圭。
> 象曰：益用凶事，固有之也。

　　六三以陰居陰下承陰爻，外強中乾，益之以錦上添花，人見其諂媚而已；不如用於緊要凶咎之事，受者如同久旱逢甘霖，不得用之私己，自無咎害。「圭」者，珍貴的玉器，比喻誠信美德。利益引發欲望，必須依據誠信中道而執行，對君王同僚下屬要公正公開。

> 六四：中行，告公從，利用為依遷國。
> 象曰：告公從，以益志也。

　　六四相應於初九，位不在中，但體柔當位，布施利益於下卦，遵從上位公卿意旨，獻策也得上公同意引用，互動良好，

以至於在遷徙都城之大事中擔任要角。「告公從」者，指天地否的九四與初六互益，志氣相投。

九五：有孚惠心，勿問，元吉，有孚惠我德。
象曰：有孚惠心，勿問之矣。惠我德，大得志也。

九五陽爻得位，以誠信對待下屬，謙卑施讓利益，故不待問卜而吉利。君王以誠信施給萬民德澤恩惠，萬民因受利而以帝尊推崇之。「大得志」者，九五所作所為，完全合乎人民志願。

上九：莫益之，或擊之，立心勿恆，凶。
象曰：莫益之，偏辭也。或擊之，自外來也。

上九處益卦之終極，本應下益六三，但終極必反；故剛健不止而過於盈滿，追求利益貪婪無厭，以致備受怨言。益民而無恆，「或擊之」者，無益又落井下石，故遭致外來責備，千夫所指凶險將至。

43.夬卦

   夬卦　乾下兌上

卦辭：揚于王庭，孚號有厲，告自邑。不利即戎，利有攸往。

《序卦傳》：「益而不已必決，故受之以夬，夬者決也。」助益他人切勿氾濫，必須當斷則斷，故繼之以夬卦。

「揚于王庭」者，五陽爻在下，僅一個陰爻在最上爻，一陰統五陽，五陽共決一陰。宣揚並當機立斷政令，公布於王庭等公共場所。「孚號有厲」者，施行號令過於剛厲。「告自邑，不利即戎」者，剛厲之行僅可施行於采邑之內，整頓內部奸佞不可動用外部兵馬，以免破壞體制。「利有攸往」者，五陽爻宜進取上六，使陽爻取代陰爻，夬卦乃成。

> 象曰：夬，決也，剛決柔也。健而說，決而和。揚于王庭，柔乘五剛也。孚號有厲，其危乃光也。告自邑，不利即戎，所尚乃窮也。利有攸往，剛長乃終也。

「夬」者，決裂，除斷。乾為健，能決斷；兌為悅，悅能和。一陰乘五陽，陰爻為眾陽所忌，孚號有厲，則陰柔邪道面臨危滅，危厲之時即分明可見，故眾人廣知，視為借鑑。告誡上六，隨即動武，崇尚武力，決而不合，窮道莫用。以利益臣服上六，剛長柔消，才是「夬」卦實益。

> 象曰：澤上于天，夬。君子以施祿及下，居德則忌。

澤上於天，恩澤必來潤下，以明法而決斷，故恩威並濟。君子仿效「夬」卦，積物盈滿必遭禍，故廣施利祿於下民，積德則忌自以為盈滿而怠惰。

> 初九：壯于前趾，往不勝，為咎。
> 象曰：不勝而往，咎也。

初九夬卦之始，以前進健壯的腳趾，比喻為不知審查綢繆，如暴虎馮河般躁進，必無法勝任職責，是為咎害而已。「不勝而往」者，初九居陽位，九二、九四陽剛，又為乾卦，

過剛往進必遭咎害。

> 九二：惕號，莫夜有戎，勿恤。
> 象曰：有戎勿恤，得中道也。

　　莫，暮也。九二體健居中，不受疑惑煽動，面對暗夜魅影幢幢的啼嚎，能決斷其事。「有戎勿恤」者，以戎卒警戒，不必憂懼。比喻君子依恃中道，有以待之。

> 九三：壯于頄(ㄎㄨㄟˊ)，有凶，君子夬夬，獨行遇雨，若濡，有慍，无咎。
> 象曰：君子夬夬，終无咎也。

　　「頄」者，面權也，指上六。「夬夬」，當機立斷，振奮不已。九三與上六相應，處於剛長之時，而暗助柔爻，故有凶。君子處在此種境地，不受利誘，堅定獨行與眾陽爻齊心；若有阻逆就像濡濕衣物，小有怨惱，尚無咎害。「君子夬夬」者，獨獨與九三有相應，陽爻當位，遇雨水濡濕，雖惱而慍，居五陽爻之中，自我克制而無咎害。

> 九四：臀，无膚。其行次且，牽羊悔亡，聞言不信。
> 象曰：其行次且，位不當也。聞言不信，聰不明也。

　　臀，无膚，其行次且。比喻臀部有傷，指九四立於陰位，不利直行，故難以前進。「牽羊悔亡」，羊者，牴狠難移之物。若九四自恃剛健，衝撞九五，必然自食惡果；不如謙順信服九五，則無悔吝。「聞言不信」者，九四終究剛爻，不識大局，難以教化，以耳雖聞目不明比喻心智蒙昧。

> 九五：莧(ㄒㄧㄢˋ)陸夬夬，中行无咎。
> 象曰：中行无咎，中未光也。

「莧陸」者，草之柔脆者。九五處尊位，為夬卦之主導，率五陽爻親決上六，雖決之甚易，但以至尊至眾克勝，非以中正之行，難杜悠悠之口。「中未光」者，一陰五陽，實力懸殊，以至尊而敵至賤，勝之不武，其道未能光明盛大。

> 上六：无號，終有凶。
> 象曰：无號之凶，終不可長也。

上六夬卦之終，面對群陽制裁，眾所共棄，已非嚎咷所能解救，終局不免凶險。「終不可長」者，上六一卦之終，即將被決，陽剛將窮，窮必復返，故陰柔進長。

44.姤卦

 姤卦 巽下乾上

> 卦辭：女壯，勿用取女。

《序卦傳》：「夬決也。決必有所遇，故受之以姤，姤者，遇也。」姤卦與夬卦互為綜卦，決斷之後當然另有邂姤。一陰五陽，女壯盛於男事，此女甚壯應戒懼勿用。

> 彖曰：姤（ㄍㄡˋ），遇也。柔遇剛也。勿用取女，不可與長也。天地相遇，品物咸章也。剛遇中正，天下大行也。姤之時義大矣哉！

姤卦，上卦為乾，下卦為巽，一陰邂逅五陽，施之於人事，淫壯之女勿用，恐無婉順貞節。天地陰陽二氣相遇，萬物品類化生，皆有章美文采。然而九五陽剛中正，其德大行天下。「姤」之時效與意義甚大矣。

> 象曰：天下有風，姤，后以施命誥（ㄍㄠˋ）四方。

天下有風，風行草偃，君后以政令申告四方，借政令德澤萬民。

> 初六：繫于金柅（ㄋㄧˇ），貞吉，有攸往，見凶，羸豕孚蹢（ㄓˊ）躅（ㄓㄨˊ）。
> 象曰：繫于金柅，柔道牽也。

「繫于金柅」者，柅，在車之下，用於止住車輪。比喻九四。金，比喻陽爻剛健。初六陰爻代表壯女，必須與九四緊緊相繫，就此貞定必有吉利。若不繫於專情，所往唯見凶險而已。「羸豕孚蹢躅」，羸，瘦弱。蹢躅，跳躍。比喻初六躍躍鼓動。「柔道牽」者，九二牽制初六上進。

> 九二：包有魚，无咎，不利賓。
> 象曰：包有魚，義不及賓也。

魚，指初六。賓，指九四。按理初六應與九四相應，但九二近水樓台與初六相親比，以包有魚比喻初六來應，非橫刀

相奪，故無咎，不利九四。「義不及賓」者，優先取親比不取相應，指九四不宜跨越九二與初六結合。

> **九三：臀无膚，其行次且，屬无大咎。**
> **象曰：其行次且，行未牽也。**

九三下不比二，上無應於九六，以至進無所遇，退無其位，進退失據，故以臀部受傷行進困難作比喻。但同類相拱，陽爻履得其陽位，尚無大咎害。「行未牽」者，九三陽爻也想親近唯一陰爻，未比合未相應，師出無名，故未被女色牽動。

> **九四：包无魚，起凶。**
> **象曰：无魚之凶，遠民也。**

「包无魚」者，初六陰爻為九四陽爻之民眾，而九二擅自與初六相應，比喻失去民心之凶險。「遠民」者，九四無魚而九二有魚，比喻失去民心之敗象。

> **九五：以杞(くㄧˇ)包瓜，含章，有隕自天。**
> **象曰：九五含章，中正也。有隕自天，志不舍命也。**

「以杞包瓜」者，九五下不得九二相應，以杞柳高大柔韌，即時包覆瓜果，謂九五處得尊位，繫果不食，乃天命未至。「含章，有隕自天」者，含章指本體剛健，復當中位，不改節操，以待其時，故非有天命，其志必興發流行。「志不舍命」者，承接天命為己志。

> **上九：姤其角，吝，无咎。**
> **象曰：姤其角，上窮吝也。**

上九處於姤卦終極，陽剛如「角」，自無姤合餘地，故獨恨而鄙吝。然不與物相爭，其道雖吝但無咎患。「上窮吝」者，不為六五所淫合，但曲高和寡，閉門造車。

45.萃卦

萃卦　坤下兌上

卦辭：亨、王假有廟，利見大人。亨，利貞。用大牲吉，利有攸往。

《序卦傳》：「姤者遇也。物相遇而後聚，故受之以萃，萃者聚也。」利用民心士氣的聚集，使國政亨通。「王假有廟」者，指國政亨通，使君王能保有宗廟，比喻國家興旺存在。「利見大人」者，聚集賢能有德者，亨通有利。「用大牲吉」者，能萃聚大人得利，大行祭祀始有神鬼庇佑之靈，無往而不利。

象曰：萃，聚也，順以說，剛中而應，故聚也。王假有廟，致孝亨也。利見大人亨，聚以正也。用大牲吉，利有攸往，順天命也。觀其所聚，而天地萬物之情可見矣！

萃，聚集。上卦為澤，下卦為地，上和悅，下順從。水自往下積聚，滋潤萬物。九五與六二相應，故招民聚物。君王應慎終追遠，以宗廟祭祀聚集人心。其次君王以正道聚合臣民。豐富的祭祀，誠信的順從天命，得天庇佑，無往不利。觀察其

所聚同類，可見天地萬物情趣，順而和悅，興衰端倪。

> **象曰：澤上於地，萃。君子以除戎器，戒不虞。**

澤水聚集在地上，比喻君臣萬民聚會。除，治也。君子藉此良機整理軍器，訓練兵事，以防備不虞之需。

> **初六：有孚，不終，乃亂乃萃，若號，一握為笑，勿恤，往无咎。**
> **象曰：乃亂乃萃，其志亂也。**

初六與九四正應，但六三上承九四，親比而暱，信心受到打擊，疑惑而無法堅持到終結，「乃亂乃萃」者，初六猶豫在九四九五間，情意迷亂，萃亂而不以禮。「一握為笑」者，彈指間的轉念，破涕為笑，勿憂心於萃聚民心的正道。

> **六二：引吉，无咎，孚，乃利用禴（ㄩㄝˋ）。**
> **象曰：引吉，无咎，中未變也。**

六二體柔當位，處坤道之中，與九五相應，但陷於陰爻之中，守中道未變，須牽引乃得吉。「禴」者，薄祭之名。有誠信，守中道，薄祭何妨？

> **六三：萃如嗟如，无攸利，往无咎，小吝。**
> **象曰：往无咎，上巽也。**

六三陰爻居陽位，「萃如」者，六三往下交六二萃比，六二與九五相應；六三再往九四萃比，九四已經與初六相應，嗟嘆而已。嗟嘆無濟於事，往上萃比於上六，雖不相應，柔順從事，小吝而已。

> 九四：大吉，无咎。
> 象曰：大吉无咎，位不當也。

　　「大」者，大功業。九四陽爻居陰，履非其位，不正而據，又下據三陰，失其所處，故須立大功，乃得無咎。九四不當位，但相應初六，下比六三，得萃卦聚集之意，統領下卦。

> 九五：萃有位，无咎，匪孚，元永貞，悔亡。
> 象曰：萃有位，志未光也。

　　九五陽爻得位，故稱「萃有位」，萃聚之道德旺盛，无咎可言。「匪孚」者，因九四陽爻居陰，履非其位，誠信不足以服眾，故九五必須振奮堅持，以克服九四僭越聚眾之舉。九五陽爻雖居中，但下卦三陰爻為九四所拒，無法前來相聚，故九五未能廣博宏大。

> 上六：齎(ㄐㄧ)咨，涕洟(ㄧˊ)，无咎。
> 象曰：齎咨涕洟，未安上也。

　　「齎咨」者，嗟歎之辭。上六處上獨立，遠近無助，自知身陷重圍，憂禍懼災，涕洟滂沱，故憂患意識抬頭，終無災咎，戰戰兢兢，不敢安居九五之上，以免卦終翻盤。

46.升卦

升卦　巽下坤上

卦辭：元亨，用見大人，勿恤，南征吉。

《序卦傳》：「萃者聚也。聚而上者謂之升，故受之以升。」升卦與萃卦互為綜卦。萃卦是向內聚集，升卦是向上揚升。一如蹲的低，是為了跳得高。升者，登上之義，升而得大通，故元亨。

象曰：柔以時升，巽而順，剛中而應，是以大亨。用見大人，勿恤，有慶也。南征吉，志行也。

升卦，上卦坤土，下卦巽木，巽木向上奮力騰生，需有大人之德，然後乃得無憂恤。巽木柔而入，坤為順，九二剛中上應六五，固守中道而亨通。六五引薦九二，用人不疑，無須憂慮，對九二是喜慶的。巽木志在向南，生南方離火，得文明大象之吉。

象曰：地中生木，升。君子以順德，積小以高大。

巽木由毫末在地中緩慢成長，最後成為參天巨木。故君子體會柔順漸進之功效，勿以善小而不為，積小德而成大業。

> 初六：允升，大吉。
> 象曰：允升大吉，上合志也。

初六陰爻秉持巽木之柔順，居二陽爻之下，上比合志於九二之陽剛，利於進升之吉。「允升」者，指柔以時生，坤卦三爻皆期待初六之合志。

> 九二：孚，乃利用禴，无咎。
> 象曰：九二之孚，有喜也。

九二居中不得位，但相應於六五，志在嫌棄邪惡，心存誠正，廣開功業，故以剛健的本質，簡約的祭祀，表達誠信而無咎患。「有喜」者，九二相應九五，且禴祭而心誠，不違神鬼先祖。

> 九三：升虛邑。
> 象曰：升虛邑，无所疑也。

九三陽爻得位，履得其位，其上三陰爻，上卦形象類似「虛邑」，荒廢的村落，必須戮力經營，故九三最後與上六相應。上爻坤道柔順，虛位以待，利於進升。故往進何所疑乎？

> 六四：王用亨于岐(く一ˊ)山，吉，无咎。
> 象曰：王用亨于岐山，順事也。

六四陰爻當位，六五居中，周文王祭祀天地，就是順勢而為，納天下萬民之輿情，終吉而無咎，柔爻當位本質皆順物之情，自然立功達業。

> 六五：貞吉，升階。
> 象曰：貞吉升階，大得志也。

升得尊位，體柔而下應九二，虛心禮賢下士。「升階」者，居尊位不擅自專權，應廣開升階大道，納而不拒，任而不專，虛懷若谷而納百川，故志向得遂。

> 上六：冥升，利于不息之貞。
> 象曰：冥升在上，消不富也。

「冥」者，黑暗，深遠。上卦之坤道陰柔暗昧，處升卦之終極，貞定而進升不息。「消不富」者，一卦之終，不能包容萬物盡生，然為政不可息，但上六進入卦中窮極之地，只能自保而無法生息。

47.困卦

 困卦　坎下兌上

> 卦辭：亨貞，大人吉，无咎，有言不信。

《序卦傳》：「升而不已必困，故受之以困。」大道無常，長遠必返，恒升必困。小人遭困，窮斯濫矣；君子遭困，不改節操。故困卦對有德之人，困而不失其道，亨通有利。切勿巧言弄辭，而遭不信之謗。

> 象曰：困、剛揜（一ㄢˇ）也。險以說，困而不失其所亨，其唯
> 君子乎？貞，大人吉，剛中也。有言不信，尚口乃窮也。

困卦，窮厄委頓之名。剛揜，剛爻被柔爻遮蔽。外卦兌悅，內卦坎險，君子雖然困頓，不改節操，但安其所遇，履正體而自求亨通。九二、九五皆剛而正直，正直所以為貞，大人利用剛中，若非如此，僅以口舌逞能，必窮困而無自處餘地。故君子固守剛中之道，造次顛沛無礙其操守。

> 象曰：澤无水，困，君子以致命遂志。

澤中無水，澤上必枯槁，百物困頓而無生機。君子恰足以鍛鍊德性，守道而遂其高志，貧賤而不移。

> 初六：臀困于株木，入于幽谷，三歲不覿。
> 象曰：入于幽谷，幽不明也。

「臀困」者，初六陰爻不當位，困於最卑下之地位。以臀部受株木夾阻為比喻。「入于幽谷」者，與九四相應，九二橫阻於前，比喻困在幽谷。覿，見也。「三歲不覿」者，比喻三年之久，因局勢不利而受困於幽隱之中，自藏避困，伺機而動。

> 九二：困于酒食，朱紱（ㄈㄨˊ）方來，利用亨祀。征凶，无咎。
> 象曰：困于酒食，中有慶也。

「紱」者，祭服。九二陽爻居陰位，執中道而無位，居坎水中爻險惡，上下陰爻不利奮進，暫且以酒食自養，待祭服送到，名正言順會聚正人賢士，登高一呼，舉事必成。比喻受

九五重用，賜與權柄。此時征伐凶頑，必無咎悔。「中有慶」者，九二剛中，暫時以酒時自娛，靜待時機。

> 六三：困于石，據于蒺（ㄐㄧˊ）藜（ㄌㄧˊ）。入于其宮，不見其妻，凶。
> 象曰：據于蒺藜，乘剛也。入于其宮，不見其妻，不祥也。

六三陰柔居陽位，才德不足，前有九四應於初六，又堅硬如盤石擋道，自身陷入荊棘之中，九二剛強不馴，如坐針氈，以至四面楚歌。回到自己的寢宮，連最親愛的妻子都不見，天地之大，無地容身。

> 九四：來徐徐，困于金車，吝有終。
> 象曰：來徐徐，志在下也。雖不當位，有與也。

「徐徐」，疑懼之辭。「金車」，謂九二。九四志在於初六，自身陽爻居陰，履不當位，阻隔於九二，以至徐行而困，有應而不能相濟，知鄙吝而奮發。雖不當位，疑懼徐行，不敢疾速，謙卑之象，尚有同類相與，吉凶未知。

> 九五：劓刖（ㄩㄝˋ），困于赤紱，乃徐有說，利用祭祀。
> 象曰：劓刖，志未得也。乃徐有說，以中直也。利用祭祀，受福也。

「劓」，截鼻。「刖」，砍足。「赤紱」者，諸侯之代稱。九五剛強太盛，用刑太過，故諸侯不服而失去民心志向。當王權受困，應不貪不暴，寬緩而徐徐解困，以九五剛中正直，再利用祭祀展現對天地至誠，四方所歸，民受其服而匯聚人心。

> 上六：困于葛藟（ㄌㄟˋ），于臲卼（ㄋㄧㄝˋ）脆曰。
> 動悔有悔，征吉。
> 象曰：困于葛藟，未當也。動悔有悔，吉行也。

「葛藟」者，引蔓纏繞之草。「臲卼」者，動搖不安。上六處於困卦之極，承於陽剛，六三無應，行則蔓草纏繞，居則動搖不安，悔而思慮，有悔可思，故知悔而征行必獲吉。

48.井卦

 井卦　巽下坎上

> 卦辭：改邑不改井，无喪无得，往來井井。汲至亦未繘（ㄩˋ）
> 井，羸其瓶，凶。

《序卦傳》：「困乎上者必反下，故受之以井。」井卦與困卦互為綜卦。困則窮困而思慮，物極必反，可得井卦源源不斷之活水養育。以道德比喻水井，養物不窮，故修德養民是不能變遷的。「改邑不改井」，村邑可以搬遷，井口固定於地中。「无喪无得」者，井水終日引汲，未嘗有損；終日灌注，未嘗言益。「往來井井」者，眾人汲水，水性潔淨，不渝變化。「繘」，提水的井繩。「羸」，打破。以汲水出井而水瓶打破，比喻君子修德養性，應有始有終，切勿功虧一簣。

> 象曰：巽乎水，而上水，井。井、養而不窮
> 也。改邑不改井，乃以剛中也。汲至亦未繘
> 井，未有功也。羸其瓶，是以凶也。

井卦，上卦為坎，下卦為巽木，巽為入，以木入於水而提攜井水，井水源源不絕，供養生息不止。「改邑不改井」，以二五皆剛中，故無法撼動。掘井若無水可用，即無功用，孟子曰：「掘井九仞而未及泉，猶棄井也。」「羸其瓶」者，汲水不慎打破陶罐，比喻修德未成，功虧一簣。

> 象曰：木上有水，井，君子以勞民勸相。

木架上有水，表示提出井水飲用，開井是村民團結的成果。君子以井水滋養萬民的現象，勸化勞民互助互勉。

> 初六：井泥不食，舊井无禽。
> 象曰：井泥不食，下也；舊井无禽，時舍也。

「井泥」者，沉於井底之泥渣，無法食用，比喻小人不應任用。「舊井无禽」者，若人不食，則禽類亦隨之放棄。比喻非獨君王捨棄，連帶下位者亦不屑一顧。初六陰爻居陽位，履非其位，比喻以井泥。「下也」，井泥對民生無助，留在井下，比喻捨棄小人。「時舍」者，廢井不合時宜之用。

> 九二：井谷射鮒（ㄈㄨˋ），甕敝漏。
> 象曰：井谷射鮒，无與也。

井是汲養提取之象，「井谷」者，井水流向深淵，背道而馳，井德敗壞之現象。「射」者，水激流如箭矢。「鮒」者，

小魚，比喻初爻。「甕敝漏」者，瓦甕破則井水無法提取，向下洩流。比喻九二自甘向下墮落。「无與」者，九二之水與九五無應，只能往下與初六相應，既不能往上，無功於飲水作用。

> 九三：井渫（ㄒㄧㄝˋ）不食，為我心惻，可用汲。
> 王明，求受其福。
> 象曰：井渫不食，行惻也；求王明，受福也。

「井渫不食，為我心惻，可用汲。王明，求受其福。」「渫」，治去穢汙。「惻」，心傷惻愴。井中污泥清除乾淨，但一時間無人食用，使九三傷心愴然不已。比喻君子見世不得用，黯然神傷。為與上六相應，可用汲取的方法，君王明鑑，嘉許其行，上下皆受井水福氣。「王明」，君王明察，嘉其渫井之功。

> 六四：井甃（ㄓㄡˋ），无咎。
> 象曰：井甃无咎，脩井也。

「井甃」，治也，修井之崩壞。六四陰爻得位，才德不足承上啟下，亦能柔順自守，以磚壘井，修補井壁，比喻修飾臣節，既不曠廢職事，自無咎害。

> 九五：井洌（ㄌㄧㄝˋ）寒泉，食。
> 象曰：寒泉之食，中正也。

「洌」，潔也。九五居中得正，潔身自愛，必取寒泉潔水飲用；比喻帝尊僅任用賢能之士，搭配剛健之志，盡力而為，莫問吉凶，成敗拋諸腦後。

> 上六：井收勿幕，有孚元吉。
> 象曰：元吉在上，大成也。

「井收」，井道有成，不擅自私用，不專收其利。「幕」，覆蓋，私自掩覆。誠心的將井泉利益推諸天下，眾心所歸而吉利有成。

49.革卦

革卦　離下兌上

> 卦辭：巳日乃孚，元亨利貞，悔亡。

《序卦傳》：「井道不可不革，故受之以革。」井是固定的位置，不能更改，故接續大刀闊斧的改革。「巳」或「己」日各有說法，茲作為革新後的一段時期。「孚」，誠信、相信、確信等。革新後必有一番元亨利貞循環的圓滿，若人民對改革的陣痛期並不後悔，變動改革是亨通而有利的。革，去故也。

> 象曰：革、水火相息。二女同居，其志不相得，曰革。巳日乃孚，革而信之。文明以說，大亨以正。革而當，其悔乃亡。天地革而四時成。湯武革命，順乎天，而應乎人。革之時大矣哉！

革卦，上卦為澤水，下卦為離火，火欲上而澤欲下。息，

滅也。故水火交戰，變革相生相息。澤為少女，離為中女，二
女同居，並非陰陽交感，其志不合。改革志願完成後，「革」
道變化得當，因離火之文明，澤水之喜悅，使萬物大為亨通，
革正而無悔。論天道，陰陽在天地間生息而有四季；論人道，
夏桀、殷紂逆天行事，故商湯、武王上順天理，下應百姓，革
其王命。「革」道之時義大哉！

> 象曰：澤中有火，革，君子以治曆明時。

　　澤中有火，火在澤中，水火性質難以相容，故澤中必無
水，無水則陰陽偏枯，必以「革」道更新。改朝換代重新制訂
曆法，使人民觀革時象，順天應人。

> 初九：鞏(ㄍㄨㄥˇ)用黃牛之革。
> 象曰：鞏用黃牛，不可以有為也。

　　「鞏」，鞏固。牛製成的皮索，以黃牛的皮較堅韌，也可
以「黃」代表中道。初九發動改革，上不相應於九四，先選擇
以黃牛的皮索鞏固自己的地位，伺機行動，堅忍自固，暫時不
可以有所作為。

> 六二：巳日乃革之，征吉，无咎。
> 象曰：巳日革之，行有嘉也。

　　「巳日乃革之」者，離卦文明，但陰爻柔弱，順從有餘，
專權不足，故相應九五，隨其後往征，始無咎害。「行有嘉」
者，鑒於六二陰柔，需掌握主客觀形勢，以決定進退時機，不
宜妄進。

> 九三：征凶，貞厲，革言三就，有孚。
> 象曰：革言三就，又何之矣？

九三離火之上爻，澤水在上，下乘陰爻，進犯無力，與上六相應，但九四、九五剛屬橫阻於前。「革言」者，將革而謀謂之言，故「革言三就」者，再三審慎評估改革的方案，確實符合人民的利益，始有上下一致的改革信念，何需三心兩意？

> 九四：悔亡，有孚，改命吉。
> 象曰：改命之吉，信志也。

九四與初九不相應，初九在下卦之下，改革未成，未能變道；九四處上卦之下，所以能變。居水火會變之始，不移改命之志，合於時空，故能變則無悔，伸張革命大志。

> 九五：大人虎變，未占，有孚。
> 象曰：大人虎變，其文炳也。

九五居中處尊，剛健齊心的改革，損益適中，含章而文采郁郁。「虎變」者，貌然一新，神采奕奕。不勞占筮，上下信服。「文炳」者，柄，著也。文質彬彬，斐然有成。

> 上六：君子豹變，小人革面，征凶，居貞吉。
> 象曰：君子豹變，其文蔚也。小人革面，順以從君也。

上六居變革之終極，「君子豹變」者，德澤滋身，斯文郁郁。「小人革面」者，變其心志，怡情轉性。革道已成，勿矯枉過正，得隴望蜀，居安守靜則吉。

50.鼎卦

 鼎卦　巽下離上

卦辭：元吉亨。

　　《序卦傳》：「革物者莫若鼎，故受之以鼎。」鼎卦與革卦互為綜卦，鼎上鑄有國家重要文獻，是國家意識與朝代革新的表現重點。革道完成，聖人制器立法，鼎新去故，然後吉利亨通。

象曰：鼎、象也。以木巽火，烹飪也。聖人烹以享上帝，而大烹以養聖賢。巽而耳目聰明，柔進而上行，得中而應乎剛，是以元亨。

　　鼎卦，卦象與「鼎」形象接近，初六鼎腳，九二、九三、九四象鼎腹，六五鼎耳，上九鼎蓋。離火在上，巽木在下，木上生火，有烹飪之象。常人重飲食，聖人注重烹飪在祭祀與養賢之作用，祭祀乃尊天敬祖，烹飪乃接待賢人輔佐君王之工作。巽為入，離為目，故耳目聰明。初六柔推，六五柔拉，下卦巽柔隨火性而上行，九二與六五陰陽相應，故亨通的開始。

象曰：木上有火，鼎，君子以正位凝命。

　　君子體會「鼎」卦木上有火，四平八穩的形象，端正嚴謹而接受君命，出使於四方，籌謀於其政。

> 初六：鼎顛趾，利出否；得妾以其子，无咎。
> 象曰：鼎顛趾，未悖也；利出否，以從貴也。

　　初六是鼎卦之始，「鼎顛趾」者，將鼎顛倒。「利出否」者，是為了整理鼎中否穢之物。妾婦雖非正室，但正室無出，若妾生有賢子，母以子貴，以之為繼室，免於不孝無後之咎患。

> 九二：鼎有實，我仇有疾，不我能即，吉。
> 象曰：鼎有實，慎所之也；我仇有疾，終无尤也。

　　九二得中道，履非其位，「鼎有實」者，九二陽剛比喻物體實存於鼎中，不可復加，否則器滿則傾。「我仇有疾」，仇，匹配，或謂配偶。疾，陽剛為陰柔所累。六五與九二相應，九二已經盈滿，六五欲來則必傾溢。「不我能即」者，六五乘於九三九四之上，困於乘剛之疾，騎虎難下，正應九二心意；才德並茂，不可復有所加。

> 九三：鼎耳革，其行塞，雉膏不食。方雨虧悔，終吉。
> 象曰：鼎耳革，失其義也。

　　初六是鼎趾，九二、九三、九四是鼎腹，九五是鼎耳。「鼎耳革」者，食物若被充塞至鼎耳，則鼎的作用無法實行。「雉膏不食」者，雖有其鼎，而雉膏尚無可食，因九三與上九無應，比喻得不到上九支持，以鼎蓋打不開形容。「方雨虧悔」，雨者，陰陽交合，九三陽爻統領巽、離陰卦，非全然剛亢之象，以陰陽和諧為本，自求不虧於悔吝，終有吉利。

> 九四：鼎折足，覆公餗（ㄙㄨˋ），其形渥（ㄨㄛˋ），凶。
> 象曰：覆公餗，信如何也？

「鼎折足」者，九四與初六相應，秉持民心剛健前往履新，殊不知陽爻居陰位，自身履非其位，致使鼎之足部折斷，比喻不堪重任。「餗」，糜也，八珍之膳，鼎中食物。「渥」，沾濡之貌。智小而謀大，不自量力的急功近利，以至凶相畢露，以食物傾倒之穢象，表示無可信任。

> 六五：鼎黃耳，金鉉（ㄒㄩㄢˋ），利貞。
> 象曰：鼎黃耳，中以為實也。

「鼎黃耳，金鉉」，黃，中也。金，剛也。鉉，穿耳的槓子，便於施力抬舉移位。六五居中以柔，親比於上，相應於九二，鼎耳放置於中位，都是利於鼎新之舉。「中以為實」者，六五居中，又得九二陽爻相輔之實利。

> 上九：鼎玉鉉，大吉，无不利。
> 象曰：玉鉉在上，剛柔節也。

「鼎玉鉉」者，玉，堅剛而有潤者。上九是鼎道之成，本體剛健履柔之上，用勁施加在鉉棍，比喻能抬舉下位，上下感應，何往不利？「剛柔節」者，上九與六五相應，烹飪之道陰陽相濟，火候適中。

51.震卦

震卦　震下震上

> 卦辭：亨。震來虩虩（ㄒㄧˋ），笑言啞啞。
> 震驚百里，不喪匕鬯（ㄔㄤˋ）。

《序卦傳》：「主器者莫若長子，故受之以震。」鼎是國家大器，主器者以長子最適合。「震」，動也。「震來虩虩」恐懼之貌。「笑言啞啞」，笑語之聲。震的作用是以光電疾雷整頓、震攝，以威嚴施之於人事，恐懼後不敢為非作歹，故人民安居樂業而有笑語嘻聲。「震驚百里」，比喻王者整頓受封之管轄。「不喪匕鬯」者，匕，酒匙。鬯，五穀類所釀之酒。比喻雷動萬里，驚不動手中酒匙，比喻臨危不亂，足以承擔維繫宗廟之責任。

> 彖曰：震、亨。震來虩虩，笑言啞啞；震驚百里，驚遠而懼邇也。不喪匕鬯，出，可以守宗廟社稷，以為祭主也。

震卦，亨通。當面臨春雷驚動萬里，而言行泰然自若，處變不驚，故君王巡狩，長子可以祭守宗廟社稷，擔任祭主。比喻擔綱一方，修己而達人。

> 象曰：洊雷，震，君子以恐懼脩省。

「洊」者，重也，震雷相隨不已。君子戰戰兢兢，憂懼不肖賢惠，反身自省。

初九：震來虩虩，後笑言啞啞，吉。
象曰：震來虩虩，恐致福也；笑言啞啞，後有則也。

初九陽剛得位，面對震攝恐懼，率以自身剛健面對險難，自因修身納福後，得笑顏逐開之吉象。「恐致福」者，初始即知戒慎恐懼，必有福報。

六二：震來厲，億喪貝，躋(ㄐㄧ)于九陵，勿逐，七日得。
象曰：震來厲，乘剛也。

六二陰爻居中，反初九之道，忽略面對震卦之警惕，震來則驚懼恐慌，「億喪貝」者，億，嘆息。喪，拋棄。貝，資貨、糧食，無人相應追隨。「躋于九陵」，躋，升也。陵，土山、高阜。慌忙躲到山野中，不必追逐，因為六二貪圖安逸，必然自動回歸。「承剛」者，六二自恃乘陵初九，狐假虎威，又不相應六五，犯逆橫行，必受厲責。

六三：震蘇蘇，震行无眚。
象曰：震蘇蘇，位不當也。

「蘇蘇」者，畏懼不安，神氣緩散自失之狀。六三居不當位，又與上六無應，與六二不比合，九四不當位，能提高戒慎，自無災眚之難。

九四：震墜泥。
象曰：震墜泥，未光也。

九四陽爻處四陰爻之中，上下皆二陰爻圍繞，彷彿陷入泥沼。應自居眾陰之主，宜以威勇之身，安於群眾。若自懷震懼

則道德未能恢弘光大。

> 六五：震往來厲，億无喪，有事。
> 象曰：震往來厲，危行也；其事在中，大无喪也。

六五上下無應，自身陰柔，若懼以往來，必有喪失，「震往來厲」，來去都是不安。「億无喪，有事」億，噫也，六五不當位居中，原來不管事，而有事者，六四墜泥，須利用六五居中之地位，懷懼守中而知危行。六五陰柔盡力而為，不問吉凶而已。

> 上六：震索索，視矍（ㄐㄩㄝˊ）矍，征凶。震不于其躬，于其鄰，无咎。婚媾有言。
> 象曰：震索索，中未得也；雖凶无咎，畏鄰戒也。

「索索」者，心不安。「矍矍」者，視不專。比喻上六處震卦之終極，而復前行，不知所應止。震攝驚懼雖非己身所致，而由鄰居所造成，雖無咎害，但對於結親之鄰邦或即將婚媾之鄰邦，應情義相挺，以免有非議臨身。上六雖非中位，見六五震索索，知所警惕。

52.艮卦

 艮卦　艮下艮上

卦辭：艮其背，不獲其身；行其庭，不見其人；无咎。

《序卦傳》：「震者動也。物不可以終動，止之，故受之以艮，艮者止也。」艮卦與震卦互為綜卦。事物現象本為一體兩面，震卦不能永無休止，故震卦之後以艮卦靜止。「艮其背」者，人以眼目見物，先視其面；若將目視停止於背面，則無法獲得其身全貌。近則行走於庭院，止於背，故不見其人形象。比喻為能止於未然，治於事情未萌發之時。

彖曰：艮、止也。時止則止，時行則行，動靜不失其時，其道光明。艮其止，止其所也；上下敵應，不相與也。是以不獲其身，行其庭，不見其人；无咎也。

艮卦，止也。天下之道循環不已，時行時止，必兩用合一。運動與靜止在一定條件下互相轉化，日新又新，合天道自然光明。九三、上九阻止陰爻進犯，當止則止。九三止住初六、六二，上九止住六四、六五，上下各自為政，陰陽分明敵對不相應。故不見當面，不知其意，止而不交，對峙而不應，不如不見其人，不至有咎害。

象曰：兼山艮，君子以思，不出其位。

艮，止也，二艮重疊，止意更堅。君子體會此象，固守貞

道。《論語》：「不在其位，不謀其政。」「危邦不入，亂邦不居。」君子固守其職位，不涉入無謂風險。

> 初六：艮其趾，无咎，利永貞。
> 象曰：艮其趾，未失正也。

初六在「止」之初時，不可躁動，以其爻陰柔無應，行則得咎，故止道為無咎害。「未失正」者，初六不當位，但止於趾，衡量主客觀條件作出正確判斷，即是正。

> 六二：艮其腓，不拯其隨，其心不快。
> 象曰：不拯其隨，未退聽也。

「腓」者，腿也。「拯」，舉也。腓是利於運動之處，六二施止於腓，則足部同時無法拯舉跟隨，自然因止非其所而不快。「未退聽」者，六二既不能整動，又不願退而靜聽見止，比喻感情與現實乖違，難以取捨。

> 九三：艮其限，列其夤(一ㄣˊ)，厲，薰心。
> 象曰：艮其限，危薰心也。

「限」，僅在身之中也，九三當兩象之中，將一至五爻一分為二，体分二主，大器喪矣。「艮其限」者，指九三是位在上卦下卦之間。「列其夤」者，當中脊之肉。艮卦重疊，有各止其所，一分為二的憂屬。「薰」者，燒灼，比喻憂心忡忡。九三進退失據，吉凶未見。

> 六四：艮其身，无咎。
> 象曰：艮其身，止諸躬也。

六四爻是陰爻居當位，四爻位置是屬於身體，並非上下不接，故艮止是總止其身不分全體。「止諸躬」者，止住身體的躁動，應止則止。

> 六五：艮其輔，言有序，悔亡。
> 象曰：艮其輔，以中正也。

「輔」，輔頰。比喻蓋上話匣子。「言有序」者，六五陰爻雖履不當位，但居中道，故言有倫序，邏輯清晰，無悔吝之事。

> 上九：敦艮，吉。
> 象曰：敦艮之吉，以厚終也。

上九在艮卦終極，「敦艮」，敦重如艮山之厚道，自止而不陷非妄，自清而不陷佞危，得敦厚自重之吉利，乃全身而退。

53.漸卦

 漸卦　艮下巽上

> 卦辭：女歸吉，利貞。

《序卦傳》：「艮者止也。物不可以終止，故受之以漸，漸者進也。」艮止不可太過，不應陷滯而溺，應緩步漸進。上卦為巽風，下卦為艮山，風遇山必遲緩漸進。女子出嫁，須備

齊聘禮，按部就班，如漸卦步驟之慎重，乃利女子于歸。

> 彖曰：漸、漸進也，女歸吉也。進得位，往有功也。進以正，
> 可以正邦也。正其位，剛得中也。止而巽，動不窮也。

漸卦，上卦為巽柔，下卦為艮止，漸漸而進之，施於人事婚姻，慢工出細活，女子有歸宿吉事。六二適往九五，進而得正位，大有功業。君子以二五相應，體悟「漸」卦意義，故身體力行，足以端正家邦。九二、九五得位剛柔相應，艮卦止進，巽卦謙柔，兩者並用，順乎事理而動化無窮。

> 象曰：山上有木，漸。君子以居，賢德善俗。

艮為山，巽木簇生在山上，日積月累之功夫。君子體會賢德善俗，漸以進之，欲速則不達。

> 初六：鴻漸于干，小子厲，有言，无咎。
> 象曰：小子之厲，義无咎也。

「鴻」，水鳥。「干」，水涯。以候鳥飛行，比喻漸進不亂。初六上無應援，體又窮下，比喻水鳥還在水中覓食。「小子厲」，比喻初六尚無地位，易遭毀謗凌辱，尚非自己所造成之咎患。

> 六二：鴻漸于磐，飲食衎（ㄎㄢˋ）衎，吉。
> 象曰：飲食衎衎，不素飽也。

「磐」，平整安穩之石塊。「衎衎」，和樂之象。鴻鳥逐漸聚集在磐石之上，形成眾鳥和樂進食之情狀。比喻初六之「小子」已經得到職位，身家都有著落。「不素飽」者，六二

雖飽食自養，然不忘伺機待時而進。

> 九三：鴻漸于陸。夫征不復，婦孕不育，凶，利禦寇。
> 象曰：夫征不復，離群醜也；婦孕不育，失其道也；利用禦寇，順相保也。

「鴻漸于陸」，鴻鳥逐漸走上陸地，與六四相應，前進而不復返。婦人見良人遠去，亦不能執貞，非因夫之所孕，故不育。或肇因九三見色忘義，貪近忘舊，皆凶道。九三陽剛在內卦，外卦寇敵來犯，先與六四比合相順，利於抵禦外寇。「順相保」者，六三是艮卦上爻，其作用在止，故應堅守本位。

> 六四：鴻漸于木，或得其桷(ㄐㄩㄝˊ)，无咎。
> 象曰：或得其桷，順以巽也。

「桷」者，可以托住屋瓦之木椽。「鴻漸于木」者，鴻鳥飽食後，飛進樹林枝頭。但因鴻鳥無爪，棲息於枝頭終究不如桷木安穩。六四雖乘於陽剛（枝頭），不如往前相應九五（桷木）。「順以巽」者，六四以巽順而漸入事理，以磐、木、桷為支點，隨遇而安。

> 九五：鴻漸于陵，婦三歲不孕，終莫之勝，吉。
> 象曰：終莫之勝，吉，得所願也。

「鴻漸于陵」者，比喻發展到最高境界，九五與六二相應，且各自履正居中，三四間爻不能久塞其塗，打破三年無孕，終而遂其所願。「終莫之勝」者，九五正配六二，莫有小三爭寵。

> 上九：鴻漸于陸，其羽可用為儀，吉。
> 象曰：其羽可用為儀吉，不可亂也。

鴻漸于陸，表示奮鬥到上位極品，上九與九三皆是內外卦最上爻，比喻飛鳥從天而降之著陸點。「其羽可用為儀」者，比喻處於高位，不為物欲所累，自知動見觀瞻，以整體飛翔拍動羽毛的動作，作為威儀表率，故「漸」卦漸進而勿散亂其志。

54.歸妹卦

　歸妹卦　兌下震上

> 卦辭：征凶，无攸利。

《序卦傳》：「漸者進也。進必有所歸，故受之以歸妹。」歸妹卦與漸卦互為綜卦，婦人謂嫁為歸。上卦為震，震為長陽。下卦為兌，兌為少陰。長陽下悅少陰，說動歸嫁。震者，動成一家；兌者，悅成口舌。征凶，指婚後爭寵，無所得利。

> 象曰：歸妹、天地之大義也。天地不交，而萬物不興；歸妹人之終始也。說以動，所歸妹也。征凶，位不當也。无攸利，柔乘剛也。

歸妹卦，歸妹即是少女出嫁，傳宗接代之始源。天地交

合，萬物繁興，牽涉繼嗣不絕之人倫大義。反之，天地不交，則萬物不興。位於下卦之兌，迎合上卦之震，躍躍一試。「征凶」者，二、三、四、五爻皆不當位，悅而一時衝動。柔承剛，六五乘九四，六三乘九二，妻奪夫權，無所得利。

> 象曰：澤上有雷，歸妹，君子以永終知敝。

下兌上震，兌為澤，震為雷，澤上有雷，陽男牽動陰女，深知婚姻乃人倫大事，故長相廝守，始終如一。君子體悟婚姻是終身之事，慎始知敝，願賭服輸。

> 初九：歸妹以娣（ㄉㄧˋ），跛能履，征吉。
> 象曰：歸妹以娣，以恒也；跛能履，吉，相承也。

「娣」者，古代眾妾同事一夫之中最幼者。初九陽爻得位，以震得兌妻繼姊為娣。「跛能履」者，以跛釋娣為年幼之偏房而不正，但妹隨姊出嫁，不失婚嫁之禮，若恒久相承家業，而履歸妹之道，前往無不利。比喻面對現實，不應好高騖遠。

> 九二：眇能視，利幽人之貞。
> 象曰：利幽人之貞，未變常也。

「眇」者，僅一目可視。九二剛健不當位，但居內處中，履非其位，故能守其常道。娣妾此時處在幽微中，謹守妻道，睜一隻眼，閉一隻眼，利於自己的身分地位。「幽人」者，閨房中少女，未變常道，安靜守本分。

> 六三：歸妹以須，反歸以娣。
> 象曰：歸妹以須，未當也。

「娣」者，陪嫁丫環，眾妾中之稚者。六三陰爻占據陽位，下乘九二陽剛，一心往前相應六五，凌越婦道，故遭到貶反，回歸「娣」位。「歸妹以須」者，須，等待。六三不當位，只能當陪嫁品。

> 九四：歸妹愆(ㄑㄧㄢ)期，遲歸有時。
> 象曰：愆期之志，有待而行也。

「愆期」，差違也，無應而失時。九四陽爻居陰位無應，自居坎卦之中位，坎險無進，又不順承六五，故等待彼道窮盡，四面楚歌，然後待之而行。「有待而行」者，婚齡已過，九四寧缺勿濫。

> 六五：帝乙歸妹，其君之袂(ㄇㄟˋ)，不如其娣之袂良；月幾望，吉。
> 象曰：帝乙歸妹，不如其娣之袂良也；其位在中，以貴行也。

「帝乙」，殷商倒數第二個君王。「袂」，衣袖。帝乙嫁出自己的妹妹，其君之袂，指帝乙所寵之六五，雖穿著金碧輝煌，但還不如妾之衣飾華麗。比喻六五下嫁九二，以少女順從長男，以尊高遷就卑下，以美德取勝。「月幾望」者，將近十五的月亮，接近圓滿，比喻結果吉利。「以貴行」者，六五居柔得中，有尊貴屈就下民之美德。

上六：女承筐无實，士刲（ㄎㄨㄟ）羊无血，无攸利。
象曰：上六无實，承虛筐也。

「承筐无實」者，女子出嫁或祭祀，負責以手捧竹籃框裝填錢幣、干肉、紅棗等吉祥物，既然「筐无實」表示女子失德無實物。「士刲羊」者，刲，割殺。刲羊而無血，比喻男子進退無據，失職之象。上六到終極，無應於下，自身虛柔，空捧虛框而往無利。

55.豐卦

 豐卦　離下震上

卦辭：亨、王假之，勿憂，宜日中。

《序卦傳》：「得其所歸者必大，故受之以豐。」得其所歸，適其所性，循序而進必得豐美盛大。《彖傳》與《序卦》皆以「大」訓「豐」。故財多德大為豐。豐必亨通，非有王者之德，不能至之。君王以日正當中般豐盛無憂之美德，照臨萬國。

彖曰：豐、大也。明以動，故豐。王假之，尚大也。勿憂，宜日中，宜照天下也。日中則昃，月盈則食，天地盈虛，與時消息，而況於人乎？況於鬼神乎？

豐，豐盈滿足，盛德富有。「假」，至也。比喻君臨萬

國，以豐道徧照四方，風行草偃，因亨通而眾望所歸。雷火光明，一掃陰霾，宜日正當中，徧照四方。盛必有衰，故日中太陽，過中則昃。月滿則盈，過盈則食。天地寒暑往來，盈者與時而息，虛則與時而消。故天地隨時空而變化，人與鬼神則必然順應天道，唯以中道固守人道，萬世不變。

> 象曰：雷電皆至，豐，君子以折獄致刑。

雷為動，離為火，雷電交作，聲勢盛大，天威如電光石火般豐大。君子體悟斷決訴訟，應輕重得宜，刑罰得體。

> 初九：遇其配主，雖旬无咎，往有尚。
> 象曰：雖旬无咎，過旬災也。

「遇其配主」者，初爻陽剛，對應於九四陽爻，雖陰陽無應，唯以陽適陽，互相光大豐沛。「雖旬无咎」者，「旬」，均也。兩雄相遇，平分秋色，無須嫌其非陰陽相應，「往有尚」者，進往是值得崇尚的行為。過猶不及，唯中庸而已。

> 六二：豐其蔀（ㄅㄨㄟ），日中見斗，往得疑疾。
> 有孚發若，吉。
> 象曰：有孚發若，信以發志也。

「豐其蔀」者，蔀，用於遮蔽陽光之草蓆。六二往見六五，以陰配陰，使「蔀」遮光更甚，致使陰暗至斗星清晰可見。比喻六二在離卦光明之中，有極為昏黯的行為。「往得疑疾」者，六五昏饋，前往相應反得猜疑之疾。六二有誠信的發揚豐美之道，必得相應之吉。「信以發志」者，六二守中，靜待六五發動指示。

> 九三：豐其沛，日中見沫。折其右肱（巛ㄨㄥ），无咎。
> 象曰：豐其沛，不可大事也。折其右肱，終不可用也。

「豐其沛」者，沛，幡幔，防禦盛光。「沫」，微昧之明。因上有遮避陽光之物，光線陰昧，以致折其右肱，比喻局勢不明有損害，但自守其位，可得無咎，然終無大用。

> 九四：豐其蔀，日中見斗，遇其夷主，吉。
> 象曰：豐其蔀，位不當也；日中見斗，幽不明也。
> 遇其夷主，吉行也。

九四陽爻居陰位，與初九勢均力敵，在黑暗中往前遇「夷主」，指初九，有賓主之義。比喻人臣時位不當，尋求同志相挺，以避凶趨吉。「幽不明」者，九四本身不夠明亮。

> 六五：來章，有慶譽，吉。
> 象曰：六五之吉，有慶也。

六五以柔尊帝位，履中，處豐美之道，以陰柔居中彰顯其德，得四方慶其美譽之吉。「來章」者，六五主動下求六二來互利彰明，六二的等待有回報。兩者互補適得其助。

> 上六：豐其屋，蔀其家，闚（ㄎㄨㄟ）其戶，闃（ㄑㄩˋ）其无人，三歲不覿（ㄉㄧˊ），凶。
> 象曰：豐其屋，天際翔也；闚其戶，闃其无人，自藏也。

上六陰爻，在豐卦之中，不應一味豐美自居之屋，「豐其屋」者，超過其應有本分奢侈擴張豪宅。「蔀其家」遮掩空曠屋宅，使之深藏幽隱，有違君子之道。「闚其戶」，同窺。

「闃」，寂靜。「三歲不覿」者，三年不見。以上比喻君子應豐美其身，今反其道而幽隱深藏，凶吝而已。「自藏」者，放縱私欲，掩藏道德，其道鄙吝。徒有物質瑰麗，而無人和情趣。

56.旅卦

 旅卦　艮下離上

> 卦辭：小亨，旅，貞吉。

《序卦傳》：「豐大也。窮大者必失其居，故受之以旅。」旅卦與豐卦互為綜卦。一昧的追求豐美盛大，由盛而衰，以致棲身之地動搖而羈旅在外。「旅」卦，離火在上卦，艮山在下卦。失去本居地，而寄居他方，苟求存居之地，尚可得小亨。在旅行中，應堅持正道必得吉利。

> 彖曰：旅、小亨。柔得中手外，而順手剛；止而麗手明，是以小亨，旅貞吉也。旅之時義大矣哉！

旅卦，出外飄泊，寄人籬下，只是小的亨通。離為火，中女依然柔順，下卦為艮，順少男之剛性。離火附麗艮山，商旅在荒郊野外，有一宿之處，止其所止。故「旅」卦教導在外之生存哲學，時效意義甚大。

> 象曰：山上有火，旅。君子以明慎用刑，而不留獄。

火山旅，火在山上，便於紮營防備。君子體悟用刑，應明察於先，慎斷於後，而不積壓案件，不羈押無辜者，使百姓早日脫離官訟折磨。

> 初六：旅瑣瑣，斯其所取災。
> 象曰：旅瑣瑣，志窮災也。

「瑣瑣」者，細小卑賤之貌。比喻初六陰爻居陽位，斤斤計較，志意窮困而不成器，以致身不得所安，極易自釀災禍。「志窮災」者，君子羈旅在外應柔順中正，不卑不亢，小人則窮斯濫矣。

> 六二：旅即次，懷其資，得童僕貞。
> 象曰：得童僕貞，終无尤也。

「次」者，旅行中安身之所。「懷其資」，得到生活所需的物資。「得童僕貞」，得到童僕可供役使。六二守柔以中道，心懷賓主之義，主人也給予必要資助，可保無咎。

> 九三：旅焚其次，喪其童僕，貞厲。
> 象曰：旅焚其次，亦以傷矣。以旅與下，其義喪也。

九三陽剛得位，居艮卦之首，狼子野心，喧賓奪主，與上九不相應，以致遭敵對焚燒其安身之所，童僕逃散，四面楚歌，局面危厲。「以旅與下，其義喪」者，以刻薄的態度對待下人，失去旅人應有之道義。

> 九四：旅于處，得其資斧，我心不快。
> 象曰：旅于處，未得位也。得其資斧，心未快也。

　　九四陽爻居陰位，雖得到羈旅之處，但身居六五陰爻之下，有寄人籬下，懷才不遇的悽愴。其下九三盤據艮卦，自成局面，非九四所能制轄。「得其資斧」者，所旅並非豐美之地，而是須用斧之銳利披荊斬棘，此時當然心中不痛快。九四陽爻居陰位，雖然不缺資財利器，但所居之處不得位，心不暢快，比喻懷才未受賞識。

> 六五：射雉，一矢亡，終以譽命。
> 象曰：終以譽命，上逮也。

　　六五陰爻柔順，但居中位。「射雉，一矢亡」，射雉鳥時連箭矢都連帶丟失，比喻無功而返。但中道的表現，知禍福之先機，不侵權於下，能承上以自保，最後得到良機，爭取美譽褒揚。「上逮」者，承歡君上。

> 上九：鳥焚其巢，旅人先笑後號咷，喪牛于易，凶。
> 象曰：以離在上，其義焚也；喪牛于易，終莫之聞也。

　　上九陽剛處陰柔，失位之象。賓客旅居在外，居於上位，不以謙恭，必遭眾人忌妒，侵奪其旅居之地，故以「鳥焚其巢」作為比喻。得意時先笑，忌害相繼而來則號咷。「喪牛于易」者，牛，象徵柔順。易，輕忽。旅人失去柔順的美德，凶咎即將來臨。「終莫之聞」者，無人賞識，無人忠告以言。

57.巽卦

 **巽卦　巽下巽上**

卦辭：小亨，利有攸往，利見大人。

　　《序卦傳》：「旅而无所容，故受之以巽，巽者入也。」旅在外，終究是以無所容身，而求於他人，巽卦柔順，利於求人。巽之德是以柔順為主，柔順僅能小而亨通。巽道利於交往，大人利於以巽柔用事。

彖曰：重巽以申命，剛巽乎中正，而志行；柔皆順乎剛，是以小亨；利有攸往，利見大人。

　　巽卦，上下卦皆巽，重覆發號施令，以巽為風通令天下，無所不入。九二、九五居上下卦之中位，利於伸張志向，卦義為柔，順從剛健，惟陰爻主事，故小有亨通。剛柔並濟，固守中道，自然無往不利，利於求見大人謀得一官半職。

象曰：隨風巽，君子以申命行事。

　　風柔和而相隨，風行草偃，故萬物隨風搖擺流行，君子體會巽卦本義，跟隨號令進退，行事無不利。

初六：進退，利武人之貞。
象曰：進退、志疑也；利武人之貞，志治也。

　　初六陰爻先禮後兵，群臣進退不一，未能悉心從令，宜

用武人整治之。「武人」，剛強果毅，知進羞於退。「志疑」者，初六陰柔，進退狐疑。「志治」者，未明其令又懼罪及身，故以武人整治。

> 九二：巽在床下，用史巫紛若，吉，无咎。
> 象曰：紛若之吉，得中也。

「床」者，卜筮所設的台案。「史巫」者，接事鬼神之人。「紛若」者，甚多之貌。九二臨事用居中之德，以巽卦卑柔之質，虔誠禱事，不輕易藉由威勢排難解紛，吉無咎害。「得中」者，九二陽爻不得位居中，不應九五，但巽在床下的低姿態無咎。

> 九三：頻巽吝。
> 象曰：頻巽之吝，志窮也。

「頻」者，頻蹙憂戚之容。「吝」，鄙吝。九三雖陽爻得位，但與上九無應，且為六四所乘，心懷不快。比喻由巽道表現出過於謙卑，而無所進展。「至窮」者，重複申令，或屢屢顯示過於謙柔，都是志向困窘，疲吝之象。

> 六四：悔亡，田獲三品。
> 象曰：田獲三品，有功也。

六四得位承九五，承乘皆剛，處境不利。但陰爻居陰位，柔順守中，承尊以行申命。「田獲三品」，三品者，乾豆，賓客，充君之庖廚。田獵有收獲，比喻遵令行事必有功績。「有功」者，六四柔爻，上下相比皆剛爻相應。

九五：貞吉悔亡，无不利，无初有終。先庚三日，
後庚三日，吉。
象曰：九五之吉，位正中也。

　　九五陽爻居中得尊位，實行政令無不利，「无初」者，若
用剛直行令，而不諄諄教化，則民不誠悅。「有終」者，柔順
中道，使萬物服從化生。「先庚三日，後庚三日」者，庚者，
申也。政令須三令五申，然後誅而無怨。「位正中」者，九五
陽爻居中位，利於教化申命。

上九：巽在床下，喪其資斧，貞凶。
象曰：巽在床下，上窮也；喪其資斧，正乎凶也。

　　上九以陽居陰位，居卦位終極，「巽在床下」者，過於謙
遜。「喪其資斧」者，斧本用於斬決，以喻君王威斷之勢；然
巽柔太過，則以喪其資斧比喻無法以威勢行權。故無威斷理，
無財聚人，凶象畢露。

58.兌卦

　　兌卦　　兌下兌上

卦辭：亨、利、貞。

　　《序卦傳》：「巽者入也。入而後說之，故受之以兌，兌
者說也。」兌卦與巽卦互為綜卦。有巽卦出自真心的柔順，必

得他人的喜悅回饋，自己也能感應和悅的氣氛，亨通、利益、貞道，魚貫而得。

> 象曰：兌、說也；剛中而柔外，說以利貞，是以順乎天，而應乎人；說以先民，民忘其勞；說以犯難，民忘其死；說之大，民勸矣哉！

　　兌卦，悅也，少女，口舌。澤可以潤生萬物，所以萬物皆和悅。上下卦中爻皆陽爻，兌為少女，主爻在六三、上六之陰爻，整體卦義柔順，兩卦重疊則剛柔相濟，足以喜悅而固守之正道。陰陽和諧，即是順天應人，君王施政百般利物悅民，故驅使人民勞役犯難，民不畏勞苦死亡。人君以恩惠養民，上下和悅相感，國政欣欣向榮，政通人和，事物相利相濟而堅定。「兌」卦之意義在於勸勉人民勤奮向善。

> 象曰：麗澤兌，君子以朋友講習。

　　「麗」，附麗，兌為澤，澤上澤下重疊，互相增益滋潤。有朋自遠方來，講其所明之理，習其未明之事，兩相喜悅。

> 初九：和兌吉。
> 象曰：和兌之吉，行未疑也。

　　初九陽爻行不失正，不與九四相應，反而心無所私，以和悅而無往不利。「行未疑」者，初九涉世未深，未與陰柔邪佞相混合，不沾鍋而無須自疑疑人。

> 九二：孚兌吉，悔亡。
> 象曰：孚兌之吉，信志也。

九二陽爻居陰位，履失其位，外表悅而不失中道，內心亦不失剛正，外柔內剛終能獲吉。「信志也」者，將剛中而柔外的氣質，貞固發揚，不受六三淫惑。

> 六三：來兌，凶。
> 象曰：來兌之凶，位不當也。

六三以陰柔居陽剛之位，以柔順討悅九二，禮多必詐，過於取悅，非正當之求悅，必包藏邪佞，凶險禍害將臨身。「來兌之凶」者，陰居陽位，內無實德，諂媚求說。

> 九四：商兌未寧，介疾有喜。
> 象曰：九四之喜，有慶也。

「商」者，商量制裁。六三邪佞之人，九四為剛正之臣，不應初九，力阻六三睚狎接近九五。「介」，隔也。「疾」，比喻邪佞之人。九四剛健隔絕六三，匡內制外，未嘗有朝安寧，願以阻絕國家禍患為喜。「有慶」者，一卦之主九五有九四作防火牆，是可慶幸之事。

> 九五：孚于剝，有厲。
> 象曰：孚于剝，位正當也。

「剝」者，小人道長，消蝕君子之正。「孚于剝」者，九五處帝尊之位，下無應於九二，故相比於上六，悅而信之，殊不知陰柔本質柔媚不正，若遠君子而親小人，危厲及於政權。

> 上六:引兑。
> 象曰:上六引兑,未光也。

上六以柔爻居陰位,又居一卦之終極,基於本性回頭尋求相應者,六三是包藏邪佞的小人,上六卻引來愉悅自己。或者上六是謙卑待下,尋訪賢能,所引的愉悅是舉國上下歡騰,還是舉國共憤,惟卜卦者自決吉凶,故其道未能廣博宏大。

59.渙卦

 渙卦　坎下巽上

> 卦辭:亨、王假有廟,利涉大川,利貞。

《序卦傳》:「兑者說也。說而後散之,故受之以渙。」兑卦的喜悅是不能長久的,渙,離散之象;進而使小人離散,適合君王建功立德,是渙散的正面作用。廟是古代宗族聚會商討大事的地點,故為民心凝聚象徵。君王可以藉由祭祀活動,聚合渙散的民心,以解決國政,如同乘巽木渡坎險,因而獲得利益。

> 象曰:渙、亨。剛來而不窮,柔得位乎外,而上同。王假有廟,王乃在中也;利涉大川,乘木有功也。

渙卦,讓小人離散奔逃,君子利用時機而有作為,故亨通時行。上下卦主爻皆陽爻,九二陽剛上進,否卦六二、九四

陰陽交換，陽剛來而生息不窮。巽卦在上，柔順於外，「而上同」，只有六四符合陰爻居陰位的易理。君王利用宗廟祭祀推行中道，故利於涉險犯難，如同涉水利用巽木舟行之功用。

> 象曰：風行水上，渙。先王以享于帝，立廟。

上卦為巽木，下卦為坎險，風行水上，渙散之象；享於帝是聚集宗人，眾志成城，民氣可用，立廟可借助宗教信仰推行政教。

> 初六：用拯馬壯，吉。
> 象曰：初六之吉，順也。

「馬」，指九二，比喻快速有力。初六於渙散之初，急尋外援，六四不相應，九二又阻逆其間，因此順水推舟與九二相親比。渙卦，人心渙散之始，利於拯馬壯，搶先機，初始是良好的著力點。

> 九二：渙奔其机（ㄨㄟ），悔亡。
> 象曰：渙奔其机，得願也。

「渙奔」者，離散奔逃之象。「机」，承物者也，指初六。九二陽爻居陰位，履非其位又與九五不相應，失位奔逃時，幸有初六伸出援手。九二倚几從容而坐，渙亂已成，既失去先機，則從長計議。

> 六三：渙其躬，无悔。
> 象曰：渙其躬，志在外也。

「躬」，自身，比喻為私欲。渙卦，上卦巽柔，下卦坎

險，內險而外安。六三陰爻居陽位，觸動憂患意識，先渙散其私欲，再結合上九；先保全自身元氣，再徐圖良機而動。「志在外」者，先公忘私，捨身濟世。

> 六四：渙其群，元吉。渙有丘，匪夷所思。
> 象曰：渙其群，元吉。光大也。

「渙其群」者，六四得位進入巽卦，體會柔道而與九五相親比，故能渙散群眾之險難，雖然以此獲得吉祥，但六四終究處於上卦之下，承於九五，責重任憂，故不可專斷用事。「渙有丘」者，召喚民氣使眾志成城，堅如山丘般。「匪夷所思」者，不要被渙散的結果所疑惑或誤導，故本應保有渙散的吉利，猶應思慮於丘墟未平，道路險阻之危難，不可掉以輕心。「渙其群」者，使「渙」道反而光明盛大。

> 九五：渙汗其大號，渙王居，无咎。
> 象曰：王居无咎，正位也。

「渙汗」者，人遇到驚險或健康因素等，會冒汗。「大號」者，九五居尊得位，故發號施令，氣勢雄渾。「渙王居」者，渙出險惡，聚入順民，九五是王者大位，正其位而得政權安穩，故九五雖不得九二相應，然則王獨居，順其勢位，故無咎。

> 上九：渙其血去，逖(去一ㄟ)出，无咎。
> 象曰：渙其血，遠害也。

「血」，傷也，比喻小人之害。「逖」，遠離。散逸其身，出離於遠害之地，故咎害不臨身。「渙其血，遠害」者，

渙卦既終結，上九相應六三，風行天上，下應坎險，須剛健防
止被拖入混水，重入渙散險難。

60.節卦

節卦　兌下坎上

> 卦辭：亨，苦節不可貞。

《序卦傳》：「渙者離也。物不可以終離，故受之以
節。」節卦與渙卦互為綜卦。渙卦的離散不是長久之道，渙散
雖可各舒其性，必須節制。「節」，止也，比喻制事以節，其
道乃亨。「苦節」者，苦守節道，傷於刻薄，失去中庸而干擾
事物平衡。節卦，上卦坎水，下卦兌悅，澤水接納其上之坎水
有限，必須量力而為。

> 象曰：節、亨，剛柔分，而剛得中。苦節不可貞，其道窮也。
> 說以行險，當位以節，中正以通。天地節，而四時成；節以制
> 度，不傷財，不害民。

節卦，亨通，初九、九二與六三、六四剛柔兩對，九五、
上六剛柔一對，三剛三柔，故剛柔分。而九二、九五都是剛爻
得中位。刻薄的苦苦節制，不值得固守，而窮途末路必須通權
達變。故行事涉險犯難，應該取當位節制，致中道融通。天地
節制順應自然規律，故四時循環。君王對典章制度應節制施
行，不傷害人民生命財產，提供穩定的生活條件。

> 象曰：澤上有水，節。君子以制數度，議德行。

澤有調節水量的功用，不及宣洩，湖澤可以容納；雨量不足，湖澤可以提供。故君子體會節卦作用，用民有道，使民有時，並教化德行。

> 初九：不出戶庭。无咎。
> 象曰：不出戶庭，知通塞也。

初九節道之始，整頓離散而立典章節度，面對否塞，從長計議，不輕易跨出門庭，不致遭到咎害。「知通塞」者，戶庭內之用水須當通則通，當塞則塞。比喻通曉時機，觀風察勢。

> 九二：不出門庭，凶。
> 象曰：不出門庭凶，失時極也。

九二陽爻居陰履中，適合執行中道，此時宜宣揚制度典章，反而隱匿失時，不出門庭，凶險之象。「失時極」者，極，中也。事物發展至二爻，應出未出，失去先機必有凶象。

> 六三：不節若，則嗟若，无咎。
> 象曰：不節之嗟，又誰咎也。

六三陰爻居陽位，以陰處陽，以柔乘剛，驕橫放縱，違背節卦意旨。若尚知反省，趁早嗟嘆悔改，自節其身，可避免咎害。「又誰咎」者，六三又全面承接上卦坎水，超過負擔能力。

> 六四：安節亨。
>
> 象曰：安節之亨，承上道也。

六四進入坎險之下，陰爻居陰位，得位而不改其節，且上承順於五，不失其道而得亨通。「安節之亨」，六四為澤下之水，安靜穩定，比喻相對九五謹守臣道之下屬。

> 九五：甘節吉，往有尚。
>
> 象曰：甘節之吉，居位中也。

「甘」者，為節而無傷害，則是不苦而甘，比喻恰到好處的節制。九五得位居中，為節卦之主爻，但下與九二不相應，雖有上下卦親比，但畢竟非事事稱心，必須局部苦節，甘於節卦之刻薄。

> 上六：苦節，貞凶，悔亡。
>
> 象曰：苦節貞凶，其道窮也。

上六節卦終結，與六三無應。陰爻虛空，若過於節制，以致事物不堪勝任，若堅持前往執事，則有凶悔。寬以待人，嚴以律己，故苦節僅運用於修身，可得無悔之吉；若過於苦節，其道必窮。

61.中孚卦

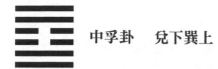

中孚卦　兌下巽上

卦辭：豚魚吉，利涉大川，利貞。

　　《序卦傳》：「節而信之，故受之以中孚。」節卦立下典章節度，安於節道所行，就是誠信普及的現象。中孚卦，上卦為巽順，下卦為兌悅，上下誠心相待。「豚」者，獸之微賤。「魚」者，蟲之幽隱，比喻信孚達於至微至細。「中孚」者，信發於中。中孚之誠信，光被萬物，故萬物莫不得其所而獲吉。故以此涉險，何往不通。

象曰：中孚、柔在內，而剛得中，說而巽，孚乃化邦也。豚魚吉，信及豚魚也；利涉大川，乘木舟虛也；中孚以利貞，乃應乎天也。

　　中孚卦，「柔在中」者，六三、六四柔爻在六爻中間，九二、九五兩剛爻居上下卦中爻，上卦巽為順入，下卦兌為喜悅，兩者氣質相同，信孚風化流行於邦國鄉里間。巽木行於澤水之上，利於涉險行進。信守誠信之道，如相應天道四時之規律。

象曰：澤上有風，中孚，君子以議獄緩死。

　　澤上有風，風雖然看不見，但能推波助瀾，且確實存在無所不至。故君子掌理獄政，謹慎審議刑度，緩捨當死之刑。

> 初九：虞吉，有他，不燕。
> 象曰：初九虞吉，志未變也。

「虞」，專一。「燕」，安也。初九於誠信之始專心與六四相應，專心一志，不變更所親比對象，尚不知吉凶。「志未變」者，初九上有九二，又與六四相應，斟酌九二中位優於六四非中爻，故親比於九二。比喻信守中孚專一而已。

> 九二：鳴鶴在陰，其子和之。我有好爵，吾與爾靡之。
> 象曰：其子和之，中心願也。

「靡」者，散也。九二處下卦而居在重陰之下，幽昧之中，唯德是與，母鶴鳴在幽遠之處，其子必相應，比喻君主聚會賢能者，同類相應，分享醇酒，表現大公無私，故近悅遠來。「中心願」者，唯德是與，願與同類相應。

> 六三：得敵，或鼓，或罷，或泣，或歌。
> 象曰：或鼓或罷，位不當也。

「敵」者，六三居二陽之上，以陰居陽，欲前進之象。六三與六四，兩陰交相敵，動止不定。六四履正位而承九五，非自身能克勝。以至鼓進乃泣或罷兵而歌，猶豫難決，未知吉凶。「或鼓或罷，位不當」，比喻六三舉棋不定，優柔寡斷，自喪中孚。

> 六四：月幾望，馬匹亡，无咎。
> 象曰：馬匹亡，絕類上也。

「月幾望」者，六四居中孚之時，處巽順與兌悅，相應於

初九，陽爻比日，陰爻比於月，「月幾望」者，比喻陰爻道德
圓滿。「馬匹亡」者，六三欲進而攻六四，六四居盛德之位，
與六三競逐，有失風範，故如馬飛奔而馳走，比喻與九五相應
方為上策。「絕類上」者，六四甩脫六三，毅然決然往上親比
九五。

> 九五：有孚攣如，无咎。
> 象曰：有孚攣如，位正當也。

「攣如」者，相率繫不絕之名。九五尊位，以信孚統領群
物，道德如豚魚微物，無所不在，且如江水東流，晝夜不捨。
誠信相繫不絕，故無咎害。「有孚攣如」，九五居中得正，且
六四柔爻居陰位也是正當其位。

> 上九：翰音登于天，貞凶。
> 象曰：翰音登于天，何可長也。

「翰」，高飛也。「翰音」者，謂聲音虛揚高飛，比喻華
麗不實。上九處在中孚卦之終極，信孚若終盡，篤實內喪，華
美外揚，好比翰音登於天，虛而無實。「何可長」者，翰音無
法自比鶴鳴，欺世盜名，虛張聲勢，焉能持久？

62.小過卦

 小過卦　　艮下震上

> 卦辭：亨，利貞，可小事，不可大事。飛鳥遺之音，不宜上宜下。大吉。

　　《序卦傳》：「有其信者必行之，故受之以小過。」中孚與小過，互為錯卦。信孚須依據實行才有效益，而實行之中，不免犯有小過。雷山小過卦象是亨通的，不怕小過而勇於任事，在錯誤中學習而認清是非。但限於小事，不可大事，否則錯誤的代價太大。「飛鳥遺音」，在於尋求宜居之地，上則逆君無所適，下則卑順無不安，故宜下而得吉利。

> 象曰：小過，小者，過而亨也。過以利貞，與時行也，柔得中，是以小事吉也。剛失位而不中，是以不可大事也。有飛鳥之象焉，飛鳥遺之音，不宜上宜下，大吉，上逆而下順也。

　　小過卦提到諸小事，若順時矯俗，雖小過可得亨通，故凡視小事為大事之態度，累積諸小事，積小成大，均可亨通而行。雖然超過中道，矯枉過正，若能把握時機，仍利於貞道。六二、六五陰爻柔順居中，施以小事而吉，恰為累積大用。九三得位不中，九四失位不中，不可交付大事。以飛鳥作比喻，鳥高飛總為遷徙、避險、覓食等，均非舒閒安逸之時，故鳥鳴叫宜於在下，在上逆境，在下順境。

> 象曰：山上有雷，小過。君子以行過乎恭，喪過乎哀，
> 用過乎儉。

小過卦，山上有雷，雷應奮動於地中，今出自山上，雖不違本質，小而超過其本位。故君子行恭、喪哀、用儉，過猶不及。

> 初六：飛鳥以凶。
> 象曰：飛鳥以凶，不可如何也。

初六陰爻居陽位，以飛鳥比喻不知進退，無所安頓，凶險之象。「不可如何」者，初六陰爻居陽位，與二爻不應，與九四相應，惟九四不中不當位，外無應援，不知進退如何。

> 六二：過其祖，遇其妣。不及其君，遇其臣，无咎。
> 象曰：不及其君，臣不可過也。

「祖」，初始也。「妣」者，母之稱，二爻為臣，五爻為君。居內履中而正；故過其初爻而至二爻。「不及其君」者，九二位於二爻臣位，並無僭越冒犯等行為，故無咎。「臣不可過」，六二無法以陰爻直接跨過九三、九四，且與六五不相應，僅在二爻遇到王臣。

> 九三：弗過、防之，從或戕（くーた丿）之，凶。
> 象曰：從或戕之，凶如何也？

九三居下卦之上，以陽當位，不知在過錯前，預先防範，或者上六不知約束九三，竟隨之從戕而亂，俱皆凶險。「凶如何」者，九三是小過錯的極限，上六小人盤據，若要往上相應

上六，則有殘害之凶。

> 九四：无咎、弗過遇之，往厲必戒，勿用永貞。
> 象曰：弗過遇之，位不當也。往厲必戒，終不可長也。

「弗過」者，不要僭越行事。九四陽剛不居其位，處於小過不寧之時，自知以陽居陰，不能有所為，既然無為自守，則無咎。「往厲必戒」者，僭越的行動將遭致禍患，應戒懼不為。「勿用永貞」者，以陽居陰，終非長久之道。

> 六五：密雲不雨，自我西郊，公弋(一ヽ)取彼，在穴。
> 象曰：密雲不雨，已上也。

「雨」者，比喻德之教化。六五居帝尊之位，德不配位，艮止於下，雷動於上，上下卦不相應，以至雲雖密而不雨。歧山西郊之雲，來自西北荒漠，不含水氣難落雨。「公弋取彼在穴」者，治理小過之時，雖無法廣施道德教化，但亦能經營隱微之處，如王公狩獵獲得穴中小獸之利益。

> 上六：弗遇過之，飛鳥離之，凶，是謂災眚。
> 象曰：弗遇過之，已亢也。

上六小過到達終極，過而不知極限，就像飛鳥宜下不宜上，不知自己何從何往，必遭羅網而止，行此凶險必有天災人禍。「已亢」者，六爻終結已經過於亢進，災禍跟隨而來。

63.既濟卦

 既濟卦　離下坎上

卦辭：亨、小、利貞，初吉終亂。

《序卦傳》：「有過物者必濟，故受之以既濟。」小過適可而止，可以在錯誤中學習，而得到水火交融的完美，故小過之後是水火既濟。既濟卦，上卦坎水，下卦離火，水性潤下，火性炎上，乃成烹煮飲食之道。又謂陽爻居陽位，陰爻居陰位，三陽為三陰所乘，反者，道之動也，至有陰陽交融之氣象。萬事皆濟而亨通，皆始於小而亨，若不進德修業逐步緩進，則危亂必如影隨形。

象曰：既濟、亨。小者、亨也。利貞，剛柔正，而位當也。初吉，柔得中也。終止則亂，其道窮也。

既濟卦，亨通。小事情亨通，才有整體的亨通；利於固守正道，初、三、五爻居陽位，二、四、上柔居陰位，剛柔六爻皆正而當位，相比相應。初始二爻陰柔居中，事物圓滿。至六爻終結時，結局反而因既濟卦的完美而呈現混亂的徵兆。

象曰：水在火上，既濟，君子以思患而豫防之。

水火既濟卦，水在火上，水決則火滅，火旺則水竭，相對統一同時存在。君子以初吉終亂，思前顧後而預防為德不卒，晚節不保。

> 初九：曳其輪，濡其尾，无咎。
> 象曰：曳其輪，義无咎也。

　　「曳其輪」者，古時涉水視為險難之事，尚需托引車輪，比喻尚未脫離濕地險境，不可掉以輕心。「濡其尾」者，小狐遊過河弄濕自己漂亮的尾巴，比喻功虧一簣，小有遺憾。初九以陽剛之質當位，離開濕地尚未進入平坦大道，不應得意忘形，所以成功後推引車輪之象，開啟既濟卦尚須謹慎的本義。

> 六二：婦喪其茀(ㄈㄨˊ)，勿逐，七日得。
> 象曰：七日得，以中道也。

　　「婦」，指六二。「茀」者，婦人之首飾。六二居中履正，處文明之盛，與九五相應，以中道執乎貞正，文采章美，有輕薄之徒竊取其首飾，無須追逐，數日後不見婦人心動即歸回。「中道」者，六二上應九五，婦人貞定心有所屬。

> 九三：高宗伐鬼方，三年克之，小人勿用。
> 象曰：三年克之，憊也。

　　「高宗」者，指九三，殷王武丁。九三處既濟之時，相應於上六，居文明之終，雖履得其位，但氣勢漸弱，故伐鬼方須用三年，比喻師老兵疲。「小人勿用」，征伐前選用將帥，戰勝後論功封賞，均須知人善用，重責大任自非小人所能承擔。

> 六四：繻其衣袽(ㄖㄨˊ)，終日戒。
> 象曰：終日戒，有所疑也。

　　「繻」者，濡也，比喻船舟漏水。「袽」者，敗絮。「繻

631

有衣袽」者，行舟之人備有阻塞船舟漏水之破絮，比喻戒備周全。六四處既濟之時，雖履得其正，但乘九三之陽剛，又相應於初九而無法專一承五，故行動需四平八穩，如行舟般戒慎恐懼。「終日戒」者，四多懼，陰柔之地，雖陽盛猶應疑其陰敗。

> 九五：東鄰殺牛，不如西鄰之禴祭，實受其福。
> 象曰：東鄰殺牛，不如西鄰之時也。實受其福，吉大來也。

「牛」，祭之盛者。「禴」，祭之薄者。九五居帝尊之位，宇內盛平，自應祭祀天地鬼神之福德。「東鄰」，暗指東方之殷商。「西鄰」，隱指西方之周朝。當君王榮登極位，往往伴隨驕奢橫逆；反之，創業維艱之時，臥薪嘗膽，兩者反映在祭祀之虔誠，天壤之別。「實受其福」者，比喻周朝由於虔誠奮進，有天命在茲，以至取代殷商保有天下。

> 上六：濡其首，厲。
> 象曰：濡其首厲，何可久也？

上六在卦終，以近取諸身而言，象頭部。濡其首，剛開始犯難，尚未全身而沒。初九濡其尾，故上六濡其首。濡尾以足部之進退思考，濡首以頭部之思維判斷；既濟進入終極，若不知居安思危，其道必有氾濫之危厲，何可久也。

64.未濟卦

 未濟卦　坎下離上

> **卦辭：亨、小狐汔濟，濡其尾，征凶，无攸利。**

　　《序卦傳》：「物不可窮也，故受之以未濟終焉。」既濟與未濟互為綜卦與錯卦。天地運行永無休止，事物變化生生不息，故以火水未濟為六十四卦終結，代表易經思想層出不窮，健行不止。「未濟」者，未能濟渡之名。未濟之時，才幹尚小，不能建功立德，若能執柔用中，廣納賢德，則隨時可得接濟之亨通。「汔」者，將盡之名。小狐涉水，力猶未逮，狐尾濡濕，比喻後繼無力，功虧一簣，往征無所利。

> **象曰：未濟、亨，柔得中也。小狐汔濟，未出中也。濡其尾，征凶，无攸利，不續終也。雖不當位，剛柔應也。**

　　未濟卦，代表事情尚未成功，六五陰爻居中有柔順之質，繼續努力必得亨通。小狐狸過河，力有未逮，尚未脫離坎中水險。未濟之時，實力尚不足擔綱大任，強行躁進，無所得利，終局堪憂。六爻陰陽不當位，但剛柔皆相比應，事物猶大有可為。

> **象曰：火在水上，未濟，君子以慎辨物居方。**

　　未濟卦，火在水上，君子謹慎分辨事物之不同，使物以分類，各居其方，各安其所，以便於互相接濟。

> 初六：濡其尾，吝。
> 象曰：濡其尾，亦不知甚也。

「濡其尾」者，比喻初六在未濟卦之初時，有共赴險難之心，而無濟國幹事之才，故尚無功業可言，不知進三退二，全身沒入。初六若困而知返，雖力不從心，已然避凶趨吉。故言「吝」者，尤進不止。

> 九二：曳其輪，貞吉。
> 象曰：九二貞吉，中以行正也。

九二剛健居中與五相應，為下卦坎水之主，領頭拖曳車輪，掌理進退，以求脫離坎險。比喻九二堅守任重道遠之職責，居中履行正道，位雖不正，但居中則正，故辛勞後必得吉象。

> 六三：未濟、征凶，不利涉大川。
> 象曰：未濟征凶，位不當也。

六三陰爻失位居險，才薄志大，自身難保，遑論涉險濟世？故往征必不利。不「利涉大川」者，六三雖上應九六，下乘九二，上有目標，下有得力幹部，且內外財智一應俱全，足以憂國濟時。但六三陰爻居陽位又不得中，凶險在本體內部。

> 九四：貞吉、悔亡。震用伐鬼方，三年有賞于大國。
> 象曰：貞吉悔亡，志行也。

九四進入上卦，脫離坎險，居離卦文明之初，只須志在正道，以陰位柔承帝尊，以陽剛普世濟渡，則吉而無悔。「震用

伐鬼方」者，興衰圖存之征，比喻振衰起弊之時，應以震撼威
嚴為用。「三年有賞于大國」者，鬼方強悍難馴，九四處文明
之初，其德未必昌盛，故以三年形容征戰之激烈，既克而還，
必得盛大之賞賜；建侯立國，不在話下。「志行」者，志向成
就與否，依賴力行而不止。

> 六五：貞吉、无悔，君子之光，有孚，吉。
> 象曰：君子之光，其暉吉也。

　　六五以柔處尊，處文明之盛，須正己而後有吉。「君子
之光」者，以柔順文明之質，居於尊位，不自見其能，相應於
九二，任用賢能，付物以能，故取得鬼方之勝，君子之光乃萬
民之福。「其暉吉」者，九二君子相應，故先王竭其能，必有
信孚於民之吉利。

> 上九：有孚于飲酒，濡其首，无咎。有孚失是。
> 象曰：飲酒濡首，亦不知節也。

　　上九脫離國難，自詡大功底定，遂大肆慶祝，自逸於飲酒
行樂，殊不知安邦定國之基礎在於人民「有孚」。「濡其首」
者，酒池肉林的荒誕，使上九頭腦被酒精沖昏，而即時的悔改
尚可無咎害。反之，自以為无咎，不知節制，當失去邦國統治
權基礎的「信孚」時，水能載舟，亦能覆舟。「飲酒」者，勝
利慶祝；「濡其首」者，失敗飲恨。兩者之極端，皆因不知節
制而來。

參考書目

　　王弼注，孔穎達疏，《周易正義》。

　　朱熹，《周易本義》。

　　邵康節，《梅花易數》。

　　野鶴老人，《增刪卜易》。

　　王洪緒，《卜筮正宗》。

　　陳夢雷主編，《古今圖書集成・命卜相全集》。

　　朱伯崑編著，《易學基礎教程》。

　　朱伯崑編著，《周易知識通覽》。

　　朱伯崑編著，《周易哲學史》。

　　金景芳，呂紹岡著《周易全解》。

　　徐志銳，《周易陰陽八卦說解》。

　　徐志銳，《周易大傳新注・上下》。

　　劉大鈞，《納甲筮法講座》。

　　張其成主編，《易學大辭典》。

　　黃振華撰，《易經哲學講義》。

　　賈豐臻，《易之哲學》。

國家圖書館出版品預行編目資料

周易與六爻預測 / 於光泰作.
-- 初版. -- 新北市：行卯, 2017.08
面 ; 公分
ISBN 978-986-90809-4-1(精裝)
1.易占

292.1   106013759

周易與六爻預測

2017年8月

初版 第1刷

2023年6月

再版 第2刷

作　者：於光泰

印　刷：明邦印刷事業有限公司

地　址：　新北市中和區中山路二段327巷11弄5號1樓

電　話：（02）2247-5550

ISBN：978-986-90809-4-1

ISBN 978-986-90809-4-1

《周易與六爻預測三十天快譯通》

01200

2 428915 801228   NT$1200

代理經銷：白象文化事業有限公司

9 789869 080941